Ruth Lubitsch
Ich kam nach Palästina

Herausgegeben und mit einem Nachwort
von Angelika Timm

Ruth Lubitsch

Ich kam nach Palästina

Geschichten meines Lebens

Dietz Verlag Berlin 1988

Originaltitel: Bacharti lichjot ba-maawak
© Ruth Lubitsch, Tel Aviv 1985
© Deutsche Übersetzung: Dietz Verlag Berlin 1988
Aus dem Hebräischen übersetzt von Intertext,
Fremdsprachendienst der DDR, Berlin
Übersetzer: Rachel Stillmann, Angelika Timm

Lubitsch, Ruth: Ich kam nach Palästina: Geschichten meines Lebens / Ruth
Lubitsch. [Hrsg. u. mit e. Nachw. von Angelika Timm. Übers. von Rachel Still-
mann u. Angelika Timm]. — Berlin: Dietz Verl., 1988 — 405 S. — 39 Abb.
EST: Bacharti lichjot ba-maawak ‹dt.›. —
Aus d. Hebräischen übers.

ISBN 3-320-01145-6

Mit 39 Abbildungen

Dietz Verlag Berlin 1988
Lizenznummer 1 · LSV 0248
Lektor: Dietmar Rehschuh
Typographie: Sylvia Claus
Einband und Schutzumschlag: Eckhard Steiner
Printed in the German Democratic Republic
Gesamtherstellung: Offizin Andersen Nexö,
Graphischer Großbetrieb, Leipzig III/18/38
Best.-Nr. 738 491 0

01380

Ein ganz besonderes Buch

Vor uns liegt ein ganz besonderes Buch, bewegend und lehrreich zugleich. Es ist von der Hand eines Menschen geschrieben, dessen ganzes Leben eng mit diesem Land verknüpft ist. Ruth Lubitsch zeigt einzelne Abschnitte ihres Lebens, eines Lebens, das stets mit revolutionären Kämpfen verbunden war und es noch heute ist. Es war und ist kein leichtes Dasein — das Leben einer Kommunistin, gekennzeichnet durch viele Jahre des Kampfes in der Illegalität und unter den Bedingungen der britischen Mandatsherrschaft, Verfolgungen und Verhaftungen waren ihr Los. Auch später, nach Gründung des Staates Israel, wurde es nicht anders. Es war ein ständiges Schwimmen gegen den Strom, und so blieb es bis zum heutigen Tag.

Unermüdlich, mit Begeisterung und mit revolutionärem Elan marschiert Ruth Lubitsch nun mehr als fünfzig Jahre in der vordersten Reihe der Partei.

Wenn ihr Buch auch kein Geschichtsbuch im eigentlichen Sinne des Wortes ist, so erläutert es dennoch mit viel Talent, Gefühl und Verstand, auf der Grundlage eigener Erfahrungen und der jahrelangen Zugehörigkeit zur Parteiführung, wichtige Entwicklungsetappen dieses Landes.

»Ich wählte ein Leben des Kampfes« — bereits der Originaltitel des Buches zeugt von tiefem Vertrauen, von Optimismus und von der Liebe zum arbeitenden und schöpferischen Menschen.

Die Lektüre wird vielen Menschen, ganz besonders der jungen Generation, denen, die die Zeit des britischen Mandats und des zweiten Weltkrieges nicht selbst erlebt haben, helfen, nicht nur die Vergangenheit, sondern auch unsere Gegenwart besser zu verstehen.

Der historische Hintergrund des Lebens der Verfasserin wird

zum Verständnis des Kampfes ganzer Generationen in unserem Land beitragen.

Der Lebenslauf von Ruth Lubitsch legt Zeugnis ab von den Kämpfen unserer Kommunistischen Partei.

In allen komplizierten Situationen und unter sich ständig verändernden Bedingungen kämpften jüdische und arabische Kommunisten gemeinsam für unsere großen Ziele: für nationale Unabhängigkeit, Demokratie, Völkerfreundschaft, Frieden, gesellschaftlichen Fortschritt und Sozialismus.

Meir Vilner

Zur Erinnerung
an meinen Lebensgefährten Sorach
und meine Genossen im Kampf

Schreiben oder nicht schreiben

Schreiben oder nicht schreiben? Und wenn schon schreiben —
was und für wen?

Millionen von Büchern füllen Millionen von Bücherregalen.
Ein Mensch kann nur wenig von alldem lesen. Braucht man wirklich noch ein weiteres Buch? Was soll es vermitteln?

Was bringt einen Menschen am Ende seines Lebens dazu,
über sein eigenes Leben zu schreiben? Ist es nicht der Wunsch,
das Leben zu verlängern, weiterzuleben, auch nachdem er nicht
mehr da ist, der Wunsch, daß etwas von ihm zurückbleiben
möge, so wie Söhne und Enkel?

Ich grüble. Jahrzehnte hat mich diese Frage nicht beschäftigt.
Ich hatte zu sehr mit den Kämpfen und mit dem Alltag zu tun.
Mein ganzes Leben eilte ich immer irgendwohin. Ich hatte nie
Zeit, haltzumachen und zu sagen: Warte einen Augenblick! Viel-
leicht lohnt es sich doch, die vielen Kleinigkeiten des Alltags zu
sammeln und festzuhalten, damit man aus ihnen lernen kann ...

Und plötzlich entsteht in mir der Wunsch, ein Andenken an
jene Tage unseres Kampfes zu hinterlassen, zu zeigen, wie wir gelebt, was wir empfunden haben. Es ist gut, wenn die Jungen, die
nach uns kommen, auch die kleinen Erlebnisse kennen, die erst
mit der Zeit zu historischen Dokumenten werden.

Noch ein wichtiges Erlebnis, das ich vor einigen Jahren während
meines Aufenthaltes in der Sowjetunion hatte, bestärkte mich in
meinem Vorhaben, zu schreiben. Ich besuchte dort die Familie
eines unserer Parteiveteranen, des Genossen Panitz, der bereits
der Generation vor mir angehört hatte. An einem eiskalten Win-
tertag flog ich von Moskau nach Nowosibirsk.

Anfang der dreißiger Jahre wurde Panitz von den Mandatsbehörden in Palästina des »Verbrechens«, sich politisch aktiv betätigt zu haben, für schuldig befunden und in die Sowjetunion ausgewiesen. Ich hatte ihn nicht persönlich gekannt. Er war in den siebziger Jahren an einer schweren Krankheit gestorben. Seine Familienangehörigen nahmen mich mit großer Herzlichkeit auf. Seine Frau kramte in Schubfächern und gab mir eine Tasche, vollgestopft mit Papieren. »Vor seinem Tod sagte mein Mann zu mir: ›Gib diese Tasche der Kommunistischen Partei Israels. Vielleicht wird sich eines Tages ein Genosse finden, der über uns schreiben wird, über die alten Genossen der Partei. Wir lieben die Partei bis zum heutigen Tag. Sie ist verpflichtet, sich ihrer Söhne zu erinnern.‹ Und sie fügte hinzu: ›Das hier ist sein Vermächtnis.‹ «

Panitz' Sohn, ein junger Ingenieur, schaute mich fragend an. Ich verstand: Die Söhne wollten über ihre Väter Bescheid wissen. Auch das kleine Kind des Sohnes mit seinen hellen Haaren und seinen blauen Augen lächelte mich an, als wollte es mich zu einer Entscheidung ermutigen. Ich nahm die Tasche an mich.

»Die Partei ist verpflichtet, sich ihrer Söhne zu erinnern.« Dieser Satz klang weiter in meinen Ohren. Sich ihrer zu erinnern, das bedeutet doch nichts anderes, als sich der Partei zu erinnern.

Wie sollen die heutige Jugend und die kommende Generation bei uns Wurzeln schlagen, wenn sie die Geschichte unserer Partei nicht kennen?

Dieses Erlebnis brachte mir die Vergangenheit der Partei, die Vergangenheit der Genossen sehr nahe und verdeutlichte mir die Notwendigkeit, sie lebendig zu erhalten.

Der 60. Jahrestag der Partei nahte. Ich veröffentlichte in unserem Zentralorgan »So ha-Derech« einige Artikel und Erinnerungen, die den Parteiveteranen gewidmet waren.

Diese Auseinandersetzung mit der Vergangenheit führte mir plötzlich auch meine eigenen Erlebnisse vor Augen. Als sich mein 50. Parteijubiläum näherte, wurde ich gefragt: »Nun, und wann wirst du endlich deine Memoiren schreiben?«

Ich rechnete schnell nach, und die Angst packte mich. Die Zeit fängt ja wirklich an, »knapp« zu werden. Es bleibt ja nicht mehr viel davon übrig neben den vielen anderen Dingen, die man noch bewältigen muß. Lange habe ich darüber nachgedacht, ob ich meine Lebensgeschichte schreiben soll oder nicht. Am Ende habe ich mich entschlossen, es doch zu tun, weil ich überzeugt bin, daß meine persönlichen Erlebnisse untrennbar mit den Lebensgeschichten meiner Kampfgefährten verbunden sind. Schließlich sind es die Menschen, die mit all ihren Erlebnissen, den traurigen wie den erfreulichen, den wichtigen wie den weniger wichtigen, die Geschichte beeinflussen.

Ich maße mir nicht an, einen Abriß der Geschichte der Partei zu schreiben. Ich werde mich auch nicht an die Untersuchung von Problemen der Vergangenheit heranwagen, die äußerst kompliziert sind. Diese politischen Fragen sind viel gründlicher und wissenschaftlicher zu analysieren. Meiner Meinung nach darf Geschichte nicht umgeschrieben oder irgendwelchen Bedingungen »angepaßt« werden, sondern sie muß so geschrieben werden, wie sie war. Ich stimme da Antonio Gramsci zu, der gesagt hat, daß einzig und allein die Wahrheit revolutionär sei.

Der Tag wird kommen, an dem die Partei eingehend über sich schreiben wird. Ich habe es vorgezogen, in diesem meinem Buch das niederzulegen, woran ich mich erinnere, ohne mich mit politischen Analysen, Dokumentationen und Zitaten beschäftigen zu müssen.

Ich bin mir bewußt, daß ich diejenigen, die von mir eine umfassende Darstellung der Geschichte erwartet haben, enttäuschen werde. Es ist aber mein Wunsch, vor allem meine Erinnerungen darzulegen, so, wie ich sie sehe, und sie dem Leser zu präsentieren. Soll er selbst darüber befinden.

Plötzlich wurde mir klar, daß es ein Problem gibt — das Problem der Zeit. Ich erschrak. Es gibt da etwas, das nicht in meiner Macht liegt, etwas, das eigentlich mir gehört, das ich aber nicht beeinflussen kann. Ich befürchte, daß mir die Zeit wegrennt. Es ist einfach nicht fair: Ich mache mir einen Plan, und wenn ich meine, ihn verwirklicht zu haben, so ist die Zeit bereits auf und davon, sie ist nicht mehr da. Am nächsten Tag entdecke ich, daß ich die Arbeit ein zweites, ja ein drittes Mal tun muß. Die Engländer sagen: »Zeit ist Geld.« Umgekehrt ist das aber nicht wahr: Du kannst Geld besitzen, aber Zeit kannst du dir dafür nicht kaufen. Die Zeit hat eben ihren eigenen Lauf und ihren eigenen Rhythmus.

Ich bin immer im Rückstand; selbst wenn ich aufhöre, der Zeit nachzulaufen — sie enteilt mir. Ihretwegen kenne ich keine Nacht und habe keine Ruhe. Ihr Rhythmus aber ändert sich deshalb nicht. Sie rennt mit dem Säugling, der gerade geboren ist, mit dem Jugendlichen, der heranwächst, mit Mann und Frau und mit dem Greis. Ihrer aller Zeit geht einmal irgendwann zu Ende, aber die Zeit selbst geht ihren Weg unaufhaltsam weiter.

Ich begreife, daß man die Zeit nicht anhalten kann, und komme für mich selbst zu dem Schluß: Vergeude deine Zeit nicht, und denke schon gar nicht, daß du alles schaffst, was du dir vorgenommen hast. Wenn du an etwas Gutem und Schönem arbeitest, so werden es andere eben fortsetzen. Vielleicht sogar noch besser ... Ich ordne Papiere, meine Erinnerungen und die Erinnerungen meiner Genossen.

Ich bin entschlossen, den Wettlauf mit der Zeit aufzunehmen: Vielleicht wird es mir gelingen, das Werk zu beenden.

Mein Dank gilt allen Freunden, die mir bei der Vorbereitung und Herausgabe des Buches geholfen haben.

Ruth Lubitsch

Die ersten Schritte

Die entscheidende Begegnung

Wir gehen und schweigen — Eli und ich vorn, Kalman und Melech hinter uns.

Wir haben die Moschawa* durchquert, und die Zelte des Kibbuz* sind bereits nicht mehr zu sehen. Wir nähern uns einer Schonung, die nach dem Sonnenuntergang wie ein schwarzer Fleck am Horizont aussieht, steigen über die Hügel, die ich bei meinen Ausflügen oft hinauf und hinunter geklettert bin. Hier habe ich Veilchen gepflückt, doch immer nur am Tag oder gegen Abend. Zu so später Stunde war ich noch nie hier.

Ein leichter Wind weht und verbreitet betäubende Düfte. Alles ist ungewöhnlich: dieser Marsch mit Eli und den anderen Genossen, die Aufregung über das Bevorstehende. Meine Nerven sind auf das äußerste gespannt. Hier, in der kleinen Schonung, wird etwas Entscheidendes für mein ganzes weiteres Leben passieren. Etwas Neues. Ich gehe diesem Neuen entgegen.

Als mir Eli erzählte, er habe »Verbindung« bekommen, wußte ich: Das ist das Ende des bisher von mir beschrittenen Weges. Jetzt stehe ich vor der Schwelle einer neuen Etappe, die vor mir liegt. Ich schweige. Auch Eli ist in Gedanken versunken.

Wir bleiben stehen. »Hier müssen wir auf ein Zeichen warten«, sagt Eli, »der Mann muß hierherkommen.« Der Mann — er trägt den Namen Lustig — ist ein Landarbeiter, der in Benjamina wohnt. Eli arbeitet mit ihm zusammen. Sie sprechen viel miteinander, und dieser Genosse Schalom Lustig hat Eli vieles erklärt. Er ist Kommunist, aber nur wenige wissen das, denn die Kommunistische Partei ist verboten und muß illegal arbeiten. Wenn herauskommt, daß er Kommunist ist, wird er verhaftet. Eli gelang es, sein Vertrauen zu gewinnen.

* Anmerkungen am Ende des Bandes.

12

Erwartungsvoll stehen wir am Rande der Schonung und warten auf das Zeichen von Schalom Lustig.

»Was wird, wenn er nicht kommt?« flüstere ich. »Psst …«, macht Eli ganz nervös. Plötzlich ertönt ein Pfiff, leise zwar, aber er läßt mich hochfahren, als sei es ein Donnerschlag. Eli zieht mich energisch zurück. Ein Mann in Arbeitskleidung tritt aus der Schonung. Er drückt Eli die Hand und begrüßt uns mit einem Kopfnicken.

Nun geht Schalom als erster, und wir folgen ihm. Ich fasse Elis Hand und spüre seine Erregung. Erneut frage ich mich, ob ich denn diese Veränderung eigentlich wünsche. Doch alles in mir sagt: Ja!

Wir gelangen auf eine kleine Lichtung inmitten der Schonung. Man erkennt einige auf dem Boden sitzende Menschen. Langsam gewöhnen sich die Augen an die Dunkelheit: Die hier Versammelten tragen die Kleidung von Arbeitern. Einige haben Schirmmützen, andere Kaffias. Also auch Araber?! Ist das möglich?

Es ist das erste Mal, daß ich Araber und Juden zusammen sitzen sehe. Im Kibbuz kennen zwar alle Mustafa, der Gemüse liefert, und auch zwei andere Araber, die zu Baruch, dem Verwalter, kommen. Aber keiner außer Baruch und seinen Mitarbeiterinnen spricht mit ihnen. Mustafa sagt zu jedem, der ihm über den Weg läuft, »Schalom«*, das ist auch schon alles.

Und hier sitzen sie nun zusammen — Juden und Araber. Wer sind denn diese Menschen überhaupt? Selbstverständlich werde ich nicht danach fragen. Da uns keiner begrüßt, begrüßen wir auch niemanden. Es liegt etwas Geheimnisvolles in der Luft. Wir setzen uns zu den anderen.

»Sind alle hier?« Aus der Gruppe erhebt sich ein Mann. Groß, schlank, nicht mehr jung; auch er trägt eine Schirmmütze. In der Dunkelheit kann man sein Gesicht nicht erkennen. Ich weiß, es ist ein Vertreter der Palästinensischen Kommunistischen Partei (PKP)*. Man nennt ihre Mitglieder »Mopsim«*.

»Genossen!« Der Mann spricht jiddisch. Er hebt seine Stimme: »Ich freue mich, euch hier zu treffen. Mein Gruß gilt besonders den Jungen, die heute das erste Mal hier sind.« Er begrüßt uns — ich bin ganz aufgeregt. Seine Sprache verblüfft mich. Ich verstehe nur wenig Jiddisch. Zu Hause, unter sich, sprachen meine Eltern jiddisch. Auch wir Kinder sprachen mit dem Vater manchmal ein schlechtes Jiddisch. Doch die Umgangssprache war Polnisch. Ich gebe mir Mühe, jedes Wort zu hören und zu verstehen. Wie aber verstehen denn die Araber, was er sagt?, überlege ich.

Da höre ich ein Gemurmel. Aha, man übersetzt es ihnen. Es gibt Wörter, die ich nicht verstehe. Ich frage Eli, er antwortet unwillig. Ich spüre seine Konzentration und weiß, daß ich ihn störe. Da frage ich nichts mehr. Irgendwie »gewöhne« ich mich an die Sprache und nehme alle meine Kraft zusammen, um den politischen Darlegungen, die neu für mich sind, zu folgen. Aber die Umgebung, die Nacht, die unbekannten Menschen und alles, was mit mir in diesen Minuten passiert, machen es mir schwer, mich zu konzentrieren.

Der Redner (später werde ich wissen, daß es Abrumtschu war) nimmt Rücksicht auf die »Neulinge« unter seinen Zuhörern, die Kibbuzniks, und versucht, einfache Worte zu wählen. Er spricht leise, aber mir kommt seine Stimme sehr laut vor.

Dauernd schaue ich mich um. Ich befürchte, ein Fremder könnte ihn hören. Meine Befürchtungen sind unbegründet. Genossen wachen darüber, daß sich kein Geheimpolizist, kein »Szpieg« (Spion), wie wir ihn nannten, einschleichen kann.

Der Redner spricht über die tiefe Bedeutung der Losung »Proletarier aller Länder, vereinigt euch!«: Ohne die internationale Solidarität der Arbeiterklasse gibt es keinen Sieg über die Bourgeoisie, den Imperialismus … Die Kommunisten im Land sehen in der jüdisch-arabischen Zusammenarbeit das sicherste Unterpfand in ihrem Kampf für eine bessere Zukunft in Palästina. Solidarität ist schließlich keine Feiertagslosung, sondern ein Aufruf, tagtäglich den Kampf gegen all jene zu führen, die an der Spaltung der Arbeiterklasse interessiert sind … Und das ist unser Hauptproblem. Wir sind froh, wenn das Klassenbewußtsein der Arbeiter wächst, wenn sie sich von kleinbürgerlichen Ideen und Einflüssen, wenn sie sich vom Zionismus befreien.

Abrumtschu begrüßt uns junge Genossen, die aus dem Kibbuz des ha-Schomer ha-Zair (Der junge Wächter)* gekommen sind, nachdem sie die wahren Hintergründe des gerechten Kampfes der arabischen Arbeiter in Benjamina erkannt haben. Er sagt, er wolle gern etwas über unsere Erfahrungen hören.

Eli berichtet vom Streik der arabischen Arbeiter in Benjamina.

Der Streik in Benjamina

»Wißt ihr schon, die arabischen Arbeiter, die in Benjamina in den Orangenplantagen arbeiten, haben zum Streik aufgerufen?« Mit dieser Nachricht stürzte Eli in die Baracke.

»Ein Streik!? Wo?«

»Hier, in der Moschawa, in Benjamina, Freunde. Heute hat ein Streik der arabischen Arbeiter begonnen!« schrie er, als wären wir alle taub. »Sie streiken und erbitten unsere Solidarität.«

Diese Nachricht riß uns hoch. Wir, die wir uns für Sozialisten hielten, spürten, daß das für uns eine Bewährungsprobe war. Selbstverständlich sind wir auf ihrer Seite, so lautete die Meinung der Barackenbewohner. Nur Mordechai blieb ruhig und sagte, als führte er ein Selbstgespräch: »Komisch, die ungebildeten Arbeiter organisieren einen Streik.«

Der Spott in seinen Worten reizte mich. »Nimm zur Kenntnis, daß diese ›ungebildeten‹ arabischen Arbeiter streiken und uns, die Intellektuellen und Bewußten, bitten, ihnen zu helfen. Was hältst du davon?« Ich konnte Mordechai wegen seiner Weltanschauung, aber auch wegen seines Charakters nicht sonderlich leiden.

An diesem Abend läutete im Hof die Glocke zu einer Vollversammlung. Daß alle erschienen, war ungewöhnlich: die Mädchen mit Strickzeug, die Burschen, die Hände in den Taschen. Die Gesichter voller Neugier und Erwartung — die Nachricht hatte sich blitzschnell im Kibbuz verbreitet.

Josef eröffnete die Versammlung: »Ihr wißt, was geschehen ist. Eli wird uns Einzelheiten über den Streik berichten.« Eli gehörte zu den wenigen Kibbuz-Mitgliedern, die in den Orangenplantagen, auf Außenposten sozusagen, ständig mit arabischen Arbeitern zusammenarbeiteten. Dort erlernte er auch ihre Sprache. Später, nachdem er den Kibbuz verlassen hatte, verhaftet und wegen seiner Zugehörigkeit zur PKP vor Gericht gestellt wurde, verteidigte er sich in fließendem Arabisch und versetzte damit sogar den Richter in Erstaunen.

Eli erzählte die Geschichte des Streikes so: »Durch einen jüdischen Aufseher ließ der Plantagenbesitzer den arabischen Arbeitern mitteilen, daß ihnen der Tageslohn von zehn auf acht Piaster gekürzt werde. Vielleicht seid ihr über die Arbeitsbedingungen der Araber nicht im Bilde: Sie arbeiten täglich zwölf bis vierzehn Stunden, übernachten in Schuppen auf den Plantagen, essen Fladen und Oliven und trinken Wasser; ihre Kinder können nichts lernen und haben keine Zukunft.« Abschließend fragte Eli: »Das rechtfertigt doch wohl einen Streik?«

»Und ob«, sagte jemand.

»Und nun bitten die streikenden Arbeiter — es sind neun —, daß sich die Arbeiter von Benjamina und aus dem Kibbuz mit ihnen solidarisch erklären. Sie bitten uns um Hilfe.«

»Haben sie sich an die Gewerkschaftsleitung in Benjamina gewandt?« fragte Hanoch.

»Ja, man sagte ihnen, sie werde darüber beraten und dann entscheiden. Die haben doch Zeit«, antwortete Eli spöttisch.

»Was gibt es hier zu beraten?« staunte Lilli. »Es ist klar, daß wir Solidarität üben müssen. Wir brauchen doch nicht auf ihre Entscheidung zu warten, schließlich sind wir selbständig.«

»Entscheiden wir sofort, hier an Ort und Stelle, daß wir uns an ihre Seite stellen«, schlug ich vor.

Mordechai riet, nichts zu überstürzen und sich vorher an die Führung des ha-Schomer ha-Zair zu wenden, um zu hören, was diese dazu sagt. Es gab Gegenstimmen, die schrien: »Nicht warten!« Dennoch schloß sich die Mehrheit Mordechais Vorschlag an.

In der Leitung der Histadrut * herrschte Verwirrung. Es war peinlich, den Streikenden eine negative Antwort zu geben: Schließlich sind wir Mitglieder der Sozialistischen Arbeiter-Internationale! Den Streik zu unterstützen hätte aber bedeutet, im Widerspruch zu den proklamierten Zielen der Histadrut, der »Eroberung der Arbeit«, zu handeln. Damals hatten wir keine Ahnung von dem, was viele in der Moschawa bereits wußten: Die Institutionen der Histadrut in Benjamina führten seit Wochen Verhandlungen mit Landbesitzern, um das Primat »jüdischer Arbeit« in den jüdischen Plantagen durchzusetzen. Die Plantagenbesitzer wollten jedoch auf die billige Arbeit der Araber nicht verzichten. Die Führung des Histadrut ließ aber nicht locker. »Seid ihr Zionisten oder nicht?« so fragte sie. Die Plantagenbesitzer mußten Zugeständnisse machen. Sie erklärten sich bereit, insgesamt zu einem Drittel jüdische Arbeiter zu beschäftigen. Trotz dieses Zugeständnisses wollte die Führung der Histadrut nicht auf die volle Erfüllung ihrer Forderung verzichten und begann eine umfangreiche Aktion zur Vertreibung der arabischen Arbeiter von den Zitrusplantagen.

Im Kibbuz ging es zu wie in einem Bienenstock. Abgesandte gingen zur Führung des ha-Schomer ha-Zair und sagten: »Wir werden niemals Streikbrecher! Wir fordern Solidarität mit den Streikenden!« Mit wenigen Ausnahmen hatten alle das Gefühl, daß sich nun endlich etwas ereignete, das die Verständigung zwischen den arabischen und den jüdischen Arbeitern fördern mußte.

Die Führung des ha-Schomer ha-Zair wurde alarmiert, um zu retten, was noch zu retten war. Noch eine Versammlung wurde abgehalten. Es herrschte große Spannung. Einer der Führer, dessen Name mir entfallen ist, suchte nach Worten, um uns zu beruhigen. Er fing etwa so an: »Liebe Genossen, selbstverständlich werden wir uns mit den streikenden Arbeitern solidarisch erklären. Wir werden ihren Streik unterstützen, denn wir sind doch Sozialisten. Aber, Genossen, vergessen wir nicht, wir sind auch Zionisten! Es darf nicht sein, daß jüdische Arbeiter in jüdischen Zitrusplantagen keine Arbeit finden. Ich betone, in jüdischen Plantagen. Die arabischen Arbeiter können doch bei arabischen Effendis arbeiten.«

»Was sagst du da?!« hörte man verwunderte Stimmen.

Der Redner wurde ein wenig verlegen, fing sich aber sofort wieder: »Ich sagte, daß wir uns mit den Streikenden solidarisch erklären und ihren Streik nicht brechen werden. Dennoch werden wir nach Beendigung der Aktion die Entlassung einiger arabischer Arbeiter fordern, damit auch Juden dort arbeiten können. Juden und Araber zusammen!«

Es herrschte Verwirrung. Sie dauerte nicht lange, dann wurde geschrien: »Und das nennt sich nun Solidarität?!« — »Wo bleibt denn da der Sozialismus?« — »Ihr verratet den Streik!« Die meisten Mitglieder fühlten sich betrogen. Warum plötzlich eine derart kalte Dusche? Der Redner verschwand, doch die Diskussion dauerte bis spät in die Nacht.

Das war eigentlich eine gute Lektion, dachte ich. Wie wollen sie das bloß verwirklichen: ohne den Streik zu brechen, die arabischen Arbeiter vertreiben?

Sie fanden einen Weg: Die Gewerkschaftsleitung in Benjamina

teilte mit, sie werde keine Streikbrecher schicken. Das bedeutete, daß sie auf der Seite der Streikenden stand. Als diese davon erfuhren, baten sie um weitere Hilfe. Sie wollten Posten an den Eingängen zu den Plantagen aufstellen, um zu verhindern, daß arabische Streikbrecher, die von den Plantagenbesitzern angeworben wurden, eindringen konnten.

Doch die Gewerkschaftsleitung in Benjamina stimmte ihrer Bitte nicht zu. Sie hatte nichts gegen arabische Streikbrecher. Im Gegenteil, sollten sie doch kommen, sollten sich doch die arabischen Arbeiter gegenseitig die Köpfe einschlagen!

Diese zynische Haltung entfachte im Kibbuz einen Sturm der Entrüstung. Trotz des Verbots der Führung des ha-Schomer ha-Zair erklärten sich einige Mitglieder des Kibbuz bereit, Streikposten zu beziehen. Doch letztlich wurde nichts daraus.

Die Plantagenbesitzer brachten nun arabische Arbeiter aus anderen Orten mit. An den Eingängen zu den Plantagen kam es zu Schlägereien, es gab sogar Verletzte. Nach einer Woche war der Streik gebrochen. Die Streikenden wurden gemaßregelt und verloren ihre Arbeit. Auch die arabischen Streikbrecher wurden, obwohl man ihnen Arbeit versprochen hatte, weggejagt. Die Begründung der Histadrut dafür war: Sie sind nicht organisiert. Das Gewissen einiger sozialistischer Zionisten beruhigte sich wieder. Dennoch war die Enttäuschung insgesamt groß und regte zum Nachdenken an. Vielen wurde plötzlich klar, daß — wie im Märchen — »unser Kaiser keine Kleider trug«. —

Eli hat seinen Bericht beendet. Eine Minute herrscht Schweigen. Dann sagt Genosse Abrumtschu:

»Der Streik der arabischen Arbeiter in Benjamina war nicht nur äußerst lehrreich für die wenigen im Kibbuz, die ein Gewissen besitzen, sondern auch für alle Arbeiter im Lande. Es ist nicht der einzige Kampf, gegenwärtig finden überall derartige Auseinandersetzungen statt.

Die Histadrut-Führung — Vertreter von MAPAI*, ha-Schomer ha-Zair und Poale Zion* — ist von der Standhaftigkeit der arabischen Arbeiter in ihrem Kampf für das Recht auf Arbeit und gegen Ausbeutung überrascht worden. Ihr bot sich plötzlich ein ungewohntes Bild: Arabische Arbeiter, unterdrückt und ausgebeutet, ›rückständig‹ und ›ohne Bewußtsein‹, hatten sich selbst, ohne Hilfe von außen, gegen die schändliche Ausbeutung der Plantagenbesitzer organisiert. Die ›Knechte des Feudalregimes‹ hatten keine Vertreter in der Sozialistischen Arbeiter-Internationale und in den Gewerkschaften; ihnen hatte der Sekretär der Internationale während seines Besuches im Land keinerlei Aufmerksamkeit geschenkt. Dennoch verstanden sie es, über den von geschickten Händen geschaffenen Abgrund des Rassenhasses und der gegenseitigen Verhetzung eine Brücke zu schlagen, indem sie die jüdischen Arbeiter von Benjamina zur Solidarität aufriefen.

Auf der anderen Seite standen jüdische Arbeiter, ›klassenbewußt‹, organisiert in einer Gewerkschaft, die behauptet, im Lande eine gerechte, auf Gleichberechtigung und Freundschaft basierende Ordnung zu errichten. Sie standen dem ersten Hilferuf arabischer Arbeiter ratlos gegenüber, obwohl die Histadrut als Beauftragte der Internationale auch ihnen gegenüber Verpflichtungen hat. Sie fragten noch: ›Sollen wir solidarisch sein oder nicht?‹ Das Ende kennt ihr. Der Streik wurde verloren.

Wie ihr gehört habt, versprechen diese Führer jetzt, eine ›gemeinsame Organisation‹ von Juden und Arabern zu schaffen. Ihren Versprechungen kann man keinen Glauben schenken. Eine echte internationale Organisation jüdischer und arabischer Arbeiter werden nur die Kräfte ins Leben rufen, die am Schicksal der jüdischen und der arabischen Arbeiter wirklich interessiert sind. Nur solche Kräfte, Juden und Araber, werden Schulter an Schulter in der Lage sein, mit Erfolg gegen ihre Ausbeuter zu kämpfen. Die Führer der MAPAI und der Histadrut werden das nie schaffen.«

1931 erklärte der Generalsekretär der Histadrut, David Ben Gurion*, in einer Rede vor der Gewerkschaftsleitung unumwunden: »Wie gut, daß wir mit den Arabern offen gesprochen haben, schließlich sind wir keine Missionare. Nach all den Vorgängen in Benjamina, Kfar-Saba, auf der Straße zum Toten Meer und an weiteren Orten bedarf es keiner zusätzlichen Erläuterungen für die arabischen Arbeiter mehr, damit sie den zionistischen Geist der Histadrut − ihren Pioniergeist und Klassencharakter − verstehen.«

Doch nicht nur die arabischen, sondern auch die jüdischen Arbeiter lernten den wahren Charakter der Führung der Histadrut kennen.

Abrumtschu wendet sich an uns mit den herzlichen Worten:

»Ich bin mir sicher, daß ihr eure Konsequenzen daraus ziehen werdet. Bestimmt sehen wir uns wieder.«

Daß er sich direkt an uns wendet, gefällt uns und gibt uns Mut. Er fragt nicht nach unseren Namen, betont aber: »Bestimmt sehen wir uns wieder.« Mit einem Händedruck verabschieden wir uns von ihm.

Es werden Vorbereitungen getroffen, um die Zusammenkunft aufzulösen. Auch das ist neu für uns. Man schickt uns als erste weg. Da die Polizei uns nicht kennt, werden wir, falls wir ihr begegnen sollten, keinen Verdacht erwecken. Die anderen gehen einzeln oder zu zweit in verschiedene Richtungen auseinander.

Wir verlassen die Schonung in Richtung Kibbuz. Wieder gehen wir, ohne ein Wort miteinander zu sprechen. Das Herz ist voll, man hat den Wunsch, erst einmal über das Gehörte nachzudenken.

Die Dunkelheit umgibt uns. Alle schlafen. Außer unseren Schritten ist nichts zu hören. Erstaunlich, wie gewaltig die Stille in der Natur ist. Alles ist gesetzmäßig: Nach dem Frühling wird der Sommer kommen, nach dem Herbst der Winter und das gleiche noch einmal. Nur der Mensch ist ein rastloses Wesen — stürmisch, nach Wegen suchend, die die Welt verändern.

Ich habe immer geglaubt, daß das Gute siegen wird. Jetzt weiß ich es. Was hat dieser Mann, der Genosse Abrumtschu, in der Schonung gesagt? Auch er glaubt, daß das Gute siegen wird. Man muß jedoch dafür kämpfen. Wie wird mein Kampf von nun an aussehen? Wie werde ich mich in die neue Welt, über die er gesprochen hat, hineinfinden?

Seine Worte sind verständlich, einfach: »Da wir Sozialisten sind, haben wir sowohl Verbündete als auch Feinde. Wer ist aber für und wer gegen uns? Auch im ha-Schomer ha-Zair haben wir uns viel mit diesem Thema beschäftigt. Wie kommt es, daß auf einmal die Plantagenbesitzer, die uns Arbeiter ausbeuten, zu unseren Verbündeten werden? Weshalb verteidigen wir plötzlich die Bauern, die die Tagelöhner ausbeuten? Was haben wir überhaupt mit ihnen gemeinsam? Die Antwort, die wir bisher bekamen, war: ›Wir sind doch alle Zionisten!‹ Es ist aber an der Zeit, die Frage zu beantworten: Welcher Klasse gehörst du an — der Arbeiterklasse oder der Ausbeuterklasse, der Bourgeoisie?«

Wir gehen alle ganz in Gedanken versunken weiter. Auch ich

frage nichts. Unser Schweigen hat etwas Feierliches an sich. Heute habe ich gewichtige Worte gehört. Wo und wann gab es dergleichen früher?

Die erste Demonstration

Ja, wie war das eigentlich damals mit meiner ersten Demonstration? Ich erinnere mich ... Ich war sechzehn, lernte im Gymnasium und war Mitglied des ha-Schomer ha-Zair in Warschau.

...Morgen ist der Erste Mai, morgen werden Arbeiterdemonstrationen stattfinden. Die Jugend des ha-Schomer ha-Zair nimmt nicht daran teil. Warum?

»Das geht uns nichts an. Wir werden später den Ersten Mai in Erez-Jisrael* feiern.«

Ich bin mit dieser Auffassung nicht einverstanden. Ich glaube, daß der Erste Mai mich sehr wohl etwas angeht, und zwar hier. Ich möchte mit den Arbeitern demonstrieren. Insgeheim suche ich Verbündete für diese »Disziplinverletzung«, spreche mit Jaakov und mit Jizchak. Einverstanden? — Einverstanden. Sie fragen, mit wem wir marschieren werden. Mit den Kommunisten, antworte ich. Mir scheint, diese hätten am allermeisten recht ...

Am Morgen des 1. Mai scheint die Sonne hell und wärmt. Ich verlasse das Haus schon ganz früh. Am vereinbarten Treffpunkt ist kein Mensch. Verwirrt stehe ich da und warte auf meine beiden Freunde. Arbeiter in Festkleidung ziehen in Gruppen die Straße entlang. Sie gehen in Richtung Theaterplatz. Ich beschließe, nicht länger zu warten, und schließe mich ihnen an.

Eine Menschenmenge füllt den großen Platz: viele alte Arbeiter, das Gesicht voller Falten; Mädchen und Frauen mit roten Kopftüchern; Jugendliche mit einer Blume oder einem roten Bändchen im Knopfloch. Gruppe auf Gruppe formiert sich zur Demonstration. Von der Bühne hört man den Redner Losungen rufen. Ich kann sie gut verstehen: »Proletarier aller Länder, vereinigt euch!«, »Heute ist unser Feiertag, der Feiertag des Proletariats!«, »Die Bourgeoisie saugt das Arbeiterblut aus!«, »Wir werden nicht für Ausbeutung und Hungerlohn arbeiten!«, »Wir sind stark!«, »Vereinigen wir uns gegen den großen Feind — den Kapitalismus!«, »Solidarität, Genossen!« Man beginnt zu singen: »Auf die Barrikaden ... du Arbeitervolk ...«

Plötzlich spüre ich einen schweren Arm auf meinem Rücken. Ich drehe mich um und sehe einen alten Arbeiter. Er stützt sich mit der ganzen Schwere seines Körpers auf mich und singt mit heiserer Stimme das Proletarierlied: »... Rot ist das Tuch, das wir entrollen, klebt doch des Volkes Blut daran.« Er riecht nach Wodka, ist betrunken. Sein Arm wird mir schwer. Ich traue mich nicht, ihn abzuschütteln, denn ich will ihn nicht beleidigen. Ein junger Arbeiter, der in der Nähe steht, befreit mich schließlich.

Plötzlich sind Schüsse und Schreie zu hören. Eine wilde Flucht beginnt. Ich werde von der Masse mitgerissen, stolpere und falle auf Menschen, die bereits auf dem Boden liegen. Auf mich stürzt auch jemand. Ich verliere fast die Besinnung. Da ich nicht erfasse, was geschieht, bin ich ohne Angst. Ich höre Pferde galoppieren und wieder Schüsse und ohrenbetäubende Schreie. All das dauert nur wenige Minuten, dann herrscht wieder Stille.

Mit Mühe befreie ich mich von der Schwere des auf mir liegenden Körpers. Ich richte mich auf. Auch die Frau, die unter mir liegt, steht auf. Ich taumele. Suchend schaue ich über den Platz, fast kein Mensch ist mehr zu sehen. In der Mitte stehen einige Polizeiautos, daneben berittene Polizisten, die die schmutzige Arbeit verrichtet haben, die Arbeiterdemonstration mit Gewalt auseinanderzutreiben.

Auf dem Platz liegen verstreut Kleidungsstücke von Fliehenden, nicht weit von mir sogar Frauenschlüpfer. Ich werde rot; ich schäme mich, daß eine Frau ihre Schlüpfer verloren hat. Ich schaue nach allen Seiten, ob ich nicht beobachtet werde, hebe die Schlüpfer auf und stecke sie in meine Manteltasche. Wie ist sie nur ohne Schlüpfer nach Hause gegangen? Der Gedanke quält mich, als sei das an diesem Tag das allerwichtigste.

Ich weiß nicht mehr, wie ich nach Hause gekommen bin.

Später fällt mir eine Arbeiterzeitung in die Hände, und ich lese, daß die Polizei auf die friedlich demonstrierenden Arbeiter mit Gewehren und Schlagstöcken losgegangen ist. Es hat Verwundete gegeben. Die Gewerkschaftsverbände verurteilen das Vorgehen der Polizei, die von der Regierung geschickt wurde, und versichern, daß sie trotzdem nicht aufgeben und den Kampf gegen Ausbeutung und Unterdrückung, für die sozialistische Revolution weiterführen werden.

Wegen meiner Teilnahme an der Demonstration rügte man

mich im ha-Schomer ha-Zair. Ich nahm die Rüge mit Gelassen-
heit entgegen, da ich mit mir im reinen war. Auch im nächsten
Jahr ging ich zur Maidemonstration, obwohl man mir androhte,
mich aus der Bewegung auszuschließen.

Und noch eine Demonstration

Eine zweite Demonstration im Mai 1927. Diesmal demonstriere
ich in den Reihen der Linken Poale Zion; eigentlich Jizchaks wegen, dessen älterer Bruder dort Mitglied ist. Ich habe Jizchak vorgeschlagen, mit den Kommunisten zu demonstrieren. Er sagt:
»Kannst du dich noch an den Skandal vom vorigen Jahr erinnern, als du zur Demonstration gegangen bist? Es ist schon besser, dieses Jahr mit den Poale Zion zu gehen, das sind wenigstens
Zionisten. Wichtig ist doch, am Ersten Mai überhaupt zu demonstrieren.«
Jizchak gehörte auch zu denen, die mit der Politik des ha-
Schomer ha-Zair unzufrieden waren. Er schwankte, war aber vor-
sichtiger als ich.
Wir treffen uns früh am Morgen am Sammelplatz. Jizchak hat
hier Bekannte, Freunde seines Bruders. Er wird herzlich begrüßt,
aber mich, so scheint es mir, betrachtet man mit gewisser Zurück-
haltung. »Wer ist diese Kleine?« wird in jiddisch gefragt. Die meisten sind Arbeiter, doch auch Angehörige der Intelligenz und Jugendliche sind zu sehen.
Die Demonstration setzt sich in Bewegung. Man singt revolutionäre jiddische Lieder, hißt rote Fahnen. Die Atmosphäre ist
feierlich, kämpferisch. Jizchak und ich marschieren zusammen in
einer langen Reihe.
An einer der Kreuzungen erscheint eine andere Demonstration: Reihe an Reihe, rote Fahnen. Die Marschierenden beider
Demonstrationen beschimpfen sich gegenseitig in jiddisch. Arbeiter beschimpfen Arbeiter?! Bei einer Demonstration?! Ich bin
schockiert. Jizchak flüstert mir ins Ohr: »Die anderen sind rechte
Poale Zion. Zwischen beiden Parteien herrscht Feindschaft.«
»Warum?« frage ich.
»Das erkläre ich dir später.«
Die Demonstration erreicht den großen Platz, wir bleiben ste-
hen. Vom Balkon eines hohen Hauses flattern Fahnen. Einige

Leute stehen dort, einer von ihnen hält eine Rede. Nur mit Mühe sind seine Worte zu vernehmen, er spricht jiddisch.

»Wir, die Massen der ausgebeuteten Arbeiter, bringen euch eine bessere Zukunft.« Die Worte »die ausgebeuteten Massen« wiederholen sich fast in jedem Satz. Die Menschenmenge jubelt. Ein zweiter Redner, jünger als sein Vorredner, eine Schirmmütze auf dem Kopf, ein Arbeiter. Er schreit und begleitet seine Worte mit den Händen. Die Menge lauscht, klatscht Beifall. Ein dritter Redner stellt sich ein, klein, mit Glatze. Er spricht nervös, beginnt einen Satz, führt ihn nicht zu Ende und schaut andauernd ängstlich um sich.

Was ist los? »Berittene, Berittene!« geht da der Schrei durch die Massen. »Genossen, nicht auseinanderlaufen! Bewahrt Ruhe!« ruft man vom Balkon herunter.

Aber die Panik hat bereits alle ergriffen. Die Menschen rennen in alle Himmelsrichtungen auseinander. Jizchak faßt mich bei der Hand, und wir laufen los. Seine Schritte sind lang, ich kann nicht mithalten. Ich stoße jemanden an, der am Boden liegt. Ich stolpere, reiße mich von Jizchak los. Jemand fällt auf mich, mir wird die Luft knapp. Ich erinnere mich an die Demonstration des vergangenen Jahres am Theaterplatz. Alles wiederholt sich, denke ich.

Ich weiß nicht mehr, wie ich davongekommen und zum nächstliegenden Hof gerannt bin. Vor dem schmalen Tor drängten sich bereits viele Menschen. Ich war unter den letzten. Was tun? Ich bemerkte einen Jungen, der vor Angst zitterte. Ich kannte ihn. Es war der jüngste Bruder von Henik Drabkin, meinem Freund aus dem ha-Schomer ha-Zair. Der Junge sah zum Erbarmen aus, er war zu Tode erschrocken. Ich umarmte ihn und sagte: »Hab keine Angst, ich bin doch bei dir.«

Es gab keine Möglichkeit, sich durch das Tor zu zwängen. Instinktiv drehte ich mich zur Wand des Hauses und drückte mich fest an sie. Mein Kopf war leer, als wäre ich nicht ich, sondern ein anderer Mensch. Eine unheimliche Ruhe überkam mich, ich war wie vor Kälte erstarrt. Und gerade das hat mich, wie es scheint, gerettet. Berittene Polizisten galoppierten an mir vorüber. Sie beachteten das sich an die Wand pressende Mädchen nicht. Aber vor meinen Augen wüteten sie, verfolgten die Fliehenden und schlugen sie mit ihren Peitschen. Ich sah die Gesichter der

Polizisten nicht. Ich sah nur, wie die Beine der Pferde die Menschen niederstampften. Auf dem Bürgersteig sah ich Blut. Ich schaute hin, als zwänge mich jemand, diesen Anblick lebenslang nicht zu vergessen.

Wie lange ich so gestanden habe, weiß ich nicht mehr. Ich fühlte, daß mich jemand von hinten packte und in den Laden zog, vor dem ich gestanden hatte. Der Raum war voller Menschen und stickig, Zigarettenrauch stieg an die Decke. Die Menschen bestürmten mich immer wieder mit der Frage: »Was hast du gesehen?« Ich hatte einen Schock und bekam kein einziges Wort heraus. Man setzte mich auf einen Stuhl und gab mir ein Glas Wasser.

Dann ging ich in den Hinterhof. Auch hier wimmelte es von Menschen. Alle sprachen zugleich. Betroffen und eingeschüchtert, fand ich dort zum Glück Jizchak. Er umarmte mich herzlich und erzählte mir, daß er sich Sorgen um mich gemacht habe. Sein Gewissen plagte ihn, weil er mich allein auf der Straße zurückgelassen hatte.

Ich erzählte Jizchak von Heniks Bruder, um den ich mir große Sorgen machte. Auch ihn fanden wir jedoch gesund und munter im Hof. (Später richtete mir sein Bruder, Chaim Drabkin-Darjan, Grüße von diesem Jungen aus, der indessen in Italien reich geworden war. »In seinen Augen bist du sein Lebensretter«, erzählte er. Wir lachten darüber.)

»Man kann 'raus, man kann 'raus«, ging die Nachricht von Mund zu Mund. Das Tor wurde geöffnet, und die Massen fingen an, auf die Straße zu strömen. Ich glättete mein zerknittertes Kleid und kämmte meine Haare. Jizchak setzte mich in eine Droschke. Der Kutscher betrachtete mein blasses Gesicht und fragte: »Was hattest du dort zu suchen, Mädchen?« Er zeigte auf die Straße, die wie nach einem Pogrom aussah. Ich fuhr bis zu der Straße, die parallel zu unserer verlief, weil ich genau wußte, daß meine Mutter vor dem Ladeneingang stand und auf mich wartete. Sie erkannte mich schon von weitem und rief aufgeregt und böse: »Endlich! Die letzte.« Das bedeutete, daß die anderen Geschwister bereits zu Hause waren.

Am Vorabend des Ersten Mai hatte ich unsere Haushaltshilfe, eine junge Polin, und den im Laden meiner Eltern arbeitenden Juden, er war etwa dreißig Jahre alt, überzeugt, zur Demonstration zu gehen. Natürlich ohne Wissen meines Vaters. Hätte er es gewußt, wäre es zu einem riesengroßen Skandal gekommen. Meine Mutter hatte mich gewarnt: »Solltest du nicht aufhören, sie aufzuhetzen, wirst du am Ersten Mai zu Hause bleiben, kochen und im Laden arbeiten …« Sie wußte ganz genau, ich würde unbemerkt verschwinden.

Als ich von der Demonstration nach Hause kam, war mir klar, was mich erwartete.

Der Angestellte war wirklich nicht zur Arbeit erschienen, und die Haushaltshilfe hatte beschlossen, einen Urlaubstag zu nehmen, um ihre Familie auf dem Lande zu besuchen. Der ganze Haushalt lastete auf den Schultern meiner Mutter, und ich hatte selbstverständlich an allem schuld. Aber Mutti war nicht nur böse, sie machte sich auch Sorgen um mich. In der Stadt sprach man über die mit Gewalt auseinandergetriebenen Demonstrationen, und sie wußte, daß ich an einer von diesen teilgenommen hatte.

In jener Nacht machte ich kein Auge zu, obwohl ich sehr müde war. Die Ereignisse des Tages ließen mir keine Ruhe. Ich grübelte darüber nach, wie wenig ich über die Arbeiter, die demonstriert hatten, wußte. Warum waren sie gespalten? Warum würde ich morgen im ha-Schomer ha-Zair eine Rüge dafür bekommen, daß ich an der Demonstration teilgenommen habe? Nach dieser durchwachten Nacht beschloß ich, mich noch ernsthafter als bisher mit diesen Problemen zu beschäftigen, mehr darüber zu lesen und zu lernen.

Wir nähern uns mittlerweile den Zelten des Kibbuz. Noch am Eingang zur Moschawa teilen wir uns in zwei Gruppen. Um die Aufmerksamkeit nicht auf uns zu lenken, gehen Eli und ich direkt in Richtung Kibbuz, während die beiden anderen die Moschawa umgehen und von der anderen Seite kommen.

Bei den Zelten verabschiede ich mich von Eli, damit wir zu so später Stunde nicht zusammen gesehen werden. »Man wird dich noch verdächtigen, Lilli untreu zu sein«, sage ich lachend. Auch er lacht. Und wir verabschieden uns dieses Mal mit einem festen Händedruck, ganz feierlich.

Meine Zimmernachbarn

Ich öffne leise die Barackentür. Drei Betten, auf zweien schlafen meine Zimmernachbarn. Die meisten Mitglieder wohnen in Zelten. Die Baracken sind für die gesundheitlich Anfälligen bestimmt. Die Malaria macht uns fertig.

Auch ich habe lange Zeit in einem Zelt gewohnt. In den Sommermonaten war das gar nicht mal so schlecht: Man zieht einfach die Zeltplane hoch, und schon hat man frische Luft. Das wichtigste aber war, den Mückenstichen zu entkommen, das heißt der Malaria, die fast alle Mitglieder des Kibbuz schüttelte. Moskitonetze dienten uns als Schutz.

Einmal, in einer regnerischen, stürmischen Nacht, riß der Wind einige Zelte ein. Wir rannten in den Speisesaal. Selbstverständlich war es für die Burschen eine reizende Nachthemdenschau. Während die Zelte wieder aufgestellt wurden, saßen wir gemütlich beisammen, tranken Tee, erzählten Geschichten und lachten — wir waren jung, und alles erschien uns wie ein lustiges Abenteuer.

Meine Barackennachbarn schlafen den Schlaf der Gerechten. Wir sind gute Freunde, wir lesen zusammen »Das Kapital«. Einer von ihnen glaubt, sowohl ein guter Marxist als auch Zionist zu sein. Ich diskutiere viel mit ihm.

Beim Eintreten kommt mir der absurde Gedanke, die beiden aufzuwecken und zu sagen: »Hört zu, ich habe an einer Versammlung der Kommunisten teilgenommen!« Ich stelle mir vor, was passieren würde. Sie würden ganz entsetzt aus den Betten springen. »Was?! Du warst auf einer Versammlung der Mopsim? Bist du verrückt?!« Einer würde bestimmt sagen: »Sie hat uns verraten.« Er würde es aber nur leise sagen, er mag mich und will mir »ein wenig Zionismus« einflößen ... Er behauptet, den Zionismus mit der Muttermilch eingesogen zu haben. Und gerade ihn möchte ich wecken und sagen: »Mit dem zionistischen Sozialismus ist es bei mir vorbei!«

Ich lache in mich hinein — eine verrückte Idee. Ist doch klar, daß ich sie nicht aufwecken und ihnen nicht verraten werde, wo ich war. Es ist mein Geheimnis.

Ich ziehe mich aus und krieche leise und vorsichtig unter meine Decke, damit das Eisenbett nicht knarrt. Es ist schon spät.

Morgen werden die zwei mich bestimmt fragen, wo ich denn den ganzen Abend war.

Ich versuche einzuschlafen, der Tag bricht bald an. Ich muß früh aufstehen, meine Küken warten auf mich. Ich finde keinen Schlaf, Gedanken und Erinnerungen schwirren in meinem Kopf herum. Die Vergangenheit, die Gegenwart und sogar die Zukunft werden eins, jagen einander wie ein Wirbelwind. Ich sage zu mir: Langsam, langsam, nicht so durcheinander. Ich benötige dringend etwas mehr Ordnung in meinem Kopf.

Nun, heute abend habe ich mit der Vergangenheit gebrochen. Warum habe ich es nicht schon früher getan? Warum habe ich nicht schon früher das verstanden, was ich heute verstehe? Aus dem Wirrwarr der Gedanken höre ich Mareks Stimme und sehe seine klugen Augen ...

Zakopane, ein Städtchen in der polnischen Tatra. Ich mache einen Ausflug mit einer Gruppe des ha-Schomer ha-Zair aus Warschau, einer Jugendgruppe des Gymnasiums. Marek und ich sind Gruppenleiter. Die Umgebung ist herrlich — eine der schönsten Gegenden Polens. Mit Stöcken und Seilen ausgerüstet, haben wir bereits einige der Gipfel erklommen. Nur Dichter sind imstande, diese Schönheit der Natur, die sich unseren Augen bot, und ihre betäubenden Düfte in Worten auszudrücken. Wir greifen tatsächlich auf die Dichter zurück und sagen ihre Verse auf.

Der alte Mann, in dessen Haus wir Unterkunft gefunden haben, fragt mich: »Ist es denn nicht schwer für dich, Mädchen, auf die Berge zu klettern? Es ist doch gefährlich. Sieh mal, ich bin hier geboren, ich lebe hier, und trotzdem kam ich niemals auf den Gedanken, so etwas zu tun. Wozu auch?« Wir lachen. In den Augen des einheimischen Alten sind wir Verrückte. Kommen aus einer großen und fernen Stadt, die er wahrscheinlich niemals besuchen wird, und klettern auf die Berge wie die Ziegen ...

Es ist Abend. Die »Bande« ist müde auseinandergegangen, man ruht, man schläft. Marek kommt in mein Zimmer, um mit mir den Plan für morgen vorzubereiten. Draußen heult der Sturm. Er ist plötzlich ausgebrochen, am Ende eines schönen Tages. So etwas ist im Gebirge selten. Der Donner dröhnt gewaltig und fürchterlich, und ich habe besonders nachts Angst vor Gewitter.

Diese Angst wurde in mir geboren, als ich ein Buch meiner Lieblingsautorin Maria Konopnicka gelesen habe. Es ist die Geschichte einer Witwe, Mutter eines einzigen Sohnes. Ein Arbeiter, der müde nach Hause kommt, sich an den Tisch setzt, um mit seiner Mutter nach einem langen und schweren Arbeitstag zu essen. Draußen heult der Wind, ein Sturm tobt. Plötzlich fährt ein Blitz in den Schornstein, trifft den Sohn und erschlägt ihn vor den Augen seiner Mutter. Dieses Bild des Unglücks wurde für mich bereits vor vielen Jahren zu einem Alptraum.

Marek beruhigt mich. Er sitzt neben mir und streicht mir übers Haar. Draußen tobt das Gewitter, doch im Zimmer ist es angenehm warm. Wir unterhalten uns.

Zu Beginn ist unser Gespräch sachlich. Aber sehr schnell gleiten wir in große Probleme hinüber, die uns beschäftigen, denn wir stehen kurz vor der Alijah, der Einwanderung nach Palästina. Marek hat sich entschlossen, nicht auszuwandern. Er ist zwar noch Mitglied des ha-Schomer ha-Zair, arbeitet aber in einer Fabrik. Dort trifft er mit »echten« Arbeitern zusammen und entfernt sich, wie er selbst sagt, immer mehr von der »kleinbürgerlichen, nationalistischen Ideologie«.

»Fahr nicht«, sagt Marek. »Warum gehst du eigentlich nach Palästina? Meiner Meinung nach bist du überhaupt keine Zionistin, zumindest bist du nicht völlig von der Richtigkeit des Zionismus überzeugt.«

Ich bin nervös. Seine Worte treffen mich. Es ist wahr, es gibt bei mir noch tausend Fragezeichen. Dennoch habe ich mich bereits von all dem, was mich hier bindet, gelöst. Ich lege vor mir selbst Rechenschaft ab. Ich kann nicht zu Hause bleiben, auf keinen Fall. Diese Umgebung würgt mich, beengt mich. Ich bin schon einige Jahre an meine Freunde gebunden. Wir sind bestrebt, ein neues Leben aufzubauen. Wir sind Sozialisten. Ist es nicht gut, Kibbuzim, sozialistische Kommunen, in Palästina zu errichten?

Marek meint, daß die Mitglieder des ha-Schomer ha-Zair keine richtigen Sozialisten seien. »Aber sie behaupten doch, daß sie es sind«, entgegne ich. »Die Führung des ha-Schomer ha-Zair sagt deutlich, daß wir für einen sozialistischen Zionismus sind. Wir sind für das Zusammenleben von Juden und Arabern ... Ist das etwa alles nicht richtig?«

»Ich muß mir ein neues Leben suchen«, sagte ich damals zu Marek. »Ich wandere nach Palästina aus. Aber ich versichere dir, sollte ich mich geirrt haben, werde ich meinen Weg suchen. Ich werde nach meinem Gewissen leben, Marek, das schwöre ich dir!«

... Und nun liege ich in der Baracke, in meinem Bett. Nicht einmal zwei Jahre sind seit diesem Abend vergangen, und ich sage im stillen zu Marek: Erinnerst du dich? Ich habe geschworen, und jetzt erfülle ich den Schwur ...

Steine ohne Herz

Morgen muß ich schon früh aufstehen, um im Hühnerstall zu arbeiten. Es ist nicht meine erste Arbeit im Kibbuz. Als ich Ende 1929 hierher kam, fiel es mir schwer, mich an »Frauen«arbeiten zu gewöhnen. Ich weigerte mich, in der Küche oder in der Kleiderkammer zu arbeiten. Ich rebellierte. Eigentlich war das der Anfang meines konkreten Kampfes für die Gleichberechtigung der Frau. Ich bin schließlich nicht hierher gekommen, um traditionelle Frauenarbeit zu verrichten, so sagte ich mir. Ich wollte überhaupt nicht dort arbeiten, wo viele Frauen konzentriert waren. In der Kleiderkammer wird nur getratscht, das war die Meinung aller.

Hätte man mir damals prophezeit, daß ich jahrelang aktiv in der Frauenorganisation wirken und über dreißig Jahre sogar Generalsekretärin der Demokratischen Frauenbewegung Israels (TANDI)* sein würde, so hätte ich das für einen schlechten Scherz gehalten.

Wo hätte die Kommission für Arbeit mich auch beschäftigen sollen, schwächlich wie ich war und ohne Beruf? Viele Möglichkeiten gab es nicht, zumal die Wartung und die Pflege von Kindern damals im Kibbuz noch nicht nötig waren.

Da kam mir eine Idee: Ich werde als Steinklopfer arbeiten. Bei der Arbeitseinteilung sperrte man Mund und Nase auf. »Du?!« Ich reckte mich in die Höhe und erklärte energisch: »Ich werde als Steinklopfer arbeiten.« Bei dieser Arbeit waren große Steine zu zerkleinern. Das war nicht leicht, und so arbeiteten im Steinbruch meistens Jungen, aber auch einige Mädchen. Zum Beispiel zeichnete sich unsere Debora dort besonders aus. Ihre Arbeitsleistung war höher als die mancher Jungen. Auch Batia arbeitete dort. Sie war nicht so kräftig wie Debora, aber stark und vollbrachte ausgezeichnete Leistungen.

Schließlich gab man nach. Am nächsten Tag genoß ich das Gefühl, zur Außenarbeit gehen zu können. Der frühe Morgen, das Klettern auf ein offenes Zubringerauto, die Fahrt — es war einfach herrlich! Der Sommerwind blies mir ins Gesicht, zerzauste meine Haare. In meinen Händen hielt ich die den »Außenarbeitern« zustehende Tagesration und die Teeflasche.

Was danach kam, war weniger angenehm. Der Aufseher, ein Mann von etwa vierzig Jahren, erklärte mir den Arbeitsvorgang. Ich saß auf einem Haufen Steine, die Beine gespreizt, in der einen Hand einen Hammer, in der anderen einen Stein, der zerkleinert werden sollte. Ich schlug auf den Stein ein, einmal, zweimal, mehrere Male, aber der Stein blieb unverändert. Noch war meine Stimmung gut. Mir kam ein Märchen in den Sinn, in dem ein Junge einen Schatz sucht und zum großen Stein am Eingang der Höhle sagen muß: »Sesam, Sesam, öffne dich!« Und siehe da, der Riesenstein bewegt sich, und der Weg ist frei. Teils aus Spaß, teils vielleicht auch aus einer stillen Hoffnung heraus, sagte ich zu meinem Stein: »Sesam, Sesam, öffne dich!« Doch nichts geschah. Ich warf den Stein beiseite und wählte einen anderen, vielleicht war dieser weicher. Und tatsächlich, er zerbrach. Mein Herz klopfte vor Freude.

Ich warf meinem Arbeitsnachbarn einen stolzen Blick zu. Hatte er es bemerkt? Nein. Er war ganz vertieft in das Klopfen seiner Steine, eine Akkordarbeit. Ohne Leistung kein Geld für den Kibbuz.

Ich nahm einen dritten Stein, einen vierten ..., ich probierte es mit meiner ganzen Kraft. Es ging nicht. Ich wurde nervös und schlug mir andauernd auf die Finger. Indessen stieg die Sonne immer höher, und es fing an, heiß zu werden. Ich trank und versuchte, mir selbst Mut zuzusprechen. Es ist bestimmt nur am ersten Tag so, sagte ich mir. Auch die anderen müssen leiden. Aber warum gelingt es mir nicht? Was haben meine Steine an sich, daß sie nicht zerbrechen wollen?

Die Stunden vergingen, die Mittagszeit rückte näher, und mein Haufen zerklopfter Steine war klein, geradezu lächerlich klein, Verzweiflung packte mich. Meine Nervosität machte alles noch schlimmer. Plötzlich setzte sich jemand zu mir und nahm mir den Hammer aus der Hand. Es war der Aufseher.

»Siehst du?« sagte er belehrend-väterlich. »Man nimmt den Stein und betrachtet ihn. Dann sucht man die weiche Stelle, das ›Herz‹ des Steines. Man klopft darauf, und der Stein zerspringt. Schlägst du aber auf eine andere Stelle, so kannst du die ganze Nacht arbeiten, und der Stein bleibt heil.« Er nahm einen und zerklopfte ihn mühelos. Auch ein zweiter zersprang. »Versuche du es jetzt«, sagte er.

Aber alles war vergeblich. Meine Nerven hielten es nicht aus. Der Mißerfolg und die beruhigende Stimme des Aufsehers wirkten, als öffnete sich eine Schleuse: Aus meinen Augen liefen, ohne daß ich sie hätte aufhalten können, große, von der Sonne heiße Tränen. Sie liefen über meine Hände, über seine Hände und auf den verfluchten Stein, der nicht zerspringen wollte. Der Aufseher saß eine Weile neben mir. Dann stand er auf, strich mir mit der Hand über den Kopf, sagte »Verzweifle nicht!« und ging. Ich schämte mich. Nicht genug, daß ich nicht zu arbeiten verstand, ich weinte auch noch wie ein kleines Mädchen. Du bist mir vielleicht eine Arbeiterin! verhöhnte ich mich selbst.

Ich nahm einen neuen Stein und suchte dessen »Herz«. Aber mein Stein hatte kein Herz.

Am nächsten Morgen fuhr ich wieder zum Steinbruch. Ich wollte nicht aufgeben. Ich erzielte kleine Fortschritte, aber meine Hände bluteten. Am dritten Tag wurde mir bei der Arbeitseinteilung gesagt: »Geh nicht zur Arbeit, pflege erst einmal deine Hände.« Die Wunden heilten, aber zum Steineklopfen kehrte ich nicht mehr zurück. Meine Steine hatten wahrlich Herzen aus Stein …

Nach diesem Fehlschlag beschloß ich, einen für mich geeigneten Beruf zu suchen. Ich wollte keine Mühe scheuen, um bei der Entwicklung der Wirtschaft des Kibbuz mitzuhelfen.

Ich werde Geflügelzüchterin

Ich weigerte mich nach wie vor, »Frauen«arbeiten zu verrichten. Man erzählt, Gold Meir* habe, als sie im Kibbuz war, gesagt, daß es keinen Unterschied zwischen dem Füttern von Kühen und dem Füttern von Männern gebe — und sie ging in die Küche arbeiten. Aber auch Golda Meir ist bekanntlich nicht in der Küche geblieben. Doch das ist wohl das einzige, was ich mit ihr gemeinsam habe.

Wir brauchen eine richtige Wirtschaft, forderte ich immer wieder mit Enthusiasmus. Es müssen Zweige entwickelt werden wie die Hühnerzucht. Die Wirtschaftskommission beriet die Vorschläge der Mitglieder über den Aufbau neuer Landwirtschaftszweige und beschloß, einen Hühnerstall zu bauen und sogar einen Pferdewagen als Transportmittel zu kaufen. Ich sah darin einen persönlichen Sieg, schließlich stammte die Idee von mir.

Es war klar, daß niemand außer mir für den Beruf einer Geflügelzüchterin in Frage kam. Im Sommer 1930 wurde ich daher in die Mädchenschule nach Tel Aviv geschickt. Die Schule war dem landwirtschaftlichen Gut in Nahalal angeschlossen. Sie befand sich in der Alijah-Straße und wurde von einer Frau Epstein geleitet.

Ich gewann die kleinen Küken und die Hühner, die ich vorher nur auf dem Teller gekannt hatte, aufrichtig lieb. Auch die Lehrerin Martha, die direkt aus Berlin in den Hühnerstall gekommen war, war mir sympathisch. Martha war den Hühnern so zugetan, daß sie ihnen immer mehr ähnelte; manchmal glaubte ich sogar, sie gackern zu hören … Mich hatte Martha auch gern, weil ich die Hühner liebte.

Aber Frau Epstein mochte mich gar nicht, weil ich mich »in alles einmischte«, wie sie sagte. Was war damit gemeint? Ich hatte nur erklärt, daß den Neueinwanderern, die — ohne einen Pfennig zu bekommen — hart in der Wirtschaftsschule arbeiten mußten, Unrecht geschah. Sie erhielten nicht einmal Taschengeld. Ich »hetzte« die Mädchen auf, dagegen zu protestieren, daß die Tore der Schule um 22 Uhr geschlossen wurden, gegen das Geschrei der Frau Epstein und dagegen, daß die Mädchen wegen jeder Kleinigkeit bestraft wurden.

Die Töchter der Bauern und der Neueinwanderer haben sich sehr gern organisiert. Wir übertraten gemeinsam das Verbot und kletterten nachts erst nach 22 Uhr mit einer Leiter in unsere Zimmer. Wir forderten bessere Lebensbedingungen, besonders für die Neueinwanderer, und anständige Behandlung der Schülerinnen.

Erst als in der Gewerkschaftszeitung »Davar« eine Reportage

über die Zustände in der Schule erschien, fing die Sache an, brisant zu werden. Ich hatte zwar anonym geschrieben, aber Frau Epstein bekam einen Tobsuchtsanfall und schrie mich an: »Du hast das geschrieben!« Sie beschimpfte mich als »Denunziantin«. Der Lehrgang dauerte eigentlich ein halbes Jahr, aber bereits nach viereinhalb Monaten bat Frau Epstein den Kibbuz, mich zurückzubeordern. »Sie hat schon alles gelernt, sogar mehr als notwendig«, sagte sie. So beendete ich meine Ausbildung für den Hühnerstall vorzeitig und kehrte in den Kibbuz zurück.

Jascha

Während meines Aufenthaltes in Tel Aviv aß ich in einem Restaurant in der Allenbystraße, das als Treff der Linken Poale Zion bekannt war. Die meisten Gäste waren arbeitslos. Ihr »Menü« bestand aus einem großen Teller Suppe als Vorspeise und einem zweiten Teller Suppe als Hauptgericht. Brot gab es als Zugabe zur Suppe umsonst. Die Arbeiter saßen lange hier und diskutierten lautstark.

Zu ihnen gehörte ein Bursche, groß, gut gewachsen, blond, mit blauen Augen. Er fing ein Gespräch mit mir an, vielleicht, weil ich hier neu war.

»Aus dem Kibbuz? Man sieht es dir gleich an«, sagte er und wollte wissen, was ich in der Stadt machte.

Ich erzählte ihm, daß ich dabei sei, einen Beruf zu erlernen. Er machte eine abwertende Handbewegung. »Auch ich habe mal in der Landwirtschaft gearbeitet, und zwar in Orangenplantagen«, erzählte er. »Ich war auch schon Mitglied in einem Kibbuz. Ich war schon alles.«

»Und jetzt?«

»Jetzt habe ich einen neuen Beruf, bin ein alter Arbeitsloser.« Er schmunzelte.

Mit Jascha führte ich lange Gespräche. Er wußte eine Menge über die Probleme der Arbeiter und über die Arbeitslosigkeit zu erzählen. Vieles war neu für mich.

»Was tun?« sagte Jascha. »Die Arbeitslosigkeit ist sehr groß. Ich möchte zu den Orangenplantagen zurück. Was soll ich hier in der Stadt? Auf dem Arbeitsamt sind so viele Menschen. Alles rennt in die Stadt, als könnte hier jeder einen ›Job‹ finden.«

In einem dieser Gespräche wurde mir klar, was Klassenkampf tatsächlich bedeutet.

Jascha erzählte über die Arbeitslosigkeit, die sich in allen Siedlungen breitmachte. Er berichtete, daß die Plantagenbesitzer durch Lohnsenkungen und verstärkte Ausbeutung mehr zu verdienen suchten; daß die Arbeiter eine geringe Lohnerhöhung forderten und daß sie selbst dann nur einen Hungerlohn erhielten. Die Plantagenbesitzer behaupteten, die Orangenpreise auf dem Weltmarkt seien gesunken, aus diesem Grunde müßten nun auch die Arbeiter darben. Jascha brach in Gelächter aus und verzog sein Gesicht. »Die und darben — Räuber sind sie!« Jascha erklärte mir noch mehr, beispielsweise wie die ausgebeuteten jüdischen Arbeiter statt gegen die Plantagenbesitzer gegen die arabischen Arbeiter kämpfen. Dazu werden sie von der Histadrut-Führung angeleitet, sagte er. Die Plantagenbesitzer beschäftigen lieber arabische Arbeiter. Sie sind ja nicht dumm. Die Araber erhalten als Lastträger nur Pfennige. Bei der Ernte beschäftigt man sogar arabische Kinder für einen Schilling pro Tag. Sie sind sechs bis zwölf Jahre alt. »Kannst du dir vorstellen, was das einbringt?«

Bei Jascha war ich eine brave Zuhörerin, und er konnte mir seinen Standpunkt ausführlich darlegen: »Da kommen die Bonzen der Histadrut und beschimpfen die Plantagenbesitzer: ›Was seid ihr denn bloß für Zionisten?!‹ Die Plantagenbesitzer aber sprechen nur von ihren Verlusten. Lies es selbst in ihrer Zeitschrift ›Hadar‹, und du wirst begreifen, was das für Räuber sind: Ein Plantagenbesitzer erzielt pro Dunum 36 Palästinensische Pfund Reingewinn. Das ist erwiesen. Und da kommen sie noch und behaupten, man tue ihnen unrecht … Wer hat denn den Boden der Orangenplantagen von den Arabern gekauft? Wer hat denn dort sein Kapital angelegt? Und wer gibt das Geld? Zum größten Teil kommt es von verschiedenen Gesellschaften, auch durch Bankanleihen. Vielleicht interessiert es dich«, fuhr Jascha in seinem Monolog fort, »wie es den ›armen‹ Plantagenbesitzern und ihren Familien geht. Sie leben in Saus und Braus in der Schweiz, in Paris, in London. Ihnen ist es doch egal, ob der jüdische und schon gar der arabische Arbeiter hungert.«

Jaschas Worte waren für mich eine erste Lektion über die Vorgänge in der palästinensischen Landwirtschaft. Er merkte es und begann mit einem Angriff: »Wo lebt ihr, ihr Kibbuzniks? Es herrscht Arbeitslosigkeit, aber ihr lest nur Bücher! Wahrlich klug! In der Stadt gibt es natürlich keinen Wirtschaftsleiter, der alles für euch regelt. Der Arbeiter ist verpflichtet, Geld nach Hause zu bringen. Zuerst muß man zu essen haben und den Kindern die Mäuler stopfen. Geh und erzähl das deinen Freunden!«

»Und die Histadrut?« fragte ich.

»Die Histadrut?« Er lachte. »Die sagt, daß es nur eine Schüssel gibt, und aus der können nicht zwei essen. Das bedeutet, es gibt keinen Platz für jüdische und für arabische Arbeiter. Die spärliche Mahlzeit in der Schüssel muß ihrer Meinung nach der Jude essen — so verlangt es ihr zionistisches Gewissen.«

»Wenn es so ist, warum unternimmt man nichts gegen die Arbeitslosigkeit?« erkundigte ich mich.

»Warum?« fragte Jascha. »Wenn wir wegen der Arbeitslosigkeit Lärm machen, wird die britische Regierung die Einwanderung stoppen. Und nun mußt du dich entscheiden. Man kann nicht wie der ha-Schomer ha-Zair ein bißchen von Marx und alles von Herzl* nehmen.«

Am Abend, bevor ich in den Kibbuz zurückfuhr, traf ich mich erneut mit Jascha. Ich erzählte ihm von meinem Rausschmiß aus der Schule. »Schalom, Persona non grata«, sagte er. »Du bist zwar noch ›grün‹, aber nett.« Wir drückten uns die Hand. Ich lud ihn ein, den Kibbuz zu besuchen. Doch er sagte, dazu reiche seine Zeit nicht, er müsse Arbeit suchen.

Dem Pferd gestohlen

Ich verschrieb mich ganz und gar dem Hühnerstall und meinem Geflügel. Der Weg zu diesem Beruf war voller Hürden. Ich kann nicht behaupten, daß das Züchten von Hühnern der Traum meines Lebens gewesen wäre. Aber wer kann schon die gewundenen Pfade des Lebens erahnen? Ein Pfad führte mich eben zum Hühnerstall. Und als ich ihn beschritt, wurde er ein Teil meines Lebens. Ich legte die ausgewählten Eier in den Brutkasten und wartete — eine Woche, zwei Wochen, drei …, und eines Tages hörte man: Pick! Pick! Die Eierschale war geplatzt, und ein kleines gelbliches Geschöpf entschlüpfte ihr. Ein wahres Wunder: Innerhalb von Minuten verwandelte sich das Geschöpf in ein Küken. Es fraß und piepste schon. Es suchte sofort seine Mutter, aber die Mutter war nicht da. Es gab nur den Brutkasten. Und deshalb war ich die Kükenmutter. Ich sorgte für sie, wärmte sie in den kalten Nächten mit Hilfe der Petroleumheizung. Doch was geschieht, wenn die Heizung einen Brand verursacht? Also rannte ich auch nachts zum Hühnerstall und sah nach, ob alles in Ordnung war. Ich verließ mich nicht auf den Nachtwächter.

Die Küken wuchsen heran. Kaum hatten sie das Licht der Welt erblickt, führten sie schon blutige Kämpfe. Schwache Küken wurden von den stärkeren gehackt und verletzt. Der Blutgeruch verstärkte ihre Aggressivität: Sie hackten den Schwächling zu Tode. Dieser Anblick erschütterte mich. Ich beschützte die Schwachen, trennte sie von den Stärkeren. Die Küken vergalten das mit Gegenliebe; sie kletterten auf meine Arme, auf meine Schultern und auf meinen Kopf.

Doch dann brach Toxoplasmose aus, eine schwere Krankheit. Ich war selbst ganz krank, wenn es den Hennen nicht gut ging. Unter Hunderten konnte ich sofort die kranken erkennen. Sie standen in einer Ecke, aufgeplustert, fraßen nicht, waren traurig und litten sehr. Die Krankheit raffte Dutzende und Hunderte von Hennen dahin. Eine Katastrophe. In modernen Hühnerställen ist der Krankheit mit medizinischen Mitteln bestimmt schnell beizukommen, aber damals war es schier unmöglich. Die kranken Hennen legten keine Eier, und der Kibbuz war arm und brauchte die Einnahmen.

Ich rief einen Tierarzt zu Hilfe. Uri aus Nahalal kam, ein ausgezeichneter Fachmann. Er untersuchte die Hühner und sagte zu mir: »Komm, ich zeige dir etwas.« Er zerbrach eine Hühnerstange. O je! Alles war von Zecken zerfressen. »Das ist der Grund«, sagte der Fachmann, »sie bringen die Krankheit.« Der Stall war alt, das Holz verfault.

»Was ist zu tun? Rette sie!« flehte ich ihn an. Er warf mir einen mitleidigen Blick zu. Dann gab er den Hühnern Injektionen. »Reinige den Stall gut«, sagte er und ging. Ich machte Tag und Nacht sauber, der Lysolgeruch verließ mich nicht mehr. Aber es gelang mir, die Krankheit zu verjagen und die restlichen Hennen zu retten.

Die geschwächten Hühner benötigten gutes Futter, aber es gab doch nichts. Was konnte ich tun? Mir kam eine Idee: Warum sollte das große und starke Pferd gut zu fressen haben und die

Hühner nicht? So fing ich an, dem Pferd Stroh zu stehlen und damit meine hungrigen Hühner zu füttern.

Jeden Morgen 4 Uhr 30 ging ich auf meinem Weg zum Hühnerstall an dem gemächlich sein Stroh kauenden Pferd vorüber. Ich schlich mich von der Seite an das Tier heran, denn ich wollte ihm nicht in die Augen sehen. Ich schämte mich, aber es half nichts, meine Hühner litten an Unterernährung. Das Pferd war groß und stark. Was schadete es ihm, wenn ich ihm ein wenig Stroh wegnahm?!

So ging es Tag für Tag, zwei Wochen lang ...

An einem Morgen — ich war bereits an der Krippe des Pferdes — ließ furchtbares Geschrei mein Blut erstarren: »Du bist das also, die meinem Pferd das Futter stiehlt! Jetzt weiß ich auch, warum es so mager ist!« Nachum war richtig hysterisch. »Ich bringe dich um!« schrie er und jagte hinter mir her. Wer weiß, was geschehen wäre, wenn nicht der Nachtwächter mit seinem Gewehr in der Hand angerannt gekommen wäre. Ich versteckte mich hinter seinem Rücken.

Der Wächter hörte sich die Anschuldigungen Nachums an, sah mich an und bekam vor lauter Staunen kein Wort heraus. Ich rannte zum Hühnerstall und schloß mich dort ein.

Was habe ich nur angerichtet?! Was wird man im Kibbuz dazu sagen? Der Gedanke daran quälte mich.

Ich hörte die Glocke zum Frühstück läuten. Ich ging nicht hin. Isrolik kam zu mir, um zu fragen, was passiert sei, vielleicht auch, um mich zu rügen. Als er aber sah, wie unglücklich ich war, sagte er: »Los, komm essen!« Ich weigerte mich. Da brachte er mir ein Glas Kaffee, eine Stulle und Oliven. Ich blieb im Hühnerstall. Ich machte alles sauber, fütterte die Hühner, sammelte die Eier auf und reparierte ein Loch im Netz. Ich hatte Zeit.

Ich hatte mich selbst eingesperrt. Ich schämte mich, hinauszugehen. Was würden die anderen von mir denken?

Nachum beschwerte sich natürlich beim Vorstand. Dieser berief eine Mitgliederversammlung ein. Der Raum war voll. Meine Freunde waren gekommen, um mir Mut zu machen, aber auch Nachums Freunde, um ihm Mut zu machen, und auch Neugierige waren da. »Nicht jeden Tag bekommt man so etwas zu hören«, scherzten sie. Ich saß blaß und beschämt da. Was für eine Vorstellung!

Verstohlen guckte ich zu Nachum hinüber. Er war der einzige ernste Mensch in dieser Runde — groß, streng, angsteinflößend.

»Man kann über dieses Verbrechen nicht einfach zur Tagesordnung übergehen«, sagte er und erzählte die Geschichte seines Pferdes, wie ich es ausgehungert und dadurch das Eigentum des Kibbuz geschädigt hätte, und so weiter und so fort. Die Vorstandsmitglieder hörten zu. Einige kicherten leise.

»Was sagst du?« fragten sie mich. Ich hatte nichts zu erwidern und schwieg.

Jetzt sprach Abraham, der Vorsitzende des Vorstandes. Er sprach ruhig, aber bestimmt, wie ein Richter: »Ich verstehe, daß die Hühner Hunger leiden und deshalb keine Eier legen und daß dadurch ein Defizit in der Bilanz der Hühnerfarm entsteht. Ich verstehe«, fuhr er fort, und er machte mich richtig nervös, »daß du an den Hühnern hängst und unter der Situation leidest. Man muß der Hühnerfarm tatsächlich mehr Mittel zur Verfügung stellen. Aber wer verbessert schon einen Wirtschaftszweig auf Kosten eines anderen? Der Kibbuz ist noch jung und kann nicht alles auf einmal aufbauen ...« Er predigte und predigte, und als er Tränen in meinen Augen sah, sagte er: »Weine nicht, schließlich verlangt man von dir nicht, daß du Eier legst!«

Alle brachen in lautes Gelächter aus. Ich rannte aus dem Zimmer. Als ich mich ein wenig beruhigt hatte, kam mir die Idee, Enten zu züchten. Sie sind nicht verwöhnt, fressen alle Küchenreste. Wir werden sie mästen, verkaufen und dafür Futter für die Hühner kaufen ... Dabei wurde mir leichter.

So begann ich also, Enten zu züchten. Sie gediehen wirklich prächtig, und auch die Einnahmen waren gut.

Mit der Nase darauf stoßen

Eine Mitteilung am Wandbrett kündigt den Vortrag des Genossen Zwi Koltun über die internationale Lage und die Situation in Palästina an. Er soll in der Baracke der Gewerkschaftsleitung von Benjamina stattfinden. Der Referent ist Mitglied der Kulturkommission der Histadrut. Wir kennen ihn nicht.

Einige Mapainiks in der Moschawa rümpfen die Nase. Es heißt, Koltun sei stark links orientiert. Normalerweise gingen wir nicht zu Vorträgen, die von der Histadrut-Leitung organisiert wurden. Doch nun sind wir neugierig geworden, und eine große Gruppe geht hin.

Man sitzt auf beschädigten Bänken in einer armseligen Baracke. Der Referent hat ein schmales Gesicht und trägt eine große Brille — ein typischer Intellektueller. »Ein Professor«, sagt jemand spöttisch. Koltun spricht über Dinge, die wir zum Teil bereits kennen, aber er tut es auf andere Weise. Er spricht besonders viel über die internationale politische Lage, über die Ursachen der Weltwirtschaftskrise. Seine Einschätzungen sind gründlich und fundiert. So hören sich seine Worte über die Situation in Palästina, über die Beziehungen zwischen Juden und Arabern, über Zionismus und Einwanderung doch etwas anders an als die, die wir sonst zu hören bekamen. Ich spüre aber, daß er versucht auszuweichen. Seine Definitionen sind nicht klar, und er vermeidet es, über Einzelheiten zu sprechen. Trotzdem ist sein Vortrag lehrreich. Wir wollen Fragen stellen, doch der Versammlungsleiter behauptet, es wäre zu spät dafür. Wir beschließen deshalb, den Gast zu uns in den Kibbuz einzuladen.

»Ich soll in den Kibbuz kommen?« fragt er verwundert, hat aber nichts dagegen. Zusammen schlagen wir den Weg zum Kibbuz ein. Zwi Koltun erweist sich als angenehmer Gesprächspartner. Er ist an allem interessiert, freundlich und einfach. Sehr schnell befreien wir ihn von dem Titel »Professor«. Wir sitzen im Speisesaal, trinken Tee, essen trockenes Brot und Orangen und überschütten den Gast mit Fragen. Er hört zu, ein dünnes Lächeln um den Mund, und schreibt alles auf.

»Ich werde mit euch mehrere Abende sitzen müssen«, sagt er und lacht. »Ihr eröffnet hier ein richtiges Symposium.«

»Das macht nichts«, antworten wir, »wir sind es gewöhnt, bis spät in die Nacht zu sitzen.«

Wir suchen ihm klarzumachen, daß wir, die Mitglieder eines jungen Kibbuz, im Geist der Freundschaft und des Wohls der Arbeiter erzogen wurden. Uns kamen daher viele Zweifel, als wir im Land nicht das, was wir erwartet hatten, vorfanden. Koltun antwortet nicht sofort. Er blickt uns an, als wollte er noch etwas mehr von uns hören.

Da springt wie immer Hanoch als erster auf und sagt, daß die Araber gegen die Einwanderung und gegen die Ansiedlung von Juden hier seien. Solange aber der Jischuw* klein bleibe, würden wir zu nichts kommen. Deshalb sei es notwendig, den Jischuw zu vergrößern, ihn politisch und wirtschaftlich zu stärken. Nur so würden sich die Araber mit uns abfinden.

Seine Worte sind peinlich, sie stimmen mit der Auffassung vieler Anwesender nicht überein. Wir beeilen uns, den Eindruck, den Hanoch hinterlassen hat, zu korrigieren. Ich betone, Gewalt könne nicht zu einer Verständigung mit den Arabern führen. Ich weise auf den Klassenfeind hin und fordere, daß die jüdischen und die arabischen Arbeiter eine gemeinsame Sprache finden müssen. Nur sie kann zur Verständigung zwischen den Völkern führen.

Andere erzählen von unseren Problemen und von den unbefriedigenden Antworten der Führung des ha-Schomer ha-Zair.

Koltun schaut uns prüfend an und notiert sich etwas. Dann fragt er ganz nebenbei: »Was lest ihr eigentlich für Zeitungen?«

Wir nennen die Tageszeitungen und auch die »Inprekorr«, das Organ der Komintern.

Koltun ist überrascht. »Ihr bekommt die ›Inprekorr‹? Sie ist doch in Palästina verboten.«

An das Referat von Koltun kann ich mich heute noch erinnern, denn vieles wurde mir damals klar. Er sprach über Palästina als ein Land, das erst vor kurzem der türkischen Unterjochung entgangen und in die Hände der britischen Kolonialherrschaft geraten war. Aus diesem Grunde müßten die fortschrittlichen jüdischen Arbeiter das Bestreben des arabischen Volkes, sich von fremder Herrschaft zu befreien, verstehen. Er sagte, daß an diesem antiimperialistischen Kampf die arabischen Arbeiter, die Fellachen, die Intelligenz und das Kleinbürgertum teilnehmen. Es existiere noch kein arabisches Proletariat in der Stadt, das sich an die Spitze des Kampfes stellen und die Massen der Fellachen mit sich ziehen könnte. Da auch die arabische Intelligenz noch schwach sei, könnten sich die Feudalherren, die Grundbesitzer und Eigentümer von Zitrusplantagen sowie die wenigen reichen Industriellen an die Spitze der arabischen Nationalbewegung stellen. Deren Interessen entspreche es nicht, sich um den Arbeiter und um den Fellachen zu kümmern. Im Gegenteil, diese Herren seien interessiert, sie für ihre Zwecke auszunutzen.

An dieser Stelle unterbrach Koltun seine Rede und fuhr nach

kurzem Überlegen fort: Es gibt noch ein weiteres Problem. Der Zionismus hilft den Briten. Der Redner führte diese These nicht weiter aus, betonte aber, daß sich die arabische Nationalbewegung vom Zionismus, der ins Land eindringt und wichtige wirtschaftliche und politische Positionen einnimmt, bedroht fühlt. Die Reden der zionistischen Führer über die »Entwicklung des Landes« sind für die Araber Beweis, daß das Ziel des Zionismus darin besteht, den Jischuw auf Kosten der arabischen Bevölkerung zu stärken und zu vergrößern.

Wir sehen uns erstaunt an. Es ist das erste Mal, daß wir eine solche klare und eindeutige Einschätzung zu hören bekommen. Hanoch steht auf und geht. Das ist offener Protest gegen Koltuns Worte. Die meisten Mitglieder bleiben aber sitzen und hören mit gespannten Mienen weiter zu.

Koltun blickt in ihre Gesichter, als überlege er: Soll er nun aufhören oder nicht?

»Es ist schon spät«, sagt er und sieht auf seine Uhr.

»Nein! Nein!« rufen viele. »Sprich bitte weiter.«

Koltun erzählt von der Lage der am meisten Unterdrückten — von den Fellachen und den arabischen Arbeitern. Ihr wißt bestimmt, sagt er, daß 80 Prozent aller in der Landwirtschaft tätigen arabischen Familien keinen eigenen Boden besitzen. Sie sind Pächter und bezahlen Pachtgeld an den Besitzer, dazu Steuern und Zinsen und sogar noch eine Rente an die Regierung. Wie in vielen anderen Ländern bearbeiten sie den Boden nur mit Holzpflügen. Eine Agrarrevolution ist nötig, ohne sie kann es keine grundsätzliche Veränderung der Lage geben. Und die arabischen Arbeiter? Sie sind gezwungen, ihre Dörfer, die Orangenhaine zu verlassen und in die Städte zu gehen. Dort finden sie zwar keine Arbeit — aber die Funktionäre der Histadrut, die die jüdischen Arbeiter gegen sie aufhetzen. All das widerspricht den Grundsätzen des Klassenkampfes, der Klassensolidarität und dem allgemeinen Organisationsprinzip der Arbeiterschaft.

In diesem Zusammenhang sagte Zwi Koltun Dinge, die sich für immer in mein Gedächtnis eingeprägt haben: Bei uns, so führte er aus, ist es selbstverständlich, daß man sich mit Arbeitern anderer Länder solidarisch erklärt, sogar mit den Arbeitern des weitentfernten Japan, jedoch nicht mit den arabischen Arbeitern des eigenen Landes. Wie hätten wir es denn genannt, wenn man zum

Beispiel in Polen eine Losung »Kauf nur polnische Produkte!« herausgegeben oder in der Sowjetunion von »russischer Arbeit« gesprochen hätte? Ganz bestimmt hätten wir solche Losungen als chauvinistisch bezeichnet. Bei uns aber spricht man mit Stolz von »jüdischer Arbeit und jüdischen Produkten« ...

Jemand bemerkt, daß Meir Jaari, einer der Führer des ha-Schomer ha-Zair, doch von einer »gemeinsamen Arbeiterorganisation« spreche.

Koltun antwortet, daß man nicht warten muß, bis die jüdische Minderheit stark wird, wie es die Führer des ha-Schomer ha-Zair und die Histadrut verlangen, wenn man an die gemeinsamen Interessen der Werktätigen beider Völker glaubt. Es gibt keine Grenze für den wachsenden Appetit einer reaktionären Bewegung, sie wird immer zuwenig Bevölkerung oder zuwenig Boden haben ...

»Was soll mit dem Frieden und dem jüdisch-arabischen Zusammenleben werden?« fragen wir. Er erklärt, die zionistischen Führer meinten es nicht ernst mit ihren Worten über eine Verständigung der beiden Völker. In diesem Fall gebe es »nur eine Kraft, die Frieden schafft«, sagt er spöttisch, und das sei die britische Mandatsmacht. Deren ganze Stärke bestehe aber gerade in der Ausnutzung der Widersprüche zwischen Juden und Arabern. Die Mandatsbehörden inszenieren Provokationen, die blutige Auseinandersetzungen nach sich ziehen. Deshalb ist die britische Herrschaft im Lande der Hauptfeind sowohl der Juden als auch der Araber. Die Beseitigung der fremden Unterdrückungsmacht ist der erste Schritt zur Lösung der Probleme Palästinas.

Zwi Koltun hat seine Rede beendet. Einige Kibbuz-Mitglieder sind schon früher gegangen, entweder wegen der späten Stunde oder aus Protest gegen die Worte des Redners. Wir Übriggebliebenen haben Koltun aufmerksam zugehört und begleiten ihn bis vor das Haus seines Freundes. Bevor wir uns verabschieden, sage ich zu ihm: »Mir hat dein Vortrag sehr gut gefallen. Ich habe viel gelernt. Es scheint mir aber dennoch so, als hättest du aus einigen Problemen, die du genannt hast, selbst noch keine Schlußfolgerungen gezogen. Bei uns hier hast du zwar vieles klargestellt, aber in deinem Vortrag vor den Arbeitern in der Moschawa sah es aus, als wärst du klaren Antworten ausgewichen.«

Koltun betrachtet mich gutmütig und sagt: »Muß ich dich

denn mit der Nase darauf stoßen? Ich überlasse es jedem selbst, seine Schlußfolgerungen zu ziehen. Das ist meine Methode.«

Nach dieser Begegnung hatten wir viel nachzudenken und zu verarbeiten.

Monate vergingen. Wir diskutierten, wir lernten, wir wurden reifer. Wir suchten Antworten auf die Fragen. Indessen brach in Benjamina ein Streik aus, der uns die Dinge richtig einzuordnen half.

Ein Jahr nach seinem Vortrag klopfte ich an die Tür von Zwi Koltun in Tel Aviv. Ich war bereits Mitglied der Partei und wußte, daß Koltun Mitglied der Parteiführung und Chefredakteur ihrer legalen Zeitung »ha-Or« war. Er öffnete die Tür, erkannte mich und sagte: »Siehst du, ich habe recht behalten. Ich brauchte dich damals nicht mit der Nase darauf zu stoßen.«

Ich wollte dennoch von ihm wissen, warum er sich damals in seinem Vortrag in der Moschawa so unklar ausgedrückt hatte. Auf meine Frage antwortete er mir: »Weil ich im Namen der Kulturkommission der Histadrut gesprochen habe, von dort waren mir gewisse politische Beschränkungen auferlegt worden.«

Eine Hungerdemonstration

Der Kibbuz wurde mir zu eng. Meine Gedanken und Erwartungen richteten sich bereits auf das Leben draußen. Wir ermunterten und bestärkten die noch Zweifelnden. Schon seit langem arbeitete und lebte ich mit meinen Freunden, ohne sie in meinen tief im Herzen verborgenen Plan – den Kibbuz zu verlassen – einzuweihen. Jeder Tag belastete und quälte mich. Es war, als nähme er kein Ende, denn die Freunde durften nichts merken. Erst wenn wir ein bestimmtes Zeichen erhalten haben, können wir den Kibbuz verlassen, so hieß es. In der Zwischenzeit diskutierten wir immer heftiger und schärfer über die politischen Unruhen in anderen Kibbuzim, besonders in Ness Ziona.

Die Arbeitslosigkeit im Lande war groß, auch in den Kibbuzim. Die meisten Mitglieder, insbesondere die »Außenarbeiter«, hatten keine Beschäftigung. Sie standen spät auf und sahen aus wie ihre eigenen Schatten. Ein Teil half in der Küche, in der es fast nichts mehr zum Kochen gab. Man aß Suppe ohne Einlage und altes Brot, eingetunkt in gebratene Zwiebel. Es mußte mit Brot gespart werden. Daher wurden große Mengen gekauft, ein paar Tage aufbewahrt und dann altbacken gegessen — so war es sparsamer. Diese Methode wurde in allen Kibbuzim angewendet.

Wir waren hungrig und lachten dennoch über die rasch verbreitete Geschichte, derzufolge in einem Kibbuz Kühe frisches Brot, das unter dem Bett des Wirtschaftsleiters versteckt war, gefunden und aufgefressen hatten. Den Kibbuzniks war nichts anderes übriggeblieben, als den Kühen guten Appetit zu wünschen. Sie selbst hatten längst vergessen, wie frisches Brot schmeckt ...

Kehren wir aber zu den Arbeitslosen zurück. Es gab einige, die die Zeit zum Lernen und Lesen nutzten. Es waren dies die »ewig Lernenden«. Die meisten aber lungerten einfach so herum. Der Hunger quälte sie, besonders um vier Uhr nachmittags zur Vesperzeit: Um diese Zeit stand auf dem Tisch eine große Schüssel mit in Öl gebratenen Zwiebeln. Alle standen um sie herum, tunkten altes Brot hinein und aßen es. Es entwickelte sich ein heimlicher Wettbewerb: Wer steht näher, wer kaut schneller, wer schluckt größere Happen?

Chonke, einer der aktivsten Oppositionellen, hatte die Idee, auf dem Hof des Kibbuz eine Hungerdemonstration zu veranstalten. »Gehen wir auf den Hof«, sagte Chonke, »demonstrieren auch wir gegen die Arbeitslosigkeit und gegen den Hunger, so wie die Arbeiter in der Stadt. Sind wir denn nicht arbeitslose Landarbeiter?«

Von dieser Idee waren wir begeistert. Wir fertigten aus alten Laken Transparente an. Mit einer roten Fahne und mit den Transparenten marschierten wir, revolutionäre Lieder singend, auf dem Gelände des Kibbuz umher.

Es verstand sich von selbst, daß die Oppositionellen, das heißt alle diejenigen, die die wahre Politik des ha-Schomer ha-Zair durchschaut hatten, und mit ihnen auch weitere Zweifler, die Organisatoren und Triebkräfte dieser Demonstration waren.

Dieses neue, herzerfrischende Ereignis hob die Laune aller Kibbuz-Mitglieder. Viele kamen aus ihren Zelten und Baracken und schlossen sich der Demonstration an. Es gab auch welche, die abseits standen und lachten. »Eine Theatervorstellung!« Aber diese »Vorstellung« enthielt einen sehr ernsten Kern — er war Ausdruck einer anderen Weltanschauung. Die Verantwortlichen und ihre Getreuen im Kibbuz hatten gerade diesen Kern sehr wohl erkannt.

Zum Schluß der Demonstration geschah etwas, das ich nicht für möglich gehalten hätte. Chonke rief in seiner Begeisterung: »Laßt uns doch die Enten schlachten und uns eine gute Mahlzeit bereiten. Entenbraten!«

Der Gedanke gefiel vielen. Sie hatten schon längst vergessen, wie Fleisch schmeckt. Einige rannten sogleich zum Stall, um die Beute zu holen.

Ich war erschüttert: Ich hatte diese Enten eigenhändig gezüchtet. Sie waren für den Verkauf bestimmt, waren eine Einnahmequelle für den Kibbuz. Enten lassen sich leichter züchten als Hühner; sie sind nicht so verwöhnt, man kann sie selbst ohne Wasserbecken und »trocken« großziehen. Meine Enten waren schön, gut gemästet, ihre Hinterteile fett. Bis zu dieser Stunde hatte ich nur die Schakale gefürchtet, die sich ab und zu heranschlichen und einige Enten auffraßen. Und nun wurden sie plötzlich von zweibeinigen Schakalen bedroht: von den Kibbuz-Mitgliedern. Ausgerechnet diejenigen, die meine Weltanschauung teilten, stürmten in den Stall. Ich stellte mich am Eingang des Stalles hin und rief: »Ohne die Zustimmung des Wirtschaftsleiters gebe ich die Enten nicht her.«

»Ist das ein Argument?« schrie mich Chonke an. »Seid ihr, du und der Wirtschaftsleiter, etwa hier die Besitzer?! Und was werden die hungrigen Massen sagen?!«

»Die hungrigen Massen haben demonstriert und beschlossen, gut zu essen!« rief jemand. Die Hoffnung auf eine gute und sättigende Mahlzeit war stärker als ihr Verantwortungsgefühl.

Ich lief aus dem Stall und schloß mich in mein Zimmer ein. Mit Entsetzen hörte ich das Geschrei der Hühner und Enten. Ich nahm an dem feierlichen Schmaus nicht teil. Spätnachts stand ich traurig neben den Mülltonnen, in denen ein Berg Entenknochen lag.

Am nächsten Tag fand ich am Wandbrett ein Gedicht, das mir gewidmet war. Die Überschrift lautete: »Dem roten Kulaken«. Ich wurde als »Hüterin kapitalistischen Eigentums« lächerlich gemacht. Ich war aufs tiefste getroffen.

Rachel hat es gewagt

Wir waren nervös. Der Genosse, der sich mit uns in der Schonung getroffen hatte, versprach, eine Verbindung zur Partei herzustellen. Wir warteten. Unterdessen geriet der Kibbuz in helle Aufregung, so, als wäre eine Bärentatze in einen Bienenstock geraten. Das Sekretariat des Kibbuz hatte einen Brief erhalten: »Ich verlasse den Kibbuz und schließe mich der Palästinensischen Kommunistischen Partei an.« Der Brief stammte von Rachel Fuchs.

Keiner im Kibbuz hatte jemals vermutet, daß sich eines seiner Mitglieder der PKP anschließen würde und schon gar nicht Rachel. Die Mitglieder tuschelten, diskutierten und gingen wie Trauernde umher. Es war klar, daß sich jetzt die Augen vieler mir und meinen Freunden mit gleicher Weltanschauung zuwandten. In Wahrheit aber waren wir selbst überrascht. Rachel hatte auf Kibbuz-Versammlungen niemals ein Wort gesagt. Kein Mensch, nicht einmal ihre engsten Freunde, wußte von ihren linken Anschauungen und davon, daß sie dabei war, ihren politischen Weg neu zu durchdenken. Wie war es möglich, daß Rachel so einen Schritt unternahm, und das ohne jeglichen Kontakt zu den Genossen, die im Kibbuz und in der Bewegung als linke Opposition bekannt waren? Wir waren der Meinung, Rachel habe einen Fehler begangen, als sie in aller Öffentlichkeit bekanntgab, sie wolle sich der PKP, einer illegalen Partei, anschließen. Wer hatte sie zu einem solchen Schritt überredet?

Ich kannte Rachel schon von Warschau, vom ha-Schomer ha-Zair. Damals war mir ein abenteuerlicher Gedanke gekommen, nämlich in die Tschechoslowakei zur Hachschara, einem Vorbereitungskurs für die Ansiedlung in Palästina, zu fahren. Warum ausgerechnet in die Tschechoslowakei? Wir hatten gehört, daß dort eine landwirtschaftliche Farm für Chaluzim* existierte, in der wir alles für die Einwanderung Erforderliche lernen könnten.

Auch in Polen gab es ähnliche Farmen, aber ich wollte recht weit weg von zu Hause, um etwas von der Welt zu sehen. Ich weihte vier Mädchen in mein Geheimnis ein, unter ihnen auch Rachel. Sie, ein schlankes, hochgewachsenes Mädchen mit rotem Haar, war von meinem Plan begeistert.

Natürlich hatten wir keine Reisepässe. Na und, was ist schon dabei? Man stiehlt sich irgendwo in den Karpaten über die Grenze! Also nahmen wir eines Tages einige Kleidungsstücke, verstauten sie in einem Rucksack und fuhren in die Berge. Wir hatten zu Hause keine Nachricht hinterlassen. Selbst wenn sie gewollt hätten, sie hätten uns nicht einmal mit Hilfe der Polizei finden können.

Wir waren eine Gruppe lustiger und mutiger Mädchen, und das Glück war uns hold. Heimlich überschritten wir die Grenze und erreichten ohne Zwischenfälle den Ort. Wir überraschten zwar mit unserem plötzlichen Erscheinen die Angehörigen der Farm, doch sie waren an solche Abenteuerlustige wie uns schon gewöhnt.

Rachel war, wie ich bereits erwähnte, rothaarig. Im Gegensatz zur allgemeinen Auffassung, daß die Rothaarigen temperamentvoll sind, war Rachel schweigsam und ernst. Es war schwer, mit ihr zu plaudern. Sie sprach immer kurz und knapp zur Sache, ohne viele Worte zu verlieren. Sie geizte nicht nur mit Worten, sondern lachte auch selten. Wenn sie jedoch einmal lachte, dann herzlich und klangvoll. Mit all diesen Eigenschaften war Rachel aber aufgeschlossen und ein treuer Kamerad.

Im Kibbuz hatte sie zwei gute Freundinnen. Doch selbst mit ihnen sprach Rachel nicht über ideologische oder politische Angelegenheiten; auch sie hatten nichts über ihre Pläne gewußt. Und siehe da, plötzlich stand ausgerechnet sie im Mittelpunkt des Geschehens!

Später, als ich bereits den Kibbuz verlassen hatte, fragte ich Rachel, warum sie einen derartigen Brief geschrieben und ob ihr jemand dazu geraten hatte. »Nein«, gab sie zur Antwort, »das ging ganz und gar von mir aus. Hätte ich denn lügen sollen?« Sie sah mich dabei mit ihren blauen Augen erstaunt an.

»Du hast trotzdem nicht richtig gehandelt. Jetzt stehst du auf der schwarzen Liste«, sagte ich zu ihr. »Der Kibbuz leitet die Namen derer, die ihn aus politischen Gründen verlassen haben, an die Histadrut weiter, und über sie gelangen die Namen an die Polizei.«

Rachel schwieg. Das Geschehene ließ sich nicht rückgängig machen.

Eines Tages traf ich Rachel auf der Straße und fragte sie nach ihrer Adresse, um sie besuchen zu können. »Ich habe das Zimmer gewechselt«, gab sie mir zur Antwort, »du kannst mich nicht besuchen, ich wohne bei einem ›Szpieg‹, einem Geheimpolizisten, namens Holzer.«

Als sie mein Erstaunen bemerkte, lachte sie herzlich. »Ja, ich habe in seiner Wohnung ein Zimmer gemietet. Jetzt wird die Geheimpolizei mich nicht mehr verdächtigen.«

Ihr Spiel ging jedoch sehr schnell zu Ende. Einmal verteilten wir in einem Kinosaal in Tel Aviv Flugblätter. Wir warfen die Flugblätter stets im Dunkeln vom Sitz aus in den Raum. Rachel und ich saßen etwas voneinander entfernt. Wir vereinbarten, sie solle zuerst werfen. Das tat sie auch. Die Flugblätter flogen nach allen Seiten in die Luft. Ein Schrei ertönte: »Licht an!« Es wurde hell. Im Saal waren einige Geheimpolizisten, unter ihnen leider auch Holzer. Ich sah ihn durch die Sitzreihen gehen und ein Gesicht nach dem anderen prüfen. Sein Blick blieb auf Rachel haften. Er begrüßte sie. Wahrscheinlich hat er keinen Verdacht geschöpft, dachte ich. Es dauerte aber nicht lange, und er kehrte zu der Reihe, in der Rachel saß, zurück und fing an, in der Nähe ihres Sitzes alles sorgfältig abzusuchen. Wir hatten verstanden: Alarm! Er sah Rachel erneut an und ging. Mit ihm verschwanden einige weitere Geheimpolizisten. Als ich an der Reihe war, die Flugblätter zu werfen, waren sie nicht mehr im Saal. Ich warf sie. Dann verließen Rachel und ich getrennt das Kino.

Nach einigen Tagen erzählte mir Rachel, daß sie beim Verlassen des Saales auf Holzer gestoßen war, der offensichtlich auf sie gewartet hatte. Sie gingen zusammen nach Hause. Sie merkte, daß er gespannt war und sie etwas fragen wollte. Rachel ahnte, daß er sie verdächtigte, und sprach deshalb während des ganzen Weges über dieses und jenes. Am nächsten Morgen, als Holzer das Haus verlassen hatte, packte sie schnell ihre Sachen und machte sich, anstatt zur Arbeit zu gehen, auf und davon und suchte sich ein anderes Zimmer.

Später wurde Rachel verhaftet und dazu verurteilt, das Land zu verlassen; sie wurde ausgewiesen. Wie wir erfuhren, war sie während der Besetzung Polens durch die Nazis in der illegalen Bewegung aktiv. Ihre Spuren gingen im Blutwirbel des zweiten Weltkrieges verloren — Rachel, die Rothaarige, die Schweigsame und Bescheidene, sie, die so wenig sprach und so viel für das menschliche Ideal — den Kommunismus — tat. Bis heute habe ich die Hoffnung nicht aufgegeben, daß sich Zeugen finden werden, die über ihr Schicksal berichten können, über ihren Kampf und über ihren letzten Weg.

Flugblätter im Kibbuz

»Schalom, Jascha, wo kommst du denn her?« Ich lief ihm entgegen.

»Schalom, Persona non grata!« rief er mir zu.

Wir standen mitten im Hof des Kibbuz und schüttelten uns lange die Hände.

Jascha erklärte: »Ich arbeite jetzt in Hadera in einer Zitrusplantage und habe mich entschlossen, auf einen Sprung zu dir zu kommen, um zu sehen, wie es dir geht.«

»Komm in den Speisesaal! Ich werde Tee kochen, Kekse habe ich auch noch.«

Wir ließen uns nieder, aßen und tranken. Danach lud ich Jascha in meine Baracke ein. Die Mitbewohner verließen den Raum, um uns nicht zu stören.

»Was gibt es Neues?« fragte Jascha.

Ich erzählte ihm vom Streik in Benjamina. Er fragte, ob es noch mehr Kibbuz-Mitglieder gäbe, die so wie ich dächten. Ich bejahte es. Während des Gesprächs erwähnte ich mit keiner Silbe die Zusammenkunft in der Schonung, obwohl mir eine innere Stimme sagte, daß Jascha mehr wußte, als er zugab.

Jascha warf einen Blick auf meine Bücher, entdeckte die »Inprekorr« und sah mich interessiert an. Er fragte mich über meine Freunde im Kibbuz aus, über das, was sie sagten und was sie diskutierten. Dann ging er mit mir in den Hühnerstall, um sich meine Hühner und Küken anzuschauen. Über sich sprach er nicht viel. Er habe Arbeit, verdiene aber nicht viel, doch das sei nicht so schlimm. Seit kurzer Zeit habe er eine Freundin. »Mit einem klaren Kopf«, fügte er ohne weiteren Kommentar hinzu.

Als wir uns auf dem Bahnhof verabschiedeten, flüsterte er mir plötzlich zu: »Du kannst jetzt den Kibbuz verlassen. Du und deine Freunde, die an der Zusammenkunft teilgenommen haben, ihr werdet schon erwartet. Aber zu keinem Menschen ein Wort!« Er hielt einen Finger vor den Mund. Bevor ich richtig zu mir kommen konnte, holte Jascha ein Paket aus seinem Mantel,

reichte es mir und sagte leise: »Das sind Flugblätter. Verstecke
sie gut! Es wäre richtig, sie noch heute abend, bevor man sie bei
dir findet, im Kibbuz zu verteilen. Sage es niemandem!« Und
während ich noch fassungslos dastand, sprang er schon auf den
abfahrenden Zug ...

Ich sehe, wie er sich entfernt, wie er auf dem Trittbrett des
Waggons steht, sich mit einer Hand festhält und mir mit der anderen zuwinkt. Ich höre seine Stimme von weitem: »Auf Wiedersehen, Persona non grata!«

Ich spüre, daß mit mir etwas passiert ist, etwas Großes, Erfreuliches, etwas, das ich mit meinen Sinnen noch nicht recht fassen
kann. Ich schiebe das Paket mit den Flugblättern unter die Bluse
und renne in Richtung Kibbuz.

Es ist das erste Mal, daß ich kommunistische Flugblätter in
den Händen halte. Mich drängt es, zu lesen, was darin steht.
Aber wo? Auf dem Hof? Das kommt nicht in Frage. Im Zimmer?
Dort sind meine Freunde. Ich habe es! Auf der Toilette, bevor es
dunkel wird.

Oben auf dem Flugblatt steht geschrieben: Proletarier aller
Länder, vereinigt euch! Im Text lese ich etwas über das Ausmaß
der Arbeitslosigkeit, darüber, daß die Behörden die Zahlen nicht
bekanntgeben wollen, um der Einwanderung nicht zu schaden.
Sie möchten das Problem durch »Kibusch ha-Avodah«, die »Eroberung der Arbeit«, lösen. Das aber schadet der Einheit der Arbeiter. Unterschrieben ist das Flugblatt: Palästinensische Kommunistische Partei, PKP, 1931.

Ich mache das Paket rasch wieder zu. Wo und wann soll ich
die Flugblätter denn verteilen? Etwa nachts? Und was ist mit den
Nachtwächtern? Nein! Ich muß andere Wege finden. Am Ende
beschließe ich, die Flugblätter sofort zu verteilen. Ich gehe zur
Kleiderkammer, in die Wäscherei, zur Vorratskammer, zur Küche — überall lasse ich Flugblätter liegen. Sogar in den Töpfen.
Das gefällt mir, und ich schöpfe Mut: Ich gehe in das Lesezim-
mer und in die Bibliothek. Ich setze mich, blättere in den Zeitungen, lege Flugblätter hinein und verschwinde. Ich schaue auch in
die Zelte, um mich zu vergewissern, daß keiner drin ist — dann
lege ich unter die Kopfkissen ein Flugblatt. Ich gehe zum Hühnerstall, lege mir selbst einige Flugblätter hin, um mich nicht verdächtig zu machen. Ich behalte nur wenige Flugblätter zurück.

Zum Schluß hänge ich in der Toilette noch ein Flugblatt an einem Nagel auf. Jetzt bin ich fertig, ich bin mit meinem Werk zufrieden. Auf dem Weg zu unserer Baracke stoße ich auf unser Pferd. Es sieht mich an, als wäre es über unsere Begegnung zu dieser Stunde erstaunt. An seinem Schwanz binde ich ein Flugblatt fest — für den Kutscher.

Eine nächtelange Diskussion

In meiner Baracke sitzen einige Freunde. Ich ziehe meine Schuhe aus, lege mich auf mein Bett und lese.

»Wo warst du?« fragen sie.

»Im Hühnerstall«, antworte ich, aber meine Gedanken sind weit, weit weg.

»Setz dich in Bewegung«, hatte Jascha gesagt. Das kam überraschend für mich. Er ist mir nah ... Wie soll ich mich in Bewegung setzen? Wann? Ich bin ängstlich und plane, plane und habe Angst.

Inzwischen ist doch nur ein Tag vergangen, ein Tag, an dem ich Flugblätter verteilt habe. Mir ist, als hätte sich die Erde tausendmal gedreht. Hätte man mir gestern gesagt: Morgen wird Jascha kommen, dir Flugblätter bringen, um sie zu verteilen, und dir das lang erwartete Zeichen geben, dich »in Bewegung zu setzen«, ich hätte es nicht geglaubt, und doch geschah all das im Laufe eines einzigen Tages.

Eli und Lilli kommen ins Zimmer. Im ersten Augenblick will ich vom Bett springen und es hinausposaunen: Wir haben Verbindung! Ich bleibe aber liegen und stelle mich weiter lesend. Alles unterhält sich, nur ich »lese« ...

Plötzlich wird die Tür laut aufgerissen, und Alex platzt herein. Auf seinem Gesicht zeichnet sich Erschrecken ab. Er wedelt mit einem Blatt Papier und schreit: »Ich habe ein Flugblatt der Mopsim gefunden!«

»Was??!« Alle sind erstaunt und irgendwie erschrocken.

Ich spüre, wie eine heiße Welle meinen Hals hoch in mein Gesicht steigt. Zum Glück beachtet mich keiner. Ich steige vom Bett herunter und frage: »Was steht denn in dem Flugblatt? Was haben sie denn geschrieben?«

Wie die anderen strecke ich meine Hand nach dem Flugblatt

aus. Eli schaut mich nur kurz an, nimmt dann das Flugblatt an sich und kommt den anderen zuvor. Er liest laut: »Proletarier aller Länder, vereinigt euch! ...«

»Na, das ist doch nichts Schlimmes«, stelle ich fest.

Erstaunte Blicke wenden sich mir zu.

»Was redest du da?! Es sind doch Kommunisten! Unsere Feinde!«

Chaim' stellt sich neben mich und bemerkt, daß eigentlich nichts in dem Flugblatt stehe, wogegen man sein müßte.

Ein anderer sagt, die Kommunisten übertrieben hinsichtlich der Arbeitslosigkeit. Es sei ja bekannt, daß es in Benjamina fast keine Arbeitslosigkeit mehr gebe.

Da springt Eli, der »Außenarbeit« leistet, erregt auf und beginnt zu erzählen, was dort wirklich los ist: In Benjamina gibt es einige Dutzend Bauern. Die PICA* führt eine großangelegte Kampagne durch und verspricht jüdischen Arbeitern eine Tätigkeit in den öffentlichen Diensten der Moschawot. Daraufhin strömen Arbeitslose von überallher nach Benjamina. Sehr schnell müssen sie jedoch erkennen, daß nur Saisonarbeiter gefragt sind. Gegenwärtig gibt es 240 Arbeitslose in Benjamina. Ihre Familien haben nicht einmal ausreichend trockenes Brot zu essen. In seiner Zusammenfassung erklärt Eli, daß man beabsichtige, arbeitslose jüdische Arbeiter auf diese Weise für die Politik der »Eroberung der Arbeit« zu gewinnen und Zusammenstöße mit arabischen Arbeitern zu provozieren.

Im Laufe der Diskussion stelle ich die Frage, warum man uns denn mit den Kommunisten drohe? »Was haben wir eigentlich gegen sie? In Polen haben wir doch nicht so über sie geredet.«

»Sie lehnen den Zionismus ab«, sagt Schmuel.

Eli meint, daß es dafür sicherlich Gründe gebe, denn der Zionismus richte sich gegen das arabische Volk, und selbst die Histadrut wende sich gegen den arabischen Arbeiter. »Wie kann man da in Frieden leben? Ist das für die jüdischen Arbeiter gut? Deshalb müssen wir uns entscheiden, zu wem wir wirklich gehören.«

Hanoch reagiert sofort und erklärt, daß er in erster Linie Zionist sei. Eli erwidert, daß er in erster Linie Arbeiter sei. Simcha ist generell gegen diese Art, Fragen zu stellen, und erklärt, daß wir zionistische Sozialisten seien und damit basta.

Indessen füllt sich das Zimmer. Immer mehr Mitglieder erscheinen, auch solche, die »starke Zweifel« haben. Ich beschließe, etwas zu sagen. Schließlich habe ich nichts mehr zu verlieren, bin ich doch im Begriff, den Kibbuz zu verlassen. Ich sage, daß wir bereits zwei Jahre in Palästina sind und immer noch sehr wenig über das Land selbst wissen. »In Polen haben wir nicht daran gedacht, einmal auf Kosten arabischer Arbeiter zu leben. Keiner von uns hat geahnt, daß wir eines Tages Araber von ihrem Boden vertreiben und ihre Produkte boykottieren würden. Auch haben wir kaum an die britische Mandatsherrschaft gedacht. Nur wenige von uns wußten vorher, daß wir in ein relativ kleines Land von etwa 27 000 Quadratkilometern, bevölkert von 700 000 Arabern und 56 000 Juden, kommen würden. Ich erinnere mich noch sehr gut an den Bericht Sir Simpsons, den wir alle gelesen haben. Danach besaßen 29 Prozent der Fellachen keinen Boden, und 47 Prozent konnten sich von ihren winzigen Wirtschaften nicht ernähren.«

An dieser Stelle unterbricht mich Eli und ergänzt, daß sich die Lage der Fellachen von Tag zu Tag verschlechtert, daß in den Dörfern Hunger herrscht und daß den arabischen Fellachen nach und nach die Existenzgrundlage genommen wird. Die Ursachen dafür sind die internationale Agrarkrise, hohe Abgaben und Steuern, unzureichende technische Ausrüstungen, Mangel an Bewässerungsmöglichkeiten sowie die Vertreibung der Fellachen durch die Zionisten.

Ich betone, die zentrale Frage im Lande sei nach wie vor die Agrarfrage, eine Agrarreform sei unbedingt erforderlich. Die Verbesserung der Lebenslage der Fellachen komme daher allen Werktätigen und der ganzen Bevölkerung, den Arabern wie den Juden, zugute.

Viele von uns durchschauen und verstehen die Lage. Sie erkennen auch das Ausmaß der Vertreibung der Fellachen von ihren Böden. Schmuel jedoch fällt mir ins Wort und sagt böse, unser Kibbuz habe keine Araber vertrieben. Er regt mich am meisten auf, weit mehr als die anderen, denn er hält sich für einen guten Marxisten. Er liest sorgfältig »Das Kapital«. Warum begreift er nur das Wesentliche nicht?

Ich rufe ihm ins Gedächtnis, wie die PICA sich den Boden angeeignet hatte, auf dem unser Kibbuz errichtet wurde. Die Böden im Emek Jesreel* waren reichen arabischen Feudalherren, die in den Hauptstädten Europas praßten, abgekauft worden. Die Fellachen jedoch, die die Böden bearbeitet hatten und von deren Ertrag ihr Leben fristeten, wurden von ihnen vertrieben.

Hanoch schreit, das sei überhaupt nicht seine Angelegenheit. Da mischt sich die sonst so ruhige Schoschana ein und bemerkt, er als Sozialist habe sich sehr wohl um das Schicksal der Fellachen zu kümmern!

Chaim sagt aufgeregt, man dürfe nicht abseits stehen, wenn die Traktoren der Histadrut die Böden der Fellachen umpflügten und diese mit Hilfe britischer Bajonette aus ihren eigenen Häusern vertrieben.

Nussia weist auf den Teufelskreis hin: Die vertriebenen Fellachen erhalten zwar gewisse Entschädigungen, doch was können sie schon damit anfangen? Sie kaufen sich davon Essen, dann wandern sie in die Moschawot und in die Städte, wo sie mit beispielhafter »Solidarität« aufgenommen werden. Entweder sie bekommen wegen des Prinzips der »Jüdischen Arbeit« keine Beschäftigung, oder sie werden, wenn sie schon Arbeit finden, kurz danach wegen dieser selben »Jüdischen Arbeit« erneut weggejagt.

Schmuel versucht, die Gemüter zu beruhigen. »Diese Freunde hier übertreiben«, sagt er. Man verlange von den arabischen Arbeitern ja nur, sich gemeinsam zu organisieren. Dann würden sie auch für immer feste Arbeitsplätze haben. »Denn Meir Jaari hat ausdrücklich erklärt, wir sind dagegen, arabische Arbeiter von ihren Arbeitsplätzen zu vertreiben.«

»Geschwätz«, schreit Chaim. »Wer hat in Benjamina, Rischon le-Zion und Petach-Tikwah denn ständig Arbeit? Du, der du aus Wilna gekommen bist, oder vielleicht die, die schon Hunderte von Jahren hier leben? Ist das etwa unsere sozialistische Gerechtigkeit?!«

Ich wende mich an Schmuel und sage aufgeregt: »›Proletarier aller Länder, vereinigt euch!‹ und ›Jüdisch-arabische Freundschaft‹ — das sind nicht nur Losungen für den Ersten Mai. Man muß sie täglich befolgen.«

Stille tritt ein. Die meisten, die in dieser Nacht in der Baracke sind, gehören zu jenen, die nicht lange danach den Kibbuz aus politischen Gründen verlassen.

»Leute, es ist spät, morgen müssen wir früh aufstehen!«

Jemand steht auf, zeigt auf das Flugblatt und sagt: »Jeder, der ein solches Flugblatt findet, soll es verbrennen.«

»Aber vorher lesen!« rate ich.

Nur die Bewohner unseres Zimmers bleiben übrig. Wir schweigen ermüdet vom Eifer der Diskussion. Ich hülle mich in die Decke, und schon beim Einschlafen muß ich denken: Was war das bloß für ein Tag!

Alles auf einen Nenner gebracht

Wieder wird in unserem Zimmer heiß diskutiert. Das gestrige Gespräch hat Kreise gezogen. Unter den Anwesenden sind Gleichgesinnte, aber auch Gegner. Verwirrung ist zu spüren. Wir wissen nicht, womit wir anfangen sollen.

Schmuel jedoch überlegt nicht lange und beginnt seinen Beitrag damit, daß gestern hier über viele Probleme gesprochen worden sei. Besonders wichtig, meint er, sei die Lage der Fellachen. »Es gibt viele unter uns, die sich um die arabischen Bauern Sorgen machen und fordern, daß sie nicht durch die Juden vertrieben werden. Na gut, ist denn aber ihre Lage besser, wenn sie von einem Effendi ausgebeutet werden?«

Meiner Meinung nach — und das erkläre ich unumwunden — ist der Kauf arabischen Bodens durch den Keren Kajemet, den Jüdischen Nationalfonds, nicht schlechthin ein Geschäft des »Gebens und Nehmens«. Man spricht von der »Erlösung des Bodens«. Laut Kaufvertrag ist es verboten, den Boden an einen Nichtjuden weiterzuverkaufen oder Araber zu beschäftigen. Daraus ergibt sich, daß weder der Fellache noch seine Nachkommen den eigenen Boden jemals wieder erwerben noch auf ihm arbeiten können.

Chaim meint, in den arabischen Dörfern gehe etwas vor, das die zionistischen Führer sehr beunruhige. Er hat in der Zeitung gelesen, daß die britische Regierung zur Zeit aus eigenem Antrieb darangehe, alle Böden des Landes registrieren zu lassen. Darüber hinaus treibe sich in den arabischen Dörfern eine Anzahl von Spezialisten herum, die einer großen Gesellschaft zur Herstellung künstlicher Düngemittel angehörten. Sie böten Fellachen ihre Erzeugnisse an und erklärten ihnen, wie sie einzusetzen seien. Diese Spezialisten versprächen sogar, Kredite zur Verfügung zu stellen. Auch sei bereits von der Gründung einer Landwirtschaftsbank für Fellachen und Effendis die Rede. Es liege auf der Hand, daß die Führer des Keren Kajemet dadurch beunruhigt seien. Sie befürchteten, durch die Verwirklichung dieser Pläne könne sich die ökonomische Lage der Fellachen verbessern. Das würde wiederum zur Verteuerung der Böden führen, und — was noch viel schlimmer wäre — der Bauer wäre nicht mehr interessiert, seine Ländereien zu verkaufen. Das sei auch der wahre Grund dafür, daß die zionistische Führung solch ein Geschrei erhebe und bei den Juden in aller Welt Geld sammele, um schnell noch mehr Land aufzukaufen.

Chaim hält eine Zeitung in der Hand, um jedem zu zeigen, was dort schwarz auf weiß geschrieben steht. Den Kommentar dazu aber gibt er selbst.

Jechiel ist allerdings anderer Meinung. Er fragt, ob es wirklich so ungerecht sei, wenn die Juden sich etwas Boden in diesem Land aneigneten. Schließlich hätten die Araber doch die Möglichkeit, Grundbesitz in Ägypten, Syrien, Transjordanien und sogar in Marokko und Tunesien zu erwerben. Die 15 Millionen Juden, die über die ganze Welt verstreut seien, besäßen dagegen nicht einen einzigen Dunum eigenen Boden. »Kann man denn nicht«, fragt Jechiel, »den Juden das kleine Land Palästina geben, das ihnen auch auf Grund ihrer geschichtlichen Vergangenheit gehört?« Alle sind schockiert. Solch einen Standpunkt hat bisher noch niemand im Kibbuz geäußert.

»In Ordnung«, sagt Menachem zu ihm und schlägt vor, Jechiel solle doch mal zu einem armen Fellachen gehen und ihm sagen: »Mein lieber Freund, deine Brüder in den verschiedenen Ländern besitzen große Reichtümer, fruchtbare Latifundien und eine Menge Boden. Ich und meine jüdischen Brüder dagegen verfügen über keinen einzigen Dunum. Im Namen der Gerechtigkeit bitte ich dich darum, verkaufe mir deinen Boden und ziehe zu deinen reichen Brüdern.«

Jechiel erhebt sich, wütend über die sarkastischen Worte seines Freundes. Er steht mir gegenüber und sagt: »Haben wir denn dann in diesem Land überhaupt noch irgend etwas zu tun? Wir sind doch nicht hergekommen, um Araber zu vertreiben, sondern um einen Kibbuz, ein neues, ein sozialistisches Leben aufzubauen.«

Ganz ruhig antworte ich ihm: »Natürlich haben wir hier etwas zu tun. Wir müssen alles neu beginnen, das ist richtig, aber anders als bisher: auf der Basis sozialistischer Gerechtigkeit und nicht nach den Regeln des Keren Kajemet. Wir alle, jüdische Arbeiter, Bauern und Kibbuzniks, und sie, die arabischen Arbeiter und Bauern, werden ohne ›Erlösung des Bodens‹, ohne ›Eroberung der Arbeit‹ und selbstverständlich auch ohne britischen Vormund zusammen leben.«

Das war in der Tat die ganze Weisheit, auf einen Nenner gebracht; es war das, was meine Freunde und ich glaubten.

Beim Auseinandergehen erinnerte ich mich an einen Auftrag, den ich im Dienst des Keren Kajemet auszuführen gehabt hatte ...

Die blaue Büchse

Warschau. Ich bin sechzehn Jahre alt, Mitglied des ha-Schomer ha-Zair.

Wir sind verpflichtet, die Sammelbüchsen des Keren Kajemet, die jüdische Familien aufbewahren und mit Spenden füllen sollen, zu leeren. Lange habe ich mich davor gedrückt, doch schließlich muß ich doch noch los. Mein Begleiter ist krank, aber ich habe die Adressen und muß allein losgehen.

Den ersten Versuch unternehme ich in einem vornehmen, großen Gebäude. Es hat ein schönes Treppenhaus. Ich klopfe an eine Tür. Sie öffnet sich — soweit es die Kette zuläßt — einen Spalt weit. Ein mißtrauischer Blick. »Wen suchst du?«

»Ich bin gekommen, um die Büchse des Keren Kajemet zu leeren.«

»Was? Was willst du?« Die Frau sieht mich durch den Spalt an, als wäre ich ein Dieb.

»Sie haben eine blaue Büchse des Keren Kajemet le-Jisrael«, erkläre ich geduldig. »Wir sammeln das Geld ein.«

»Anatol«, ruft die Frau, »hier fragt jemand nach einer blauen Büchse. Haben wir denn eine?«

Ein Mann kommt näher, betrachtet mich und öffnet dann die Tür. Wir stehen auf dem Flur. Ein schöner Spiegel, ein Teppich. Herr Anatol fragt ebenfalls: »Was ist los? Was für eine Büchse?« Sie verstehen nichts und wissen von nichts. Da ruft aus dem Nebenzimmer eine Frauenstimme: »Vielleicht meint sie die Büchse, die oben auf dem Schrank steht?«

Herr Anatol steigt auf einen Stuhl, sucht auf dem Schrank, nimmt eine mit einer dicken Staubschicht bedeckte Büchse herunter und schüttelt sie. Nichts zu hören. Sie ist leer, völlig leer. Er blickt mich an, ich blicke ihn an. »Sie wollen also nichts für den Keren Kajemet spenden? Sie wollen also keinen Boden in Erez Jisrael kaufen?« sage ich beherrscht, aber mit erhobener Stimme.

Der Mann lächelt verlegen. »Eine Frau hat die Büchse hergebracht. Wir haben aber keine Zeit für so etwas. Wir sind Geschäftsleute, haben viel zu tun.«

»Dann geben Sie die Büchse zurück!« befehle ich böse.

»Vielleicht läßt du sie doch hier?« fragt die Frau unsicher.

»Warum? Damit sie auf Ihrem schmutzigen Schrank liegenbleibt? Schämen Sie sich!« schreie ich die Frau an, greife mir die Büchse, lasse die Leute erstaunt zurück und schlage die Tür hinter mir zu.

Zweiter Versuch: Die Tür wird geöffnet, eine elegante Frau steht vor mir. Zuerst die gleiche Geschichte. »Was? Wer? Ich verstehe nichts.« Dann ruft sie: »Maria! Maria!«

Ein polnisches Dienstmädchen kommt angerannt.

»Diese Dame fragt nach einer blauen Büchse, in die man Geld hineinwirft. Hast du sie gesehen?« Das Dienstmädchen errötet, als hätte man es eines Diebstahls verdächtigt. »Nein! Ich habe nichts genommen …«

Ich knalle die Tür zu und renne die Treppe hinunter.

Beim drittenmal höre ich die Stimme einer alten Frau: »Wer ist da?« Nach langem Warten geht die Tür auf. Bohnengeruch, eine Petroleumlampe auf dem Tisch. »Komm nur herein, meine Tochter«, sagt die Frau. Sie geht hinter mir her, ihre in warmen Hausschuhen steckenden Füße mühsam schleppend.

»Eine Büchse? Ich habe so viele Büchsen. Sieh doch selbst nach, meine Tochter! Suche nur, du wirst sie schon finden. Wer schickt dich denn? Die Weisen oder der Rabbi …?«

»Nein. Ich bin vom Keren Kajemet, wissen Sie?«

»Ich kann mich nicht mehr erinnern. Ich bin alt.«

Ich suche zwischen den vielen Büchsen. Endlich finde ich sie, aber leer. Die Frau entschuldigt sich.

»Es macht ja nichts«, beruhige ich sie. »Sie sind nicht ver- pflichtet, auch nur einen Złoty hineinzutun. Soll der etwas geben, der es hat.«

Die alte Frau schaut mich verwundert an. Am liebsten würde ich ihr einige Złotys dalassen, damit sie sich etwas zum Essen kaufen kann. Ich will sie aber nicht beleidigen und wage es nicht. Ich sage einfach »Schalom« und gehe.

Im ha-Schomer ha-Zair erzählte ich kein Wort. Doch nach ei- nigen Tagen wurde ich zu einer Aussprache in das Sekretariat ge- rufen. Ein Herr Anatol Goldberg habe sich beschwert, daß man »ungezogene« Mädchen in die Häuser anständiger Menschen schicke. Man suchte nach der »Ungezogenen« und fand mich.

Ich gab zu, dort gewesen zu sein, und sagte, so etwas sei nichts für mich. Wer Lust habe, solle doch hingehen, um diese »natio- nale Pflicht« zu erfüllen. In meinen Augen sei es alles andere als eine »nationale Pflicht«. Nach dieser Affäre wurde ich zum Glück nicht mehr bei solchen Aktionen eingesetzt.

Ich verlasse den Kibbuz

Rachels Brief und die Affäre mit dem Flugblatt schufen für mich und meine Freunde eine gespannte und damit belastende At- mosphäre. Besorgte und argwöhnische Blicke verfolgten uns auf Schritt und Tritt. Es war, als läge eine Schlinge um unseren Hals und würde allmählich zugezogen.

Im Sommer, als die Malaria in vollem Umfang wütete, schickte man einige Freunde in ein gemietetes Zimmer nach Tel Aviv, weit weg vom Malariaherd. Obwohl ich in diesem Jahr nicht zu den Erkrankten gehörte, empfahl mir der Arzt wegen meiner all- gemeinen gesundheitlichen Schwäche Luftveränderug. Selbstver- ständlich war es zu der Empfehlung des Arztes, den Kibbuz für einige Zeit zu verlassen, nicht ganz ohne mein Zutun gekommen.

Mit gemischten Gefühlen bereite ich mich auf die Reise vor. Die Stunde des Abschieds rückt näher. Trauer vermengt sich mit Freude, Kummer mit Erwartung. Das schlimmste jedoch ist das mir auferlegte Verbot, meinen Freunden die Wahrheit zu sagen. Einige meinen, der Abschied sei nur für kurze Zeit. Es gibt aber auch Freunde, die die Wahrheit erraten und mit den Augen fra- gen: Kommst du wieder? »Auf Wiedersehen!« sagen alle zu mir.

Nun bin ich auf dem Weg zum Bahnhof Benjamina. In der Hand habe ich einen kleinen Koffer mit meinem ganzen Reichtum — einigen Kleidern, Büchern und Heften. Es gelingt mir nicht, mich umzudrehen und zurückzuschauen.

Der Zug nähert sich. Er pfeift, als würde er eine Etappe meines Lebens besiegeln. Mit ihm werde ich in ein neues Leben fahren ... Er kommt langsam näher. Wenn er doch endlich anhalten wollte!

Die Waggons sind überbelegt. Ich zwänge mich in ein Abteil und finde sogar noch einen Sitzplatz. Ganz in Gedanken versunken sitze ich da. Liegt nun wirklich alles hinter mir?

Es ist schwer, Abschied zu nehmen von allem, was mir lieb und teuer ist und woran ich hänge ... Es ist ein Abschied von meinen Freunden, mit denen ich einen Teil meiner Jugendzeit verbracht habe. Viele liebte und achtete ich. Doch nicht der Abschied selbst ist das schlimmste. Noch mehr schmerzt der Gedanke, daß meine Freunde die Dinge nicht so sehen und so begreifen wie ich. Viele von ihnen kenne ich aus Polen. Sie hätten Karriere machen, in die Fußtapfen ihrer Väter treten, wohlhabende Geschäftsleute werden oder andere angesehene Berufe wählen können. Trotz des Numerus clausus wäre für viele ein Universitätsstudium möglich gewesen. Aber sie lehnten diesen Weg ab. Revolutionär wie jede junge Generation wollten sie ein neues, ein sozialistisches Leben aufbauen. Beeinflußt von zionistischen Ideen, glaubten sie fest daran, daß ihre Ideale und Visionen gerade im Kibbuz verwirklicht werden könnten. Es sind ehrliche Menschen, voller Träume und mit Sinn für Gerechtigkeit. Was ist nur mit ihnen geschehen? Warum haben sie keine Kraft, sich von Illusionen zu befreien, selbst nachdem sich herausgestellt hat, daß die Wirklichkeit völlig anders ist, als sie sie sich vorgestellt haben? Wie konnten sie sich nur so tief in eine Ideologie verstricken, die ihrem eigentlichen Streben entgegengesetzt ist? Liegen die Ursachen in den kleinbürgerlichen Schranken, die so schwer zu überwinden sind? Sind sie es, die ein Ausbrechen aus dem geschlossenen Kreis dieser Denkweise unmöglich machen?

Ich bin froh, es dennoch gewagt zu haben. Auch viele andere haben es getan. Ich erinnere mich noch an eine Karikatur in einer Abendzeitung: Zwei Körbe. Eine Henne legt ein Ei in den

Korb der MAPAI und eins in den Korb der Kommunisten. Die Henne symbolisiert den ha-Schomer ha-Zair.

Ich schaue aus dem Fenster. An mir gleitet eine eintönige, aus heißem gelbem Sand bestehende Sommerlandschaft vorbei. Der Zug fährt langsam, hält oft an, spuckt verschwitzte Passagiere aus, saugt neue in sich hinein und setzt seine Fahrt langsam fort ...

Jahre später wird hier ein Schnellzug entlangbrausen. Wer wird sich dann noch an den langsam zwischen Himmel und gelbem Sand dahinkriechenden Zug erinnern? Erinnern wir uns denn heute noch an die Zeit der Pferdewagen — als es keine Eisenbahnen, keine Flugzeuge, nicht die vielen Autotypen gab, die — so scheint es uns — seit eh und je existieren? In einer Zeit, da Raumschiffe von unseren Kindern und Kindeskindern bestiegen werden ...

Noch sitze ich in diesem sich langsam vorwärts bewegenden Zug, und mein Kopf ist voller Gedanken. In Tel Aviv erwarten mich neue Freunde, neue Tätigkeiten, neue Probleme und eine völlig neue Lebensweise. Wo werde ich wohnen? Werde ich Arbeit finden? Diese Stadt ist so groß, sie flößt mir Angst ein.

Der Zug wird immer langsamer, wir fahren in den Bahnhof von Tel Aviv ein. Alle stehen auf, ergreifen ihr Gepäck und schieben sich nacheinander hinaus. Ich dagegen bleibe ruhig sitzen. Ich wüßte nicht, wohin ich eilen sollte.

Als der Zug anhält, schaue ich aus dem Fenster und erblicke meine Freunde. Sie entdecken mich auch, lachen und winken mir zu. Jetzt springe ich von meinem Sitz hoch. Ich weiß nun, wohin mich mein Weg führt.

Unsere Universitäten

Die Verbindung

Unmittelbar nach meiner Ankunft in Tel Aviv erhielt ich Verbindung zur Partei. Meine Kontaktperson war ein älterer Mann. Seine klugen Augen sahen mich durch eine Brille aufmerksam an. Wir trafen uns auf der Straße. Bei einem Spaziergang unterhielten wir uns, genauer gesagt: Er fragte, und ich antwortete. So wollte er wissen, was mich bewogen habe, der Partei beizutreten. »Ich möchte auf der Seite der Gerechtigkeit stehen«, gab ich zur Antwort. Ich erzählte ihm von meinen Erlebnissen im Kibbuz, von den heftigen Diskussionen dort und von meinen Schlußfolgerungen. Er hörte gespannt zu und erkundigte sich dann, was für marxistische Literatur ich gelesen hatte und in welcher Sprache.

»Ich habe sogar einen Band des ›Kapitals‹ von Marx gelesen. Offensichtlich werde ich es aber neu lesen müssen«, erwiderte ich ein wenig verschämt.

»Warum?« fragte er überrascht.

»Weil mein Herangehen nicht klassenmäßig und konsequent genug war. Ich habe viel aus der Zeitschrift ›Inprekorr‹ gelernt«, fuhr ich fort. »Diese habe ich in Deutsch gelesen.«

»Weißt du überhaupt, mit wieviel Gefahren und Schwierigkeiten die Zugehörigkeit zu einer illegalen Partei verbunden ist?«

»Ich werde es lernen.«

»Hast du irgendwelche familiäre Verpflichtungen?« fragte er und ergänzte: »Man kann dich verhaften, deshalb müssen wir es wissen.«

»Nein, ich habe keinerlei Verpflichtungen, niemandem gegenüber.« Warum berührt er solche persönliche Dinge? dachte ich unwillig.

Er hatte es bemerkt. »Versteh mich recht, du wirst doch niemandem erzählen dürfen, daß du in der Partei bist.«

»Hab keine Angst, ich werde es nicht erzählen«, sagte ich, meiner sicher.

Es hatte ihn anscheinend überzeugt; er legte seine Hand auf meinen Arm und sagte mit etwas wärmerer Stimme: »Du hast gute Bürgen für die Aufnahme in die Partei.« Obwohl er nicht erwähnte, wer diese Bürgschaften gegeben hatte, freute ich mich sehr.

Danach erklärte er mir einige wichtige Grundsätze der illegalen Arbeit: »Niemals darfst du irgendwelche Listen oder Adressen besitzen, auch nicht zu Hause. Wenn die Polizei dich festnimmt, darfst du keine einzige Adresse angeben — nicht deine eigene und nicht die von Bekannten. Auf keinen Fall!« betonte er. »Du kennst niemanden. Vermeide es, mit Menschen auf der Straße zu gehen, die der Polizei bekannt sind. Insbesondere beim Flugblätterverteilen ist höchste Vorsicht geboten ...«

Die ganze Zeit nickte ich mit dem Kopf — dies alles wußte ich ja bereits. Er verstand. »Vielleicht kennst du alle diese Grundsätze schon, es ist aber meine Pflicht, sie zu wiederholen, damit du nicht eines Tages sagen mußt, man habe dich nicht gewarnt.«

Als wir damit fertig waren, fragte er, ob es irgendwelche Probleme gebe, ob ich Arbeit und Unterkunft hätte. Ich sagte, mein Hauptproblem sei es gegenwärtig, Arbeit zu finden.

»Ich werde dir eine Genossin schicken, die dir bei der Arbeitsuche behilflich sein kann. Wir arbeiten alle unter sehr schwierigen Bedingungen, aber als Genossen stehen wir einander bei. Wir sind eine gute Familie.« Er machte mir Mut und versprach, daß mich jemand zur Teilnahme an der Parteigruppenversammlung abholen würde. Zum Abschied gab er mir die Hand und lächelte herzlich.

Ich bin also akzeptiert! Man hat mich aufgenommen! Ich hatte Lust, es der ganzen Welt mitzuteilen.

Ich rannte in unser Zimmer und umarmte meine Freunde. »Was ist mit dir?« fragten sie.

Ich lachte. »Eine gute Nachricht!«

»Was denn für eine?«

»Ach, nichts Besonderes, eben eine Nachricht«, wiederholte ich lachend.

In meiner ersten Parteigruppe

Man lud mich in die Parteigruppe ein. Ein Genosse kam zu mir nach Hause und stellte sich vor: »Mosche … Komm morgen zu einem Treffen, pünktlich um sieben Uhr abends. Und zu keinem ein Wort«, flüsterte er mir ins Ohr und verschwand. Wieder einmal konnte ich keinem diese gute Nachricht mitteilen. Das war sehr schwer, aber es half nichts. Ich mußte theoretisch und praktisch lernen, was Konspiration bedeutet.

»Wohin gehst du?« fragte man mich.

»Ich? Ach, ich treffe mich mit jemandem.« Ich war verlegen und errötete.

»Wer ist es! Ein neuer Freund?« fragte man mich, halb im Spaß, halb im Ernst.

»Ja, stimmt.«

Es war nicht gelogen. Ich hatte eine neue Freundschaft geschlossen, eine Freundschaft fürs Leben …

In der genannten Straße treffe ich Mosche. Ein Händedruck, ein Gefühl, das ich vorher nicht gekannt habe. Wir gehen los, ich bleibe immer einige Schritte hinter ihm. Ein langer Weg. Wir verlassen die Stadt und gelangen in ein kleines Wäldchen.

Hier warten bereits sechs Genossen. Nicht einen einzigen kenne ich. Keiner sagt seinen Namen, auch ich werde nicht vorgestellt. Fünf Männer und eine Frau.

Die Genossin erweckt meine Aufmerksamkeit. Sie hat einen rotgoldenen Zopf. Es ist Pnina Feinhaus, meine künftige gute Freundin. Sie spricht temperamentvoll in jiddischer Sprache.

Ich betrachte meine neuen Kameraden sehr aufmerksam. Einige Gesichter sind bereits voller Furchen und Falten. Bestimmt sind es alte und erfahrene Revolutionäre, die schon viel geleistet haben, denke ich.

Ich bin die Jüngste in der Gruppe und unterscheide mich auch durch meine Sprache von den anderen. Ich kann nur wenig Jiddisch und werde daher etwas spöttisch »die Intellektuelle, die hebräisch spricht«, genannt. Ich beschließe, so schnell wie möglich Jiddisch zu lernen. Tatsächlich schaffe ich es in kurzer Zeit.

Übrigens soll die Bezeichnung »die Intellektuelle« meine frühere Zugehörigkeit zum ha-Schomer ha-Zair und die kleinbürgerlichen Ansichten dieser Bewegung charakterisieren. »Wir werden dir diese Haut schon abziehen«, meint Mosche halb im Spaß, halb im Ernst. »Sonst wirst du keine Kommunistin …« Und sofort fängt man an, mir meine »ha-Schomer-ha-Zair-Haut« abzuziehen. Meine übertriebene Empfindsamkeit und Schüchternheit, meine schnelle Begeisterung, meine romantischen Neigungen und manchmal unrealistischen Vorschläge sind nicht nach ihrem Geschmack. »Hab keine Sorge«, sagen sie. »Wir werden dich schon mit beiden Füßen auf die Erde stellen …«

Schweigend nehme ich ihre Bemerkungen entgegen, leide aber sehr darunter. Gleichzeitig spüre ich das kameradschaftliche Verhältnis zwischen den Genossen, ihre gegenseitige Hilfe. Ich verstehe, daß der Kampf in der Illegalität auch Härte erfordert. Dieser Kampf gebiert sie.

In dieser Zeit lernte ich etwas Wichtiges für mein weiteres Leben: Ich lernte es, hart und entschlossen zu sein, vor der Polizei standhaft zu bleiben und kleinbürgerlichen Versuchungen nicht zu erliegen — kurzum, eine Revolutionärin zu sein, und zwar nicht nur durch die Weltanschauung, sondern auch im Charakter und im Alltag. Ich lernte die wahre Bedeutung von Worten und Begriffen, von menschlichen Beziehungen kennen.

Mit vollem Bewußtsein und großer Begeisterung lebte ich auf neue Weise. Meine Lehrer zeichneten sich nicht gerade durch ein Übermaß an Zärtlichkeit aus. Nach Jahren erst verstand ich, daß es gerade diese »grobe« Erziehung war, die mich gestählt hat. Es ist fast sicher, daß ich ohne sie nicht in der Lage gewesen wäre, die Schwierigkeiten auf meinem weiteren Lebensweg zu überwinden.

Tatsächlich gab es unter denen, die in der ersten Zeit den Kibbuz verließen, nicht wenige, die nicht durchhielten, sondern aufgaben.

Viele Versuche, aber kein Beruf

Ich war in der Stadt und mußte selbst für meinen Unterhalt sorgen. Das ist generell schwer, ganz besonders aber für ein Mädchen ohne Beruf, noch dazu, wenn es aus einem Kibbuz kommt. Dort war die Arbeit eingeteilt worden und basta. Im Kibbuz wurde für Essen und Kleidung gesorgt. Beides war zwar ärmlich, aber gesichert. Auch ein Dach über dem Kopf gab es, zwar nur in einem Zelt oder in einer Baracke, aber man wußte immer, wo man am Abend den Kopf hinlegen konnte.

All das war gestern. Heute mußte ich selbst für mich sorgen. In Tel Aviv herrschte Arbeitslosigkeit. Jugendliche und Erwachsene, Männer und Frauen standen in Gruppen an allen Ecken der Stadt. Alle warteten, daß jemand kam und sie zur Arbeit holte, nicht ohne vorher ihre Muskeln geprüft zu haben.

Das Arbeitsamt der Histadrut war voller Menschen. Auch unsere Genossen waren dort, sie diskutierten mit den Arbeitslosen.

Es hieß, ins Wasser zu springen und zu schwimmen. So ging es allen, die wegen ihrer Ideale den Kibbuz verließen. Wir jedoch wußten, daß wir nicht untergehen würden, denn wir hatten ein Ziel.

Zuerst wohnten wir zusammen in einem großen Zimmer, das war billiger. Hier war kein Kibbuz mehr, es herrschte aber die Atmosphäre eines Kollektivs, einer Gemeinschaft. Es war eine erste Etappe auf dem Weg in das normale Leben, in dem jeder auf eigenen Füßen stehen mußte. Gemeinsam war es leichter, alles Neue und Fremde zu ertragen, ganz besonders die Furcht vor der unbekannten Selbständigkeit.

Ich fing an, mir einen »Job« zu suchen.

Erst als ich gefragt wurde, was ich konnte, wurde mir klar, daß ich gar keinen Beruf hatte. Hühnerzucht ist in Tel Aviv natürlich kein Beruf. Ich war in die weite Welt hinausgelaufen nur mit dem Zeugnis der mittleren Reife in der Tasche und ohne jegliche Vorbereitung auf das Leben. Warum hatte ich nicht eher daran gedacht?

Hatte ich wirklich nicht daran gedacht? In Warschau, zusammen mit meinen Freunden, hatten wir manche Nacht damit zugebracht, darüber zu diskutieren, wie sich unser Leben weiter gestalten sollte. Kaum mit dem Lernen fertig, betrieben wir unsere »Proletarisierung« und überlegten, wie wir aus dem Teufelskreis der »Frauenberufe« herauskommen könnten.

Ich versuchte, »Proletarierin« zu werden. Der von mir dafür ausgewählte Beruf war der einer Näherin von Herrenhüten. Warum wollte ich ausgerechnet diesen Beruf erlernen? Es hieß, er sei in Palästina gefragt, und er war — für uns das wichtigste — kein Frauenberuf.

Der Inhaber der Werkstatt, ein Jude, klein von Wuchs und etwas beleibt, war überrascht, als ich mich bei ihm vorstellte. Er sah mich an, als wäre ich nicht ganz normal. Erst als ich bereit war, auf eine Entlohnung zu verzichten, und beteuerte, daß er erst nach meiner Ausbildung einen geringen Betrag zahlen müßte, erklärte er sich einverstanden. Mein erster Arbeitstag war unerträglich. In der Werkstatt arbeiteten zehn Männer, alles Bundisten*. Mein Erscheinen versetzte ihnen regelrecht einen Schock.

»Was macht diese junge Intelligenzlerin, diese Dame, denn bei uns?« wollten sie wissen, als ich mich an die Nähmaschine setzte. Selbstverständlich wußten sie jedoch bereits Bescheid über mich; der Besitzer hatte mich angekündigt. Den ganzen Tag herrschte »Stimmung«. Ihre spitzen Bemerkungen nahmen kein Ende: »Wie kommt es, daß es die Dame aus gutem Hause plötzlich gelüstet, Herrenhüte zu nähen?!« — »Was denn, kann man nicht auch heiraten, ohne Hüte nähen zu können?« — »Warum lernt eine Frau gerade einen Männerberuf? Ist es etwa wegen der Gleichberechtigung?« Nach jedem Satz brach allgemeines Gelächter los.

Ein Arbeiter quälte mich besonders: »Wozu braucht man plötzlich diesen Beruf in Palästina? Man trägt dort gar keine Hüte, sondern Lumpen auf dem Kopf (gemeint waren die arabischen Kaffias). Die jüdische Bourgeoisie hat also Lust, eine nationale Heimstatt im Heiligen Land zu errichten. Interessant, wer sie aufbauen wird. Etwa die Bourgeoisie selbst? Nein, die möchten lieber, daß die jüdischen Arbeiter Polen verlassen und an ihrer Stelle dorthin fahren, um das Land für sie aufzubauen. Sie erzählen von einem Land, wo Milch und Honig fließen. Was sagt ihr dazu? Hast du schon einmal versucht, Honig zu schlecken, ohne dafür zu bezahlen? Wir wissen, daß in Palästina die Sonne Menschen und Boden verbrennt. Arbeiter haben dort nichts zu suchen ...« Und wieder kugelte sich die ganze Gesellschaft vor Lachen.

Manchmal schimpfte mein Chef mit ihnen und bedeutete mir zu schweigen. Ich war still und schluckte beschämt die Tränen der Kränkung hinunter. Mit Mühe und Not schaffte ich es, die vier Arbeitsstunden durchzuhalten, ohne davonzulaufen.

So verging eine Woche. Eines Morgens kam ich wie gewöhnlich zur Arbeit. Nur der Werkstattbesitzer war da. Ich setzte mich an die Maschine und begann zu arbeiten. Ich wunderte mich, daß außer mir keiner zu sehen war, fragte aber nichts. Nach etwa einer halben Stunde ging die Tür auf, und zwei Arbeiter traten herein. Als sie mich erblickten, fingen sie an zu schimpfen: »Warum arbeitest du? Weißt du nicht, daß wir streiken?«

»Ich wußte es nicht«, antwortete ich verwundert.

»Sie muß es nicht wissen, sie ist ja nur Lehrling«, mischte sich der Besitzer wütend ein.

Aber bevor die Arbeiter dazu kamen, ihm zu antworten, stand ich auf und sagte laut und selbst erstaunt über meine schnelle Reaktion: »Wenn die Arbeiter streiken, geht es auch mich etwas an. Ich bin kein Streikbrecher!«

»So? Eine Kommunistin bist du? Und ich dachte, du bist Zionistin. Daß du ja nicht wiederkommst, hast du gehört! Wir sind fertig miteinander!« schrie mein »Arbeitgeber«.

Als wir draußen waren, fragte ich die anderen: »Warum streikt ihr? Warum habt ihr es mir nicht gesagt?« Sie wurden verlegen. Wie hätten sie es mir auch erklären sollen? Sie glaubten doch, ich sei eine »kleinbürgerliche Null«. Die beiden Arbeiter erklärten mir nun, daß sie Lohnerhöhung und bessere Arbeitsbedingungen forderten. »Du siehst doch selbst, in welch stickiger Luft und in welchem Staub wir arbeiten müssen. Und du — wozu brauchst du überhaupt diesen Beruf?«

So endete mein erster Versuch, einen Beruf zu erlernen.

Wie ging es nun weiter?

Meine Freundin Elischewa sagte mir, daß sie die Absicht habe, Schuster zu werden, »um in einen ausgesprochenen Männerberuf einzudringen«. Auch ich wandte mich an einen alten Schuster. Zuerst kassierte er das Lehrgeld. Danach ließ er mich an seiner Seite Platz nehmen. Die Schusterwerkstatt war so klein, daß die Kunden draußen stehen mußten. Ich lernte es, Nägel in die Sohlen zu schlagen, einen Absatz zu reparieren und vieles andere. Herrlich. Vielleicht wäre ich Schuhmacher geworden, aber der alte Schuster erkrankte und mußte seine Werkstatt schließen.

So war auch mein zweiter Versuch fehlgeschlagen.

Ich kämpfte mit mir. Was sollte ich lernen? Wo arbeiten? Um meine Selbständigkeit zu bewahren, brauchte ich auch Geld.

Jemand sagte: »Du bist gut geeignet für eine Arbeit mit Kindern. Du liebst die Kleinen und hast erzieherische Fähigkeiten — versuch es! Du brauchst doch wohl Geld, oder? Also geh zu Dr. ... (an den Namen kann ich mich nicht mehr erinnern); er hat ein schwererziehbares Kind, es ist sieben Jahre alt.«

Ich vereinbarte ein Treffen mit dem Vater des Kindes. Es stellte sich heraus, daß die Mutter hysterisch und psychisch krank war. Der Vater, ein Lehrer, gefiel mir dagegen auf den ersten Blick. Er machte sich große Sorgen um seinen Sohn, der nicht lernen wollte und auch sonst außer Rand und Band geraten war. Der Vater sah mich prüfend an, als wollte er sagen: Sie ist doch selbst noch so jung, wie will sie da mit solch einem Kind fertig werden? Dann bat er: »Versuch es, hilf mir!«

Ich hatte mich entschlossen, die Herausforderung anzunehmen. Ich liebte Kinder und hatte bereits viel über neue Erziehungsmethoden gelesen. Meine Freundin, die im jüdischen Waisenhaus Janusz Korczaks arbeitete, versprach, mir zu helfen. Als einzige Bedingung forderte ich, daß sich die Mutter nicht in meine Erziehungsmethoden einmischen dürfe. Der Vater war damit einverstanden.

Früh um sieben Uhr erschien ich erstmals an meiner neuen Arbeitsstelle. Ein Dienstmädchen öffnete mir die Tür. Eine Prachtwohnung.

Man führte mich ins Kinderzimmer. Vor mir stand ein hübscher Junge im Schlafanzug. Seine blauen Augen funkelten mich feindselig an. Ich begann mit meinem gut vorbereiteten »Eroberungsplan«. Mit einem Finger an der Schläfe grüßte ich militärisch: »Schalom. Ich bin ein Schiffsoffizier. Willst du auf meinem Schiff Matrose werden?«

Der Junge sah mich verdutzt und bereits ein wenig neugierig an. »Nun, bist du einverstanden?«

Jerzy murmelte ein leises Ja. Ich fühlte, ich hatte ihn gewonnen.

»Wenn du damit einverstanden bist, mußt du aber jeden Morgen, wenn der Schiffsoffizier kommt, fertig sein — angezogen, gewaschen, Zähne geputzt! Du mußt auf mich warten und meinen militärischen Gruß beantworten. Klar?«

Das Kind war noch völlig durcheinander und nickte nur als Zeichen der Zustimmung.

»Wenn es so ist — ja, dann vereidige ich dich und verpflichte dich zum Dienst auf See. Vorher mußt du dich aber schnell waschen, anziehen und essen. An einem der nächsten Tage werden wir das Schiff besichtigen.«

Das Kind fing Feuer. Ich stellte fest, daß es weder seine Schnürsenkel zubinden, die Knöpfe schließen, das Haar kämmen, noch seine Zähne selbst putzen konnte. Jerzy war nicht imstande, am Tisch zu sitzen und wie ein Mensch zu essen. Er kannte keinen Buchstaben. Er war verwöhnt, unselbständig und vernachlässigt.

Die Mutter schrie und gab von ihrem Zimmer aus Anweisungen. Erneut bat ich den Vater, die Mutter möge sich nicht einmischen. Er ging in ihr Zimmer und flüsterte mit ihr. Als er zurückkam, schloß er hinter sich die Tür und sagte nur: »Es geht in Ordnung.«

Ich war gespannt, obwohl ich nach außen Selbstsicherheit zeigte.

Zum ersten Mal widmete ich mich der Erziehung eines Kindes. Es war schwer. Wir fingen an zu spielen: Ich verwandelte den Fußboden des Zimmers in ein Meer. Unter dem Tisch befand sich die Rettungskabine. Darin versteckten wir uns, denn unser Schiff war kurz zuvor im Sturm gesunken, und wir hatten uns dorthin gerettet. Wir riefen um Hilfe. Da das Kind noch keinen Buchstaben kannte, lernte es hier sofort die Buchstaben SOS und seinen eigenen Namen — Jerzy — schreiben. Es kostete den Jungen große Mühe, aber er lernte es.

Den SOS-Zettel steckten wir in eine Flasche, warfen sie ins offene Meer und schickten sie auf Reisen ... Der Vater schaute ins Zimmer und war erstaunt, uns beide so friedlich miteinander unter dem Tisch zu sehen. Er verstand das Spiel und lächelte uns zu. Mittags erlebte ich eine Überraschung: In der Mitte des Zimmers stand ein großer Bottich. Darin schwamm ein Boot, das der Vater schnell gekauft hatte.

Jetzt stachen wir »echt« in See, kenterten, retteten uns und lernten dabei die Wörter: Wasser, See, Schiff, Sturm, Salz, Offizier, salutieren und »Immer bereit« zu schreiben und zu lesen. Jerzy verabschiedete sich am Abend mit einem begeisterten Salutgruß von mir. Der erregte Vater drückte mir die Hand und bedankte sich. Erschöpft ging ich nach Hause.

Selbstverständlich hielt ich Wort: Wir besuchten »mein

71

Schiff«. Die Sache war jedoch gar nicht so einfach zu organisieren. Wo sollte ich das versprochene Schiff hernehmen? Ich begab mich zur Weichsel, betrat eines der dort liegenden Schiffe und erzählte dem Kapitän Jerzys Geschichte. Der Kapitän war ein aufgeschlossener Mensch, zögerte aber in der Annahme, daß ich vielleicht nicht ganz normal wäre. Erst als ich mit dem Vater Jerzys wiederkam, sagte er: »Bitte, bring das Kind her, ich werde dich als meinen ersten Offizier vorstellen.«

Da auch meine Kameraden vom ha-Schomer ha-Zair vor mir ihre Hand zum Gruß »Chasak we-amaz« (Sei stark!) erhoben und ich den Gruß Jerzys wegen demonstrativ erwiderte, glaubte er, ich sei tatsächlich ein Marineoffizier. In seiner Einbildung sah er mich sicher in Uniform.

Jerzy verehrte mich und gehorchte freiwillig. Er lernte lesen und schreiben, aber auch Disziplin. Der Vater sprach überall von einem »Wunder«. Das kam auch dem Pädagogen Janusz Korczak zu Ohren. Er, den ich als Erzieher, Mensch und Schriftsteller so bewunderte, lud mich zu einem Gespräch ein. Er prophezeite mir Großes auf dem Gebiet der Erziehung …

All das gehörte aber zu meiner Vergangenheit in Warschau. Hier, in Tel Aviv, wollte ich mich eigentlich nicht als Erzieherin versuchen. Hier suchte ich den Weg in den Kampf. Ohne Beruf war ich jedoch trotz meiner Erfahrungen in der Vergangenheit gezwungen, darüber nachzudenken, wovon ich leben sollte.

Unterrichtsstunden im Haushalt

Malka kam zu mir. Unser Verbindungsmann hatte sie zu mir geschickt.

»Träum nicht von einer interessanten Tätigkeit. Du kannst sowieso nur im Haushalt oder in der Kinderpflege Arbeit finden.«

»Warum nicht in einer Fabrik?«

Malka lachte. »Wo lebst du denn? Geh in das Gebäude der Histadrut oder zum Arbeitsamt und sieh dir die vielen Arbeitslosen an!«

Haushalt? Mein ganzes Leben war ich davor weggerannt. Sollte ich etwa irgendeine kapriziöse Dame bedienen?!

Malka bemerkte meine Enttäuschung und schlug vor: »Vielleicht solltest du in einem Hotel arbeiten. Die Arbeit dort ist zwar schwerer, aber besser organisiert. Dort arbeiten Angestellte und Arbeiter zusammen. Sie essen gemeinsam in einem Speisesaal. Das ist nicht so unwürdig.«

Was blieb mir anderes übrig? Ich ging zum Hotel »Dan« in der Jarkonstraße. Damals war es ein kleines, zweistöckiges Haus. An der Rezeption saß eine Dame, sie musterte mich von Kopf bis Fuß. Vor Verlegenheit rot wie eine Tomate, zwang ich mich regelrecht zur Beherrschung. Ich erhielt eine Stelle und begann sofort mit der Arbeit. Es war schwer, eine ganze Etage mit allem Drumherum, Zimmern, Betten und Korridoren, sauberzuhalten.

Ich war flink und wollte beweisen, daß ich es schaffte. Schließlich war es doch meine erste Lohnarbeit. Der erste Tag verlief erfolgreich, die Dame war mit mir zufrieden. Doch die Freude währte nur zwei Tage. Am dritten Tag ließ die Dame mich kommen und fragte ganz erstaunt: »Was, du entfernst nicht die Nachttöpfe aus den Zimmern? Und die Schuhe der Gäste putzt du auch nicht?«

»Das gehört nicht zu meiner Arbeit«, erwiderte ich energisch.

»Wer sagt dir das? So etwas ist bei uns noch nie vorgekommen!«

»Was denn, kann ein Gast seinen Nachttopf nicht allein wegbringen und seine Schuhe nicht selbst putzen? Das sind persönliche Dinge«, stellte ich fest.

»Man sieht sofort, daß du aus dem Kibbuz kommst. Willst du hier etwa kommunistische Methoden einführen?!«

»Diese Arbeiten werde ich nicht verrichten«, gab ich zur Antwort. »Wenn Sie nicht einverstanden sind, bin ich bereit, zu gehen.«

»Warte wenigstens noch bis morgen«, versuchte sie es schon in anderem Ton. »Du kannst mich doch nicht mitten in der Arbeit einfach im Stich lassen …«

Ich blieb bis zum Abend, bekam den Lohn für drei Tage und ging.

Von Malka erfuhr ich, daß man in jedem Hotel verlangte, die Nachttöpfe zu säubern. Da beschloß ich, mir doch eine Arbeit im Haushalt zu suchen.

»Wo ist das Büro für Hausangestellte?« frage ich.

»So etwas gibt es nicht. Für diesen Beruf ist offiziell keiner zuständig, dafür eine gewisse Frau Reiß. Hast du noch nicht von ihr gehört? Sie ist eine Zuhälterin für Hausangestellte und hat einen Harem mit Hunderten von Frauen. Sogar in der Histadrut ist sie gefürchtet«, erklärt mir Malka.

Voller Zweifel gehe ich zu Frau Reiß. Ein kleines, vernachlässigtes Häuschen in der Balfour-Straße, eine große Veranda mit geborstenem und verstaubtem Holzfußboden. Viele Bänke; Frauen und Mädchen sitzen darauf oder stehen herum. Die Chefin ist nicht zu Hause, nur ihr Mann und drei wild herumjagende Kinder sind da. Der Mann sagt: »Frau Reiß ist nicht da. ›Er‹ ist weggegangen.« Auch die Kinder sprechen von ihrer Mutter im Maskulinum. Wenn sie vom Vater sprechen, sagen sie dagegen: »Sie gibt mir ...«

Auf der Veranda plätschern die Gespräche dahin. Jede Bittstellerin breitet vor ihren zufälligen Leidensgenossinnen ihre Nöte und Sorgen aus.

»Du bist das erste Mal hier? Wo kommst du denn her? Bist du aus dem Kibbuz? Du wirst bei Frau Reiß nicht gerade Honig zu schlecken bekommen. Sie liebt die Kibbuzniks nicht. Sie sagt, sie seien frech.«

»Hab aber keine Angst vor dieser Hexe«, ermuntert mich eine der Jüngeren. »Sag ihr nur gehörig die Meinung, da wird sie vor dir Respekt bekommen.«

»Kommt ihr schon lange her?« frage ich.

»Lange genug. Wohin sollen wir sonst gehen, etwa zur Histadrut oder zum Arbeitsamt? Dort interessiert man sich nicht dafür, ob wir Arbeit haben oder nicht.«

Die Mißachtung des Arbeitsamtes scheint weit verbreitet zu sein. Sie sprechen aus Erfahrung, denke ich.

Plötzlich wird es totenstill — Madam Reiß ist gekommen. Sie ist klein, schmächtig, etwa vierzig Jahre alt und sehr häßlich. Ihr Haar ist glatt nach hinten gekämmt, ihre Kleidung einfach. Sie ist die »Königin« der Hausangestellten von Tel Aviv.

Sie geht ins Eßzimmer, setzt sich an den Tisch, als wäre hier ein ganz normales Büro. Alle Frauen stürzen gleichzeitig zur Tür. Es bildet sich eine Schlange.

Madam Reiß beginnt mit ihrer Sprechstunde, trinkt dabei Tee und ißt ein Sandwich, das ihr Mann ihr reicht. Sie spricht jiddisch und manchmal auch ein schlechtes Hebräisch. Jede ist registriert und gibt ihr Geld. Die Arbeitsuchenden setzen sich nicht hin, sondern bleiben stehen. So geht es schneller.

Jetzt bin ich an der Reihe. Ihre kleinen braunen Augen durchbohren mich, prüfen die neue »Ware«. Ich stelle mich auf die Zehen, um größer zu erscheinen.

»Woher kommst du? Hast du schon im Haushalt gearbeitet? Wie alt bist du? Neu? Was kannst du machen? Kochen?« Die Fragen prasseln auf mich nieder wie ein schwerer Regenguß. Mit Mühe und Not gelingt es mir, zu antworten. Daß ich aus dem Kibbuz komme, gefällt ihr nicht.

»Ich kann alles!« verkünde ich entschlossen.

»Willst du einen Arbeitsplatz mit Kindern?«

»Ja, gern.«

Ihre mit Margarine beschmierten Finger blättern in einem dikken Heft, das voller Namen und Adressen ist.

»Gut. Bei einem Augenarzt. Drei Zimmer und zwei Kinder. Bialikstraße.«

Ich bezahle die Vermittlungsgebühr, nehme den Zettel mit der Adresse und gehe nach Hause.

Auf dem Heimweg resümiere ich: Ab morgen wirst du also Fußböden scheuern, Geschirr spülen, Unterhosen waschen, Fenster putzen, wirst die Hausfrau anlächeln und — sollte es notwendig sein — auch den Hausherrn. Du hast eben keine andere Wahl.

Ein neuer Lebensabschnitt beginnt — die Arbeit als Hausangestellte.

Ein bekannter Augenarzt, eine schöne, nette Frau und zwei kleine Kinder. Eine ordentliche und saubere Wohnung. Ich gebe mir Mühe. Ich merke, daß die Hausherrin jeden meiner Handgriffe genau beobachtet ...

Ich arbeite sicher, als hätte ich große Erfahrung. Die Familie ist mit mir zufrieden. Besonderen Erfolg habe ich bei den zwei Kindern, fünf und sieben Jahre alt. Sie hängen an mir.

Nach zwei Wochen erscheint Madam Reiß, sie wacht wie ein Habicht über ihr Einkommen. Sie fragt, ob die Hausherrin mit der neuen Angestellten zufrieden sei. Die Frau des Arztes bejaht, bemerkt aber, daß ich bei Hinweisen das Zimmer verließe und die Tür hinter mir zuschlüge. Außerdem würde ich versuchen, die Arbeit so schnell wie möglich zu beenden, um zu verschwinden.

Madam Reiß sagt sofort mit fester Stimme: »Gut, wir schicken eine andere. Es ist immer das gleiche mit den Kibbuzniks.«

Ich höre die erschrockene Stimme meiner Hausherrin: »Nein, nein! Sie brauchen keine andere zu schicken. Sie kommt mit den Kindern ausgezeichnet aus …«

Ich höre zu und bin zufrieden. Die Pläne dieser Spekulantin, ein neues Mädchen zu schicken und ein zweites Mal Vermittlungsgeld von beiden Seiten zu kassieren, sind damit gescheitert.

Meine nette Hausherrin hatte recht — sehr oft ging ich früher als vereinbart. Ich hatte ja noch eine zweite Beschäftigung, die Parteiarbeit.

Noch kannte sie nicht alle meine Tricks. Ich mußte zum Beispiel eines Tages um 12 Uhr mittags nach Haifa fahren, um Material zu übergeben und an einer Aktion teilzunehmen. Was war zu tun? Ich kam wie immer zur Arbeit, verrichtete schnell das Allernotwendigste, und plötzlich … fiel ich hin und verstauchte mir den Fuß. Ich konnte nicht mehr auftreten. Die Frau verband meinen Fuß, bestellte eine Droschke, um mich nach Hause fahren zu lassen. Nachdem die Droschke um die Ecke gebogen war, sagte ich dem Kutscher, daß ich aussteigen wolle. Er hielt an und fragte erstaunt: »Ist denn schon wieder alles in Ordnung?«

»Ja, alles in Ordnung«, antwortete ich und rannte zum Bahnhof …

Drei Monate später verließ ich das Haus des Arztes. Ich hatte diese Art Tätigkeit einfach satt. Dem Arzt und seiner Frau tat es leid, den Kindern noch mehr.

Nach vielen Jahren traf ich das nette Ehepaar auf einem Empfang in der sowjetischen Botschaft wieder. Ich ging zu ihnen. In ihrer Verwirrung taten sie so, als würden sie mich nicht erkennen. Ich begriff, daß sie mich nicht in Verlegenheit bringen wollten. Ich aber freute mich wirklich, sie wiederzusehen, und sagte laut und freundlich: »Das sind die netten Menschen, bei denen ich zum ersten Mal im Haushalt gearbeitet habe …« Wir unterhielten uns freundlich, doch ihre Verlegenheit wich nicht.

Statt Braten – Suppe

Als nächstes suchte ich eine Arbeit, wo man kochen mußte, da zahlte man besser. In Wirklichkeit konnte ich gar nicht kochen. Meine Mutter hatte uns mit Unterweisungen in der Kochkunst verschont. Ich aber beschloß, es dennoch zu versuchen, ohne über die Folgen nachzudenken. Ich kann doch ein Ei braten, Kartoffeln kochen und Tee zubereiten, dachte ich. Das Weitere würde sich schon finden.

Selbstverständlich war die erste Frage im Haus des Redakteurs der Zeitung »Davar«: »Kannst du kochen?« Und ich gab mit einer Selbstverständlichkeit, über die ich selbst erstaunt war, zur Antwort: »Ja.« Hinzu setzte ich jedoch: »Jeder kocht natürlich auf seine Weise und nach seinem Geschmack; ich werde also Anleitung brauchen ...«

Eine ganze Woche lang verlief alles ohne Zwischenfälle, da die Hausfrau da war und ohnehin kochte. Einmal jedoch mußte die Wahrheit ans Tageslicht kommen, obwohl ich jeden Tag von meinem Freund Sorach, der von Haus aus kochen konnte, theoretische Unterweisungen erhielt. Ich wußte zwar schon, wie man eine Rote-Rüben-Suppe kocht, schaffte es jedoch nicht, ihn zu fragen, wie man einen Braten zubereitet.

Eines Tages sagte die Hausfrau zu mir: »Ich gehe heute aus. Bereite den Braten zu.«

Ich erschrak und wiederholte schnell meinen Spruch: »Ich bereite den Braten auf meine Art zu. Und wie machen Sie es?« fragte ich naiv.

Sie war etwas erstaunt, erklärte mir aber: »Brate ein wenig Zwiebel und das Fleisch in Öl an, gib Gewürze und später Wasser dazu.«

Ich beruhigte mich und hantierte sicher. Ich habe Zwiebeln gebraten, das Fleisch in den Topf gelegt und Wasser dazu gegeben. Der Topf wurde randvoll ... Ich wollte vermeiden, daß das Fleisch anbrannte, und nahm an, es so richtig zu machen. Mittags wunderte ich mich, daß der Braten ganz anders als sonst aussah. Doch da war es natürlich bereits zu spät. Ich reichte dem Ehepaar zwei gefüllte Teller ... Suppe. Die junge Frau sah erst die Teller, dann mich an und sagte schließlich mit kaum vernehmbarer Stimme: »Wo hast du denn die Suppe her?«

»Aus dem Topf«, antwortete ich ruhig, obwohl ich den herannahenden Sturm spürte.

Die Hausherrin lief vor Wut bereits rot an und öffnete den Mund, um mich zu rügen, als ihr Mann in lautes Gelächter ausbrach. »Ach, du großer Gott! Was habe ich da für eine herrliche Geschichte für meine Zeitung: ›Ein Kibbuzmädchen kocht einen Braten ...‹«

Ich wünschte damals, die Erde würde mich verschlingen.

Sie entließen mich jedoch nicht, sondern brachten mir wirklich das Kochen bei.

Zum Glück zogen sie mir auch nichts vom Lohn ab. Ich brauchte ja jeden Pfennig, denn die Burschen waren alle arbeitslos. Nur die Mädchen verdienten etwas Geld, und ihr Lohn floß in unsere gemeinsame Kasse, in die »Kasse der Bettler«, wie wir sie nannten.

Auf diese Weise erlernte ich allmählich doch einen Beruf, den einer Hausangestellten — und das nach all meinen hartnäckigen Versuchen, in einen Männerberuf einzudringen!

Chavas Wäscherei

Vergeblich suchten die Burschen Arbeit, und sei es auch nur eine Teilbeschäftigung. Sie fanden weder in einer Werkstatt noch beim Bau etwas. Da beschlossen Sorach und Isrolik, eine Wäscherei zu eröffnen.

Der Vorschlag stammte von Chava, einer Sympathisantin der Partei. Sie war etwas älter als wir und wohnte in einer Arbeitersiedlung (heute Stadtviertel Nordau). Ihr Mann war Mitglied in der Partei der linken Zionisten, Mifleget Poale Zion Smol. Er mochte die Kommunisten nicht, liebte aber seine Frau Chava und diskutierte sehr viel mit ihr. Des Hausfriedens wegen — vielleicht auch aus anderen Gründen — schloß sich Chava nicht unserer Partei an. Sie half uns aber, wo sie konnte. Klug und immer freundlich stand sie uns zur Seite.

Chava schlug vor, bei ihr auf dem Hof ohne Wissen ihres Mannes eine Wäscherei zu eröffnen. Wir nahmen an. Bis der Mann von der Arbeit nach Hause kam, wurde gewaschen; gebügelt wurde dann in unserem Zimmer. Offensichtlich krankt »Frauenarbeit«, wenn sie von Männern verrichtet wird, an übertriebener

Genauigkeit und Zeitverschwendung. Jedes Hemd wird sorgfältig gepflegt und entsteht unter ihren Händen wieder wie neu. Sie lehnten meine Hilfe beim Bügeln mit der Begründung ab, es gehe zwar schneller, sei aber nicht ordentlich genug.

Die Wäscherei, die ein wenig Geld ins Haus brachte, war mit vielen lästigen Problemen verbunden. Sie nahm jedoch sehr schnell ein Ende. Erstens konnte man im Winter nirgends die Wäsche aufhängen, ohne daß der Mann es bemerkte, und zweitens »ertappte« er schließlich die »Verbrecher« einschließlich seiner Frau auf frischer Tat.

Zwischen den Eheleuten brach ein Streit aus, aber den Scheidebrief erhielten nur die beiden Burschen. Das Geschäft wurde aufgelöst.

Die Suche nach einer anderen Arbeit begann erneut. Zu jener Zeit begann sich das Bauwesen in den Vororten Tel Avivs sprunghaft zu entwickeln. Viele fanden Beschäftigung bei der Herstellung von Großblocksteinen. Diese Tätigkeit war nicht leicht, man konnte aber etwas mehr verdienen. An Sonnabenden und nach der Arbeit, wann immer ich Zeit hatte, begoß ich die Großblocksteine mit Wasser. Das ging so vor sich: Ich stand auf einem Haufen Steine, in der Hand einen langen Schlauch, und bespritzte die nach Wasser dürstenden Blöcke, während ich dabei die mich umgebende Landschaft betrachtete.

Auch diese Beschäftigung nahm ein schnelles Ende. Ich kann mich nicht einmal mehr entsinnen, weshalb. Wieder begann eine Zeit, in der ich die einzige war, die Arbeit hatte — natürlich im Haushalt.

Mein Einkommen reichte gerade, um die Miete für das kleine Zimmerchen zu bezahlen, um Brot zu kaufen und noch etwas dazu, falls Freunde kamen, um Tee zu trinken ...

Sie haben mich nicht reingelegt

»Sind deine Histadrut-Beiträge in Ordnung?« wurde ich eines Tages von meinem Parteigruppenorganisator gefragt.

Ich wußte es nicht. Noch war ich nicht daran gewöhnt, mich selbst darum zu kümmern. Der Kibbuz hatte die Kassierung für alle Mitglieder erledigt. Nun stellte sich heraus, daß meine Beiträge nicht vollständig bezahlt waren. Das war besonders schlimm, da Wahlen sowohl in der Histadrut als auch in deren Frauenorganisation, der heutigen NAAMAT*, bevorstanden.

Mosche zeigte sich erschrocken. »Geh schnell und regle noch heute deine Beitragskassierung! Es ist der letzte Tag, sonst hast du kein Wahlrecht.«

Nach der Arbeit renne ich also schnell zum Gebäude der Histadrut, ins »Rote Haus« in der Jarkonstraße. Der Angestellte dort empfängt mich freundlich, lächelt sogar. Er prüft mein Dokument einmal und noch ein zweites Mal. Dann verschwindet das Lächeln von seinem Gesicht.

»Bist du nicht mehr im Kibbuz?«

»Nein.«

»Wo arbeitest du?«

Ich nenne den Namen meines »Arbeitgebers« und seine Adresse.

»Ich benötige seine Bestätigung«, sagt er kühl.

»Ich schaffe es aber bis zum Abend nicht, und heute ist der letzte Tag zum Einzahlen«, erkläre ich ganz unschuldig.

»Das interessiert mich nicht. Ohne die Bestätigung des Arbeitgebers kann ich nicht kassieren.«

Plötzlich scheint die Rettung zu nahen. Das Büro betritt ein Nachbar meiner »Arbeitgeber«, der auch Histadrut-Beiträge kassiert. Er begrüßt mich.

»Ich bitte Sie«, wende ich mich an ihn, »bezeugen Sie doch hier, wo ich arbeite.«

Der Angestellte macht ein finsteres Gesicht und sagt zu dem Mann: »Das geht Sie gar nichts an. Mischen Sie sich nicht ein!« Und sich zu mir wendend: »Du mußt die Bestätigung selbst bringen.«

Erst da geht mir ein Licht auf. Er will mich an der Wahl hindern. Er will nicht, daß ich die Beiträge bezahle, ohne die ich nicht wählen darf. Er weiß also, wer ich bin.

Mir fällt ein, daß es in der Histadrut eine schwarze Liste mit den Namen all derjenigen gibt, die verdächtigt werden, sich vom Zionismus abgewandt zu haben. Diese Leute sind nicht »koscher«. Auch im Kibbuz ist jeder in Opposition Stehende daran gehindert worden, in die Haganah* einzutreten, eben weil er nicht »koscher« war.

In diesem Moment leuchtet es bei mir sozusagen rot auf: Noch

heute abend muß ich die Sache mit den Beiträgen in Ordnung
bringen, koste es, was es wolle! Ich renne von der Jarkonstraße
zur Bialikstraße. Der Weg ist lang. Ganz außer Atem platze ich in
die Wohnung meines »Arbeitgebers«.

»Was ist passiert?« fragt die Frau erschrocken.

»Ich benötige eine Bestätigung, daß ich hier arbeite.«

Die Frau kann nicht hebräisch schreiben, und ihr Mann ist
noch nicht zu Hause. Ich blicke auf die Uhr, die Zeit verrinnt.

»Geben Sie mir doch die Bestätigung, bitte!«

Schließlich schreibe ich selbst die Bescheinigung, sie unterzeichnet. Nun habe ich zwar die Unterschrift, werde es aber nicht
mehr schaffen, ins Büro zu kommen. Es schließt um sieben Uhr.
Kein Verkehrsmittel fährt in diese Richtung. Ich fange an zu rennen, obwohl mir klar ist, daß ich es gar nicht mehr schaffen kann.
Vor mir taucht plötzlich ein Radfahrer auf. Einer schnellen Einge-
bung folgend, halte ich ihn an und bitte ihn, mich zur Jarkonstraße mitzunehmen. »Versteh doch, ich muß vor sieben Uhr im
›Roten Haus‹ sein!« erkläre ich dem jungen Mann mein Anliegen.

Er wundert sich und zögert erst, dann sagt er aber doch: »Steig
auf!«

Ich setze mich hinter ihn und halte mich an ihm fest, um nicht
vom Rad zu fallen. Wir setzen uns in Bewegung. Ich spüre, wie
sein Atem beim Bergauffahren immer schwerer wird. Den ganzen
Weg über höre ich nicht auf, mich zu entschuldigen. »Macht
nichts, ist doch nicht so schlimm«, gibt er zur Antwort, »so etwas
passiert mir schließlich nicht alle Tage.«

Wir erreichen das »Rote Haus«. Ich springe vom Rad, stürze
hinein, die Tür ist noch offen. Ich habe es geschafft! Ich renne
schnell nach draußen, um dem Burschen zu danken, doch er ist
schon weitergefahren. Ich rufe ihm zu: »Vielen Dank, du bist
wirklich …«

Der Angestellte wird blaß, als er mich mit meiner Bestätigung
in der Hand sieht. Doch er beherrscht sich und schaut schnell auf
die Uhr. Auch ich werfe einen Blick darauf: Zehn vor sieben. Er
staunt, kann es nicht fassen, daß ich ihn besiegt habe.

Meine Beiträge sind nun in Ordnung, die Marken gekauft. Damit ist mein Wahlrecht gesichert.

Monate später, als ich das erste Mal verhaftet wurde, erfuhr ich, wer der Angestellte war. Ich saß auf dem Polizeirevier. Plötzlich ging ein Fensterchen auf, ein Augenpaar prüfte uns alle, und ich erkannte den Angestellten aus dem Büro für die Beitragskassierung der Gewerkschaft wieder.

»Das ist doch Limonczik«, sagte Hanka, »er kommt hierher, um seine ›Klienten‹ zu identifizieren.«

Zwei Hochzeiten — eine Braut

Einen Tag nach meiner ersten Parteiversammlung wurde ich zu einer Unterredung mit dem Genossen bestellt, der mit mir bereits über meine Aufnahme in die Palästinensische Kommunistische Partei gesprochen hatte.

»Morgen um vier Uhr nachmittags mußt du im Rabbinat erscheinen, du heiratest«, informierte er mich kurz. Ich wurde rot. Verrückte Gedanken jagten durch meinen Kopf. Beschließt denn die Partei auch über die Intimsphäre? Er sah meine Verwirrung und erklärte mir, daß ich als Mitglied der Partei gerade jetzt verstärkt der Gefahr ausgesetzt sei, verhaftet und außer Landes gebracht zu werden. Die Briten deportierten alle Kommunisten, die nicht die palästinensische Staatsbürgerschaft besaßen. Jederzeit konnte mich die Geheimpolizei festnehmen und allein auf Grund meiner Zugehörigkeit zu einer verbotenen Partei ausweisen.

Er fuhr fort: »Die Deportationen sind für unsere Partei ein harter Schlag. Tagtäglich verlieren wir auf diese Weise treue Genossen und gute Revolutionäre, und zwar, weil sie nicht die Staatsangehörigkeit des Landes besitzen. Wir haben deshalb Gegenmaßnahmen zu treffen. Was die Burschen anbelangt, so haben wir nur wenige Möglichkeiten, ihnen zu helfen. Sie müssen selbst einen Antrag auf Erwerb der palästinensischen Staatsbürgerschaft stellen. Wenn der britische Geheimdienst oder die jüdische Haganah* sie als Mitglieder oder Sympathisanten der verbotenen PKP erkennen (mein Freund und ich wurden deswegen im Kibbuz nicht in die Haganah aufgenommen), gelingt es ihnen jedoch kaum, ihr Ziel zu erreichen. Nur wenige erhalten die palästinensische Staatsbürgerschaft. Bei unseren Mädchen ist zum Glück die Lage etwas anders. Mädchen erhalten bei einer Eheschließung — selbst wenn sie nur fiktiv ist — die Staatsangehörigkeit des Man-

nes. Das können wir nutzen. Reg dich also deshalb nicht auf!«
Und er fügte hinzu: »Wir haben für dich einen netten Mann ausgesucht.«

Mir fiel ein Stein vom Herzen.

Zur verabredeten Zeit bin ich in der Lilienblumstraße. Ich
habe mich hübsch angezogen, schließlich ist es eine Hochzeit.
Man bringt den Bräutigam herein. Verstohlen sehe ich ihn mir
an, wende dann schnell den Kopf ab. Es wäre nicht schön, wenn
er merkte, daß ich ihn betrachte. Er ist jung wie ich, groß und hat
schwarzgelocktes Haar. Und er ist mutiger als ich, spricht mit
Mosche und sieht auch mich an. Ich habe das Gefühl zusammen-
zuschrumpfen. Was bin ich nur für eine Braut!?

Sei es, wie es sei, er ist jedenfalls ein nicht hoch genug einzu-
schätzender Bräutigam — ein osmanischer Staatsangehöriger, dessen Eltern vor Jahren aus der Türkei gekommen sind. Ich dagegen, die Braut, habe nur die polnische Staatsbürgerschaft und
muß »gerettet« werden.

Wir gehen mit dem Schadchen, dem Heiratsvermittler, nach
oben in das Büro des Rabbiners. Die Prozedur ist kurz. Der Rabbiner schaut uns kaum an, fragt auch nicht mehr als erforderlich.
Er weiß, daß alles fiktiv ist. Es geht sehr schnell, ich schaffe es
nicht einmal, mich zu orientieren — da höre ich schon die
Stimme des Rabbiners: »Masal Tow!« (Viel Glück!)

Wir gehen wieder hinunter. Auf der Straße, bevor wir uns verabschieden, wage ich zu fragen: »Darf ich vielleicht jetzt wenigstens seinen Namen wissen?« Während des Zeremoniells hatte
ich den Namen nicht richtig verstanden.

Unser Begleiter bricht in Gelächter aus. »Natürlich, natürlich.
Was, ihr habt euch nicht einmal miteinander bekannt gemacht?«

Wir reichen uns die Hände, und mein frisch gebackener Ehemann sagt mit einem netten Lächeln: »Ich heiße Chaim Hofmann.« Danach trennen wir uns sofort.

Von nun an können sie mich einsperren und festhalten, solange sie wollen, aber sie dürfen mich nicht deportieren.

Eine Woche danach traf ich auf der Straße zufällig meine
Schwester, und ich sagte zu ihr: »Solltest du zufällig in der Zeitung lesen, daß ein Mädchen mit Namen Hofmann verhaftet
wurde, dann bin ich das …«

Tatsächlich wurde ich einige Wochen später verhaftet, aber ich war bereits osmanische Staatsangehörige. Ich hatte auch diesmal die Vertreter Seiner Majestät »reingelegt«.

Was Chaim Hofmann anbelangt, so habe ich ihn nach unserer Hochzeit nicht mehr gesehen. Ein einziges Mal hörte ich von ihm: Er war verhaftet worden, und man schlug ihn erbarmungslos, weil er mich geheiratet hatte.

»Warum hast du das getan?« brüllten die Polizisten und schlugen auf ihn ein.

»Ich liebe sie!« schrie Chaim Hofmann hartnäckig.

Diese Geschichte erzählte mir ein Mitglied des Jugendverbandes, der mit ihm zusammen eingesperrt war. Ich wußte nicht, ob ich lachen oder weinen sollte.

Seit dem Tag nannten die Genossen ihn »Chaim-ich-liebe-sie«.

Ich erinnere mich nicht mehr, wie wir uns scheiden ließen. Es war für mich so belanglos, daß es nicht in meinem Gedächtnis haftengeblieben ist. Ich war aber eingebürgert und trug weiterhin seinen Namen.

Dennoch war die Trauung mit Chaim Hofmann die einzige Hochzeitszeremonie in meinem Leben, denn meinen Lebensgefährten Sorach Lubitsch heiratete an meiner Stelle meine Freundin Mascha. Nicht zu fassen, nicht wahr? Aber es war so.

Zu Beginn lebten wir beide — Sorach und ich — zusammen und dachten nicht einmal an eine Heirat, zumal jede Eheschließung mit einem religiösen Zeremoniell verbunden war. Wir waren aber nicht religiös und verabscheuten jede Art von Heuchelei. Ich wurde jedoch schwanger, und als ich nach einigen Monaten Haft aus dem Gefängnis entlassen wurde, hatte ich bereits einen dicken Bauch, der bis ans Kinn reichte. Unsere Eltern drängten uns, zu heiraten. »Es ist eine Schande! Habt wenigstens mit uns Mitleid«, flehten sie uns an. Ihr Kummer war echt, deshalb beschlossen wir: Machen wir ihnen die Freude …

Wie aber konnte ich in meinem Zustand unter die Chuppah* treten? Die einzige Möglichkeit war, die Braut auszutauschen. So erschien an meiner Stelle zur Trauung eine schöne, junge Braut — Mascha. Alles lief reibungslos: Das junge Paar stand unter der Chuppah, meine zwei Brüder waren Trauzeugen (nach jüdischem Brauch dürfen Brüder nicht Trauzeugen sein), und ich befand mich mit meinem dicken Bauch unter den feiernden Familienangehörigen.

Es gab eine einzige Störung: Der Bräutigam stand da mit den Händen in den Taschen, er wußte einfach nicht, was er mit ihnen anfangen sollte. Da griff der Rabbiner ein und sagte: »Nimm erst mal die Hände aus den Taschen. Du heiratest bereits das dritte Mal und weißt immer noch nicht, wie man sich unter der Chuppah benimmt?«

In der Tat war Sorach ein »Bräutigam« mit Erfahrung. Da er die palästinensische Staatsbürgerschaft besaß, hatte er bereits vorher fiktiv Kommunistinnen geheiratet und war schon mehrmals geschieden. Dafür handelte er sich in den Kellerräumen des britischen Geheimdienstes Schläge und Folterungen ein. »Solltest du noch einmal heiraten, werden wir dir die Knochen brechen!« drohten sie ihm. Diesmal heiratete er aber nicht nur fiktiv, sondern mich, obwohl ich, wie gesagt, nur unter den Gästen weilte ...

Bekanntschaft mit Ben Gurion

Mitten in der Nacht hörte ich plötzlich ein leichtes Klopfen an meiner Tür. Sofort war ich hellwach. Etwa die Polizei? Nein, so klopft keine Polizei. Dennoch öffnete ich besorgt. Es war Mordechai. Ich ließ ihn eintreten. Um die beiden anderen, die sich hinter der dünnen Wand befanden, nicht zu wecken, flüsterte er mir ins Ohr:

»Die zentrale Wahlkommission hat unsere Liste zum Arbeiterinnenkongreß für ungültig erklärt. Sie behauptet, es sei die Liste der Frakzijah*, der PKP. Morgen früh um sieben gehst du zu Ben Gurion und verlangst von ihm, daß er das Exekutivkomitee der Histadrut zu einer dringenden Sitzung einberuft, um diesen Beschluß aufzuheben. Verstehst du?« Er gab mir die Adresse und verschwand.

Ich konnte nicht wieder einschlafen. Schließlich war ich in der Parteiarbeit noch recht unerfahren. Alles war neu für mich, manches klar, manches unklar. Zum Beispiel hatte ich mir die Frage zu beantworten, wie man um sieben Uhr morgens zu einem fremden Menschen gehen, ihn aus dem Schlaf reißen und ihm sagen kann: »Berufe die Sitzung des Exekutivkomitees ein!« Noch dazu war dieser Mensch Ben Gurion höchstpersönlich. Bislang hatte ich ihn nur ein einziges Mal von weitem auf einer Versammlung gesehen und einiges über ihn gelesen. Es ist eine Weisung, sagte ich mir, und eine Weisung wird befolgt.

Am frühen Morgen, Punkt sieben Uhr, klopfte ich an die Wohnungstür Ben Gurions.

»Wer ist dort?« hörte man eine besorgte Frauenstimme.

»Ich«, gab ich zur Antwort. Was hätte ich auch sonst antworten sollen? Die Tür öffnete sich einen Spalt weit. Vor mir stand Paula, die Frau Ben Gurions, in Nachthemd und Morgenrock. Ein Fuß steckte in einem dicken Verband.

»Ist etwas passiert?« fragte sie überrascht.

»Ich komme in einer dringenden Angelegenheit zu Ben Gurion.«

»Er schläft, und keiner kann zu ihm. Wo brennt es denn?« knurrte sie.

Sehr interessiert fragte ich: »Was hast du am Fuß?«

»Stell dir vor, gestern habe ich mir kochendes Wasser auf den Fuß gegossen.«

Ich stöhnte mitleidig, und während ich noch nach dem Wie fragte, stieß ich die Tür leicht an und verbreiterte so den Spalt etwas. Nach wenigen Minuten war ich bereits im Zimmer. Ben Gurion lag im Bett. Zuerst sah ich nur ein erschrockenes und verwundertes Augenpaar. Ich ging näher und stand neben seinem Bett. Er zog die Decke über das Gesicht.

In einem Atemzug erklärte ich, warum ich gekommen sei. Nicht einmal »Schalom« sagte ich. Wegen dieses respektlosen Benehmens machte ich mir später noch Vorwürfe.

Ich spürte, wie er erleichtert aufatmete. Ich hörte seine Stimme. Sie klang, als flehte er mich unter seiner Decke an: »Aber Genossin, wende dich damit doch an Genossen Remes, der ist für solche Fragen zuständig.«

»Ich kenne Genossen Remes nicht, ich kenne nur dich«, antwortete ich energisch.

Ben Gurion wiederholte sein Argument mit ruhiger Stimme. Doch offensichtlich begriff er, daß er in dieser Situation unterlegen war: Er lag hilflos im Bett, während ich drohend vor ihm stand.

»Paula, gib mir Papier und einen Federhalter!«

Erst jetzt bemerkte ich, daß Paula mit ihrem verbundenen Fuß noch immer blaß an der Tür stand. Sie brachte Papier und Feder.

Ben Gurion schrieb. Jetzt konnte ich seinen großen Kopf mit den zerzausten Haaren rund um die Glatze betrachten.

Als er den Brief gerade in den Umschlag stecken wollte, nahm ich ihn rasch aus seiner Hand und warf einen Blick hinein. Deutlich stand geschrieben: »Lieber Genosse Remes! Ruf bitte um 11 Uhr vormittags das Exekutivkomitee zu einer dringenden Sitzung zusammen. Ben Gurion.«

Ich gab ihm den Brief zurück, nahm ihn dann mit dem Umschlag entgegen und ging wortlos hinaus. Zu Paula, die jede meiner Bewegungen beobachtete, sagte ich »Schalom« und verließ das Haus. Wieder habe ich vergessen, Ben Gurion »Schalom« zu sagen, rügte ich mich. Doch das war nicht mehr zu ändern.

Die unerhörte Spannung, in der ich mich befunden hatte, verschwand, als wäre sie nie dagewesen. Ich habe es geschafft! Ich habe meine Aufgabe erfüllt: Um 11 Uhr wird die Sitzung stattfinden ...

Ich machte mich auf den Weg zum Exekutivkomitee. Es war noch früh, ich schlenderte umher. Immer wieder dachte ich über alles nach, was ich am Morgen getan hatte: War ich es, die alles so einfach geregelt hat? Ohne mich zu schämen? Ohne zurückzuschrecken? Ich drang in ein fremdes Haus ein, überfiel einen Menschen in seinem Bett ... Hauptsache, der Brief ist in meiner Hand, dachte ich erleichtert. Um 11 Uhr wird man erneut über den zuvor gefaßten, unverschämten Beschluß beraten und ihn rückgängig machen.

Endlich war es 9 Uhr. Ich war der einzige Besucher im Histadrut-Gebäude und offensichtlich auch früher da als die Büroangestellten.

Wo war das Zimmer von Remes? Ich rannte hin und her, klopfte an jede Tür des langen Korridors. Schließlich fand ich es. »Bist du Genosse Remes?« fragte ich noch an der Tür und überreichte ihm den Brief Ben Gurions.

Er nahm den Umschlag, öffnete ihn ganz langsam, las, sah mich neugierig an und sagte: »In Ordnung.«

In Ordnung! Froh verließ ich das Gebäude.

Viel später erfuhren wir durch eine Sympathisantin, die im Exekutivkomitee der Gewerkschaft arbeitete, daß die Sitzung tatsächlich stattgefunden hatte. Es wurde über die Widerrufung des Beschlusses beraten. Laut unserer Information sagte Ben Gurion:

»Wenn ich bisher noch nicht sicher war, ob diese Liste zur Frakzijah gehört, so hat spätestens heute früh die kleine schwarze Terroristin, die in mein Schlafzimmer eingedrungen ist, meine Zweifel endgültig beseitigt.«

Das Exekutivkomitee bestätigte erneut den Beschluß über die Ungültigkeit unserer Wahlliste.

Meine erste Rede

In der Partei sagte man mir: »Du wirst auf dem Frauenkongreß der Gewerkschaft sprechen.«

»Wie denn? Die Liste ist doch gestrichen worden.«

»Du wirst einfach aufstehen, zur Tribüne gehen und ums Wort bitten.«

Es sollte meine erste Rede als Vertreterin der Kommunisten werden. Ich schrieb mir alles wortwörtlich auf und lernte es auswendig. Wer hätte denn damals eine Rede vorgelesen? Ich prägte mir die Worte ein und wiederholte sie fortwährend.

Der Eröffnungsabend des Kongresses kam. Der große Saal im Beit ha-Poel, dem Haus der Gewerkschaft in der Nachmanistraße (heute Nachmanitheater), war gerammelt voll. Er war festlich geschmückt und beleuchtet; eine große Tribüne, ein würdiges Präsidium. Auch Ben Gurion war da.

Ich saß in der Menge, dicht vor der Tribüne. Mirjam, eine alte, erfahrene Genossin, war an meiner Seite.

»Bitte ums Wort, aber laut«, flüsterte sie mir ins Ohr. »Laut!« befahl sie erneut. »Alle müssen es hören.«

»Wann?« flüsterte ich zurück.

»Ich werde es dir schon sagen ...«

Vor Aufregung war mir ganz übel.

»Jetzt!« flüsterte Mirjam.

Ich stand auf, ging einige Schritte in Richtung Tribüne und rief: »Ich bitte ums Wort!« Es hörte sich so laut an, daß sogar ich erstaunt war. War das meine Stimme?

Im Saal entstand Unruhe. Die ersten riefen: »Laßt sie sprechen!« — »Laßt sie sprechen!« Andere wiederum schrien hysterisch: »Eine Kommunistin!« — »Die ist von der Frakzijah!« — »Buh! Buh!«

Es gelang mir, einen Blick auf das Präsidium zu werfen. Ben

Gurion hatte mich erkannt. Mehr konnte ich nicht sehen. Um mich waren viele Menschen. Sie bedrängten mich von allen Seiten, und ich glaubte, ersticken zu müssen. Ich schlug kräftig gegen die Brust eines großen Burschen, der sich buchstäblich an mich drängte. Da hörte ich, wie er mir ins Ohr flüsterte: »Genossin Ruth, ich bin auch Genosse! Ich beschütze dich!«

Nun verstand ich überhaupt nichts mehr, wußte nicht, wer Freund und wer Feind war. Ich selbst konnte gar nichts tun, war nur ein kleiner Gegenstand, den man hin und her stieß. Der Lärm im Saal war ohrenbetäubend.

Ich wagte es, mich umzusehen, und sah von Hysterie verzerrte Frauengesichter. Einige versuchten, mich an den Haaren zu pakken. Der Kampf zwischen meinen Beschützern und den Angreifern dauerte lange — vielleicht kam es mir auch nur so vor — und endete mit einem »Triumphzug«: Sechs kräftige Burschen, ein Schlägertrupp des Sportverbandes ha-Poel, packten mich an Armen und Beinen und warfen mich einfach auf die Straße. Die Tür des Saales schlug hinter ihnen zu.

Eine Minute lag ich wie benommen da. Sofort kam unser Genosse auf mich zu — Abrascha. Er half mir auf die Beine und sagte: »Beeil dich, wir müssen schnell von hier verschwinden. Gleich wird die Polizei hier sein!« Es war fürwahr jedesmal ein »feierliches« Ereignis, wenn die Polizei in ihrer »Fürsorge« die »Ruhestörer« einsammelte.

Ich bemühte mich, meine zerzausten Haare zu kämmen. Mein Mantel war zerrissen. Wir gingen in ein Café. Abrascha bestellte Kaffee, versuchte, mich zu beruhigen.

Ich war entsetzt. So hatte ich mir meinen ersten Auftritt auf dem Arbeiterinnenkongreß der Gewerkschaft nicht vorgestellt. Empört fragte ich: »Warum habt ihr mir nicht vorher gesagt, wie es kommen wird? Ihr erfahrenen Genossen habt es doch genau gewußt! — Ich mußte die Rede auswendig lernen, durfte nicht ein Wort, nicht ein Komma vergessen«, warf ich Abrascha vor.

Er lachte. »Was denn? Hast du wirklich geglaubt, daß sie dich reden lassen?«

Es war die kürzeste Rede meines Lebens. Sie bestand aus nur vier Worten: »Ich bitte ums Wort.«

Am nächsten Tag erfuhr ich, daß der Lärm im Saal noch lange angehalten hatte. Unsere Genossinnen und Genossen wurden beschimpft, mit Gewalt aus dem Saal gezerrt und geschlagen. Man erzählte später, daß die gesamte Aktion der ha-Poel-Schläger-trupps vom »Arbeiterführer« Harpes geleitet worden war.

1980. Wieder findet ein Kongreß der Frauengewerkschaftsorganisation NAAMAT statt. In der Pause spreche ich mit Delegierten verschiedener Parteien über die Störung des Kongresses durch einige Likud*-Delegierte.

»Ich hätte sie einfach aus dem Saal geworfen«, sagt die Vertreterin der MAPAM*, mit der ich mich freundschaftlich unterhalten habe.

»Das ist keine Methode«, reagiert eine kleine und dünne Frau an unserer Seite.

»Man kann es auf keinen Fall vergleichen«, sage ich, »aber vor einigen Jahrzehnten hat man mich auch bei einem Frauenkongreß der Gewerkschaft hinausgeworfen.«

»Ich habe dich damals hinausgeworfen«, sagt die kleine Frau.

»Du?!« Ich springe auf, als hätte ich eine gute alte Bekannte gefunden.

»Ja, ich, gemeinsam mit meinen Freunden vom ha-Poel«, sagt sie mit großer Genugtuung.

»Wer bist du denn?« frage ich überrascht.

»Ich bin Ola Kotschewoi. Ich gehöre zur Mifleget ha-Avodah* und bin Abgeordnete dieser Partei in der Stadtverwaltung von Tel Aviv.«

»Warum hast du sie denn damals hinausgeworfen?« wird sie von der MAPAM-Delegierten gefragt.

»Ich würde sie auch heute wieder hinauswerfen«, antwortet die Kotschewoi. »Ich hasse Kommunisten. Ich bin in Rußland geboren und kenne sie gut. Auch meiner Tochter habe ich beigebracht, die Kommunisten zu hassen …«

Peinliche Stille. Offensichtlich sind ihre Worte allen unangenehm.

»Wohl bekomm's«, sage ich kurz, »du hast weder etwas dazugelernt, noch die Methoden von damals vergessen.«

Eine Abtreibung

Mein erster Wahlkampf. Die Kandidatur für den Frauenrat der Histadrut ist nur im Rahmen einer Wahlliste möglich, die noch nicht gestrichen wurde. Einige Genossinnen sind bereits mehrmals in Versammlungen aufgetreten, doch für mich ist es das erste Mal.

Ich spreche in Tel Aviv, zusammen mit Rachel Schazar von der MAPAI. Um ihr sachlich antworten zu können, verfolge ich ihre Rede genau und vermerke ihre Reaktion auf meine Darlegungen.

Die Gelegenheit zu einer Antwort meinerseits läßt nicht lange auf sich warten. Unsere Genossin Schoschana hat mich zu einer Frauenversammlung nach Petach-Tikwah eingeladen. Dort treffen Rachel Schazar und ich erneut aufeinander.

Es ist schon spät, als wir die Versammlung verlassen. Die öffentlichen Verkehrsmittel fahren nicht mehr. Meine Freundin schlägt mir vor, bei ihr zu übernachten. Rachel hört es und sagt: »Ich muß nach Hause, meine Tochter ist krank. Ich werde ein Taxi nehmen, da kannst du mitfahren.«

Einen Augenblick zögere ich, ob ich das großzügige Angebot meiner Rivalin annehmen soll. Doch schließlich komme ich zum Ergebnis, daß es kein »politisches Vergehen« ist, mit ihr zu fahren.

Unterwegs beginnt Rachel ein Gespräch mit mir. Sie interessiert sich dafür, wer ich bin. Wir sprechen über das Zentralorgan des Frauenrates der Gewerkschaft, deren Redakteurin Rachel ist. Ich frage sie, warum man dort bisher beispielsweise das Thema Abtreibungen nicht behandelt hat. Rachel ist überrascht: »Ist das denn in deinen Augen ein so großes Problem?«

Heute könnte ich natürlich besser über das Problem der Gleichberechtigung der Frau in der Familie und über ihre Verpflichtungen der Gesellschaft gegenüber sprechen. Damals wurde ich rot und antwortete nur: »Ja, meiner Meinung nach ist es ein sehr ernstes Problem.«

Ich erzählte Rachel Schazar vom traurigen Erlebnis meiner Freundin Lilli ...

Lilli gehörte im Kibbuz zu den wenigen, die in einem Familienzimmer wohnten. Eines Tages kam sie ganz erschrocken zu mir — sie befürchtete, schwanger zu sein. Als Mitglied der Gesundheitskommission ging ich zum Arzt der Krankenkasse. Er war verlegen, gab mir jedoch eine Adresse in Haifa. Im Kibbuz wußte niemand, warum wir nach Haifa fuhren. Es war Lillis, Elis und mein Geheimnis.

An der angegebenen Adresse wurde uns von einer nicht mehr jungen Frau geöffnet. Sie wirkte unsympathisch. Neugierig betrachtete sie uns beide, die wir verlegen und verstört dastanden, und hörte sich unsere Geschichte an.

»Bist du verheiratet?« wandte sie sich dann fragend an mich.

»Nein.«

»Warum gibst du dich dann mit so etwas ab?«

»Was heißt hier, warum? Lilli ist meine Freundin.«

Doch das interessierte sie bereits nicht mehr. Sie führte Lilli in ein Zimmer. Ich stand vor der geschlossenen Tür, meine Ohren vernahmen jedes Rascheln, jedes Stöhnen der Freundin. Vielleicht wird Lilli sterben? Und ich habe ihr noch geholfen! Mir schien, als sei die Zeit stehengeblieben. Wann würde es endlich vorbei sein? Ich saß auf dem Fußboden und weinte.

Endlich! Lilli kam kreidebleich heraus. Die Frau, die mir wie ein Gespenst erschien, führte sie und sagte: »Schnell, schnell, geh ins andere Zimmer und leg dich dort für zwei Stunden hin! Du kannst dann gehen, aber fahrt nicht mit der Bahn, übernachtet in Haifa.«

»Übernachten, ja wo denn? Wir haben kein Geld, um in einem Hotel zu übernachten.«

»In dieser Gegend gibt es genügend Zimmer«, erklärte die Frau und streckte ihre Hand aus, um zu kassieren.

Wir gingen in Hadar ha-Karmel umher und suchten ein Zimmer zum Übernachten. Schließlich fanden wir eines. An der Tür stand eine schmutzige alte Frau, sie zeigte uns das Zimmer: zwei Betten, ein kleiner Tisch, ein kleines Fenster, stickige Luft.

Lilli lag erschöpft da. Ich saß neben ihr und streichelte ihr weiches Haar. »Wichtig ist, daß du es hinter dir hast«, versuchte ich sie zu trösten.

Die Nacht brach an, und Dunkelheit hüllte das Zimmer ein. Es gab hier nur eine winzige, von Fliegen beschmutzte Lampe. Wir gingen früh schlafen, um bereits mit dem ersten Zug nach Hause fahren zu können. Da spürte ich plötzlich Stiche. Zuerst dachte ich, es wären Mücken. Es gelang mir aber, einen der Quälgeister zu erwischen und ihn zwischen den Fingern zu zerquetschen. Eine Wanze! Erschrocken sprang ich aus dem Bett. Im Kibbuz wußten wir, was Wanzen bedeuteten, und bekämpften sie mit Erfolg. Ich zündete das Licht an und ging zu Lilli, die, von den Strapazen des Tages erschöpft, tief schlief. Was für ein Anblick! Ihre Kissen und die Decke waren voller Blut. Übelkeit überkam mich. Sollte ich Lilli aufwecken oder nicht? Es dauerte jedoch nicht lange, da wachte sie von den heftigen Bissen selbst auf. Wie es schien, wurde die Wanzenkompanie von Lillis Blut gereizt und griff sie an. Ich begann, die Tiere aus dem Bett zu verjagen. Irgendwie gelang es mir auch, und ich war entschlossen, bis zum Morgengrauen an Lillis Seite zu wachen. Die Freundin blickte mich mit ihren großen blauen Augen dankbar an. An Schlafen war nicht mehr zu denken. Ich erzählte ihr den Witz von der einzigen toten Wanze, deren Beerdigung jetzt stattfand … Ein schwaches Lächeln erschien auf Lillis blassen Lippen.

Bei Tagesanbruch flohen wir aus dem verwanzten Zimmer und fuhren in den Kibbuz zurück.

Diese Begebenheit erzählte ich Rachel Schazar im Taxi.

Ich forderte, dieses Thema offen in der Presse zu behandeln und zu verlangen, den Frauen bei nötiger Abtreibung hygienische Bedingungen durch die Kupat Cholim, die Krankenkasse, zu garantieren. Wer dachte damals schon an ein Gesetz zur Schwangerschaftsunterbrechung? Wir lebten schließlich unter britischer Mandatsherrschaft. Und auch wir hatten ja noch andere, viel größere Sorgen.

Das Taxi hielt in Tel Aviv unweit meiner Wohnung. Ich reichte Rachel einen Geldschein, um meinen Anteil an der Fahrt zu begleichen. Beleidigt und vorwurfsvoll sah sie mich an. Es war sicher unhöflich von mir, ihr Geld anzubieten, dachte ich später. Rachel, eine Frau mit Taktgefühl, hatte mich eingeladen, mit ihr zu fahren, und ich benahm mich zwar stolz, aber dumm. Als politische Rivalin wollte ich ihr jedoch nichts schuldig bleiben, rechtfertigte ich schweren Herzens meine Reaktion.

Die Provokationen der Poale Zion Smol

Die linkszionistische Arbeiterpartei Poale Zion Smol hatte eine bewährte Methode. Ihre Mitglieder, die sogenannten Pazkim, hielten ab und zu Versammlungen in ihrem Klub, im Keller in

der Jona-ha-Navi-Straße, ab. Überall in der Stadt hingen ihre großen, jedem ins Auge fallenden Plakate mit der Ankündigung von
Diskussionen zu Themen wie »Wer ist die PKP, und was sind
ihre Machenschaften?« und dergleichen. Da unsere Partei in der
Illegalität kämpfte und daher nicht öffentlich antworten konnte,
gingen wir zu diesen Veranstaltungen, stellten Fragen, beteiligten
uns an den Diskussionen und protestierten gegen Verleumdungen.

Weshalb aber handelten die Poale Zion Smol, die sich selbst
als »revolutionär« bezeichneten, mit einer derart auffälligen anti-
kommunistischen Stoßrichtung? Eine ihrer Hauptaufgaben war
es, eine Barriere vor allem vor den Arbeitern zu errichten, die
vom Zionismus und insbesondere vom sogenannten sozialistischen Zionismus enttäuscht worden waren und daher den Weg
zur Kommunistischen Partei suchten.

Spitzenfunktionäre der Pazkim waren Mosche Araw, Zeruba-
wel und andere. Um der Partei einen internationalistischen An-
strich zu geben, gehörte auch ein Araber zur Führung, George
Nassar. Obwohl sie alle Generäle ohne Armee waren, machten
sie uns nicht wenig zu schaffen. Nicht selten gingen diese Versammlungen in Schlägereien über. Das allerschlimmste jedoch
war, daß vor den Veranstaltungsräumen in der Regel Polizisten in
gepanzerten Wagen lauerten. Sie warteten, bis unsere Genossen
hinausgeworfen wurden, um sie dann noch wegen »Störung der
öffentlichen Ordnung« zu verhaften. Auf Grund dieser Anschul-
digung war es ein leichtes, sie laut Gesetz zu einer Woche Haft
oder zu einer Geldstrafe zu verurteilen. Eine »Zugabe« erhielten
die Kommunisten, die keine palästinensische Staatsangehörigkeit
besaßen: Sie wurden ausgewiesen. Die meisten Genossen konnten die Staatsbürgerschaft des Landes nicht erwerben, weil die
Behörden sie ihnen verweigerten. Die provokativen Versammlungen der Linken Poale Zion halfen also der Polizei bei deren
schmutziger Arbeit, die Kommunisten des Landes zu verweisen.

Bei einer solchen Versammlung hatte ich den Auftrag, draußen
zu bleiben und den hinausgeworfenen Genossen zu helfen, der
Polizei zu entkommen.

Aufgeregt lief ich hin und her. Anfangs war es ganz ruhig, und
ich hörte nur die gedämpfte Stimme des Redners. Sehr schnell
aber wurde es laut. Ich hielt es nicht mehr aus, untätig dazuste-

hen. Kurz entschlossen sprang ich in den Hof und sah durch das Fenster in den Keller. Drinnen ging es hoch her. Die »Ordnungshüter« der Pazkim überfielen unsere Genossen, die Fragen gestellt und dazwischengerufen hatten. Die Genossen waren in einer Ecke des Raumes konzentriert, einer von ihnen, der Riese Huzul, verteidigte sie mit seinen starken Armen und stieß die Angreifer mit seinen langen Beinen zurück. Auch in den anderen Ecken des Raumes brachen Schlägereien aus. Ich warf einen Blick auf die Straße, noch war von der Polizei nichts zu sehen. Ich kehrte zum Fenster zurück. Im Raum erlosch plötzlich das Licht, für mich das Zeichen, daß alles nach Plan lief. Wir hatten vereinbart, einer unserer Genossen sollte das Licht ausmachen, damit die anderen sich unbemerkt zurückziehen konnten.

Da erblickte ich einen langen, an einen Wasserhahn angeschlossenen Schlauch. Wahrscheinlich hatte man kurz vorher den Hof gereinigt. Ohne viel zu überlegen, drehte ich den Hahn auf und hielt den Schlauch in das Fenster … Ich hörte Schreie: »Ihr Schufte, ihr spritzt mit Wasser!« Überzeugt, daß die Dusche ausgereicht haben müßte, schloß ich den Hahn wieder und lief schnell auf meinen Posten zurück. Sekunden später traten unsere Genossen auf die Straße. Im gleichen Augenblick schoß auch schon das Polizeiauto auf sie zu. Ich schrie: »Die Polizei! Schnell weg!« Ich griff mir zwei Mädchen, die von der Schlägerei noch wie benommen waren, und rannte mit ihnen in eine Seitenstraße. Es glückte, wir entkamen der Polizei.

Später ging ich mit Huzul und Lonek, deren Kleider zerrissen und naß waren, nach Hause. Wir waren gut gelaunt und stießen auf den Erfolg an. Das Zimmer füllte sich im Handumdrehen. »Gerettete« und auch Genossen, die nicht an der Aktion teilgenommen hatten, kamen hinzu. Es war eng, aber lustig. Sie erzählten, wie sie den Pazkim eine Lehre erteilt hatten, wie es zu der Schlägerei gekommen war, wie dann einer das Licht ausgeknipst und sie dem Redner und seinen Beschützern eine Tracht Prügel verabreicht hatten.

Plötzlich runzelte Huzul die Stirn und fragte erstaunt: »Wo kam denn bloß plötzlich das Wasser her? Das war doch gar nicht vorgesehen.« Erst in diesem Augenblick begriff ich, daß meine kalte Dusche nicht nur die Pazkim getroffen hatte. Ich nahm all meinen Mut zusammen und sagte: »Ich war es …«

Der Verkehr war lahmgelegt. Aufgeregt teilte einer dem anderen die Neuigkeit mit: Jüdische und arabische Busfahrer streiken gemeinsam!

3 000 Chauffeure hatten im November 1931 zum Streik aufgerufen. Der Streik fand großen Widerhall bei der jüdischen und insbesondere auch bei der arabischen Bevölkerung. Die Mandatsregierung packte die Wut. Sie war einen solchen gemeinsamen, gut organisierten Kampf nicht gewöhnt.

Der Streik war als Antwort auf eine erneute Steuererhöhung für die Chauffeure ausgerufen worden. Besonders betroffen waren die im öffentlichen Verkehrswesen angestellten Fahrer. Wie immer behaupteten die Behörden, Mangel an Geld zu haben. Das konnte man ihnen sogar glauben. Sie brauchten ja wirklich ein Vermögen, um Armee und Polizeieinheiten zur Aufrechterhaltung ihrer Herrschaft zu unterhalten. Die hohen Steuerlasten bedrückten jedoch weder die Effendis noch die reichen Juden sonderlich. Das hätte schließlich nach Meinung der Regierung der Einfuhr von Auslandskapital schaden können! Viel leichter war es, die Last der Steuern auf die Arbeiter, die Fellachen, die Pächter und die kleinen Kaufleute abzuwälzen.

Als wir die Sitzung der Parteigruppe beendet hatten, bekamen wir Flugblätter, um sie sofort zu verteilen. Mein Partner war Jizchak. Selbst Kraftfahrer und ein aktiver Genosse, war er in diesem Streik zum Mitglied der Streikleitung gewählt worden.

Unsere Flugblätter riefen die Bevölkerung auf, die Arbeitsniederlegung der Kraftfahrer zu unterstützen. Es versteht sich von selbst, daß das Verteilen der Flugblätter ungesetzlich und daher höchste Vorsicht geboten war, wollte man nicht in die Hände der Geheimpolizei oder der Haganah fallen. Zwar fand der Streik, wie ich bereits erwähnte, die Sympathie vieler Arbeiter; die Führer der zionistischen Institutionen und der Histadrut waren jedoch dagegen und verlangten den sofortigen Abbruch des Streiks. Sie konnten sich mit der Tatsache, daß jüdische und arabische Kraftfahrer gemeinsam in den Ausstand traten, nicht abfinden.

Ben Gurion forderte, den Streik abzubrechen. Er begründete das unter anderem damit, daß ein neuer britischer Hochkommissar im Land erwartet werde und anzunehmen sei, daß dieser über einen solchen Tumult nicht gerade erfreut wäre. Wie man sieht, ein echt sozialistisches Argument ...

All das erzählt mir Jizchak auf dem Weg zum Industrieviertel Tel Avivs. Wir stecken die Flugblätter durch die Türschlitze der Wohnungen und Betriebe, kleben sie an die Wände der Häuser. Morgen früh werden die Arbeiter sie vorfinden und dadurch die Wahrheit über den Streik, über die Regierung und die Histadrut-Führung erfahren.

Wir wenden uns in Richtung Jaffa. »Unter den hier wohnenden Arabern ist der Streik sehr populär, hier ist es weniger gefährlich«, sagt Jizchak zu mir. Er geht in eines der Häuser. Dort wohnt ein arabischer Chauffeur, den er kennt. Ich warte draußen. Jizchak kommt mit seinem Freund zurück und macht uns bekannt. Die Männer sprechen arabisch miteinander. Jizchak übersetzt: »Wir werden den Streik siegreich beenden, denn Juden und Araber kämpfen diesmal gemeinsam.«

Jizchak gibt dem Fahrer ein Paket mit Flugblättern in arabischer Sprache. Zusammen verteilen wir weiter unsere Materialien. Jetzt führt uns der arabische Genosse. »Legt eins hierhin ..., hier nicht ...« Wir gehen an Menschen, die vor den Häusern sitzen und rauchen, vorbei. Der arabische Fahrer gibt ihnen ganz offen Flugblätter. Sie betrachten uns und sagen »schukran« (danke).

»Siehst du«, sagt Jizchak, »wie man hier die Aufrufe der Partei aufnimmt! Es sind einfache und arme Menschen, deswegen verstehen sie, daß wir ihre Freunde sind. Es stört sie überhaupt nicht, daß wir Juden sind.«

»Natürlich gibt es auch solche, die gegen uns hetzen«, wirft der arabische Chauffeur ein. »Das sind aber nicht viele ...«

Wir verteilen die Flugblätter und verabschieden uns von dem arabischen Genossen. Ich kehre mit Jizchak nach Tel Aviv zurück, dort trennen wir uns. Besser, man sieht uns zu so später Stunde nicht zusammen.

Der Streik dauerte elf Tage, bis die Regierung sich bereit erklärte, »einige Korrekturen« — wie sie es nannte — vorzunehmen. Mandatsbehörden und Histadrut-Führung freuten sich über die Beendigung des Streiks. Die Kraftfahrer dagegen waren nicht der Meinung, ihr Ziel erreicht zu haben. Ihre Forderungen nach

Steuersenkungen und dem Recht, sich zu organisieren, waren nicht erfüllt worden. Das unsichere Versprechen, »einige Korrekturen« vornehmen zu wollen, ohne jedoch zu sagen, welche, befriedigte die Kraftfahrer nicht. So stellten sie mit Beendigung des Streiks ganz richtig fest, daß nur eine starke und gemeinsame Organisation jüdischer und arabischer Arbeiter in der Lage sein werde, den Kampf der Tagelöhner für einen Achtstundentag, für die Erhöhung der Löhne, für die Versicherung und gegen die Arbeitslosigkeit zu führen.

Unsere Partei hatte erheblichen Anteil an der Organisierung des gemeinsamen Streiks der Juden und der Araber sowie an der Mobilisierung der Bevölkerung für die Solidarität mit den Streikenden. Für mich persönlich war diese Aktion eine Schule des Klassenkampfes in unserem Land.

Der Prozeß von Ness Ziona

Im Jahr 1932 rief ein Prozeß im Städtchen Ness Ziona eine Welle der Entrüstung im ganzen Land hervor. Das Exekutivkomitee der Histadrut hatte beschlossen, ein in Ness Ziona gebildetes Aktionskomitee, dem Kommunisten (die sogenannte Arbeiterfraktion in der Histadrut) und Parteilose angehörten, vor Gericht zu bringen. Die Anklage lautete auf »schweren Disziplinverstoß«. Nie zuvor hatte sich das Exekutivkomitee in einer solchen Angelegenheit an das Disziplinargericht der Gewerkschaft (gegen dessen Entscheidung es keinen Einspruch gab) gewandt. Mehr noch. Um diesem Prozeß eine noch größere Bedeutung zukommen zu lassen, trat David Ben Gurion, damals Generalsekretär der Histadrut, selbst als Ankläger auf. Der Zorn der Histadrut-Führung war grenzenlos.

Ich wollte sehr gern am Prozeß teilnehmen, kannte ich die angeklagten Genossen doch noch aus meiner Zeit im Kibbuz. Die Partei jedoch lehnte es ab. Sie meinte, ich sei noch zu »grün« und eine Teilnahme würde die Geheimpolizei nur auf mich aufmerksam machen.

Diese Genossen waren den gleichen Weg wie ich vom ha-Schomer ha-Zair zur Kommunistischen Partei gegangen. In Ness Ziona war die Zahl derjenigen, die in die Opposition gingen, jedoch viel größer als in meinem Kibbuz.

Drei Kibbuzim hatten 1929 ihre Zelte in Ness Ziona und Givat Schmuel errichtet. Ihr ideologischer Führer war Mordechai Oren, zugleich Sekretär des örtlichen Gewerkschaftsrates. Ende 1931 spitzten sich die inneren Auseinandersetzungen dermaßen zu, daß Dutzende von Mitgliedern aus den Kibbuzim von Ness Ziona hinausgeworfen wurden. Fast alle traten der illegalen Kommunistischen Partei bei. Das war ein harter Schlag für den Kibbuz-Verband ha-Kibbuz ha-Arzi. Immerhin zählten die Hinausgeworfenen zu den aktivsten Mitgliedern und verfügten über einen guten Bildungsstand.

Die Leitung des ha-Schomer ha-Zair befürchtete, daß die oppositionelle Stimmung auch auf andere Siedlungen übergreifen könnte, und beeilte sich deshalb, den ehemaligen Kibbuz-Mitgliedern die Möglichkeit zu geben, eine andere Arbeit zu finden. Dadurch suchte sie vor allem die Menschen in ihren Kibbuzim Misra und Sarid zu beschwichtigen.

Unsere Genossen siedelten sich im Städtchen Ness Ziona an und begannen, dort aktiv politisch zu wirken. Sie arbeiteten zumeist auf den Orangenplantagen und nahmen auch sonst jede Beschäftigung an, die sich ihnen bot. In dieser Zeit spitzte sich die Kampagne zur »Eroberung der Arbeit«, das heißt zur Vertreibung der arabischen Arbeiter von ihrem Broterwerb in den Orangenplantagen, zu. Daher begannen unsere Genossen, auf diesem Gebiet aktiv zu werden. Sie setzten sich dafür ein, daß auch die arabischen Arbeiter beschäftigt wurden und gleichen Lohn erhielten.

Es wurde ein Aktionskomitee gebildet, dem sich Parteilose und zwei Mitglieder von Poale Zion Smol anschlossen. Dieses Komitee stellte Posten vor den Orangenplantagen auf, um den arabischen Arbeitern, die mit Gewalt vertrieben werden sollten, beizustehen. Oftmals kam es zwischen den Mitgliedern des Komitees und den Rowdys, die vom Gemeinderat von Ness Ziona geschickt wurden, zu Schlägereien. Die Aktivitäten des Aktionskomitees stießen auf große Zustimmung im Städtchen. Die Führung der MAPAI tobte jedoch und beschloß, sich an das Disziplinargericht der Histadrut zu wenden.

28 Personen wurden als »Rädelsführer« angeklagt. Der aufsehenerregende Prozeß fand in den Monaten März/April des Jahres 1932 statt. Die formale Anklage lautete auf Untergrabung der

Histadrut-Herrschaft. Der Prozeß nahm tatsächlich den Charakter einer politisch-ideologischen Auseinandersetzung an und fand starken Widerhall im ganzen Land.

Der Gerichtssaal war stets bis auf den letzten Platz besetzt. Ben Gurion trat selbst als Ankläger auf. Er zeigte sich unnachgiebig, bösartig und aggressiv. Er vertuschte den wahren Grund, der unsere Genossen vor Gericht gebracht hatte: ihre Aktivitäten gegen die Vertreibung arabischer Arbeiter von den Orangenplantagen. Er behauptete, daß hier nicht über Arbeitsplätze diskutiert würde, sondern der politisch-ideologische Hintergrund der »Unruhen« auf der Tagesordnung stünde. Er bezeichnete die Angeklagten als »Rädelsführer« und »Feinde des jüdischen Volkes und der Arbeiterklasse in Palästina« und beschuldigte sie, »arabische gegen jüdische Arbeiter aufzuwiegeln«.

Ein Verteidiger wies diese Verleumdungen energisch zurück. Er wies nach, wie unverantwortlich Ben Gurion und seine Gesinnungsgenossen sowohl unter nationalem als auch unter klassenmäßigem Aspekt handelten, und sagte unter anderem: »Genossen, ihr müßt wissen, daß Ben Gurion und seine Parteigänger eine tiefe Kluft zwischen jüdischen und arabischen Arbeitern schaffen wollen. Sie sind es, die den nationalen Haß schüren und daher die Schuld an den blutigen Auseinandersetzungen in diesem Land tragen. Nicht die Angeklagten, die für die internationale Solidarität und die proletarische Zusammenarbeit jüdischer und arabischer Arbeiter eingetreten sind, erweisen sich als die wahren Aufwiegler. Nicht sie haben die Arbeiter gegeneinander gehetzt, sondern ihr wart es, ihr, die Ankläger, die Bonzen der Histadrut. Es ist eure Ideologie der ›Eroberung der Arbeit‹ und der ›Eroberung des Bodens‹. Ihr habt diese Unruhen verschuldet.«

Er fuhr fort: »Jeder bewußte jüdische Arbeiter hat die heilige Pflicht, den arabischen Fellachen und den arabischen Arbeitern zu beweisen, daß er nicht zu denen gehört, die sie von ihrem Boden und ihren Arbeitsplätzen vertreiben, sondern daß er bestrebt ist, die Wahrheit aufzudecken, und die Wirklichkeit so darstellt, wie sie nun einmal ist, ohne sie zu verschönern. Nur so wird es möglich sein, den jüdischen Arbeiter davor zu bewahren, in Chauvinismus zu verfallen. Nur so kann der arabische Arbeiter von den Fesseln der Feudalherrschaft befreit werden. Und nur so wird ein fester Bruderbund geschmiedet, durch dessen Stärke beide befreit werden.«

Das Gericht verurteilte die Angeklagten entsprechend der Forderung der Histadrut-Führung: Sie wurden aus der Gewerkschaft ausgeschlossen. Ihre Prinzipienfestigkeit und ihr Auftreten im Prozeß waren überall Tagesgespräch und stärkten das Ansehen der Partei besonders innerhalb der Arbeiterschaft.

Die Genossen wurden zwar aus den Reihen der Histadrut ausgeschlossen, sie hörten aber nicht auf, gegen die »Eroberung der Arbeit«, für die Interessen der jüdischen und der arabischen Arbeiter und für ihre Einheit zu kämpfen. Nach dem Prozeß wurden sie wirtschaftlichen Repressalien unterworfen, sie fanden nirgends mehr Arbeit. Die meisten gingen nach Tel Aviv, waren dort politisch aktiv, kämpften und wurden verhaftet. Viele wurden des Landes verwiesen. Einige gingen nach Spanien, um dort als Freiwillige an der Seite des spanischen Volkes zu kämpfen.

Die Rote Hilfe

Im Jahre 1932 wurde beschlossen, mich mit einer zentralen Aufgabe zu betrauen: Ich sollte in Palästina ein Zentrum für die in der ganzen Welt bekannte internationale Solidaritätsorganisation Rote Hilfe mit aufbauen.

In der Roten Hilfe arbeitete ich mit meinem guten Freund Isrolik Hirschowski zusammen. Unsere Organisation hatte die Aufgabe, den Opfern des Terrors und ihren Familien, den revolutionären Kämpfern, den Kommunisten und Freiheitskämpfern in allen Ländern Hilfe zukommen zu lassen.

Diese Organisation war Ende des Jahres 1922 auf dem IV. Kongreß der Komintern gegründet worden. 1932 bestanden Komitees der Internationalen Roten Hilfe bereits in rund 70 Ländern, darunter auch im Mittelmeerraum. Sie waren bis zum zweiten Weltkrieg aktiv.

Auch in Palästina gab es schon mehrere Ortsgruppen, die sowohl aktive Kommunisten als auch der Partei Nahestehende erfaßten. In vielen Teilen des Landes verteilte die Zentrale Aufklärungsmaterial, Broschüren und Flugblätter, in denen sie den Terror der britischen Mandatsmacht und ihrer Helfer, der zionistischen Führer und der arabischen Reaktionäre, entlarvte. Die

Genossen sammelten Geld für Familien, deren Ernährer dem Terror zum Opfer gefallen waren. Sie organisierten die Verbindung zu den Genossen im Gefängnis, versorgten sie mit Nahrungsmitteln und Büchern, betreuten Kinder, die nach der Verhaftung ihrer Eltern allein zurückgeblieben waren.

Die in der Roten Hilfe Arbeitenden hatten immer alle Hände voll zu tun, denn Verhaftungen gehörten zum Alltag. Die Familien, die Kinder — alle erwarteten Zuspruch und materielle Hilfe von der Partei, deren Mitglieder und Sympathisierende vor allem von den britischen Behörden verfolgt wurden. Die jüdischen Genossen hatten oft keine Verbindung zu ihren Angehörigen. Der Haß und die Feindseligkeit, die die zionistischen Führer und die Führer der Histadrut gegen uns schürten, führten nicht selten zum Bruch mit Verwandten, manchmal sogar mit den Eltern.

Unter den arabischen Inhaftierten gab es neben den Kommunisten auch antiimperialistische Freiheitskämpfer, die bei Zusammenstößen mit den Briten, mit der jüdischen oder der arabischen Polizei festgenommen worden waren, weil sie gegen ihre Vertreibung vom Boden und gegen die »Eroberung der Arbeit« gekämpft hatten. Sie genossen Sympathie und Achtung bei den Arbeitern, den arabischen Fellachen und der fortschrittlichen Intelligenz.

Die wirtschaftliche Lage der am meisten betroffenen Familien war äußerst schlecht. Die Aktionen der Roten Hilfe hatten daher politische und materielle Bedeutung.

Selbstverständlich konnte alles nur im Rahmen des Möglichen getan werden. Das Mögliche aber wuchs in dem Maße, wie sich die Zahl der Spender erhöhte. Die gesammelten Geldbeträge reichten von einem halben oder einem ganzen Schilling bis zu großen Summen. Nicht nur Kommunisten und mit ihnen Sympathisierende zahlten in den Hilfsfonds ein, es kamen auch Spenden von bürgerlichen Kreisen mit humanistisch-demokratischer Gesinnung. Zu diesen Persönlichkeiten gehörten zum Beispiel auch einige Professoren, die für Verständigung zwischen Juden und Arabern eintraten.

Die Aktivitäten der Roten Hilfe galten als ungesetzlich. Jeder, der gefaßt wurde, kam vor Gericht. Es war deshalb notwendig, bei allen Aktionen äußerst wachsam und vorsichtig zu sein. Ungeachtet der Gefahr waren dennoch viele ältere Genossinnen tagaus, tagein unterwegs und gaben ihre ganze Kraft und ihre ganze Zeit für diese wichtige Aufgabe. Furchtlos suchten sie die Gefängnisse auf. Sogar die Polizei gewöhnte sich langsam an ihren Anblick und verhaftete sie nicht.

Ich arbeitete — wie schon erwähnt — mit meinem guten Freund und Genossen Isrolik Hirschowski zusammen. Wir standen ständig mit der Zentrale der internationalen Organisation in Paris in Verbindung. Regelmäßig schickten wir Berichte, erhielten Informationen und Unterstützung. Dabei halfen uns dort vor allem die Genossen, die hier des Landes verwiesen worden waren.

Zur Übermittlung von Nachrichten benutzten wir einen Code, oder wir schrieben in normalen Briefen mit Milch zwischen die Zeilen. Heute erscheint diese Methode sehr primitiv, damals jedoch war sie sehr verbreitet.

Die Briefe von der Pariser Zentrale gingen an die Adresse von Frau Sarah Milman. Frau Milman war klein und zierlich; ihre gütigen Augen erwärmten einem das Herz. Als Witwe hatte sie es nicht leicht. Sie erzog jedoch ihre zwei Söhne zu Liebe, Gerechtigkeit, Aufrichtigkeit und Mut.

Obwohl kein Parteimitglied, war Sarah Milman stets bereit, uns zu helfen. Sie führte einen kleinen Laden in der King-George-Straße in Tel Aviv. Hier konnte man verschiedene Arten von Nüssen kaufen, Pistazien und auch Datteln. Wir hatten vereinbart, daß sie jedesmal nach Eintreffen eines Briefes aus der Zentrale der Roten Hilfe in Paris ein bestimmtes Tuch aufhängen sollte. Einer von uns konnte dann nach Ladenschluß zu ihr nach Hause kommen, um die Nachricht abzuholen. Nie hat uns Sarah Milman enttäuscht. Ruhig und besonnen trug sie zur Erfüllung unserer Aufgaben bei.

Ihr Sohn Mordechai kämpfte als Freiwilliger in den Interbrigaden in Spanien. Er hatte den Rang eines Hauptmanns. Frau Milman lebte in ewiger Angst um ihn. Seine Briefe von der Front hütete sie wie Reliquien.

Sarah Milman erzählte uns viel über ihren Sohn. Ich saß stundenlang bei ihr und lauschte ihren Worten. Sie las mir auch aus seinen Briefen vor. Nach Beendigung der Schule, vor seiner Abreise nach Spanien, hatte er als Maurer gearbeitet und während der Freizeit Gedichte verfaßt. Auch an der Front schrieb er.

Mordechai spielte auch wunderschön Mandoline; er sang und begleitete sich selbst. In einem seiner Briefe von der Front hieß es: »Liebe Mutter, wenn ich zurückkommen sollte, werde ich Dir die Lieder vorspielen und vorsingen, die ich hier gelernt habe ...«

Die tränennassen, traurigen Augen der Mutter fragten: Wird er zurückkommen? Mordechai kam nicht zurück. Er fiel 1938 an der Front von Gandesa. Trotz der schweren Kämpfe wurde er mit militärischem Zeremoniell beigesetzt.

Sarah Milman nahm die Mitteilung, daß ihr Sohn gefallen sei, tapfer auf. »Ich werde mich durch das Unglück nicht unterkriegen lassen, denn ich möchte mich seiner würdig erweisen ...«, so sprach sie zu mir, und ihr Körper bebte vor Schmerz und Erregung. Sie zeigte mir die Ehrenurkunde, die die Spanische Republik Hauptmann Mordechai Milman post mortem verliehen hatte. »Ich weiß, wofür er in den Tod ging. Er war ein aufrichtiger Mensch und Antifaschist«, sagte sie.

Sarah Milman verbrachte ihre letzten Lebensjahre damit, das Vermächtnis ihres Sohnes, des Helden des spanischen Krieges, zu erfüllen. Sie las die Briefe immer wieder und träumte davon, sie eines Tages zu publizieren. Es gelang ihr tatsächlich. In den fünfziger Jahren wurde Mordechais Lebenslauf zusammen mit einigen Briefen veröffentlicht.

Mich verband stets eine herzliche Freundschaft mit Sarah Milman. Im Juli 1967 wurde sie zur ewigen Ruhe geleitet. Ich gedachte ihrer in meiner Trauerrede an ihrem Grab als eines Menschen mit großer Seele, der sich für Gerechtigkeit auf Erden für alle Menschen eingesetzt und der selbst einen Helden erzogen hatte.

Ein Besuch in Jaffa

In Jaffa lebte die große Familie eines politischen Gefangenen. Allein geblieben ohne ihren Ernährer, hatte sie schwere Zeiten zu durchstehen. Unsere Verbindung zu der Familie erhielt Achmed aufrecht, ein junger Genosse und relativ neu in der Partei.

Eines Tages sagte er zu mir: »Es wäre gut, wenn du einmal zu dieser Familie mitkommen könntest. Ich habe nämlich der Frau erzählt, daß die finanzielle Hilfe, die sie erhält, auch von Juden kommt. Sie hat es nicht geglaubt und mich gebeten, dich mitzubringen.«

Ich war einverstanden. Nicht selten besuchte ich jüdische oder arabische Familien, die unter dem Terror der Polizei zu leiden hatten. Ich wußte nur noch nicht, wie ich als Jüdin in das abgelegene, nur von Arabern bewohnte Armenviertel von Jaffa gelangen sollte. Es herrschten damals Spannungen zwischen Juden und Arabern, und ich fürchtete außerdem die Polizei.

Achmed wußte Rat. Er besorgte mir ein arabisches Kleid. Ich mußte die Rolle seiner stummen Schwester spielen, denn mein Arabisch hätte mich sofort verraten.

Wir fahren mit dem Omnibus. Achmed sitzt gespannt da. Mit verschleiertem Gesicht habe ich hinter ihm Platz genommen. Ich fühle mich nicht wohl dabei: Ausgerechnet der Schleier, seit Generationen Symbol der Erniedrigung der Frau, soll mich vor der Geheimpolizei schützen …

Wir fahren lange. Jaffa bleibt hinter uns zurück. Zuletzt sitzen nur noch wir beide im Omnibus.

»Achmed«, frage ich flüsternd, »ist es noch weit?« Achmed spürt meine Unruhe. Auch ihm ist nicht ganz wohl in seiner Haut.

Draußen dunkelt es bereits. Es sind weit und breit keine Häuser zu sehen; wir befinden uns inmitten von Zitrusplantagen. Mir fällt ein, daß ich die Partei über diesen Besuch nicht informiert habe. Vielleicht werden sie mich deshalb rügen …

Der Omnibus erreicht die Endstation, und der Fahrer steigt aus. Auch wir verlassen den Bus.

Mitten in einer Plantage sagt Achmed zu mir: »Warte hier, ich will erst nachsehen, ob im Haus alles in Ordnung ist.«

Ich bleibe allein zurück, warte. Angst befällt mich. Die Zeit verrinnt nur langsam. Wo ist Achmed? Endlich höre ich eine Frauenstimme: »Sitt Ruth!« (Frau Ruth!) Achmed kommt in Begleitung einer Frau zurück. Ich kann ihre Gesichtszüge nicht erkennen.

»Marchaban!« (Guten Tag!) sage ich.

»Ahlan, ahlan« (Willkommen), antwortet die Frau, und ihre Stimme klingt freundlich.

Wir gehen zusammen zu einem nicht weit entfernten Haus. Es ist eigentlich nur eine Hütte. An der Tür stehen fünf Kinder unterschiedlichen Alters und warten auf die angekündigte Jüdin. Sie umringen mich sofort. Das älteste Mädchen nimmt meine Hand und befühlt den Stoff meines Kleides. Jetzt, im Licht der Petroleumlampe, sehe ich das Gesicht der Frau. Es ist noch jung, aber von vielen Geburten und großen Sorgen gezeichnet. In einer dunklen Ecke des Zimmers liegen die Matratzen übereinandergestapelt. Gegenüber befindet sich die Küche — ein Ofen aus Lehm und viele verrußte Töpfe. In einer anderen Ecke steht eine Wiege mit einem schlafenden Säugling.

Die Frau und ihre älteste Tochter kochen Kaffee. Ich lege Kekse, Bonbons und Schokolade für die Kinder hin. Ein Freudengeschrei. Wann haben diese Kleinen zuletzt solche Schätze gesehen? Wir trinken Kaffee.

Die Frau erzählt von ihrem Mann. Er hat in einer Autoreparaturwerkstatt gearbeitet. Obwohl er weder trank noch rauchte, reichte das wenige Geld nicht weit. »Er ist ein guter Mensch, ein guter Vater.« Die Frau erzählt mit monotoner Stimme und wischt sich immer wieder die Tränen ab. Die älteste Tochter weint auch. Die Kleinen dagegen kennen den Ernst des Lebens noch nicht. Sie spielen, tauschen Bonbons, lecken und schmatzen. Die Petroleumlampe wirft auf alles ein trübes Licht.

»Als man gegen die Engländer demonstrierte, gingen auch mein Mann und einige andere Arbeiter mit. Ich blieb mit den Kindern zu Hause. Dann kam plötzlich ein Freund und sagte: ›Said machbusch.‹ (Said ist verhaftet.) ›Warum? Was hat er denn getan?‹ schrie ich, weinte und zerriß meine Kleider vor Kummer«, berichtet die Frau. »Der Freund erklärte mir, daß Said Kommunist sei und mit den anderen für die Vertreibung der Engländer, für eine freie Heimat Palästina demonstriert habe. Die Engländer stehlen uns das Land. Er ist kein Dieb«, sagt die Frau, so, als wolle sie sich selbst überzeugen. »Aber auch die Zionisten nehmen uns das Land weg. Die Juden lassen uns nicht arbeiten ...« Sie verstummt und blickt Achmed ängstlich an, als hätte sie so etwas im Beisein der Jüdin nicht sagen dürfen.

Ich nehme ein kleines Mädchen auf den Schoß, während ein anderes Kind sich eng an mich schmiegt. Ich sage der Frau, was wir, die jüdischen und die arabischen Kommunisten, über das Geschehene denken, wieviel Achtung wir für Said, ihren Mann, empfinden. Achmed übersetzt. Ich versuche, ihr zu erklären, daß sich noch mehr mutige Menschen finden müssen, um erfolgreich gegen die Armut, für Arbeit und für die Unabhängigkeit des Landes zu demonstrieren und zu kämpfen. Ich erzähle ihr, daß ich im Gefängnis gesessen habe, weil ich Kommunistin bin, und daß es viele Männer und Frauen gibt, die die Lage verändern wollen. Und noch viele, viele andere Dinge. Sie rückt ihren Hocker näher an mich heran, umarmt mich und weint.

»Du bist meine Schwester, du bist meine Schwester«, murmelt sie.

Ich sehe Achmed an. Er steht ruhig und ernst da. Ich gehe zu ihm, drücke ihm die Hand und sage: »Ich danke dir, daß du mich hierher gebracht hast.«

Sein Gesicht hellt sich auf. Um seiner Erregung Herr zu werden, wendet er schnell den Kopf ab.

»Vergiß uns nicht, Sitt Ruth!« ruft uns die Frau nach. Sie steht an der Schwelle ihrer Hütte, zusammen mit ihren Kindern. Alle winken mir nach. Noch einen Augenblick sehe ich sie so stehen, dann tauchen Achmed und ich in der Dunkelheit der Plantage unter.

In Akko

Ein zweiter Besuch hat sich mir fest eingeprägt. In Akko wohnte eine arabische Familie. Ihr Oberhaupt wurde ebenfalls verhaftet und saß lange Zeit im Gefängnis. Die Rote Hilfe unterstützte die kinderreiche Familie, die nun ohne Einkommen war. Ein Araber, Besitzer eines Fleischerladens in Haifa und Sympathisant der Partei, hatte Verbindung zu dieser Familie. Wir vereinbarten, gemeinsam die Familie in Akko zu besuchen.

Wir trafen uns im Haus des Fleischers. Dort empfing mich eine junge Frau. Sie bat mich, in einem geräumigen Zimmer, das auch als Eßzimmer diente, Platz zu nehmen. Eine ältere Frau trat ein, betrachtete mich mißtrauisch und verschwand. Es waren die zwei Frauen des Fleischers. Kinder sah ich nicht, wahrscheinlich waren sie in der Schule. Endlich kam der Hausherr selbst. Er war groß, kräftig, hatte einen dicken Bauch, und seine massige Gestalt versperrte fast die Tür. Er begrüßte mich mit einem lauten »Ahlan« und setzte sich sofort an den Eßtisch

Nun erwachte das Haus zum Leben. Die beiden Frauen begannen, das Mittagessen zu servieren. Sie gingen und kamen, ohne auch nur einen Laut von sich zu geben. Als der Tisch mit Speisen bedeckt war: Oliven, mit Reis und Fleisch gefüllte Weinblätter, eine große Schüssel mit Fleisch und vieles mehr, erwartete ich, daß wir uns zu viert zu Tisch setzen würden. Aber das war ein Irrtum. Die ältere Frau verschwand aus dem Zimmer, die jüngere erschien mit einer Schüssel, einem Wasserkrug und einem Handtuch. Der Mann wusch sich die Hände. Die Frau blieb stehen und rührte sich nicht. Meine Verwirrung war groß. Ich wollte fragen, warum sie sich nicht zu uns setzte, verzichtete aber darauf, da ich spürte, daß das mir Unverständliche für die Hausbewohner gang und gäbe war.

Im stillen überlegte ich, wie notwendig doch eine aufklärende Arbeit unter den arabischen Frauen sei, um sie endlich von diesen entwürdigenden Traditionen zu befreien. Ich wußte, eines Tages würde das geschehen. Inzwischen aßen wir allein, Hassan und ich. Meinen Gastgeber beobachtend, benutzte ich anstelle der Gabel ein Stück Brotfladen, das ich — wie er — von Schüssel zu Schüssel wandern ließ. Ich hatte bereits vorher arabische Genossen besucht. Bei ihnen waren die Sitten aber den europäischen angeglichen und mir nicht fremd gewesen. Diese Mahlzeit war nun die erste in einem traditionell moslemischen Haus und für mich ein interessantes Erlebnis. Mein Gastgeber war mit mir unzufrieden und forderte mich andauernd auf, mehr zu essen. Ich konnte aber mit ihm nicht Schritt halten. Außerdem beobachtete ich aus den Augenwinkeln immer wieder die Frau, die uns gegenüberstand. Ich glaube sogar, wir haben uns verständnisvoll zugelächelt ...

Als das Essen beendet war, schickten wir uns an zu gehen. Hassan sagte zu seiner jungen Frau, sie solle sich anziehen, um mit uns zu fahren. Er gab ihr das Geld, das ich mitgebracht hatte, und sie steckte es in ihren Büstenhalter. Da die Geheimpolizei mich kannte, verließen wir vorsichtshalber getrennt das Haus. Als erster ging Hassan, er kannte den Weg; hinter ihm, wie es die Sitte verlangte, seine Frau. Ich ging als letzte.

Unsere Karawane setzte sich in Bewegung. Für Hassan war es die erste Aktion dieser Art. Andauernd sah er sich nach uns um, gab seiner Frau Zeichen, auf das Geld zu achten, und auch mir winkte er mit der Hand zu, als wollte er sagen: Bleib hinter mir!

Mich packte die Angst. Alle Regeln der Konspiration waren dahin. Aber ich durfte doch Hassan nicht auch noch in Gefahr bringen!

Doch wir hatten Glück. Die Geheimpolizei in Haifa beachtete das eigenartige Trio nicht. Wir stiegen in den Omnibus und kamen ohne Zwischenfälle in Akko an.

Die Aufregung in der Familie war groß. Die Kinder umringten uns, überschütteten uns mit unzähligen Fragen über den Vater, der im Gefängnis war. Die Hauptaufmerksamkeit galt selbstverständlich den Sachen, die ich für die Kleinen mitgebracht hatte: zuallererst den Süßigkeiten und dann den Kleidungsstücken. Wir saßen, tranken Kaffee und unterhielten uns. Wie es schien, kannte sich Hassan in der Politik aus. Er sprach ein wenig Hebräisch und übersetzte mir etwas. Unser Ziel war erreicht. Die Frau und die Kinder spürten, daß es Menschen gab, die sie nicht vergessen hatten, daß ihr Vater viele Freunde hatte, sowohl Juden als auch Araber.

Noch in Akko verabschiedete ich mich herzlich von Hassan und seiner Frau. Sie baten mich, sie wieder zu besuchen. Ich versprach es und fuhr allein nach Haifa zurück.

Die erste Verhaftung

Ich habe einige Verhaftungen hinter mir. Am deutlichsten jedoch erinnere ich mich an meine erste Festnahme. Es geschah in der Wohnung eines Sympathisanten, ha-Schomer-Straße 5, im dritten Stock. Hier versammelten wir uns, etwa ein Dutzend aktiver Genossen der Tel-Aviver Ortsgruppe, regelmäßig.

Eines Abends sitzen wir da, rauchen, hören ein Referat und berichten über unsere Aktionen. Plötzlich wird die Tür mit einem Krach wie bei einem Erdbeben aufgerissen. »Hände hoch!« Blaß, mit erhobenen Händen stehen wir auf. Vor uns mit Pistolen bewaffnete Polizisten, auch sie erschrocken und blaß. Lonek macht einen Satz zum offenen Fenster. Ein furchtbarer Schreck fährt mir in die Glieder. Doch er springt nicht, sondern wirft — wie er mir später erzählte — nur einen falschen Paß aus dem Fenster (er sollte im Auftrag der Partei ins Ausland fahren). Die Polizisten beruhigen sich etwas. Wahrscheinlich haben sie mit Widerstand gerechnet, vielleicht sogar mit bewaffneter Gegenwehr. Sie unter-

suchen alle einzeln, holen einen nach dem anderen mit erhobenen Händen aus dem Zimmer. »Schnell, schnell!« treiben sie zur
Eile an. Unten wartet ein geschlossenes Polizeiauto. Sie stoßen
uns hinein und schließen die Tür.

Die Sitzplätze reichen nicht. Wahrscheinlich wußten sie nicht,
wie viele wir sind. Ich sitze auf dem Schoß eines Genossen und
betrachte die Gesichter der anderen. Ganz sicher denken wir alle
nur an das eine: So ein Reinfall! Wie konnte das passieren?!

Ja, wie war es dazu gekommen? Waren wir zu unvorsichtig gewesen? Vielleicht war es eine Denunziation? Später erst erfuhren
wir, daß ein Geheimpolizist in der Nachbarschaft wohnte. Er
hatte die Versammlung beobachtet und die Polizei benachrichtigt.

Unter den Festgenommenen befinden sich drei Mädchen:
Hanka, Dina und ich.

Wir erreichen das Polizeirevier. Es beginnt die hier gebräuchli-
che Prozedur: Verhör, Fingerabdrücke usw. Sie stellen mir die
üblichen Fragen, und ich antworte mit den üblichen Lügen:
keine Adresse, keine Bekannten, ich weiß von nichts.

Aber Steinberg von der Geheimpolizei sagt: »Wir kennen dich
bereits. Damals in der Nacht glaubtest du, uns irrezuführt zu haben. Ich wußte, daß wir uns noch einmal treffen würden ...«

Wir verbringen die Nacht auf dem Polizeirevier.

Im Gefängnis von Jaffa trennt man uns, Frauen extra und
Männer extra. Ein kleiner sauberer Hof, weiß gekalkte Stein-
wände, hier und da blasse Grashalme, Gefängnisblumen. An die
Aufseherin erinnere ich mich gut, besser als an alle anderen:
etwa 50 Jahre alt, klein und dicklich. Ihr Kopf war stets mit
einem Tuch bedeckt. Eine Araberin? Oder eine sephardische Jüdin*? Ich weiß es nicht. Sie sprach gut arabisch und auch hebräisch. Wäre sie mir außerhalb des Gefängnisses begegnet, hätte ich
zu ihr Oma gesagt. Hier war sie Gefängnisaufseherin, ging umher
mit einem klirrenden Schlüsselbund in der Hand, dem Symbol
ihrer Macht.

»Kommt, Mädchen«, sagt sie freundlich. Die »Mädchen« gehen hinter ihr die Treppen hoch. Die Türen der Zellen sind ver-
gittert. Die Aufseherin schließt sie auf. »Nur herein! Du da«, wendet sie sich an Hanka, »du warst schon hier, erkläre ihnen alles!
Es sind Neue.« Sie schließt die Tür wieder zu. Wir schauen uns
um — eine ziemlich große Zelle ohne Fenster, das Licht dringt

nur durch die Türgitter. Die Aufseherin sagt, die Matratzen seien sauber und ohne Wanzen. Hanka, die Alteingesessene, übernimmt die Führung, Dina und ich gehorchen ihr.

Noch bevor sie Gelegenheit hat, uns einzuweisen, hört man es von draußen laut rufen: »Hallo, wer ist dort? Ich bin Miriam. Ich sitze in der dritten Zelle!«

»Miriam! Was machst du hier?«

Miriam ruft uns zu: »Verlangt sofort, daß wir zusammengelegt werden! Wir sind politische Häftlinge, und sie sind verpflichtet, uns zusammen einzusperren. Versteht ihr? Verlangt, daß man mich zu euch bringt!«

Hanka führt die Aktion an. Sie sagt: »Wir schlagen mit den Aluminiumtellern gegen die Gitter, damit der Gefängniskommandant kommt.« Sie macht es uns vor, indem sie mit Wucht gegen die Gitter schlägt und schreit: »Kommandant! Kommandant!« Wir tun es auch, aber Hanka ist mit uns unzufrieden. »Noch stärker! Noch stärker!« schreit sie. Ich sehe ihr erhitztes Gesicht und höre ihre heisere Stimme. Die kleine Dina schlägt mit ihrem Teller an die Gitter wie auf eine Pauke und schreit mit ihrer dünnen Stimme. In meiner Vorstellung sehe ich mich selbst schreien und an die Gitter schlagen … und muß lachen. Hanka bemerkt es und schimpft mit mir: »Bist du verrückt? Muß du jetzt lachen?!« Sie schaut mich böse an. Ich höre von weitem Miriams Schreie. Davon angefeuert, rufe auch ich hysterisch: »Kommandant, Kommandant!« Der Lärm ist ohrenbetäubend.

Der Kommandant kommt angelaufen, klein, mit hellem Haar. Er öffnet unsere Zellentür. »Was ist los?«

Hanka will unsere Forderung vortragen, kriegt aber vor lauter Aufregung kein Wort heraus, außer: »Wir …« Von weitem hört man Miriam schreien: »Wir verlangen, in einer Zelle zusammen zu sitzen!«

Hanka faßt sich und sagt: »Wir verlangen, in einer Zelle zu sitzen. Wir sind politische Häftlinge …«

Der Kommandant schlägt Hanka ins Gesicht, sie fliegt in die Ecke. Danach spüre auch ich einen heftigen Schlag auf meiner Wange, und dann ist Dina an der Reihe.

Hanka fällt in Ohnmacht. Ich erhebe mich und rufe: »Wasser, Wasser, sie ist ohnmächtig geworden!« Der Kommandant greift zum Wassereimer, der in der Ecke steht, und kippt ihn über

Hanka aus. Sie öffnet die Augen, zitternd vor Kälte und Erniedrigung.

Der Mann verläßt die Zelle, und die Aufseherin schließt hinter ihm die Tür. Wir hören noch ein Wortgefecht und Schreie aus Miriams Zelle. Dann herrscht wieder Ruhe.

Langsam erholen wir uns und rufen nach Miriam. »Dieser englische Gentleman hat mir einen Zahn ausgeschlagen ...«, ruft sie empört.

Am nächsten Tag wiederholen wir die gleiche Aktion — mit dem einzigen Unterschied, daß wir diesmal alle heiser sind. Dennoch hört das ganze Gefängnis unsere Rufe: »Kommandant! Kommandant!«

Er kommt nicht, auch am übernächsten Tag nicht. Am vierten Tag unserer Haft bringt man uns vor Gericht.

Wir beschließen, uns dort über das Verhalten des Kommandanten zu beschweren. Diese Aufgabe ist mir zugedacht. Gespannt und mit finsterem Gesicht erzähle ich dem Richter, was sich im Gefängnis zugetragen hat. Anfangs noch mit zitternder, dann aber mit sicherer Stimme berichte ich, daß der Kommandant Miriam einen Zahn ausgeschlagen hat. Der Richter unterbricht mich nicht, schaut mich nur aufmerksam an. Als ich meine Stimme hebe und etwas dramatisch sage: »So etwas ist noch nie vorgekommen«, erwidert er voller Hohn: »Niemals?« Ein Zyniker.

Es stellte sich heraus, daß mein Vortrag weder den Richter noch die Polizei beeindruckte.

Wir wurden wegen unserer Zugehörigkeit zur Kommunistischen Partei zu Gefängnisstrafe und Deportation verurteilt. Das Urteil überraschte uns nicht. Mich konnte man nicht ausweisen — ich hatte bereits die osmanische Staatsbürgerschaft.

Als wir ins Gefängnis zurückkamen, fanden wir Miriam in unserer Zelle. Wir hatten wenigstens einen Sieg errungen: Miriam war bei uns.

Sie erzählte uns, daß der Gefängniskommandant bei ihr war und gesagt hatte: »Wenn du dich verpflichtest, keinen Skandal zu verursachen, werden wir dich zu deinen Freundinnen bringen.« Aber unserer Miriam konnte man keine Bedingungen diktieren. »Ich kenne eure britischen Methoden«, sagte sie. »Ich werde euch gar nichts versprechen.« Er ging, und es sah aus, als wären alle Bemühungen umsonst gewesen. Aber die Aufseherin kam, öffnete die Tür und führte Miriam in unsere Zelle ...

Der Kampf im Frauengefängnis

1932. Das zentrale Frauengefängnis in Bethlehem war wie immer voller Kommunistinnen. Ihre Anzahl erhöhte sich vor allem nach den Verhaftungen an den »speziellen Feiertagen«, wie dem 1. Mai oder dem 7. November, an denen die Mandatspolizei alle Hände voll zu tun hatte.

In diesem Sommer waren wir ganz besonders zahlreich. Im unteren Stockwerk des geräumigen Gefängnisses waren die »kriminellen« Häftlinge, fast alles Araberinnen, untergebracht. Wir, die Politischen im oberen Stockwerk, hatten fast keinen Kontakt zu ihnen.

Das Leben hinter Gittern war schwer. Wir lasen, lernten, versuchten, im Kollektiv die Haft leichter zu überstehen. Aber unser Geist, alle unsere Gedanken waren bei der Partei und zu Hause bei unseren Lieben. Wie haben wir Tag für Tag auf ein Wort, auf eine Nachricht von draußen, und sei sie noch so bescheiden, gewartet! Jede Mitteilung war für uns ein wichtiges Lebenszeichen ...

Zu festgelegten Zeiten — es sei denn, wir wurden gerade bestraft — empfingen wir Besuche. An diesen Tagen zogen wir uns schon früh am Morgen an und warteten gespannt darauf, wer von uns nach unten gerufen wurde. Jede einzelne hoffte, ihren Namen zu hören.

Manchmal bekamen wir Anweisungen von der Partei und mußten antworten. Es gab auch Probleme und Fragen, die einer Klärung durch die Partei bedurften. Wie sollte man das aber bewerkstelligen, wie einen Kontakt knüpfen und wo einen Verbindungsmann suchen?

Wir fanden tatsächlich eine Verbündete, die uns half, unsere Briefe nach draußen zu befördern, und von dort Nachrichten mitbrachte. Es war eine der Aufseherinnen. Wir konnten ihr vertrauen. Was für ein Glück für uns!

So wurde unser Leben sogar im Gefängnis eine gewisse Zeit »interessant«.

Da verschwand eines Tages die Aufseherin. Was war los mit

ihr? Wir zerbrachen uns den Kopf. Erst viel später erfuhren wir, daß sie — auf frischer Tat ertappt — entlassen worden war.

Ein neues Problem. Wir bekamen Angst. Sollte sie beim Verhör der Polizei etwas verraten haben? Hatte man sie verhaftet? Wir konnten nichts Genaues erfahren.

Als wir wenig später hörten, daß eine andere Aufseherin unsere Helferin »verpfiffen« hatte, beschlossen wir, die Denunziantin zu bestrafen. Wir entwarfen einen Plan und warteten auf eine passende Gelegenheit.

Obwohl sich inzwischen nichts verändert hatte, fühlten dennoch alle, daß die Luft unheilschwanger war. Doch noch brach der Sturm nicht los.

Die passende Gelegenheit kam, als die Denunziantin in unserer Zelle erschien, um einiges zu regeln. Sie war allein. Schnell schlossen wir hinter ihr die Tür und stürzten uns voller Wut mit Händen und Füßen auf sie. Sie wurde auf den Fußboden geworfen, den Mund stopften wir ihr mit Lumpen zu. Wir schlugen heftig auf sie ein. Miriam, die auch die meisten Schläge austeilte, dirigierte uns. Als die Aufseherin kaum noch atmen konnte, warfen wir sie auf den Korridor hinaus und schlossen die Tür. Sie konnte nicht mehr auf den Beinen stehen. Wir hatten »gute Arbeit« geleistet.

Eine Weile hielten der Lärm und die Aufregung an. Bald bemächtigte sich unser aber eine unerträgliche Spannung: Was wird jetzt passieren? Was wird man mit uns anstellen? Keine von uns bereute die gerechte Tat, obwohl wir alle genau wußten, daß wir dafür teuer würden bezahlen müssen.

Auf dem Korridor hörten wir Schritte. Wahrscheinlich schleppte man die Geschlagene ins Krankenhaus.

Wir bemühten uns, unseren »normalen« Tagesablauf fortzusetzen. Wir lasen, unterhielten uns, merkten aber bald, daß unsere Gedanken nicht bei der Sache waren. Wir warteten …

Ein Tag verging. An der Tür erschien die »Dürre«, wie wir sie nannten, wie immer begleitet von ihrem kleinen Hund. Wie eine barmherzige Krankenschwester trug sie stets eine weiße Schürze und eine weiße Haube. Die »Dürre« war Engländerin, ein Symbol des Bösen und der Gnadenlosigkeit. Unser Haß ihr gegenüber war groß.

Diesmal kam sie gemeinsam mit der Hauptaufseherin der

Frauengefängnisse in Palästina und mit einem Polizisten. Obwohl zu dritt, betraten sie die Zelle nicht. Sie hatten Angst vor uns! Die »Dürre« verkündete mit ihrer schrillen und trockenen Stimme: »Keine Besuche! Keine Post!«

Das war ein schwerer Schlag. Jede Verbindung nach draußen war abgebrochen. Wir aber nahmen es ruhig hin; wir hatten ja von vornherein gewußt, daß wir bestraft werden würden.

Es verging ein Tag und ein zweiter. Es schien uns, als sei bereits alles vorüber. Es herrschte Ruhe.

Wir konnten nicht glauben, daß die Strafe damit wirklich schon vorbei sein sollte. Doch wir wurden nicht lange im ungewissen gelassen. Es kam der Tag des Großreinemachens. An so einem Tag wuschen wir gewöhnlich unsere Sachen, säuberten die Türen und Fenster, scheuerten gründlich den Fußboden, machten die Betten sauber. Kurzum, wir reinigten alles, einschließlich uns selber, das heißt, wir durften uns und unsere Haare mit heißem Wasser waschen. Schon am frühen Morgen waren dafür die Vorbereitungen im Gange.

Die arabischen Häftlinge brachten uns in großen Blechbehältern warmes und kaltes Wasser. Sie trugen die Behälter auf dem Kopf. Diese Dienstleistung nahmen wir nur mit Widerwillen an, wir hätten die Arbeit gern selbst verrichtet. Es war uns jedoch verboten, uns außerhalb unseres Raumes zu bewegen. Nur kurz durften wir die Gefängniszelle zu festgelegten Zeiten verlassen, um auf dem Dach spazierenzugehen. Danach hatten wir stets sofort in unsere fest verschlossene Zelle zurückzukehren.

Auch heute bringen die Araberinnen viele Blechbehälter mit heißem und kaltem Wasser. Als die Aktion des Großreinemachens in vollem Gange ist, wird Miriam ins Gefängnisbüro gerufen.

Schnell wirft sie sich ein Hauskleid über, schlüpft in Hausschuhe und rennt ins Büro. Uns wundert das nicht. Miriam vertritt uns vor der Gefängnisleitung. Sie spricht gut Englisch.

Plötzlich hören wir vom Hof Miriams erschrockene Stimme: »Mädchen, die wollen mich aus dem Gefängnis wegbringen!« Einigen gelingt es, aus dem Fenster zu sehen. Sie berichten, wie die Polizisten die barfüßige und zerzauste Miriam mit Gewalt in ein kleines, geschlossenes Polizeiauto werfen. Das Auto verschwindet. Miriam ist weg.

Verwirrt schauen wir uns an. Was wird man Miriam antun? Wohin wird man sie bringen? Wir bangen um ihr weiteres Schicksal.

Es muß sofort etwas getan werden! Wir beschließen zu handeln, zu kämpfen ...

Die »Kampf«gruppe besteht aus etwa zwanzig Genossinnen, halb nackt (es ist immerhin Badetag), mit aufgelöstem und nassem Haar. Als Waffen benutzen wir alles uns zur Verfügung Stehende: Teller, Töpfe und Bottiche. Wir beginnen, mit den Gegenständen Krach zu schlagen, und schreien laut und heftig: »Bringt Miriam zurück! Bringt Miriam zurück!« Der Lärm ist nicht zu überhören.

Die Fenster sind offen. In den engen Gassen der Stadt beginnen Menschen, in Richtung Gefängnis zu rennen.

Auf dem Korridor sind eilige Schritte zu hören. Kein Mensch wagt es jedoch, unsere Zelle zu betreten. Durch das Fenster sehen wir, daß auch auf dem Hof ein wildes Durcheinander herrscht. Zwei Polizisten und der dicke, verhaßte Gefängnisarzt (von uns »Vieharzt« genannt) laufen verstört und offensichtlich ziellos umher. Die Gefängnisaufseherinnen blicken erschrocken nach oben zu unseren Fenstern. Sie haben auch die Kriminellen bereits in ihre Zellen eingesperrt. Angst hat den ganzen Gefängnisapparat gepackt.

»Bringt Miriam zurück! Bringt Miriam zurück!« schallen unsere Rufe immer lauter durch das Haus.

Es ist schwer, zu sagen, wie lange es so weiterging. Auf alle Fälle lange genug, um Verstärkung aus Jerusalem alarmieren zu können.

Sie kommen. Ein Auto nach dem anderen fährt lärmend in den Gefängnishof. Wir trauen unseren Augen nicht: Soldaten und Polizisten gegen wehrlose Frauen! Werden sie es wagen?

Sie wagen es.

Schnell beraten wir und entschließen uns, ebenfalls zu handeln.

Im Nu werden die Türen verrammelt — mit Betten, Tischen vom Balkon, Bänken und Matratzen. So verbarrikadiert, rufen wir immer weiter und lärmen mit den verschiedensten Gegenständen.

Die Angreifer nähern sich unserer Zelle. Zuerst versuchen sie,

116

uns zu täuschen: »Hört mit dem Lärm auf und öffnet die Tür! Wir werden euch nichts Böses antun.«

Unsere Antwort: »Ihr Schweine, bringt Miriam zurück! So eine Schande! Soldaten und Polizisten gegen wehrlose Frauen einzusetzen! Und ihr wollt Gentlemen sein?!«

»Soldaten, geht nicht gegen Frauen vor!« ruft eine der Genossinnen in englisch.

Hinter der Tür wird beraten. Der Angriff gegen die erste Tür beginnt, und wir merken, daß man uns in die Enge treiben will. Mit unserer ganzen Kraft stemmen wir uns gegen die Tür und schreien. Wir sind schon heiser, dennoch schreien wir immer weiter.

Sie sind aber stärker.

Eine Tür wird aufgebrochen. Wir gießen heißes und kaltes Wasser aus den Blechbehältern auf die Soldaten. Für eine Minute ziehen sie sich erstaunt zurück, aber eben nur für eine Minute. Dann greifen sie erneut an. Auch die zweite Tür wird aufgebrochen. Zu unserer Verteidigung bleiben uns nur noch Hände und Füße. Wir ergeben uns nicht.

Ein Ringen beginnt. Sie müssen jede von uns einzeln bezwingen. Sie versuchen, uns aus dem Raum zu zerren. Wir liegen, naß bis auf die Haut, auf dem Fußboden und leisten verzweifelt Widerstand. Die langen Haare, die eben noch vor Sauberkeit glänzten und die Gesichter der Mädchen verschönten, dienen jetzt den Soldaten zum Festhalten. Nacheinander zerren sie uns hinaus und werfen uns in Einzelzellen.

Unsere Kehlen sind heiser, kein Wort bringen wir mehr heraus. Hinter uns schließen sich die Türen. Die Verbindung ist abgebrochen, der Kampf beendet.

Die Strafe: eine Woche Karzer bei Wasser und trocken Brot. Kälte, Dunkelheit, Hunger. Das allerschlimmste ist die Angst um das Schicksal der anderen Genossinnen. Ist keine von ihnen verletzt worden?

Ein Trost bleibt uns trotz alledem: Wir haben es ihnen gegeben! Einen solchen Widerstand hatten sie nicht erwartet. Und eines Tages werden wir es ihnen heimzahlen.

Die Gefängnisdirektion hofft, uns durch den Hunger kirre und »einsichtig« zu machen, und setzt uns auf Wasser und Brot. Wir aber essen Tomaten, Gurken und Oliven … All das bringen uns die arabischen Frauen, deren Aufgabe es ist, uns Brot und Wasser zu reichen. Sie bleiben einen Augenblick, suchen ihre Kleider ab und holen aus ihnen diese verborgenen Schätze hervor. Sie haben sie sich vom Mund abgespart. Bewegt, mit Tränen in den Augen, flüstern sie das Wort »Heldinnen«.

Wie wir hassen sie die Polizisten, die britischen Soldaten, die Gefängnisleitung, das ganze Regime, das ihnen die Freiheit geraubt hat. Sie freuen sich über unsere Standhaftigkeit und unser mutiges Verhalten gegenüber den verhaßten Polizisten. »Bolschewik gut!« sagen sie und ballen die Faust, so, wie sie es von den Kommunistinnen im Gefängnis gelernt haben.

Nach einer Woche kehren wir in unsere Zelle zurück. Vor Schreck bleibt uns beinahe das Herz stehen: Sie haben uns der Betten beraubt. Macht nichts! Wir werden auf dem Fußboden schlafen.

Aber die Bibliothek?! Unsere geliebte kleine Bibliothek ist auch nicht mehr da. Man hat sie uns weggenommen. Buch für Buch haben wir zusammengetragen, haben die Bücher gepflegt, als wären sie unsere Kinder. Nun hat man uns unserer Bibliothek, der Quelle des Lernens und des Glückes, unserer teuersten Waffe im Gefangenenleben, beraubt.

Wir betrachten die leere Ecke wie eine offene Wunde. Wir stehen da wie am Grab eines gutes Freundes. Es sind schwere Minuten. Wir lassen aber die Köpfe nicht hängen und beschließen, die Bibliothek neu aufzubauen.

Und Miriam?

Sie war nach Jaffa ins Gefängnis gebracht worden. Die Hüter des Gesetzes hatten beschlossen, sie von uns fernzuhalten. Sie glaubten, sie auf diese Weise kleinzukriegen. Doch wie sich zeigte, war das eine Illusion.

Miriam war groß, schlank und bildschön. 1920 war sie mit ihren Eltern und ihrem Bruder aus Rußland nach Palästina gekommen. Die Familie ließ sich in Tel Aviv in der Bograschowstraße nieder und machte dort einen kleinen Gemüseladen auf.

In früher Jugend trat Miriam dem Kommunistischen Jugendverband bei. Die Eltern waren über diese Entscheidung ihrer Tochter nicht gerade glücklich, konnten sie aber nicht davon abbringen. Schwierigkeiten und Kämpfe kennzeichneten den Weg der jungen Miriam. Sie beeinträchtigten jedoch nicht ihre Lebensfreude und ihren jugendlichen Elan. Stets war das Mädchen lustig und guter Dinge.

Miriam war mutig. Als ich sie kennenlernte, war sie bereits Mitglied der Partei und mehrere Male verhaftet gewesen. Ihr Name eilte ihr voraus. Man sagte: »Sie bleibt der Polizei und der Geheimpolizei nichts schuldig.« Viele Geschichten wurden über Miriam erzählt.

Einmal wurde sie zu einem Monat Gefängnis verurteilt. Man brachte das Mädchen nach dem Prozeß mit einem Auto nach Jaffa. Als Miriam das Auto verließ, hörte sie einen Polizisten sagen: »Da ist die Hure.« Miriam zögerte nicht einen Augenblick und schlug ihm mit voller Wucht ins Gesicht. Sofort wurde sie mit demselben Auto zum Gerichtssaal zurückgebracht, und derselbe Richter, der sie zu einem Monat Gefängnis verurteilt hatte, legte noch einen Monat dazu.

Es gab auch Fälle, wo Miriam einen Sieg errang. Einmal stand sie vor einem anderen Richter und wurde angeklagt, einen Polizisten angegriffen zu haben. Miriam erwiderte, daß er sie beleidigt habe und sie ihre Ehre verteidigen müsse. Diesmal war der Richter von dem mutigen Mädchen beeindruckt, sprach sie frei und verurteilte den Polizisten.

Miriam verbrachte lange Zeit im Gefängnis. Schließlich stimmte die Partei ihrem Wunsch, das Land zu verlassen und nach Frankreich zu fahren, zu. Das war 1933. Dort schloß sie sich der Französischen Kommunistischen Partei an. Sie gründete eine Familie, gebar eine Tochter und arbeitete viele Jahre als Modeschöpferin.

Als Mira Lessovoi (Miriam Golod) pensioniert wurde, ging sie daran, einen Jugendtraum zu verwirklichen. Sie begann ein Studium an der Universität, beendete es mit Erfolg und sorgte in der französischen Presse für Schlagzeilen: »Ein Studium mit 60.«

Oft kommt sie zu Besuch in das Land ihrer Jugend und ihrer revolutionären Kämpfe. Unsere Kommunistische Partei ist ihr ans Herz gewachsen. Die Freundschaft, die uns damals, als wir jung waren, verband, hat die Jahre überdauert und wurde sogar auf unsere Kinder, meine und ihre, übertragen.

Gretka gegen Tschernow

1934. Tschernow soll in Tel Aviv sein? Können wir es dulden, daß ein Führer der konterrevolutionären Weißgardisten von der Histadrut als Ehrengast aufgenommen wird? Das darf nicht geschehen.

Wir schlossen uns zusammen, um den Histadrut-Funktionären die Freude zu verderben.

Wer war Viktor Tschernow? Als ein Führer der russischen Sozialrevolutionäre lebte er im Exil. Nach Palästina war er gekommen, um Hetzreden gegen die Oktoberrevolution und gegen die Sowjetunion zu halten. Die MAPAI-Führung suchte mit seiner Hilfe die im Land vorhandene Sympathie für die Sowjetunion einzudämmen.

Die Presse, »Davar« an der Spitze, berichtete nichts über die Vergangenheit Tschernows. Sie stellte ihn lediglich als Schriftsteller, Publizisten und Arbeiterführer vor. Tschernow war aber vor der Revolution eine bekannte Persönlichkeit des politischen Lebens in Rußland gewesen: Mitglied des Zentralkomitees der Sozialrevolutionären Partei und Chefredakteur ihres Organs »Das revolutionäre Rußland«. Nach der bürgerlich-demokratischen Revolution im Jahre 1917 war er Landwirtschaftsminister der Koalitionsregierung unter Kerenski. Im Januar 1918 wurde Tschernow von der reaktionären Mehrheit zum Präsidenten der Konstituierenden Versammlung gewählt und nahm 1918 am konterrevolutionären Aufstand der Sozialrevolutionäre an der Wolga teil. Er emigrierte 1920 und leitete vom Exil aus viele antisowjetische Aktionen.

Diesem Mann der Reaktion organisierte die Histadrut-Führung einen herzlichen Empfang in den Gebäuden des Ausstellungskomplexes in Tel Aviv, im Volksmund einfach »Taaruchah« genannt.

Paarweise begaben wir uns zum Ort der »Feierlichkeiten«, ausgerüstet mit Flugblättern, die eigens zu diesem Zweck gedruckt worden waren. Im Handumdrehen warfen wir sie in alle Himmelsrichtungen. Auf so eine Tat war die MAPAI-Führung nicht vorbereitet.

Die Presse berichtete über die Flugblattaktion und ihre Wirkung auf die Teilnehmer der Kundgebung. Ein Journalist schrieb: »Woher nahmen sie bloß den Mut? Wie konnten sie ohne Furcht am hellichten Tag auftauchen?« Schließlich waren wir damals illegal.

Einige Genossen wurden dennoch verhaftet, unter ihnen Gretka.

Über Gretka Baumgarten gäbe es viel zu erzählen. Im Prozeß nach ihrer Verhaftung tat Gretka erstaunt, als wüßte sie überhaupt nicht, wovon die Rede sei. »Nichts weiß ich. Ich ging einfach im Park der Taaruchah spazieren. Alle gingen dort spazieren, ich auch«, behauptete sie.

Der Richter überlegte und urteilte: »Keine Beweise, du bist frei.«

Gretka rührte sich nicht von ihrem Platz, reagierte auf den Freispruch überhaupt nicht.

Der Richter war verblüfft. »Hast du verstanden, was ich gesagt habe?« fragte er. »Ja«, antwortete Gretka, »nur das letzte Wort nicht. Was heißt ›frei‹?«

Der ganze Saal brach in schallendes Gelächter aus, sogar der Richter lächelte.

Gretka war in der Tschechoslowakei geboren, groß, hellhäutig und blond. Sie hatte volle, große Brüste und Beine wie eine Tänzerin. Als ich aus dem Gefängnis entlassen wurde und kein Dach über dem Kopf hatte, nahm Gretka mich auf. Sie bewohnte in der Jawnestraße ein Zimmer im Keller. Viele von uns wohnten damals in Kellerräumen, da diese billiger waren. Gretka half mir, bis ich Arbeit im Haushalt fand.

Seitdem verband uns tiefe Freundschaft. Einmal ließ sie sich sogar mit mir fotografieren und hängte sich das Bild ins Zimmer. Ich sagte zu ihr: »Das ist doch verboten! Wenn die Polizei Haussuchung macht und das Foto bei dir findet, wird sie sofort wissen, wer du bist.« Gretka lachte. Sie nahm das Bild nicht von der Wand, sondern forderte mich auf, das gleiche bei mir aufzuhängen.

Gretka war eine aktive Genossin. Sie wurde verhaftet und — es war einige Jahre vor dem faschistischen Einmarsch in die Tschechoslowakei — in ihr Geburtsland ausgewiesen. Während der Naziokkupation arbeitete sie aktiv in der Widerstandsbewegung. Dann riß unsere Verbindung zu ihr ab. Nach dem Krieg erfuhren wir, daß sie zu jenen Antifaschisten in Prag gehört hatte, die wegen des Attentats auf den stellvertretenden Reichsprotektor Heydrich hingerichtet wurden.

Nicht einmal das Bild, das wir auf ihren Wunsch damals auf der Straße machen ließen, ist erhalten geblieben. Alles ging in den Stürmen der Zeit verloren. Nur ihre Gestalt und unsere Freundschaft sind in meinem Gedächtnis lebendig.

Antiimperialistische Demonstrationen

Lonek platzte ins Zimmer. »Habt ihr schon gehört? In Jaffa ist eine riesige Demonstration!«

Diese Nachricht ließ uns hochfahren. Es war im Oktober 1933. Wir müssen hin — das war unsere erste Reaktion. Die Klügeren unter uns rieten, nur drei Genossen sollten nach Jaffa gehen, um unsere arabischen Genossen aufzusuchen und gemeinsam mit ihnen die Lage zu erkunden. Gesagt, getan. Die drei machten sich sofort auf den Weg. Wir übrigen eilten zum Genossen Koltun. Bestimmt verfügte er schon über genauere Informationen. Er war ja Chefredakteur von »ha-Or«. Auf dem Weg zu ihm hörten wir, daß die Engländer Armee- und Polizeieinheiten in Bereitschaft versetzt hatten. Die Atmosphäre war hochexplosiv. Jüdische Arbeiter, die in Jaffa arbeiteten, eilten nach Tel Aviv, nach Hause. Alle warteten, was geschehen würde.

Bei Koltun trafen wir weitere Genossen, die genauso gespannt waren und genauso nach Informationen lechzten wie wir. Koltun ging im Zimmer auf und ab. Er machte einen erregten, aber zufriedenen Eindruck. Wir überschütteten ihn mit Fragen: »Welchen Charakter hat diese Demonstration?« — »Ist die arabische reaktionäre Führung überhaupt in der Lage, der Demonstration einen antiimperialistischen Charakter zu geben?« Schließlich wußten wir aus Erfahrung, daß es den Briten bereits mehrfach gelungen war, Massendemonstrationen von ihrem eigentlichen Ziel abzulenken und gegen die Juden zu richten. Wir waren überzeugt, daß uns stürmische Tage bevorstanden. Keiner aber wußte, wann und in welchem Ausmaß. Klar war uns lediglich, daß der Zorn der arabischen Massen irgendwann ausbrechen mußte, da kein einziges ihrer Probleme bisher gelöst worden war. Im Gegenteil, die Armut in den Dörfern wuchs ständig. Tagtäglich gab es Zusammenstöße mit Steuereintreibern; immer mehr

Fellachen wurden von ihrem Boden verjagt. Britische Soldaten und Polizisten wüteten, und die Gefängnisse waren voll.

All diese Informationen erhielten wir mit Hilfe unserer arabischen und der jüdischen Genossen, die Arabisch verstanden und in den Dörfern mit den Fellachen sprechen konnten. Wir erfuhren, daß es auch unter den Arbeitern der Städte gärte. Die Arbeitslosigkeit nahm zu, und mit ihr wuchs der Zorn auf die Histadrut, die anstelle der arabischen Arbeiter nur Juden einsetzte. In einer derart gespannten Lage war damit zu rechnen, daß etwas passieren mußte. Einige glaubten an einen möglichen Aufstand der Fellachen, andere sagten blutige Unruhen voraus.

Die Presse war voller Spekulationen und unterschiedlicher Einschätzungen. Journalisten, die Positionen der zionistischen Führer vertraten, schrieben, die »Aufwiegler« würden keinen Erfolg haben. Sie meinten, die Fellachen würden sich niemals rühren, es sei denn, man transportiere sie mit Wagen aus ihren Dörfern zum Aufstand. So dachten sowohl die MAPAI-Führung als auch ihre Freunde von der britischen Labourpartei, die sich auf Informationen der Mandatsmacht in Palästina stützten. Sie vertraten die Auffassung, die arabischen Massen lebten in Wohlstand und genössen die »Zivilisation«, die die Briten und die Zionisten mit ins Land gebracht hätten. Bekanntlich stimmte das nicht. Ein Beweis dafür war bereits die Welle von Aufständen, die das Land in den Jahren zuvor erfaßt hatte. Nach jeder solchen Welle wurde eine britische Untersuchungskommission gebildet. Doch auch nach deren Berichterstattung änderte sich nichts.

Diese Demonstration in Jaffa nun hatte ausgesprochen antiimperialistischen Charakter. Wir waren deshalb sehr optimistisch. Es schien, als sei die Masse der arabischen Arbeiter auf dem richtigen politischen Weg und habe begriffen, daß die Wurzel allen Übels im britischen Kolonialismus lag, der vom Zionismus unterstützt wurde. Wir waren auch optimistisch, was den Einfluß der Hizb al-Istiqlal* betraf, besonders ihres linken Flügels, an dessen Spitze Hamdi el-Husseini stand. Diese Partei wurde 1932 gegründet. Sie war die erste offizielle moderne Partei der arabischen Nationalbewegung in Palästina. Ihr gelang es, auch das Vertrauen jener Kreise zu gewinnen, die von der reaktionären Politik der Exekutive des Palästinensischen Nationalkongresses unter Hadsch el-Husseini und des Obersten Muslimischen Rates, den Vertretern der Großgrundbesitzer, den Feudalherren und den fanatischen Priestern, enttäuscht waren. All diese Kräfte bewegte die Not der besitzlosen, ausgebeuteten und unterdrückten Fellachen nicht. Die Istiqlal-Partei jedoch hatte den Kampf gegen das koloniale Joch und für nationale Befreiung an die erste Stelle auf ihrem Programm gesetzt. In einem von ihr veröffentlichten Manifest hieß es: »Nicht die Juden sind unsere Feinde, sondern die Zionisten, die uns unser Land rauben wollen.« Diese Feststellung half dem arabischen Volk, seinen Kampf in richtige Bahnen zu lenken.

Die Hizb al-Istiqlal war eine junge, ausgesprochen antibritische und gegen den Zionismus kämpfende Partei. Sie vertrat die Interessen des Kleinbürgertums und der radikalen Intelligenz. Ihrem Charakter nach war sie national-reformistisch und nahm daher keinen konsequenten Klassenstandpunkt zu gesellschaftlichen Prozessen ein. Dennoch bestimmte sie, insbesondere ihr linker Flügel, im wesentlichen den antiimperialistischen Charakter der Demonstrationen in den Jahren 1933 und 1934. Das mußten sogar die zionistischen Führer zugeben. Es sprach für die Führung der Istiqlal-Partei unter Hamdi el-Husseini, daß bei diesen Aktionen nur wenige jüdische Menschen deshalb angegriffen wurden, weil sie Juden waren.

Während wir in der Wohnung Koltuns saßen, kamen unsere Genossen, die wir nach Jaffa geschickt hatten, zurück. Unter ihnen waren Muhamad und Said. Alle berichteten voller Begeisterung von den Menschenmassen, die sie bei der Demonstration gesehen hatten, von einem Meer von Jugendlichen. Said meinte, es habe eine kämpferische Atmosphäre geherrscht, dennoch sei er nicht zufrieden, weil er an der Spitze der Demonstration wieder die traditionellen feudalen und halbfeudalen Führer erblickt habe. Muhamad berichtete, daß er in den ersten Reihen Führer der Istiqlal-Partei gesehen und deren wiederholte Rufe gehört habe: »Weg mit dem britischen Imperialismus!«

Die Wahrheit war, daß nicht die reaktionären arabischen Führer die Massen mobilisiert hatten, sondern daß diese Führer gezwungen worden waren, an der Demonstration teilzunehmen. Der Beweis dafür war ihre Haltung, als sie verhaftet und vor Gericht gestellt wurden. Sie erschienen nicht mit erhobenem Haupt im Gerichtssaal, wie es sich für Führer nationaler und antiimperialistischer Bewegungen gehört, sondern versuchten, ihre eigene Haut zu retten. Sie behaupteten, die Demonstration sei ihrer Meinung nach legal gewesen und habe nicht gegen ein bestehendes Gesetz verstoßen.

Die Genossen berichteten auch, daß bei der Demonstration keine Losungen zu sehen waren, die auf die Lage der Arbeiter in der Wirtschaft und in der Gesellschaft hingewiesen hätten. Das deutete ihrer Meinung nach auf fehlendes Klassenbewußtsein hin. Muhamad berichtete von der Stimmung der Arbeiter und der Fellachen, die an der Demonstration teilgenommen hatten. Voller Bitterkeit hatten sie über den Raub ihres Bodens, über Ausbeutung, hohe Steuern und Pachtgelder, Arbeitslosigkeit, die Vertreibung von ihren Arbeitsplätzen und über ihre hungrigen Kinder gesprochen, die keine Schulen besuchen konnten.

Koltun hörte zu und faßte zusammen, daß es noch weiterer Entwicklungen bedürfe, bis sich die arabischen Arbeiter einen klaren und konsequenten Klassenstandpunkt angeeignet hätten. Die Demonstration in Jaffa habe bewiesen, daß der Kampf der arabischen Massen bereits jetzt eine höhere politische Stufe erreicht hatte. Es werde aber noch geraume Zeit und weitere Kämpfe erfordern, bis ein höheres Klassenbewußtsein sowohl bei den arabischen Arbeitern und Fellachen als auch bei den jüdischen Werktätigen erreicht sei. »Um diese Entwicklung zu beschleunigen, sind wir, die Kommunisten, da«, sagte Koltun.

Inzwischen trafen weitere Genossen ein und brachten schlimme Nachrichten: Die Kolonialmacht war mit brutaler Gewalt gegen die Demonstranten vorgegangen. Unsere Genossen hatten mit eigenen Augen Tote und Verwundete gesehen. »Es war schrecklich«, berichtete einer.

Die Nachricht vom Blutbad in Jaffa verbreitete sich mit Windeseile im ganzen Land. Große Protestdemonstrationen fanden in Jerusalem, Haifa, Akko und in anderen Städten statt. »Straf«kommandos der britischen Armee und Polizei schlugen auf die Demonstranten ein. Die blutige Bilanz war erschreckend: 30 Tote, über 200 Verletzte und zahllose Verhaftete.

Unter den Inhaftierten waren auch einige Dutzend arabischer und jüdischer antiimperialistischer Kämpfer. Ein Teil hatte an der Demonstration teilgenommen, aber einige waren auch direkt in ihren Häusern oder an ihren Arbeitsplätzen ohne Haftbefehl und Anklage festgenommen worden — die meisten von ihnen waren Kommunisten.

Die Partei mobilisierte alle ihre Mitglieder zur Teilnahme an Solidaritätsdemonstrationen mit den antiimperialistischen Kämpfern. Wir verteilten unter den jüdischen Arbeitern Flugblätter. Trotz des Terrors wurden zahlreiche Proteste gegen das von den britischen Machthabern angerichtete Blutbad auch in Kreisen der jüdischen Intelligenz laut.

Viele Menschen kamen aus eigenem Antrieb zur Redaktion von »ha-Or« und übergaben ihr Geldspenden für die Familien der Verwundeten und Verhafteten. Unsere Zeitung veröffentlichte auf der ersten Seite einen Aufruf unter der Überschrift: »Sofortige Freilassung der politischen Gefangenen!«

»Lückenbüßer«

Ich wurde mit zwei Freunden nach Haifa geschickt. Nach der Verhaftung einiger aktiver Genossen brauchte die Partei dort Verstärkung. Wir waren sogenannte Pekakim — »Lückenbüßer«. So nannte man damals diejenigen, die plötzlich an anderen Orten eingesetzt wurden. Das geschah in der Regel ohne besondere Vorankündigung. Man suchte einen Genossen auf und sagte ihm, so wie eines Abends mir: »Morgen früh packst du deine Sachen und fährst nach Haifa. Schalom.« Für wie lange? Was soll mit meinem Arbeitsplatz, mit dem Freund oder mit der Familie geschehen? Solche Fragen wurden nicht gestellt. Ich nahm meinen Koffer und fuhr los.

In Haifa wohnte ich zusammen mit einer anderen Genossin in einem Zimmer in Wadi Niss-Nass. Das allerwichtigste war, schnell Arbeit zu finden, und zwar eine gute Arbeit. Das bedeutete, sie mußte leicht sein, durfte mich nur wenige Stunden in Anspruch nehmen und sollte zudem relativ gut bezahlt werden. Das war nicht einfach; 1933 war die Arbeitslosigkeit groß. Die meisten Männer fanden keine Beschäftigung. Wir Frauen hatten es etwas leichter und teilten mit den Genossen das Einkommen.

Ich suchte eine gute Stelle im Haushalt. Zum Glück gelang es mir bald, einen solchen Arbeitsplatz in der deutschen Kolonie zu finden.

Der betrogene Junggeselle

Die Möglichkeit bot sich, als Nechama, eine unserer Genossinnen, ihre Arbeitsstelle aufgeben mußte. Die Bedingungen dort waren geradezu ideal. Der Hausherr, ein Junggeselle, hatte nur eine kleine Wohnung. Er verlangte nicht, daß für ihn gekocht und gewaschen wurde, und zahlte gut.

»Er ist ein treuer Zionist, er wird dich nicht nehmen«, warnte mich Nechama. »Er hat geschworen, keine Kommunistin werde mehr seine Schwelle betreten und er werde auf dem Arbeitsamt ein junges und hübsches Mädchen anfordern.« Trotz dieser Warnung beschloß ich, es zu wagen.

»Kommst du vom Arbeitsamt? Wer hat dich geschickt?« fragte der Mann, der sorgfältig gekleidet war.

»Ich hörte, daß Sie eine Hausangestellte suchen.« Seine forschenden Augen durchbohrten mich. Jetzt prüft er, ob ich Kommunistin bin, dachte ich.

Nach kurzem Überlegen sagte er: »Gut, fang an«, und erklärte mir langsam und ausführlich, wie es sich für einen pedantischen Junggesellen gehört, jede Einzelheit meiner Arbeit.

Ich nahm alles in Kauf, nur das Schuheputzen lehnte ich ab. »Aus Prinzip«, behauptete ich.

Es war eine sehr gute Arbeitsstelle. Da nicht viel zu tun war, schaffte ich es sogar, die Hemden meiner Genossen mit zu waschen und zu bügeln. »Mein« Junggeselle, ein Beamter der Jewish Agency*, hatte mich gern, und alles verlief reibungslos, bis er eines Tages entdeckte, wer ich war: Ich war nämlich auf dem Sofa mit der »Inprekorr« in der Hand eingeschlafen.

Leise, wie es seine Art war, kam er ins Zimmer, sah das kommunistische Presseorgan, das er von meiner Vorgängerin kannte, und war verblüfft. Also doch eine Kommunistin!

Ich erwachte mit einem Gefühl des Unbehagens. Er stand über mich gebeugt und sagte: »Was habe ich nur für ein Pech ...« Ich versuchte, mit ihm zu sprechen. Er meinte aber: »Du wirst mich nicht überzeugen. Ich bin Zionist und hasse den Kommunismus.« Entlassen wurde ich jedoch nicht.

Ein besonderes Ereignis

Nach den Massendemonstrationen in Jerusalem und Jaffa gegen das von den Briten angerichtete Blutbad fand auch in Haifa eine antibritische Demonstration statt.

An diesem Tag arbeitete ich in den Mittagsstunden wie gewöhnlich in der deutschen Kolonie. Starker Lärm, der von der Straße herkam, erregte plötzlich meine Aufmerksamkeit. Ich lief ans Fenster. Auf der Straße zogen aufgeregte Demonstranten vorbei. Arabische Jugendliche und Kinder fuchtelten mit langen Stöcken herum und schrien.

Es klopfte laut an meine Tür. Eine arabische Nachbarin aus der unteren Etage bat mich, mit in ihre Wohnung zu kommen. Ich war schließlich die einzige Jüdin im Haus, und sie hatte Angst um mich. Ich beruhigte sie. Kurz danach kam auch mein »Arbeitgeber« ganz aufgeregt herein. Ich sagte zu ihm, daß die Juden bei solchen Demonstrationen nichts zu befürchten hätten, wenn die Engländer die erregten Menschen nicht provozieren würden. Er glaubte mir nicht und erinnerte mich an die blutigen Unruhen der Vergangenheit. Seiner Meinung nach würden auch dieses Mal Juden die Opfer sein.

Ich wollte mich auf keine Diskussion oder Analyse der Unruhen von damals einlassen. Da er zu diesem Zeitpunkt noch nicht wußte, daß ich Kommunistin war, mußte ich vorsichtig sein. Um die Richtigkeit meiner Worte zu beweisen, ging ich nach Hause und begab mich ohne Bedenken auf die Hauptstraße. Die Straßen waren voller Menschen. Fast die gesamte arabische Bevölkerung war auf den Beinen. Ich blieb auf dem Bürgersteig und mischte mich hier unter die Massen. Die Demonstration war bereits vorüber, jetzt gingen die Leute einfach so weiter. Ich gewann das Gefühl der Sicherheit. Diesmal war es den Briten nicht — wie mehrfach vorher — gelungen, die Demonstrationen in Pogrome gegen die Juden umzuwandeln.

Ich machte mich auf den Weg zu meinem Freund. Er bewohnte mit drei weiteren Genossen eine Kellerwohnung. Keiner war zu Hause. Die Nachbarn erzählten mir, daß alle vier zum arabischen Stadtteil Burdsch gegangen seien. Ich ging auch hin und fand sie tatsächlich dort. Sie waren gerade dabei, gemeinsam mit Arabern Straßensperren zu errichten, um Einheiten der britischen Armee aufzuhalten und sie daran zu hindern, die Demonstrationen im unteren Teil der Stadt zu sprengen.

Wir standen an einer aus Steinen errichteten Barrikade und warteten die weitere Entwicklung der Dinge ab, als ich hörte, wie einige junge Araber sich neben mir unterhielten. Einer sagte in arabisch: »Das sind jüdische Kommunisten — gute Menschen.« In dieser Gegend kannte man unsere Genossen. Man wußte, daß sie Flugblätter verteilten, auf dem Arbeitsamt diskutierten und an Demonstrationen teilnahmen. Nachdem die Sperren errichtet waren, verließen wir den Ort.

Die Partei demonstriert

Natürlich beteiligte sich die Parteiorganisation in Haifa an der stürmischen antiimperialistischen Bewegung. Die Genossen improvisierten in der Stadt und in anderen Orten Straßenversammlungen, von uns »Massowkot« genannt. In Flugblättern legten wir unseren Standpunkt zum Kampf gegen das britische Mandat dar. Wir riefen die Massen auf, Provokationen zwischen Juden und Arabern zu vermeiden, um gemeinsam gegen die Briten, gegen den Zionismus und die arabische Reaktion zu kämpfen.

In allen unseren Veröffentlichungen protestierten wir energisch gegen den Mord an Demonstranten durch Polizei und Militär. Wir erklärten uns solidarisch mit den gerechten Forderungen der Demonstranten.

Eines Tages, genau um zehn Uhr früh, begannen wir, aus den schmalen Gäßchen der Stadt zum Treffpunkt in den unteren Teil Haifas zu strömen, um zu demonstrieren. Oben, am Hadar ha-Karmel, sahen wir die Haganah-Leute in großen Gruppen stehen. Sie beobachteten uns, kamen aber nicht herunter.

Wir hißten eine rote Fahne. Einige Genossen hoben Ziporka auf ihre Schultern, und sie begann, von ihrer erhöhten Position aus leidenschaftlich zu sprechen. Wir standen ganz dicht im Kreis um sie herum und waren auf einen möglichen Überfall der Geheimpolizei vorbereitet. Und siehe da, es dauerte auch gar nicht lange, bis die Nachricht »Die Engländer kommen!« von Mund zu Mund ging.

Wir erhielten den Befehl auseinanderzugehen und rannten alle in Richtung Wadi Niss-Nass. Nur ein Genosse verlor den Kopf und lief in Richtung Hadar ha-Karmel, direkt in die Arme der Haganah-Leute. Er wurde verhaftet.

Ich rannte durch die schmalen Gassen und hörte hinter mir Schreie und das Stampfen von Pferdehufen — berittene Polizisten nahten ...

Ich verirrte mich in den vielen Gäßchen. Ein junger Araber rettete mich. Er fragte:»Kommst du von der Demonstration?« und rannte mit mir zusammen in einen Hof. Er forderte mich auf, hier zu warten, bis er die Lage erkundet habe. Sehr schnell kam er zurück und berichtete, daß keine Polizisten mehr zu sehen seien. Ich wußte nicht, wie ich ihm danken sollte. Eine Verhaftung hätte neben allen weiteren Problemen auch noch eine harte Parteistrafe nach sich gezogen: Ich hatte die ausdrückliche Weisung, an keiner Demonstration teilzunehmen, mißachtet.

Da ich der Polizei in Haifa noch unbekannt war, konnte ich halblegale Aufgaben erfüllen. Es war mir daher jedoch untersagt worden, öffentliche Plätze aufzusuchen, wo man leicht verhaftet werden konnte. Weil ich auf der Demonstration nicht festgenommen worden war, erhielt ich nur eine strenge Rüge. Zwei andere Genossen hatten wie ich gehandelt und wurden ebenfalls gerügt. Es war dies die erste Parteistrafe, die ich erhielt.

Verbindungsmann

In der Zeit meines Aufenthaltes in Haifa war ich unter anderem auch Verbindungsmann zu den arabischen Genossen. Eines Tages wurde mir der Auftrag erteilt, mit einem Paket Flugblätter zum Karmel hinaufzugehen. Man beschrieb mir dort eine versteckte Stelle, an der mich ein arabischer Genosse erwarten würde.

»Wie soll ich mit ihm sprechen?«

»Kein Problem«, hieß es, »hier hast du die Losung. Du nennst sie, und er muß dir antworten. Sagt er sie, gibst du ihm das Paket. Nun, ist das so schwer?«

Gewiß, es klang ganz einfach. Ich schrieb mir die wichtige Losung auf arabisch — aber mit hebräischen Buchstaben — auf, lernte sie auswendig und zerriß den Zettel.

An einem schönen Sommertag steige ich also am Nachmittag auf den Karmel, immer höher und höher. Die Wohnviertel liegen bereits hinter mir. Um mich herum grünt und blüht alles, betäubende Düfte empfangen mich. Unten, zu meiner Rechten, schimmert das Blau des Meeres, liegt der Hafen von Haifa. Wenn nicht mein Auftrag wäre, könnte ich Stunden hier sitzen, um diese Stille und die Schönheit der Natur in mich aufzunehmen. Jetzt aber sind meine Gedanken ganz woanders, denn ich darf keinen Fehler machen. Ich wiederhole im stillen fortwährend die arabische Losung.

Mir scheint, ich habe den Treffpunkt, eine kleine Schonung und einen Pfad, erreicht. Aber niemand ist zu sehen. Ich bin besorgt und bekomme Angst. Schließlich setze ich mich hin. Durch meinen Kopf jagen die verschiedensten Gedanken: Was, wenn plötzlich irgend jemand vorbeikommt und an diesem verlassenen Ort ein junges Mädchen sieht? Warum ist der arabische Genosse nicht gekommen? Die Uhr zeigt bereits die vereinbarte Zeit an.

Da tritt plötzlich ein junger Mann aus dem Gebüsch. Das muß er sein. Ich schöpfe Mut, gehe zu ihm hin und nenne die Losung. Ich bin selbst überrascht, daß es sich ziemlich echt anhört. Der Beweis — der junge Mann hat mich verstanden und antwortet wie verabredet. Alles in Ordnung. Er lächelt und sagt mir noch etwas in seiner Sprache. Ich gebe ihm mit den Händen zu verstehen, daß ich nicht Arabisch kann. Ich beherrsche bisher lediglich zwei Wörter: danke und auf Wiedersehen.

Der junge Mann schreibt etwas auf einen Zettel. Mit den Händen macht er mir deutlich, daß ich das Papier hinunterschlucken muß, wenn ich in Gefahr gerate. Ich nicke, habe verstanden. Er scheint etwas belustigt zu sein. Zum Abschied reicht er mir die Hand.

Jetzt benutze ich die arabischen Wörter, die ich kenne. Er lacht laut und antwortet mir genauso: »Danke und auf Wiedersehen«, und fügt auf hebräisch noch »Schalom« hinzu. Er begleitet mich den Pfad entlang bis zum Ende der Schonung an der Straße.

So schnell wie möglich steige ich vom Karmel hinunter, ich renne buchstäblich. Als ich das erste Wohnviertel erreicht habe, verlangsame ich das Tempo. Ich habe mich beruhigt. Nun habe ich ja Zeit, den Abend, der sich auf den Berg, auf das Meer und auf den Hafen herabsenkt, zu genießen.

Wahrlich, Haifa ist meiner Ansicht nach die schönste Stadt des

Landes. An diesem Abend schien sie besonders schön zu sein — ich hatte einen kleinen, aber wichtigen Auftrag mit Erfolg ausgeführt. Es war das erste Mal, daß ich Verbindungsmann zu einem arabischen Genossen sein durfte.

Als ich Bericht erstattete und den Zettel des Genossen aushändigte, erfuhr ich, daß er nachgefragt hatte, warum man ein junges Mädchen mit so einem Auftrag allein auf den Weg geschickt hatte.

»Was hat er denn über mich geschrieben?« wollte ich wissen.

»Gar nichts!« gab man mir zur Antwort. Ich war enttäuscht.

Der große Hungerstreik
und andere Aktionen

Rettet das Leben von Ernst Thälmann!

Während wir mitten im Sturm antiimperialistischer Demonstrationen steckten, überstürzten sich die Ereignisse in Deutschland. Sie waren angsteinflößend. Im Januar 1933 hatte Deutschlands Präsident von Hindenburg Hitler zum Reichskanzler ernannt. Der Machtantritt der Faschisten war ständiger Gegenstand unserer Gespräche. Wir analysierten immer wieder die Rolle, die die Führung der Sozialdemokratie in Deutschland gespielt und wie sie kapituliert hatte. Wir identifizierten uns mit dem Aufruf des bekannten französischen Schriftstellers Romain Rolland an die Jugend der Welt, die Augen zu öffnen und zu erkennen, daß der Nationalismus der Feind ist.

Der faschistische Terror in Deutschland richtete sich zuerst gegen die Kommunisten und die Juden. Sie kamen als erste in die Konzentrationslager und Gefängnisse.

Erst nachdem die faschistischen Machthaber die Kräfte, die den Humanismus und das Gewissen des deutschen Volkes verkörperten, getroffen hatten, konnten sie den grausamen Krieg beginnen und Millionen und aber Millionen Menschen vernichten, unter ihnen sechs Millionen Juden. 1933 gab es keine Illusionen mehr, der Faschismus wütete. Der »Führer« in Deutschland und der »Duce« in Italien bedrohten die Völker. Gegen den wütenden Terror kämpften die Kommunisten und alle deutschen Antifaschisten heldenhaft. Sie erwarteten solidarische Hilfe von der internationalen Arbeiterklasse.

Im Juni 1933 fand in Paris der Antifaschistische Arbeiterkongreß Europas statt. Das Organisationskomitee dieses Kongresses rief alle Arbeiter der Welt auf, sich zusammenzuschließen und den Kongreß zu unterstützen, ihn als vereinte, kompromißlos gegen Faschismus und Kriegshetze kämpfende Kraft anzuerkennen.

Auch die palästinensischen Kommunisten bereiteten den Kongreß mit vor. Wir beteiligten uns ebenfalls an allen vom Kongreß initiierten Aktionen, beispielsweise um das Leben des Führers der deutschen Kommunisten, Ernst Thälmann, und das Leben der Helden des Leipziger Reichstagsbrandprozesses, Georgi Dimitroff, Popoff und Taneff, zu retten. Der Kongreß forderte, Komitees für den Kampf gegen den Faschismus und zur Hilfe für die Opfer des faschistischen Terrors zu gründen. Das bereits existierende internationale antifaschistische Komitee änderte seinen Namen und nannte sich nun »Weltkomitee gegen imperialistischen Krieg und Faschismus«.

Auch die Internationale Rote Hilfe rief auf, die Aktionen für die Rettung Ernst Thälmanns aus den Klauen des Faschismus zu verstärken. Thälmann war im März 1933 festgenommen worden und gehörte somit zu den ersten Opfern des faschistischen Terrors in Deutschland.

Der deutsche Arbeiterführer wurde mißhandelt und gefoltert. Er blieb standhaft und stolz — ein Symbol des Heldentums für die Arbeiter Deutschlands und der ganzen Welt. Seine Verhaftung entfachte einen weltweiten Sturm des Protestes.

Thälmann hatte 1920 am Vereinigungsparteitag der USPD (Linke) mit der KPD teilgenommen. 1925 wurde er zum Vorsitzenden der Partei gewählt, und im selben Jahr nominierte ihn die Partei als ihren Kandidaten für die Reichspräsidentenwahlen in Deutschland. Zum zweitenmal kandidierte er 1932, am Vorabend der faschistischen »Machtergreifung«. Die KPD trat unter der Losung »Errichtung der Einheitsfront gegen Faschismus und Krieg« zu den Wahlen an. Diese Forderung fand auf dem ganzen Erdball großen Widerhall.

Nach seiner Verhaftung schrieb Ernst Thälmann in einem Brief aus dem Gefängnis, daß er seine gesamte Kraft und sein ganzes Wissen dem deutschen Volk gewidmet habe. Sein Leben war dem Kampf für eine bessere Zukunft Deutschlands geweiht. Sehr ergriffen lasen wir diesen Brief.

Ernst Thälmann wurde am 18. August 1944 im Konzentrationslager Buchenwald ermordet.

Als eine Protestaktion gegen die Verfolgung deutscher Antifaschisten beriefen wir eine Versammlung ins Kino »Eden« in Tel Aviv ein. Ich kann mich erinnern, daß diese Versammlung, die im September 1933 stattfand, unsere erste öffentliche Protestveranstaltung gegen den deutschen Faschismus war. Sie wurde von der Redaktion des »ha-Or«, der zwar illegal, aber als Organ der Kommunistischen Partei bekannt war, organisiert. Wir trafen alle denkbaren Vorkehrungen, um zu verhindern, daß Rowdys oder die Geheimpolizei bei dieser Gelegenheit Genossen ergreifen könnten. Der Saal war überfüllt, viele mußten stehen. Wir schätzten, daß über tausend Menschen versammelt waren. Es sprachen der Rechtsanwalt Mordechai Stein als Vertreter der Zeitung (er besaß eine offizielle Zulassung als Journalist) und Zwi Koltun, der Chefredakteur.

Die Redner und das Publikum waren sehr erregt, und das war kein Wunder. Wie kann man über Folterungen, über Mord an Juden und deutschen Antifaschisten sprechen, ohne erregt zu sein? Das Publikum ehrte stehend das Andenken an die Ermordeten.

Als einer der Redner von den guten Beziehungen sprach, die noch zwischen den zionistischen Behörden und der Hitlerregierung existierten, stand eine kleine Gruppe auf und versuchte, die Versammlung durch Zwischenrufe zu stören. Sehr schnell wurde sie zum Schweigen gebracht, und die Versammlung verwandelte sich in eine begeisternde antifaschistische Demonstration, die uns viel Mut gab.

Als ich 1951 die Deutsche Demokratische Republik besuchte, traf ich mit Rosa Thälmann, der Witwe Ernst Thälmanns, einer der hervorragendsten revolutionären Frauen der dreißiger Jahre, zusammen. Ich erzählte ihr, wie sehr wir Thälmann geliebt und geschätzt haben, wie wir in der Illegalität gekämpft haben, um ihn den Klauen der Faschisten zu entreißen. Ich werde nie im Leben ihre Dankesworte vergessen und erst recht nicht ihre sehr, sehr traurigen Augen.

Das Geld an einem sicheren Ort

Unsere umfassende Aufklärungsarbeit in der Bevölkerung war mit dem Sammeln von Spenden für die Finanzierung der großen antifaschistischen Front verbunden. Viele Menschen in Palästina brachten ihre Solidarität mit den Opfern des Faschismus durch Geldspenden zum Ausdruck. So kam eine große Summe zusammen, und wir beschlossen, dieses Geld schnell seiner Bestimmung zuzuführen. Es sollte an das Organ der Komintern »Inprekorr« geschickt werden.

Ich vereinbarte ein Treffen mit Mordechai Irgo. Er sollte mir einen Absender angeben, der der Polizei nicht bekannt war. Ich hatte ein großes Paket mit Geldscheinen bei mir. Obenauf lag ein Umschlag mit der Adresse der »Inprekorr«.

Ich hatte bereits einige Minuten in der Bustrusstraße (jetzt Eilatstraße) gewartet, als ich Irgo kommen sah. Er ging schnell an mir vorbei, als kenne er mich nicht, steckte mir aber einen Zettel zu und flüsterte: »Sei vorsichtig, ein Schwanz ist hinter mir her.«

Da kam auch schon ein junger Mann auf mich zu und sagte: »Kommen Sie mit!«

»Wieso? Wer sind Sie?« Er zeigte mir seinen Ausweis — ein Geheimpolizist. Ich brach in Lachen aus. »Sie glauben wohl, Ihnen wäre ein neuer Fang gelungen? Die gesamte Geheimpolizei kennt mich schon. Man wird Sie auslachen.«

Er wurde verlegen und sagte: »Kommen Sie mit bis zur Ecke Herzlstraße. Sollte sich ein Polizist finden, der Sie kennt, werde ich Sie laufenlassen.«

Wir gingen weiter bis an die Straßenecke. Der Geheime sah sich um und suchte einen Polizisten. Ich nutzte diese Minuten, holte das Geld aus dem Umschlag, steckte es unter das Gummiband meiner Schlüpfer und zerriß den Umschlag in kleine Stücke. Ich zerriß auch den Zettel, den Irgo mir gegeben hatte.

Wir warteten. Kein Polizist weit und breit. Der Geheime meinte: »Gehen wir zum Polizeirevier, es ist nicht weit.« Wir waren bereits einige Schritte gegangen, als er plötzlich stehenblieb und sagte: »Vielleicht hast du etwas weggeworfen!?« Wir gingen zur Straßenecke zurück. Da der Umschlag aus Packpapier war, hatte ich die Schnipsel nicht sehr klein reißen können. Er fand sie und sammelte sie mit großer Sorgfalt auf. Sein Gesicht strahlte. »Wohl doch kein Glück gehabt, wie?«

Jetzt gingen wir zur Polizeistation. Im Zimmer des Leiters der Geheimpolizei, des Offiziers Steinberg, war kein Mensch. Ich setzte mich hinter seinen Schreibtisch, um das Geldpaket, das sich durch meinen dünnen Sommerrock abzeichnete, zu verbergen. Steinberg kam herein. »Du bist es? Und du setzt dich noch auf meinen Platz! Eine Frechheit!«

Der Polizist erzählte ihm die Geschichte mit Irgo und wies auf die Papierschnipsel. Sie legten sie auf den Tisch und fügten sie zusammen. Steinberg las und sagte zum Polizisten: »Das ist doch ganz einfach. Sie bestellt sich die illegale kommunistische ›Inprekorr‹. Was auf dem Zettel steht, ist nichts anderes als der Name eines Mannes, von dem Irgo meint, man kenne ihn nicht.«

Das Telefon klingelte. »Was, du interessierst dich für sie?« sagte Steinberg zu jemandem. »Keine Sorge, ich lasse sie laufen, ich brauche sie nicht.« Nun wandte er sich wieder an mich. »Rechtsanwalt Stein weiß bereits von deiner Festnahme. Bist schon wichtig geworden? Nun schieb ab! Du sollst aber wissen: Es ist dein Glück, daß du keine Hosen trägst, sonst würde ich dich so verprügeln wie die Burschen.«

Ich verließ schnell das Zimmer und hatte nur eine Sorge, daß man die ausgebeulte Stelle an meinem Rock nicht bemerkte. Als ich draußen war, atmete ich erleichtert auf: Es war wirklich ein Glück, daß ich keine Hosen trug. Die Schlüpfer mit dem Gummiband hatten das Geld gerettet. Der Anruf von Rechtsanwalt Stein war natürlich auf Irgos Drängen erfolgt. Er hatte sich Sorgen wegen des vielen Geldes gemacht, das ich bei mir trug. Nun konnte das Geld wie geplant abgeschickt werden.

»Dschabkot« — »Frösche«

1933, am Vorabend des Ersten Mai. Drei unserer aktivsten Genossen waren verhaftet worden. Die Geheimpolizei hatte in ihrem Zimmer rote Fahnen, rote Farbe zum Malen von Transparenten und Flugblätter gefunden. Die Genossen wurden vor Gericht gestellt. Nur einer von ihnen, Sorach Lubitsch, war palästinensischer Staatsbürger, Chaim Alkin und Meir waren Polen.

Um zu verhindern, daß die beiden des Landes verwiesen wurden, nahm Sorach die ganze Schuld auf sich. Aber der Richter meinte, er kenne diese Tricks schon. So wurden alle drei zu einer Gefängnisstrafe verurteilt. Sorach wurde nach einem Monat aus der Haft entlassen und setzte seine Arbeit fort. Die beiden anderen fuhren nach Spanien, um in den Interbrigaden zu kämpfen. Sie sind dort gefallen.

Die Verhaftungen hatten das Ziel, unsere Vorbereitungen zum Ersten Mai zu stören. Die Geheimpolizei nahm an, auf diese

Weise unsere Aktionen sabotiert zu haben, und triumphierte. Wir hatten aber noch andere Genossen mit dem Material versorgen können, so daß der Auftrag trotz der Verhaftungen ausgeführt werden konnte.

Am Vorabend des Ersten Mai gingen wir auf die Straße. Zusammen mit Mitgliedern des Jugendverbandes verteilten wir uns in der Stadt. Wir brachten in allen Wohnvierteln der Arbeiter und im Stadtzentrum von Tel Aviv rote Fähnchen an den Lichtleitungen an und versahen die Wände der Häuser mit Losungen. Im Morgengrauen waren wir fertig.

Schon ganz früh verließ ich meine Wohnung, um mich am Ergebnis unserer Arbeit zu erfreuen. In einer Hauptstraße sah ich, wie Menschen, die sich auf dem Weg zur Arbeit befanden, stehenblieben und erstaunt die roten Fähnchen und die Losungen betrachteten. Sie lasen: »Es lebe der Erste Mai!« und »In der Einheit der jüdischen und der arabischen Arbeiter liegt unsere Stärke!«

Die Polizeispitzel, die sehr bald auftauchten, waren nervös. Sie konnten die Fahnen nicht herunterholen und waren gezwungen, die Feuerwehr zu alarmieren. »Welche Teufel sind denn da hinaufgeklettert!« schrie ein Offizier.

Jemand aus der Menge sagte laut: »Man kann sagen, was man will, aber Mut haben sie.«

Eine noch kühnere Aktion wurde im Saal »Beit ha-Am« in der Ben-Jehuda-Straße in Tel Aviv durchgeführt. Als der Vorsitzende dort die Versammlung der Gewerkschaft zum Ersten Mai eröffnete, begann plötzlich hoch über dem Präsidium eine große rote Fahne zu flattern. Sie hing an einer Leine, bewegte sich bis zur Mitte des Podiums und hielt dort an. Das zahlreiche Publikum im Saal war überrascht und begeistert: Alle dachten, es handle sich um das Werk der Organisatoren dieser Versammlung, und klatschten laut Beifall. Wenige Sekunden später, als die Fahne sich straffte, konnte man lesen: »Für jüdisch-arabische Einheit.« Da verstanden alle, daß hier die Kommunisten ihre Hand im Spiel hatten und auf diese Weise ihre Präsenz demonstrierten.

Im Präsidium wurde man aktiv. Es war jedoch schwer, die Fahne herunterzuholen. Wieder mußte die Feuerwehr gerufen werden. In der Zwischenzeit hörte man im Saal: »Laßt doch die Fahne!« und »Setzt endlich die Versammlung fort!« Unsere Genossen und die mit uns Sympathisierenden klatschten laut Beifall und riefen zur jüdisch-arabischen Einheit, zur Einheit der Arbeiterklasse im Kampf gegen Ausbeutung, für Arbeit und Brot auf.

Das Ereignis wurde zum Tagesgespräch von Tausenden von Arbeitern. Abraham, der diese Aktion nachts vorbereitet und auch die Leine in Bewegung gesetzt hatte, war der Held des Tages. Er war auch unser Spezialist für die sogenannten Dschabkot, die »Frösche«.

Ein Jahr zuvor hatte ich mitgeholfen, bei unserer Mai-Aktion eine rote Fahne an einer Leitung anzubringen. Meine Aufgabe war es, auf das Fahrrad aufzupassen, mit dem unser Genosse nach Erledigung seiner Aufgabe sofort verschwinden sollte. Gespannt stand ich da und ließ kein Auge von Abraham, der schnell hantierte.

Es war neun Uhr morgens. Die Menschen fingen an, zum Saal »Beit ha-Am« in Tel Aviv zu strömen; dort sollte die Festveranstaltung der Histadrut stattfinden. Abraham ging seelenruhig zur Mitte der Straße (sie war für den Verkehr gesperrt) und breitete die rote Fahne dort aus. Sie war an einer Leine befestigt, die mit einem Stein beschwert war. Bald hatte sich um Abraham eine Menschenmenge versammelt, die ihm interessiert zuschaute. Dicht neben ihm stand Mordechai; er paßte auf, daß keiner störte.

Alles dauerte nur Sekunden. Mit flinker und geübter Hand nahm Abraham den Stein, warf ihn über die Leitung und fing ihn auf der anderen Seite wieder auf. Dann zog er am Stein, und vor den Augen aller Anwesenden flatterte unsere rote Fahne immer höher. Die Augen des Publikums folgten ihr so lange, bis sie an einem kleinen Gerät, das wir »Dschabka« nannten, stoppte. In Sekundenschnelle durchschnitt Abraham die gespannte Leine, die sofort nach oben sprang. Noch bevor jemand aus der Menge so recht begreifen konnte, was geschehen war, rannte Abraham in meine Richtung, sprang auf das Fahrrad und verschwand.

Wir hatten aber auch Mißerfolge, sogar lächerliche. Genosse Amos Levin erzählte mir, daß bei einer solchen Aktion folgendes passiert sei: Es verlief alles so, wie eben geschildert. Nachdem er die Fahne oben wähnte, sprang er auf das Fahrrad und fuhr so schnell er konnte los, um der Polizei zu entwischen. Doch als er sich etwas vom Ort entfernt hatte, hörte er plötzlich jemanden ru-

fen: »Hallo, Genosse, du ziehst etwas hinter dir her ...« Amos
schaute nach hinten, und zu seiner größten Überraschung sah er,
daß er die Fahne, die er hatte aufhängen sollen, hinter sich her-
zog. Noch dazu befand er sich gerade vor einem Polizeirevier ...
    Wir hatten eine besondere Methode, um Flugblätter von den
Dächern zu werfen. Das »Patent« bestand darin, daß wir ein kleines Brett auf das Geländer des Dachgartens eines großen Hauses
legten. Auf die eine Seite des Brettes plazierten wir die Flugblätter und beschwerten sie mit einer Apfelsine, damit sie nicht vorzeitig herunterfallen konnten. Auf der anderen Seite des Brettes
befestigten wir eine mit trockenem Sand gefüllte Blechbüchse, die
ein Loch hatte. Wir sorgten für das Gleichgewicht des Brettes
und verschwanden dann schnell. Langsam rieselte der Sand aus
der Büchse, und das Brett neigte sich auf die Seite der Flugblätter. Dann fiel zuerst die Apfelsine nach unten (kein Stein, der
Menschen hätte verletzen können), gefolgt von den Flugblättern,
die in alle Richtungen flatterten. Diese Methode benutzten wir
besonders bei Straßenversammlungen oder Demonstrationen. Es
war eine der vielen Erfindungen aus der Zeit der Illegalität.

Ein Freund wird des Landes verwiesen

Sie gibt mir ein Paket mit warmer Kleidung. »Es ist Winter dort«,
sagt sie. »Hier sind noch Lebensmittel und Geld. Morgen um
zwei Uhr läuft das Schiff aus.« Sie schließt die Tür hinter sich
und geht.
    Ich stehe wie versteinert da und halte das Paket in den Hän-
den.
    Ich wußte ja, daß er ausgewiesen würde, dennoch klopft mein
Herz zum Zerspringen, und mir ist, als schlüge man mit einem
Hammer auf meinen Kopf: morgen, morgen, morgen ...
    Eine schlaflose Nacht. Früh am Morgen fahre ich nach Haifa.
Ich erinnere mich, wie ich ihn im Kibbuz kennengelernt habe,
groß, blaß, kluge schwarze Augen ..., wie wir uns angefreundet
haben ..., wie ich in seinem Zimmer saß, als er krank war, und
seine zerrissenen Strümpfe stopfte, die ich in der Kleiderkammer
bekommen hatte ..., erinnere mich an unsere vielen Gespräche,
unsere Ausflüge, Pläne ..., an unsere Empfindungen ...
    Er fand nach mir den Weg zur Partei. Es war ihm nicht leicht-

gefallen, sich von der zionistischen Erziehung, die er von Jugend an erhalten hatte, zu lösen. Er war aber ein Mensch, der stets gründlich nachdachte und so schließlich die richtigen Schlußfolgerungen zog. In der langen Zeit seiner inneren Konflikte habe ich ihm — ebenso wie all meinen anderen Freunden — nicht gesagt, daß ich in der Partei bin.

Zusammen wurden wir später in die Zentrale der Roten Hilfe gewählt. Er war aktiv und unserer Sache ergeben. Er versäumte keine Aktion, selbst wenn er nicht verpflichtet war, an ihr teilzunehmen. Schließlich wurde er verhaftet und soll jetzt außer Landes deportiert werden. In seiner Heimat, in Polen, ist es Herbst, und er fährt, gesundheitlich geschwächt, mit leeren Händen, direkt vom Gefängnis aus dorthin. Die Mitteilung über seine Ausweisung erhielten wir erst am Abend vor dem Auslaufen des Schiffes. Er wurde regelrecht entführt.

Das Hafentor ist geschlossen. Um hineinzukommen, braucht man eine Genehmigung. Ich bitte einen Beamten darum, dann einen zweiten, schließlich einen Arbeiter, doch vergebens. Ich stehe vor dem verschlossenen Tor und denke an ihn. Es ist bereits zehn Uhr. Er ist sich dessen sicher, daß ich kommen werde, und wartet auf mich. Oder denkt er vielleicht, daß man mich nicht benachrichtigt hat und daß die Genossen von nichts wissen? Ich stelle mir vor, wie er ganz allein auf dem Deck eines fremden Schiffes hin- und herläuft, und gerate in Panik. Soll das Schiff auslaufen, ohne daß wir voneinander Abschied nehmen können?

Ein alter arabischer Lastenträger nähert sich dem Tor, runzlig und schwerfällig. »Entschuldigen Sie, mein Herr«, sage ich in arabisch zu ihm. Er bleibt stehen und blickt mich erstaunt an.

»Bitte, lassen Sie mich in den Hafen, ich muß hinein«, flehe ich ihn an.

»Ich darf nicht«, antwortete er.

Meine Augen füllen sich mit Tränen.

»Was ist passiert?« fragt er.

»Man weist meinen Freund aus.«

»Kommunist?«

Jetzt versteht er, warum ein jüdisches Mädchen vor dem geschlossenen Tor des Hafens steht und ihn in arabisch um Hilfe bittet. Er wirft mir einen prüfenden Blick zu.

»Komm!« Wir betreten den Hafen durch ein Seitentor.

Ich bin drin und renne aufgeregt wie ein Vogel im großen, fast menschenleeren Hafen umher. Atemlos bleibe ich vor dem riesigen Schiff stehen.

Wie soll ich ihn finden? Ich habe keine Wahl und besteige die Rampe. Auf halbem Weg werde ich von einem Polizisten angehalten.

Ich bin fest entschlossen durchzukommen, was auch geschehen mag. Aber mein Freund bemerkt mich vom Deck aus und läuft mir entgegen. Wir stehen uns gegenüber, zwischen uns der Polizist.

»Wohin? Was geht hier vor?« fragt der Polizist.

»Ich will zu ihm«, sage ich, »ich habe ein Paket mit Kleidung für ihn. Er kann so nicht fahren!«

Es stellt sich heraus, daß es derselbe Polizist ist, der ihn aus dem Gefängnis hierhergebracht hat und nun bis zum Auslaufen des Schiffes auf ihn aufpassen soll.

»Es ist dort sehr kalt«, erkläre ich dem Polizisten und versuche, ihn zur Seite zu schieben. Und tatsächlich, er geht ein paar Schritte und läßt mich durch. Wir reichen uns die Hände, schämen uns jedoch, uns zu küssen.

Ich hatte ihm so viel sagen wollen, aber nun stehe ich stumm da und schaue ihn nur an. Es gelingt mir schließlich, die Tränen hinunterzuschlucken, und ich sage sachlich: »Ich bringe dir etwas zum Anziehen, zu essen und Geld. Du weißt, es ist von den Freunden. Im Mantel ist das Dokument eingenäht«, flüstere ich ihm ins Ohr. Er versteht. Es ist das Dokument der Roten Hilfe, ein Beweis dafür, daß er ein politischer Flüchtling ist. Er selbst hat vorher dafür gesorgt, daß viele Genossen, die deportiert wurden, solche Dokumente erhielten.

»Danke«, sagt er. Auch er kann die Worte, die er sagen will, nicht aussprechen. Er schaut mir nur traurig und tief in die Augen.

»Bist du gesund?« frage ich. »Paß auf dich auf! Es ist dort bestimmt sehr kalt … Schreib mir.«

Ich will ihm das Allerwichtigste sagen, aber ich kann es nicht. Der Polizist drängt zur Eile.

Unser Treffen, unser Abschied ist zu Ende.

»Schreib sofort! Ich habe solche Angst um dich.«

»Es wird alles in Ordnung gehen«, antwortet er.

»Schluß jetzt! Schluß!« schreit der Polizist und versucht, ihn wegzustoßen.

Wir drücken uns die Hände, bis sie schmerzen. Schnell küsse ich ihn auf die Wange.

»Schalom — und grüß alle Genossen«, sagt er mit erstickender Stimme. Sein Gesicht ist kreideweiß. Er steigt die Gangway hoch, winkt und sendet mir durch die Luft Küsse. Meine Augen begleiten ihn, bis er verschwunden ist.

Ich stehe unten und warte. Vielleicht kann ich ihn noch einmal sehen? Nein, es hat keinen Zweck, zu warten. Ich gehe in Richtung Hafentor. Dicke Tränen rinnen über mein Gesicht. Nun halte ich sie nicht mehr auf ...

Er wurde ausgewiesen, er und viele andere. Es waren unsere Besten, der Partei ergebene und mutige Genossen. Häufig spielten sich beim Auseinanderreißen von Paaren Tragödien ab. Nicht selten wurden auch Familien zusammen mit ihren Kindern ausgewiesen.

Es waren harte Schläge für unsere Partei. Genossen wurden ihren Reihen für immer entrissen. Das, ja, genau das wollten die Briten und ihre Verbündeten: Ihr Ziel war es, sich auf diese Weise ihrer konsequentesten Gegner zu entledigen.

Innerhalb von 20 Jahren (1921—1942) wurden etwa 2 000 in der Illegalität kämpfende Genossen deportiert. Wer kennt die genaue Zahl? Vielleicht werden wir eines Tages in den Geheimarchiven der Briten Listen finden, um sie zu ermitteln. Jeder, der eine fremde, nicht die palästinensische Staatsbürgerschaft besaß, wurde deportiert, auch alle Staatenlosen. Mit Gewalt wurden sie auf Schiffe gebracht und einem unbekannten Schicksal ausgesetzt.

Wir suchten später nach unseren deportierten Genossen und wollten etwas über ihr Schicksal erfahren. Viele von ihnen setzten und setzen bis heute ihre revolutionäre Tätigkeit fort. Ich traf sie in der Sowjetunion, in Frankreich, Italien, in der Deutschen Demokratischen Republik und in anderen Ländern. Unser Zusammentreffen war jedesmal ergreifend. Sie alle haben ihre revolutionäre Herkunft, ihre erste kommunistische Schule — unsere Partei — nicht vergessen. Viele von ihnen bezeugen, daß der Internationalismus, den sie in unserer Partei kennengelernt haben, wegweisend für ihr ganzes Leben war. Es gab aber auch welche, die entmutigt wurden und aufgaben, sich von den Idealen, an die sie früher geglaubt hatten, lossagten und zur Gegnern wurden.

Viele unserer Genossen weilen nicht mehr unter den Lebenden. Sie fielen als Partisanen während des Krieges, wurden in den Gefängnissen, den Konzentrations- und Vernichtungslagern der Nazis umgebracht. Zu unserem größten Bedauern sind auch zahlreiche Genossen Opfer des Machtmißbrauchs durch Stalin geworden.

Von denen, die am Leben geblieben sind, tragen viele hohe Auszeichnungen aus dem antifaschistischen Kampf in Spanien, Frankreich und anderen Ländern.

Ein Spitzel?

Ich wurde in ein Geheimnis eingeweiht. Es bestand der Verdacht, jemand sei in unsere Reihen eingeschleust worden.

»Es wäre gut, wenn du dich in der Nähe des Polizeireviers am Rothschild-Boulevard aufhalten und aufpassen würdest, ob er dort ein und aus geht«, sagte man mir.

Gut, aber wie? Die bei der Polizei kannten mich doch. Ich beschloß, mich zu verkleiden, war mir aber noch nicht klar, wie. Zusammen mit zwei anderen Genossen, die in den Plan eingeweiht waren, kamen wir schließlich zu einem Entschluß. Da ich normalerweise sehr einfach gekleidet ging, sollte ich betont elegant erscheinen. Es war Herbst. Ich wollte ein schwarzes Kostüm und Schuhe mit hohen Absätzen anziehen. Das war zwar unbequem, aber am schwierigsten war es, das Gesicht zu verändern.

Nach langer Kosmetik sah ich gut aus, war elegant geschminkt, hatte dicke schwarze Augenbrauen und selbstverständlich rot bemalte Lippen. Schließlich setzte ich noch einen Hut auf.

Ich betrachtete mich im Spiegel. War ich das wirklich? Ich sah ganz anders aus. Eine typisch aufgeputzte Dame aus bürgerlichem Hause.

Jetzt brauchte ich nur noch Glück. Ich ging zur nächsten Bushaltestelle. Mir war nicht ganz wohl in meiner Haut. Ich schämte mich. Doch die Menschen um mich herum beachteten mich überhaupt nicht. Ein Zeichen, daß alles in Ordnung war. Doch bald sollte sich das Gegenteil herausstellen …

»Schalom! Was machst du denn hier, und noch dazu so herausgeputzt?« hörte ich plötzlich eine Stimme neben mir.

Vor mir stand der Nachbar der Familie, bei der ich im Haushalt arbeitete, ein junger Bursche, mit dem ich bislang nicht mehr als ein paar Worte gewechselt hatte.

Ich wurde rot und sah ihn so verdattert an, daß er selbst verlegen wurde. Er wollte etwas sagen. Noch bevor er jedoch den Mund aufmachen konnte, lief ich davon, als hätte ich etwas gestohlen.

So schnell ich konnte, rannte ich in mein Zimmer zurück, warf den Hut und die Tasche in eine Ecke und mich selbst auf das Sofa. Erst dann war ich in der Lage, den Genossen, die erschrokken um mich herumstanden, etwas zu erklären.

»Man hat mich erkannt!«

»Erkannt? Wer? Die Polizei?« fragten sie aufgeregt.

»Nein! Nur dieser Lümmel, der Nachbar meiner Herrschaft ...«

Allmählich beruhigte ich mich. Ich zog die eleganten Kleider aus und wurde wieder ich selbst.

Wir berieten, was nun zu tun sei. Viele Vorschläge wurden geprüft und wieder verworfen, bis ich sagte: »Es bleibt mir nichts anderes übrig, als mein Gesicht zu verstecken. Aber wie?«

»Vielleicht solltest du so tun, als hätte man dir einen Zahn gezogen? Binde dir ein Tuch um den Kopf«, schlug man mir vor.

Da kam mir plötzlich eine Idee. Vor ein paar Tagen hatte sich in der Stadt ein großer Verkehrsunfall ereignet. Es gab viele Verletzte. Die ganze Stadt sprach davon. Das war es: Ich bin bei einem Verkehrsunfall verletzt worden.

Die Genossen rennen zur Apotheke, bringen breite Binden, Watte und verbinden mir den Kopf. Ich blicke in den Spiegel. Das bin nicht mehr ich, sondern irgendein armes, verletztes Mädchen.

Wieder stehe ich an einer Haltestelle, natürlich an einer anderen. Alles geht glatt. Die Wartenden lassen mich sogar vor, helfen mir beim Einsteigen. Ich sehe ihre teilnahmsvollen Blicke, sie haben mit dem verwundeten Mädchen Mitleid.

Am Rothschild-Boulevard angekommen, setze ich mich auf eine Bank gegenüber dem Polizeirevier. Ich prüfe sehr sorgfältig jeden einzelnen, der ein und aus geht, sei es mit oder ohne Uniform. Stunden vergehen. Ich sitze, atme frische Luft, ruhe mich aus und schaue ab und zu in ein Buch. Immer ist Bewegung. Einfache Polizisten und Offiziere, aber auch Einwohner, Erwachsene und Jugendliche, gehen hinein. Eine ängstliche Frau schreit von weitem: »Mein Mann schlägt mich, er will mich umbringen!« Ein Mann trifft an der Tür einen Polizisten und ruft aufgeregt: »Hilfe! Diebe! Ich bin bestohlen worden.« Man bringt zwei Prostituierte, die eine alt, die andere noch jung, fast ein Kind, wahrscheinlich neu im »Gewerbe«. Sie blickt sich verängstigt um, als wollte sie davonlaufen.

Doch der Mann, den ich suche, ist nicht zu sehen. Die Zeit vergeht. Ich darf nicht zu lange sitzen bleiben und gehe nach Hause.

Am nächsten Tag kehre ich auf meinen Posten zurück. Ich bin noch nicht gesund, der Verband sitzt gut. Die Polizisten beachten das »verletzte« Mädchen nicht. Soll die Ärmste sitzen und sich ausruhen. Die »Ärmste« hat zwar ein verbundenes Auge, aber das andere Auge ist dafür sehr wachsam.

Drei Tage saß ich dort, abwechselnd vormittags und nachmittags. Das reichte aus.

Der Verdächtige war nicht gekommen. Mir wurde leichter ums Herz. Ich erstattete Bericht, nahm den Verband ab und sah in den Spiegel. Ich entdeckte mich selbst: keine Schönheit, die Haare zerzaust, das Gesicht sehr blaß, aber im großen und ganzen in Ordnung.

Genosse Biletzki wird verhaftet

Sommer 1935. Die wirtschaftliche Lage in Palästina hatte sich gebessert. Juden, die aus Deutschland kamen, brachten ihr kleines Vermögen mit. Auch wohlhabende Geschäftsleute aus Polen, die vor den Wirtschaftsverordnungen Minister Grabskis geflohen waren, kauften Häuser und eröffneten kleine Betriebe. Wer einen Beruf hatte, verdiente nicht schlecht. Auf unseren Tisch gelangte ab und zu ein Stück geräuchertes Fleisch oder Wurst. Manche tranken sogar Bier in einem bekannten Kellerlokal in der Allenbystraße und aßen Würstchen.

Ich hatte von der Arbeit im Haushalt die Nase voll. Es wurde höchste Zeit, einen Beruf zu erlernen. Ich wollte gern technische

Zeichnerin werden. In meiner Kindheit konnte ich gut zeichnen. Außerdem hatte ich keine große Auswahl.

Ich fing bei einem jungen Ingenieur aus »besserem Hause« an. Die Arbeit machte mir Spaß, und ich kam gut voran. Meine Skizzen waren genau, sauber und wurden in der Stadtverwaltung von Tel Aviv für gut befunden. Der Ingenieur begann, mir statische Berechnungen beizubringen, und empfahl mir, Ingenieurwesen zu studieren. Das Fach lag mir sehr, und ich dachte bereits an eine Fortsetzung des Studiums in Paris.

In der Partei aber war man von dieser Idee nicht gerade begeistert. Sie brauchten hier aktive Genossen. Was soll das Studium? Warum plötzlich Ingenieurwesen? Ich begriff die Sorgen der Partei und gab meinen Plan auf. Dennoch setzte ich meine Arbeit bei dem Ingenieur fort. Während der Arbeit sprachen wir auch über Politik. Er war ein politisch aufgeschlossener, fortschrittlicher Mensch. Selbstverständlich verriet ich ihm nicht, daß ich Kommunistin war.

Der Ingenieur besaß eine englische Schreibmaschine. Eines Tages entwendete ich die Maschine aus dem Büro und brachte sie zu unserem Genossen Mordechai Biletzki. Ich hatte nicht um Erlaubnis gefragt, da ich sicher war, die Maschine zurückbringen zu können, ohne daß der Ingenieur ihr Fehlen bemerken würde. Was wollte Genosse Biletzki mit der Maschine?

Hier beginnt die Geschichte. Wie ich bereits erwähnt habe, war ich Sekretär der Landesorganisation der Roten Hilfe und ihr Verbindungsmann zur Zentrale in Paris. Ich mußte über unsere Arbeit Berichte schreiben und sie nach Paris schicken. Diese Kontakte waren selbstverständlich streng geheim. Den Bericht schrieb ich hebräisch, und er wurde von Mordechai Biletzki ins Englische übersetzt. Er tippte die Übersetzung gleich auf der Schreibmaschine. Für eine Maschine mit englischer Tastatur hatte ich ja mit »Hilfe« meines Ingenieurs gesorgt.

Biletzki war neu in unserer Partei; vorher war er aber bereits im antifaschistischen Kampf tätig. Am nächsten Tag ging ich zu ihm, um Maschine und übersetztes Material zu holen. Er empfing mich freundlich und sagte: »Das Material ist fertig.« Gerade als er im Begriff war, auf den Stuhl zu steigen, um den Bericht aus dem Rollokasten über dem Fenster zu holen, klopfte es laut an die Tür. Es ertönte der Befehl: »Aufmachen! Polizei!« Für einen

Moment fürchtete ich, einen »Schwanz« mitgeschleppt zu haben. Das hätte bedeutet, ich wäre nicht genügend wachsam gewesen und hätte nicht aufgepaßt, ob mir jemand folgte.

Aber nein, es war nicht meine Schuld. Die Geheimpolizisten kamen mit einem Durchsuchungsbefehl. Auf dem Tisch mitten im Zimmer — die Schreibmaschine meines Ingenieurs. Biletzki stand kreidebleich da. Die Geheimpolizisten betraten den Raum. Als sie mich sahen, lachten sie und sagten: »Wenn die hier ist, brauchen wir keine weiteren Beweise mehr, daß Biletzki zu den Mopsim gehört.«

»Was heißt denn das? Darf ich keinen mehr besuchen? Ist jeder, den ich treffe, gleich verdächtig?« fragte ich ganz ruhig und lächelte absichtlich, um Biletzki bei seinem ersten Zusammentreffen mit der Polizei aufzumuntern.

Sie untersuchten die Schreibmaschine. »Oho, eine englische Maschine! Sie ist beschlagnahmt.«

Die ganze Zeit überlegte ich, wie ich verhindern könnte, daß man den Rollokasten durchsuchte. Ich setzte mich auf den Stuhl, den Biletzki daruntergestellt hatte, und hoffte, sie würden nicht ans Fenster gehen.

»Steh auf!« befahl mir einer der Geheimpolizisten. Er stieg auf den Stuhl und suchte im Kasten. Wir hielten den Atem an. Nun ist es aus, jetzt wird er das Material finden … Aber nein! Im Kasten war nichts. Wir atmeten erleichtert auf. Was war geschehen? Biletzki hatte doch das Material dort verstaut. Ein Wunder!

Nach einigen Tagen, als ich wieder in das Zimmer kam, fand ich das Material. Es stellte sich heraus, daß das Paket im Kasten auf die Seite gerutscht war, und so hatte der Geheimpolizist es nicht finden können.

Bei der Durchsuchung wurde nichts Belastendes entdeckt. Da aber ein Haftbefehl vorlag, schrieben die Polizisten ein Protokoll und forderten Biletzki auf, es zu unterschreiben.

»Nicht unterschreiben«, sagte ich zu ihm, und er befolgte meinen Rat.

Die Geheimpolizisten kochten vor Wut. »Wer bist du denn? Der Kommandant?«

So wurde Biletzki verhaftet und die Schreibmaschine beschlagnahmt. Auch mich nahmen sie mit. »Das ist die Gelegenheit«, frohlockten sie. »Die Schreibmaschine ist nicht unser Eigentum, ihr habt kein Recht, sie mitzunehmen«, sagte ich. Sie wollten wissen, wem sie gehörte, doch ich verriet es ihnen nicht. Wir fuhren zum Polizeirevier. Sie beschlossen, Biletzki ohne Gerichtsverfahren einzusperren, und hielten auch mich fest. Erst nach fünf Tagen wurde ich wieder auf freien Fuß gesetzt.

Es blieb das Problem der Schreibmaschine. Noch vom Gefängnis aus rief ich Rechtsanwalt Stein an, gab ihm den Namen des Ingenieurs und bat ihn, sich mit ihm in Verbindung zu setzen und ihm zu helfen, die Maschine zurückzubekommen.

Er bekam sie auch. Nach meiner Entlassung ging ich wieder zur Arbeit. Der Ingenieur freute sich, mich wiederzusehen, und sagte: »Ich habe große Achtung vor dir, Mädchen, hätte aber nicht geglaubt, daß du es wagen würdest, meine Schreibmaschine ohne meine Erlaubnis mitzunehmen. Gehört das auch zur kommunistischen Weltanschauung?!«

Ich bat um Entschuldigung. Er hat mich nicht entlassen. Das war damals etwas Ungewöhnliches. Auch später, nachdem ich die Arbeit in seinem Büro aufgegeben hatte, blieben wir gute Freunde.

Der große Hungerstreik

Zum Zeitpunkt der Verhaftung Mordechai Biletzkis und Mahmud Mughrabis — letzterer gehörte zur Führung der Partei — traten die politischen Gefangenen im Jerusalemer Gefängnis in den Hungerstreik. Das war am 15. Juli 1935.

Der Streik wurde aus Protest gegen die Weisungen des Gefängnisdirektors ausgerufen, der angeordnet hatte, daß alle Häftlingskleidung tragen und täglich zur Arbeit gehen mußten. Diese Festlegungen standen im Gegensatz zu den nach jahrelangem Kampf durchgesetzten »Sonderbestimmungen für politische Gefangene«. Diese Bestimmungen, die mit Hilfe des jeweils zehn Tage dauernden Hungerstreiks in den Jahren 1929 und 1930 erreicht worden waren, garantierten unter anderem die Trennung von den kriminellen Gefangenen, verpflichteten die »Politischen« nicht zur Arbeit und erlaubten ihnen, Bücher zu erhalten.

Mahmud Mughrabi und Mordechai Biletzki wurden aber von den anderen Genossen getrennt eingesperrt. Der berüchtigte Direktor Style war fest entschlossen, sie auf die Knie zu zwingen.

Sie beschlossen daraufhin, in den Hungerstreik zu treten. Ein solches Vorhaben bedurfte der Genehmigung der höchsten Parteiorgane. Der Bitte unserer im Jerusalemer Gefängnis eingesperrten Genossen wurde stattgegeben. Doch auch wir blieben nicht untätig.

Das Sekretariat der Tel-Aviver Parteiorganisation, dem ich angehörte, trat sofort zu einer Beratung zusammen. Wir saßen besorgt in einer Schonung außerhalb der Stadt und berieten, wie wir den Genossen helfen könnten. Wir mußten eine öffentliche Aktion einleiten, um Druck auf die britischen Behörden auszuüben, um sie zu zwingen, die neuen Verordnungen rückgängig zu machen und den bisherigen Status der politischen Häftlinge in den Gefängnissen zu wahren. Ohne einen solchen Druck von außen bestand keine Aussicht, daß Seine Exzellenz, der britische Hochkommissar, etwas unternehmen würde. Wie sollten wir das aber unter den Bedingungen der Illegalität anstellen, zumal der größte Teil der jüdischen Bevölkerung durch den Antikommunismus vergiftet war?

Dennoch gelang es unseren Genossen, an den verschiedensten Arbeitsstellen, besonders im Bauwesen, die Arbeiter zu überzeugen, Streiks zu initiieren und Abordnungen zum Hochkommissariat zu schicken; Hunderte von Telegrammen wurden an den Hochkommissar gesandt. Selbst die Presse war uns nicht feindlich gesinnt, sondern zeigte sogar etwas Sympathie. Kommunistische Parteien und andere fortschrittliche Kreise im Ausland übten Druck auf das britische Parlament aus und verlangten, den Forderungen der Häftlinge nachzukommen, damit der Hungerstreik beendet würde. Aber noch waren keine Ergebnisse abzusehen.

Ohnehin wurde es von Tag zu Tag schwerer, aktiv zu sein. Die Polizei verfolgte uns erbarmungslos. Viele wurden verhaftet und schlossen sich in den Gefängnissen sofort dem Hungerstreik an. Die Zahl der am Hungerstreik Beteiligten wuchs dadurch ständig. Sie betrug inzwischen bereits hundert.

Es galt, immer neue Vorsichtsmaßnahmen zu treffen, um die Polizei zu überlisten. Jeden Tag veränderte ich mein Aussehen. Meine beste Verkleidung war die als Milchverkäuferin: Den Kopf bedeckte ich mit einem weißen Tuch, zog einen langen Rock an und trug dazu eine Milchkanne. So begann ich, in den

Straßen »Milch zu verkaufen«. In der Kanne hatte ich aber anstelle von Milch Flugblätter, Broschüren und mein Kleid, das ich,
bevor ich nach Hause ging, wieder anzog.

Kurz zuvor waren wir in ein anderes Zimmer gezogen. Sorach
hatte eine Erkältung und lag mit hohem Fieber im Bett. Morgens
stellte ich ihm eine Thermosflasche mit heißem Tee auf den
Tisch und legte ihm etwas zu essen dazu. Danach verschwand ich
für den Rest des Tages.

Die Vermieterin, eine junge Frau, Mitglied der MAPAI, verstand nicht, was bei uns vorging. Sie dachte sicher, wir hätten uns
gestritten und ich würde nun meinen Mann vernachlässigen, obwohl er krank war. Allmählich fand sie sich jedoch mit meinem
Verhalten ab. Sie nahm sich des »armen« Kranken an, versorgte
ihn mit heißem Tee und manchmal sogar mit einem Teller
Suppe. Der Ärmste dachte sicher beim Essen an die Teilnehmer
des Hungerstreiks, die freiwillig auf ihren Teller Suppe verzichte-
ten.

Als die Lage sich noch mehr zuspitzte, beschloß das Zentralkomitee der Partei, Demonstrationen in Jerusalem und Tel Aviv
zu veranstalten. Ich nahm an einer dieser großen Demonstrationen in Tel Aviv teil. Das war am 27. Juli, genau drei Tage, nachdem die Polizei mit Gewalt und unter Anwendung von Waffen
eine Kundgebung der Partei in Jerusalem auseinandergetrieben
hatte.

Wir wußten, daß etwas Großes bevorstand: eine Demonstration am hellichten Tag in Tel Aviv. In den Seitenstraßen der
Strandpromenade, in der Nähe des »Casinos« sowie in den Ne-
bengassen der Allenbystraße begann sie sich zu formieren. Danach zogen wir, Arbeiterveteranen und Jugendliche eng zusam-
mengeschlossen, mit Transparenten und roten Fahnen weiter
durch die Straßen. Das Ereignis riß uns mit.

Als wir die Allenbystraße entlang bis zur Geulastraße marschierten, wagte ich einen Blick nach hinten: Gar nicht schlecht,
diese große Menge. Wir legten ein größeres Stück Weg zurück,
ohne daß Polizei zu sehen war. In der Nähe der Bialikstraße aber
wurden wir von einer organisierten Rowdybande erwartet, die
uns überfiel. Eine Schlägerei kam schnell in Gang, und einige der
Rowdys mußten eine ordentliche Tracht Prügel einstecken. Es
dauerte allerdings nicht lange, da war die Polizei zur Stelle. Sie

ging mit Knüppeln vor und wies uns an, auseinanderzugehen. Einige Demonstranten, aber auch Passanten wurden verletzt, zahlreiche Genossen verhaftet.

Am nächsten Tag waren die Zeitungen voller Schlagzeilen wie: »Wo war die Polizei? Wie konnte man zulassen, daß Kommunisten eine ganze Stunde lang in der Allenbystraße spazierengehen?« Ja, wo war die Polizei wirklich gewesen? Es war uns tatsächlich gelungen, sie zu überlisten, und zwar folgendermaßen:

Etwa eine Stunde, bevor unser Demonstrationszug in der Allenbystraße losmarschierte, war in Jaffa in der Bustrusstraße eine Gruppe von Kindern aufgetaucht, die mitten auf der Straße Transparente entrollten und zur Rettung der Streikenden aufriefen. Die Kinder marschierten bis zum Uhrenplatz. Sie erregten das Interesse der Passanten, und nach etwa einer halben Stunde wurde die Polizei alarmiert. Dutzende von Polizisten, mit Schlagstöcken bewaffnet, eilten zur Bustrusstraße, um die dort angeblich demonstrierenden Kommunisten niederzuknüppeln. Wie erstaunt waren sie, nur eine Gruppe von Kindern vorzufinden. Während unsere lieben und mutigen Kinder die Polizei ablenkten, demonstrierten wir in der Allenbystraße. Bis die Polizei merkte, daß sie irregeführt worden war, waren wir bereits in der Bialikstraße.

Wir faßten den Beschluß, eine Aktion unter den Arbeitern, innerhalb der Intelligenz und in weiteren Kreisen der Bevölkerung durchzuführen. Wir teilten unter uns die einzelnen Bereiche auf. Eine Gruppe von Genossen — ich gehörte zu ihnen — war für die Arbeit unter der Intelligenz vorgesehen. Kibbuz-Veteranen, die Kontakte zu Ärzten und einigen Professoren hatten, erreichten, daß einige von ihnen aus humanistischen Gründen bereit waren, uns zu unterstützen. Ich nahm unter anderem Verbindung zu der Schauspielerin Chana Rubina auf. Sie lud mich in ihre Wohnung ein. Bevor ich zu ihr ging, machte ich einen Abstecher zur Genossin Rachel. Sie sah mich ganz besorgt an und sagte: »Wie siehst du bloß aus? Zieh eine andere Bluse an, und ordne deine Haare!« Ich probierte eine ihrer weißen Blusen an und kämmte mich. Gegen meine von fehlendem Schlaf entzündeten Augen und die dunklen Ringe darunter konnte ich allerdings nichts unternehmen.

Chana Rubina zeigte großes Verständnis für mein Anliegen

und fragte, was sie tun könne, um zu helfen. Sie versprach auch, mit ihren Freunden darüber zu sprechen. In der Presse äußerte sie offen ihre Meinung und aktivierte auch andere, es zu tun. Sie war einfach fabelhaft. Trotz der Angriffe reaktionärer Elemente ließ sie sich nicht davon abhalten. Zur gleichen Zeit protestierten auch andere Intellektuelle — Professoren, Künstler und Schriftsteller. Dr. Magnes zum Beispiel war einer von ihnen. Zu den aktivsten gehörte der Dichter und Schriftsteller Mordechai Avi-Schaul, der sich unermüdlich für die Gründung der Liga für Menschenrechte einsetzte.

Die Tage vergingen, und noch war kein Ende des Streiks abzusehen.

Wir beschlossen, insbesondere Ärzte für Solidaritätsaktionen zu mobilisieren, und wollten eine Medizinergruppe in das Gefängnis entsenden, um den Gesundheitszustand der Teilnehmer des Hungerstreiks untersuchen zu lassen.

Dabei waren große Schwierigkeiten zu überwinden. Mit einer Freundin suchte ich einen der Professoren auf. Er wohnte im Zentrum Tel Avivs. Sie kannte ihn persönlich und glaubte, ihn überzeugen zu können. Der ehrenwerte Herr Professor empfing uns in seinem Arbeitszimmer und hörte zunächst aufmerksam zu. Als ich aber dann um seine Unterstützung bat, lief er rot an und sagte mit erstickter Stimme: »Bolschewiken helfen? Weißt du nicht, was sie mit uns machen wollen? Die Bolschewiken sind unsere Feinde. Verstehst du?«

Hastig stand ich auf, und noch bevor ich richtig darüber nachgedacht hatte, entgegnete ich: »Es ist schade um jedes Wort, das man im Gespräch mit Ihnen verschwendet«, und lief davon. Ich konnte noch das entsetzte Gesicht des Professors und den weit aufgesperrten Mund meiner Freundin wahrnehmen. Die Genossin lief mir nach und schimpfte mich aus: »Was hast du getan? Glaubst du, auf diese Art einen Gegner überzeugen zu können?«

Ich wußte, daß sie recht hatte, aber bei solch blindem Haß gingen einfach die Nerven mit mir durch. Ich nahm mir ernsthaft vor, mich in Zukunft besser zu beherrschen.

In der Zeitung lasen wir eine Annonce: »Zu Ehren des 30. Todestages des großen Dichters Chaim Nachman Bialik wird die Gewerkschaft der Mediziner eine Festveranstaltung durchführen.« Jehudit und ich erhielten den Auftrag, an der Feier teilzunehmen und dort über den Hungerstreik zu sprechen. (Jehudit Kalman wurde in den dreißiger Jahren zusammen mit ihrer kleinen Tochter nach Frankreich deportiert. Bis zum letzten Tag war sie eine aktive Kommunistin. Sie starb dort vor einigen Jahren.) Vor Beginn der Veranstaltung sprach ich mit dem Sekretär des Gewerkschaftsverbandes, einem jungen und sympathischen Arzt. Er versprach mir, daß ich unmittelbar vor Schluß einige Worte zu diesem Problem sagen dürfte. Müde und abgespannt saßen wir beide, Jehudit und ich, da und hörten den langen Reden zu. Es wurde über viele Einzelheiten der Leiden Bialiks gesprochen. Man konnte meinen, es ginge hier um einen medizinischen Fall und nicht um die Ehrung eines großen Dichters. Da ich die vielen Definitionen und Begriffe nicht verstand, saß ich ungeduldig da und wartete nur darauf, daß alles ein Ende nähme und ich das Wort ergreifen könnte, um die Anwesenden zu bewegen, sich doch für das Leben einiger Dutzend Menschen einzusetzen.

Der letzte Redner war fast am Ende seiner Ausführungen, und nichts deutete darauf hin, daß ich zum Rednerpult gehen konnte. Ich begriff, daß wir einfach betrogen worden waren, und sagte zu Jehudit: »Wir schweigen nicht!« Sie war meiner Meinung. In dem Augenblick, als das Präsidium und das Publikum aufzustehen begannen, sprang ich von meinem Stuhl auf und erhob meine erregte Stimme: »Sehr geehrte Herren Ärzte!« rief ich. »Ich habe noch ein Problem. Ich bitte Sie, mir Gehör zu schenken. Dutzende von Gefangenen befinden sich seit Tagen im Hungerstreik. Sie warten auf Ihre medizinische Hilfe!«

Die meisten der Ärzte eilten zum Ausgang. Einige jedoch drehten sich um und sahen mich an. Aber auch sie schienen gleichgültig oder verängstigt zu sein. Einer stieß zwischen den Zähnen hervor: »Kommunisten!«

»Laufen Sie nicht weg!« schrie ich. »Sie können nicht einfach vor Ihrem Gewissen wegrennen! Sie sind Ärzte, Sie sind verpflichtet ...« Aber keiner hörte mich an. Ich stand zwar jetzt auf einem Stuhl, doch in einem menschenleeren Saal. Der junge Arzt trat an mich heran. Ich war böse auf ihn und fauchte ihn an: »Sie haben mich betrogen!«

»Nein«, entgegnete er, »es ist mir einfach nicht gelungen, die Zustimmung des Vorsitzenden zu erhalten. Er hat mir aber versprochen, Sie morgen früh um neun Uhr in seinem Büro zu empfangen.« Der junge Arzt war ehrlich. Er half mir sogar vom Stuhl herunter und begleitete uns zur Straße.

»Kommen Sie morgen früh zu mir, wir werden zusammen zum Vorsitzenden gehen«, sagte er und reichte mir zum Abschied die Hand.

Am nächsten Morgen fand ich mich wie verabredet im Arbeitszimmer des jungen Arztes ein. »Sie sind nervös«, sagte er.

»Verstehen Sie doch, es sind doch schon siebzehn Tage Streik«, erwiderte ich.

Der Arzt versuchte, mich zu beruhigen, und erklärte mir, daß 17 Tage Hungerstreik nicht ganz so gefährlich seien, wie wir meinten. Er erzählte mir von Fällen, in denen Menschen 25 bis 30 und mehr Tage gehungert hätten. Er blätterte in irgendwelchen Büchern, um mir zu beweisen, daß ich keinen Grund zu der Befürchtung hätte, meine Freunde könnten sterben.

Wir gingen zum Büro der Medizinergewerkschaft. In einem großen Raum saß hinter einem schweren Schreibtisch ein Mann. Seine Haare waren grau und sein Gesicht streng. Er hörte sich meine Geschichte an, und wie es schien, kannte er sie zum Teil bereits aus den Erzählungen des jungen Arztes. Als ich sprach, wandte er kein Auge von mir. Er machte einen nervösen Eindruck, seine Hände waren unruhig und schoben andauernd die auf dem Tisch stehenden Gegenstände hin und her. Ich glaubte schon, alles sei verloren.

»Was willst du hier?« fragte er.

»Wir bitten darum, daß Sie so schnell wie möglich eine Ärztegruppe schicken, die die Streikenden untersucht. Wir wissen, daß einige Gefangene krank sind. Wir erwarten von Ihnen auch eine Stellungnahme in der Presse und möchten, daß Sie sich an den Hochkommissar wenden und ihn veranlassen, die Forderungen der politischen Häftlinge zu erfüllen. Nur dann kann der Streik beendet werden.«

Er hörte mir bis zum Schluß zu, stand dann auf und sagte: »Warte draußen auf dem Flur!« Seine Stimme klang hart, als erteilte er Soldaten einen Befehl. Ich spürte, daß er vor irgend etwas Angst hatte.

Ich ging hinaus und wartete. Nach einer Weile kam der junge Arzt mit einem Bogen Papier in den Händen. Zusammen verließen wir das Haus.

»Was war denn mit Ihrem Vorsitzenden los?« fragte ich den Arzt.

»Er hatte Angst vor dir. Du hättest ja vielleicht den Stempel oder die offiziellen Ärzteformulare an dich reißen oder einen Skandal verursachen können. Mir hat er geraten, mich nicht mit ›Bolschewiken‹ einzulassen. Sie seien Terroristen und zu allem fähig.« Der junge Arzt sah mich, die »bolschewistische Terroristin«, belustigt an.

»Und was hat er nun beschlossen?« fragte ich.

»Er ist mit deinem Vorhaben, eine Ärztegruppe in das Gefängnis zu entsenden, einverstanden. Nicht einverstanden war er mit dem Vorschlag, sich an den Hochkommissar zu wenden. Aber warten wir es ab. Soll sich doch erst einmal die Ärztedelegation in Bewegung setzen, nicht wahr?«

Ich lachte. Mit einem Händedruck und einem Dankeschön für seine Hilfe verabschiedete ich mich von ihm. Außer einer Mitteilung des Ärzteverbandes, in der Besorgnis über den Gesundheitszustand der Streikenden geäußert wurde, geschah jedoch nichts. Die Mitteilung war wichtig, reichte aber nicht aus.

Unsere Demonstrationen in Jerusalem und Tel Aviv fanden großen Widerhall im In- und Ausland. Die Tatsache, daß wir anfingen, öffentlich zu wirken, in den Straßen zu demonstrieren, um die Sympathie der Öffentlichkeit zu gewinnen, erregte unter den britischen Machthabern und den Führern zionistischer Organisationen, einschließlich der Histadrut, große Besorgnis. Die Angehörigen der Intelligenz wurden gewarnt, unsere Aktionen zu unterstützen, denn die Kommunisten wollten angeblich die Situation »zu ihren Gunsten« ausnutzen. In der Presse erschienen sogar offen feindselige Artikel.

So vergingen weitere kostbare Tage, ohne daß der Streik beendet wurde. Die Leiden der Hungernden wuchsen von Tag zu Tag. Einige mußten ins Krankenhaus gebracht werden und wurden zwangsweise ernährt.

Der Gesundheitszustand Mordechai Biletzkis war so schlecht, daß er aus dem Gefängnis entlassen und in ein Krankenhaus eingeliefert wurde. Nur dank der aufopferungsvollen Pflege seiner Frau, die Krankenschwester war, konnte er gerettet werden und genas wieder.

Unsere Genossin Asiska Rusheit, klein und schmächtig,

schwebte wegen ihres Untergewichts in ernster Lebensgefahr. Sie wurde von Polizisten in den Gerichtssaal getragen. Der Richter erschrak bei ihrem Anblick so, daß er sie sofort freiließ.

Die Genossen im Gefängnis kapitulierten nicht. Die Mandatsregierung rückte etwas von ihrer harten Position ab. Zwar hatte sie nicht offiziell zugesagt, den Forderungen der Streikenden nachzugeben und den politischen Häftlingen wieder ihre Sonderrechte zuzugestehen, aber die Richter bekamen wenigstens grünes Licht, um den »Politischen« eine gewisse Sonderbehandlung zu gewähren. Das war zwar ein Teilerfolg, jedoch kein Sieg. Die Genossen in den Gefängnissen wollten daher den Hungerstreik fortsetzen, aber die Partei untersagte es ihnen, weil sie der Meinung war, daß sich die Sonderrechte schließlich durchsetzen würden. So war es auch. Die Sonderrechte für politische Häftlinge wurden bis zum Ende der britischen Mandatsherrschaft respektiert.

19 Tage hatte der Hungerstreik gedauert. Nach seiner Beendigung waren wir alle erschöpft und sahen nur noch wie Schatten unserer selbst aus. Dennoch waren wir glücklich. Unsere Genossen im Gefängnis hatten sich als wahre Helden erwiesen. Sie waren der überzeugende Beweis dafür, daß wir in der Lage waren, den Einfluß der Partei zu erweitern. Wir knüpften neue Kontakte, fanden neue Freunde.

Meine Schwiegermutter

Ich hatte sie niemals gesehen. Eines Tages erschien sie plötzlich in der offenen Tür unserer Holzbaracke, mollig, mit einem Hut auf dem Kopf. Ich stand da und betrachtete sie. Erst als sie nach ihrem Sohn fragte, erfaßte ich die Bedeutung des Augenblicks: Vor mir stand die Mutter meines Lebensgefährten.

Sie betrat verlegen unser Zimmerchen. Auch ich war verlegen. Sie musterte mich von Kopf bis Fuß, sah sich dann im Zimmer um. Ihr Blick wanderte vom kleinen Fenster zum Tisch, vom Tisch zu den zwei eisernen Bettgestellen, die einfach mit Decken zugedeckt waren. Als sie alles gesehen hatte, fing sie erneut an, das Zimmer zu prüfen. Was suchte meine Schwiegermutter? Natürlich, fiel mir ein, einen Schrank, denn der fehlte selbstverständlich.

In der Ecke hingen, hinter einem Vorhang verborgen, die wenigen Kleidungsstücke, die wir besaßen. In einer anderen Ecke stand eine kleine »Tnuwah«-Apfelsinen-Kiste, die unsere übrigen Sachen enthielt, mit einer Tischdecke darauf. Wir besaßen auch keine Küche, sondern nur eine Kochnische hinter einem zweiten Vorhang.

Ich merkte ihrem Gesicht die Unzufriedenheit an. Dabei hatte ich mir eigentlich nichts vorzuwerfen: Das Zimmer war sauber und aufgeräumt, das Geschirr gespült. Was für ein Glück, daß ich all das erledigt hatte, bevor sie so unerwartet kam.

»Bitte, nehmen Sie Platz«, sagte ich höflich.

Sie setzte sich an den kleinen Tisch, nahm ihren weißen Hut ab und fragte: »Arbeiten Sie?«

»Ja.«

»Wo?«

»Im Haushalt.«

Sie hob ihre Augenbrauen. »Im Haushalt? Dafür braucht man das Abitur?!«

»Besser, als arbeitslos zu sein«, antwortete ich und fuhr fort: »Es schadet nichts, wenn ein Dienstmädchen nicht so dumm ist.«

Sie schwieg. »Wann kommt mein Sohn?« fragte sie dann.

Ich begriff, daß damit das Gespräch mit mir beendet war und sie kein Interesse mehr an mir hatte. Schwiegermutter ist eben Schwiegermutter, dachte ich mir, als hätte ich schon viele Erfahrungen mit Schwiegermüttern gesammelt.

Sie saß auf dem Stuhl, als wollte sie jeden Moment wieder gehen, blickte oft auf die Uhr und wartete auf ihren Sohn.

Ganz plötzlich zog sie ein Taschentuch hervor, wischte sich die Tränen ab und griff zum Hut.

»Vielleicht möchten Sie ein Glas Tee?« beeilte ich mich zu fragen, um sie zu beruhigen.

»Ich weiß nicht, warum gerade mir das passieren muß«, sagte sie verzweifelt, als führte sie ein Selbstgespräch. »Mußten denn ausgerechnet meine Kinder alle Kommunisten werden? Reicht es nicht, daß vier von ihnen mit den Kommunisten gingen und ich sie seither nicht mehr gesehen habe? Jetzt nehmen Sie mir noch den einzigen Sohn, der mir geblieben war ...«

Ich war verlegen und wußte nicht, was ich machen sollte. So schwieg ich einfach.

»Und alles Ihretwegen«, brach es dann aus ihr heraus.

Ich kannte ihre traurige Lebensgeschichte. Sorach hatte sie mir erzählt. Ihr Mann, Sohn einer Bäckerfamilie, hatte mit Mehl gehandelt, war dabei von Ort zu Ort gewandert und sehr selten zu Hause gewesen. Während des ersten Weltkrieges blieb er sogar ein ganzes Jahr fort, da die Grenzen geschlossen waren. Zu Hause herrschte indessen große Not. Die ganze Last des Unterhaltes und der Erziehung der Kinder lag auf den Schultern der Mutter, die kaum über finanzielle Mittel verfügte. Die einzige Hilfe konnte der Großvater leisten, der eine Bäckerei besaß. In der ganzen Stadt nannte man ihn »Onkel Beigele«, den »Brezelonkel«.

Meine Schwiegermutter hatte das Gymnasium absolviert und zählte daher zu den gebildeten Frauen. Damals beherrschten nur wenige Frauen so gut Russisch, Deutsch und natürlich auch Jiddisch wie sie. Mutig trotzte sie den Sorgen und der Not. Die einzige Tochter, ihr Liebling, eine Schönheit, die nach Beendigung des Gymnasiums Musik studierte, gab Klavierunterricht. Auch die vier Söhne besuchten das Gymnasium. Josef, der zweite, wurde Vorsitzender des Kommunistischen Jugendverbandes in Grodno. Auch die Tochter Ljuba hatte Verbindung zu den Kommunisten. Nicht selten brachte sie Flugblätter mit nach Hause, und die Mutter half ihr, sie zu verstecken, damit die Polizei sie bei Haussuchungen nicht finden konnte. In Ljubas kleinem Zimmer trafen sich die Mitglieder der kommunistischen Jugendzelle, und sie, die Mutter, stand Wache. Inzwischen wurde die Armut immer drückender, so daß Sorach, der Jüngste, keine Schuhe mehr besaß und im Sommer barfuß laufen mußte.

Sorach erzählte mir: »Am Sabbat gingen alle in der Hauptstraße der Stadt spazieren. Ich weigerte mich jedoch mitzugehen, weil ich keine Schuhe hatte und ich mich schämte, barfuß zu laufen. Aber Ljuba nahm mich an die Hand, ging mit mir erhobenen Hauptes durch die Straßen und sagte: ›Man braucht sich seiner Armut nicht zu schämen, man muß dafür kämpfen, daß es keine mehr gibt ...‹«

Das Jahr 1918 kam. In die schöne Stadt Grodno am Ufer des Njemen marschierte die Rote Armee ein. Aber sie mußte sich wieder zurückziehen, und die Polen waren im Begriff, die Stadt einzunehmen.

In einer dieser Nächte führten die vier Kinder ein langes Gespräch mit ihrer Mutter. Sorach war damals neun Jahre alt, und dieses schicksalhafte Gespräch blieb in seinem Gedächtnis haften.

»Mutter, laß uns mit der Roten Armee gehen. Die Polen werden in die Stadt einmarschieren und sich an uns rächen.«

Die Mutter blickte ihre 20jährige Ljuba, ihren 23jährigen Gerschon, den 19jährigen Josef und Israel, der gerade 17 wurde, entsetzt an.

»Wir gehen in das Land, wo die große Revolution stattfindet und eine neue Welt entsteht. Wir werden unser Studium dort beenden. Wir werden aufrichtige Menschen bleiben. Du hast uns doch in diesem Sinn erzogen, Mutter!« flehten sie sie an.

»Was wird aus mir? Aus Vater?« fragte sie weinend.

»Der Krieg wird zu Ende gehen, ihr werdet zu uns nach Sowjetrußland kommen«, sagte die Tochter.

Die Mutter war einverstanden und half den Kindern beim Pakken. Sie weinte dabei. Alle vier gingen in dieser dunklen Nacht mit der Roten Armee, die sich zurückzog. Ljuba versprach, sich um ihren Bruder, den jüngsten unter den Geschwistern, zu kümmern. Sie schworen, zusammenzubleiben und sich in Kürze wiederzusehen ...

Der Krieg ging zu Ende. Jahre verflossen. Aus den wenigen Briefen, die die Eltern erhielten, wußten sie, daß ihre Kinder lernten, arbeiteten und geheiratet hatten. Die Briefe wurden jedoch immer seltener.

Zu Hause wuchs nur der Nachzügler Sorach heran. Er lernte, schloß sich der Bewegung des ha-Schomer ha-Zair an, wurde Gruppenleiter und ging 1928 nach Palästina. Nach einigen Jahren entschlossen sich auch seine Eltern, Polen zu verlassen und dem jüngsten Sohn nach Palästina zu folgen. Die Jahre vergingen. Es bestand kaum noch Hoffnung, die Tochter und die Söhne jemals wiederzusehen. Die Mutter alterte, litt und sah der mutigen Frau von damals nicht mehr ähnlich. Sie fing an, die Schuldigen an ihrer Tragödie zu suchen, und machte die Kommunisten dafür verantwortlich.

Und nun war sogar der letzte Sohn Kommunist geworden. Er fuhr als Zionist nach Palästina und wurde dort Kommunist. Diesmal fand die Mutter einen Schuldigen — mich.

Sie saß mir im Zimmer gegenüber und weinte. Ich versuchte, sie zu verstehen, und konnte ihr nicht böse sein. Sie beruhigte sich schließlich, sah auf die Uhr, setzte den Hut auf und sagte: »Es ist spät, richten Sie meinem Sohn aus, daß er mich besuchen soll!« Bereits auf der Schwelle, wandte sie sich um und sagte: »Aber kommen Sie auch mit.« Bevor sie die Tür schloß, äußerte sie noch: »Einen Kleiderschrank müßt ihr euch trotzdem kaufen.«

Das Schicksal wollte es, daß gerade ich es war, die die Verbindung zwischen Eltern und Kindern wiederherstellte. Ende 1949 fuhr ich nach Moskau, um an einer Konferenz der Internationalen Frauenföderation teilzunehmen. Wie aufgeregt waren wir alle vor dieser Reise! Die Mutter schrieb Briefe, die mit Tränen getränkt waren, und gab mir viele Geschenke mit.

In der Sowjetunion konnte ich das Schicksal ihrer Kinder in Erfahrung bringen. Nicht alle sind am Leben geblieben. Israel war Offizier in der Roten Armee und fiel bereits am 22. Juni 1941 an der Belorussischen Grenze. Er hinterließ eine Frau und ein Baby. Er hatte sein Kind noch nie gesehen.

Der älteste Sohn Gerschon fiel im Wirbel der tragischen Ereignisse jener Zeit den Repressalien Stalins zum Opfer. Als die deutschen Faschisten während des zweiten Weltkrieges Minsk besetzten, wurde seine Familie zusammen mit den anderen in das jüdische Ghetto deportiert. Die Frau und ihre kleine Tochter sind dort umgekommen. Den drei Söhnen gelang es, aus dem Ghetto zu fliehen, und so sind sie am Leben geblieben.

Der zweite Sohn Josef war Mitglied der Kommunistischen Partei der Sowjetunion und wurde Ingenieur. Er ließ sich mit seiner Familie in Kiew nieder. Während des Krieges wurde sein Betrieb ins Hinterland evakuiert. Als Ingenieur war er für die Versorgung der Front verantwortlich. Dieser Aufgabe widmete er seine ganze Kraft. Auch er gründete eine Familie. 1980 ist er an einer Krankheit gestorben.

Und nun zu Ljuba: Sie wurde bereits in den zwanziger Jahren Kommunistin. Als ich 1949 nach Moskau kam, war sie krank und lag im Krankenhaus. Ich traf mich mit Wolodja, ihrem Mann — klein, rundlich, die Brust voller militärischer Orden, ein herzliches Lachen auf den Lippen, gute und kluge Augen. Überhaupt, alle Mitglieder der Familie unterschieden sich nicht von anderen sowjetischen Menschen. Über sich selbst erzählten sie wenig. Das war keine falsche, sondern eine natürliche Bescheidenheit. Diese Eigenschaft zeichnete besonders die Generation der alten Bolschewiki aus.

Viele Jahre später, als Sorach und ich zusammen in die Sowjetunion reisten, besuchten wir seine Schwester und ihre Familie. Wir haben sie sehr schätzen- und liebengelernt.

Wolodja, unser Schwager, war in einem kleinen belorussischen Dorf in einer sehr armen Familie geboren worden. Nach der Oktoberrevolution beendete er die Arbeiteruniversität in Minsk. Er wurde Wirtschaftswissenschaftler und lehrte dieses Fach später an verschiedenen Universitäten. Er nahm auch aktiv am politischen Leben teil. In seiner Jugend war er Sekretär des Moskauer Komsomol, später wirkte er in der Partei. Während des Großen Vaterländischen Krieges kämpfte er als Politoffizier in Leningrad und wurde als »Held der Sowjetunion« ausgezeichnet. Sein Bild als Verteidiger Leningrads ist in einem der Museen der Stadt zu sehen. Er starb 1983 an einem Herzanfall.

Ich besuchte seine letzte Ruhestätte. Zum ersten Mal sah ich so etwas: eine ganze Stadt mit hohen und niedrigen Mauern. In die Mauern sind viele kleine Nischen eingelassen, in denen sich die Urnen mit der Asche der Verstorbenen befinden. Bunte Bilder der Toten, auf Keramik gemalt, schmücken die Urnenstellen, daneben steht eine Vase. Ich steckte Blumen in Wolodjas Vase, sah in sein Gesicht und nahm von ihm Abschied …

Wie erging es Ljuba? Auch der plötzliche Tod Wolodjas, des Menschen, den sie so sehr liebte, hatte sie nicht gebrochen. Ich begegnete ihr im Sommer 1984 und wollte sie trösten. In meinem Herzen verbarg ich die Hiobsbotschaft vom Tod ihres jüngsten Bruders Sorach. Sie glaubte, er sei noch am Leben, und ich brachte es nicht über mich, ihr die Wahrheit zu sagen und ihr damit noch mehr Kummer zuzufügen. Sollte sie ruhig mit dem Gedanken weiterleben, daß sie irgendwo, ganz weit weg, noch ihren geliebten »kleinen« Bruder habe, dachte ich und schluckte meine Tränen hinunter.

Ich wurde in diese wunderbare Familie aufgenommen. Meine Mutter hat einmal gesagt: »Meine Tochter (gemeint war ich) ist mit einem goldenen Löffel im Mund zur Welt gekommen; deshalb war es ihr beschert, so einen Mann wie Sorach zu bekommen ...«

Kennengelernt hatten wir uns rein zufällig. Ich saß auf einer Bank im Jugendklub des ha-Schomer ha-Zair in Warschau, trug einen dicken weißen Pullover, und zwei Jungen hielten meine Beine, um meine Schlittschuhe zu befestigen. Sorach kam in Begleitung seiner Freunde, eines Jungen und eines Mädchens, auf uns zu und sagte, auf mich weisend: »Ist es etwa diese Kleine?« Ich war gekränkt und schenkte ihm keine Beachtung.

Die drei stellten sich vor. Sie kamen aus Grodno hierher, nachdem sie gehört hatten, daß in der Gruppe, deren Verantwortliche ich war, eine neue Leitungsmethode eingeführt worden sei: die erhöhte Eigenverantwortung der Jüngeren. Die Grodnoer kamen nun, um das zu sehen und Erfahrungen zu sammeln.

Ich war damals 17, meine Zöglinge 15 bis 16 Jahre alt. Da fast alle größer als ich waren, ließ ich die Kleinen bewußt bei unseren Aufmärschen in den vorderen Reihen gehen. Das Trio aus Grodno kam genau an dem Abend in Warschau an, an dem wir ins Winterlager in die Karpaten, nach Zakopane, fahren wollten. Alle drei kamen mit uns.

Der erste Tag war durch anstrengende organisatorische Dinge ausgefüllt. Erst abends, als die Zöglinge schliefen, konnte ich draußen etwas Luft holen. Das tiefe Weiß der Berge war eingebettet in herrliche Stille. Der Mond sah verstohlen auf alldas herunter. Ich kletterte auf einen Hügel und ließ mich wie einen Schneeball hinunterrollen. Es war wunderbar. Die Ergebnisse waren jedoch weniger erfreulich: Ich erkältete mich und verlor dadurch meine Stimme. Wie sollte ich meine Gruppe ohne Stimme leiten? Ich machte einen Jungen mit kräftigem Organ zu meinem Stellvertreter, flüsterte ihm alles, was ich sagen wollte, ins Ohr oder schrieb es auf einen Zettel. Ich war nervös und gereizt. Als hätte ich nicht genug mit diesen Sorgen, kam noch das Trio aus Grodno hinzu: Alle drei waren sehr musikalisch und sangen wunderbar dreistimmig. Sie waren eine besondere Attraktion, störten jedoch den ganzen Tagesablauf. Die Zöglinge standen stets um sie herum. Ich, die normalerweise Gesang liebte, wurde ärgerlich.

So lernte ich Sorach, meinen Lebensgefährten, kennen und war auf ihn das erste Mal böse. Mit Beendigung des Winterlagers kehrten die »Sänger« nach Grodno zurück, und mit ihnen verschwand auch Sorach mit seinem Baß aus meinem Blickfeld, so, als sei er nie dagewesen …

Doch siehe da, am Tag meiner Ankunft in Palästina sah ich ihn auf dem Bahnhof von Benjamina am Zug entlangrennen, der noch nicht hielt. Er kam, um uns zu empfangen.

Sorach war damals bereits zwei Jahre im Land. Er ging nicht sofort in einen Kibbuz. Er meinte, sich erst bewähren und beweisen zu müssen, daß er sich selbst ernähren konnte. Er fuhr nach Karkur; dort lebten seine Verwandten. Mit ihnen begann er, in den Zitrusplantagen zu arbeiten. Er verrichtete alle schweren Arbeiten, trug auch große Lasten. Danach arbeitete er auf dem Bau, das war nicht weniger schwer. Als Sorach seine »Prüfung als Arbeiter« bestanden hatte, ging er vorübergehend in den Kibbuz Mischmar ha-Emek und wartete dort auf die Ankunft seiner Freunde aus Grodno.

Mit ihnen kam er dann in unseren Kibbuz. Er gehörte bald nicht nur zu den wichtigsten Organisatoren des wirtschaftlichen Aufbaus, sondern hatte sich auch den Ruf eines »Tanzkönigs« erworben. Keiner konnte so gut wie er die Mädchen beim Tanzen durch die Luft wirbeln. Und so war es auch kein Wunder, daß er bald sehr beliebt war. Aber auch sein Herz hatte er stets den Mädchen geöffnet. Übrigens waren wir zwei — noch bevor unsere große Liebe begann — das führende Paar beim Polka- und Krakowiak-Tanzen. Außerdem war Sorach unser Musikus. Er fuhr nach Tel Aviv, um bei Menasche Rabina zu lernen, wie man einen Chor leitet. Als er zurückkam, gründete er einen Chor, in dem auch ich als Alt mitsang. Sorach organisierte klassische Musikabende. Wir hörten Platten, und er erzählte uns etwas über die Werke und ihre Komponisten.

Vielleicht ist damals, an dem Abend, als er uns die Platte mit der »Mondscheinsonate« von Beethoven vorspielte und sie erläuterte, meine Liebe zu ihm entflammt? Ich sehe seine Augen vor mir, bewundere seine Konzentration beim Spielen …

Aber es kann auch der Tag gewesen sein, an dem er als Mitglied der Gesundheitskommission des Kibbuz zu mir kam. Während er seine Probleme darlegte, merkte ich plötzlich, wie wichtig sie auf einmal für mich wurden … Wer weiß schon, wann, wie und warum die Liebe plötzlich entsteht?

Wir verließen zusammen den Kibbuz. Er arbeitete erst in einer Fabrik, dann auf dem Bau. Wir waren beide in den stürmischen Jahren der Illegalität aktiv, ich in den Reihen der Partei und er in den Reihen der Revolutionären Gewerkschaftsopposition, wie wir den kommunistischen Gewerkschaftsverband nannten. Danach war er 25 Jahre lang Leiter der Gesellschaft zum Import von Büchern aus der Sowjetunion und anderen sozialistischen Ländern nach Israel.

Unser ganzes Leben lang waren wir echt und tief miteinander verbunden. Diese starke Bindung hielt allen privaten, gesellschaftlichen und politischen Stürmen stand. Das war weder leicht noch einfach. Aber wir haben uns bewährt. Wir haben Söhne und Enkelkinder in der Hoffnung großgezogen, daß sie einmal die Verwirklichung unserer Träume erleben werden.

Das Jahr 1936

Der Geruch von Schießpulver lag förmlich in der Luft, und die Explosion konnte nur noch eine Frage der Zeit sein.

Eines Morgens im April 1936 formierte sich in der Stadt Jaffa eine arabische Massendemonstration. Die Nachricht davon verbreitete sich wie ein Lauffeuer im ganzen Land.

Die Juden in Jaffa wurden von Panik erfaßt. Sie schlossen ihre Geschäfte und flohen nach Tel Aviv. Sofort entstanden Gerüchte, die Juden seien von Arabern angegriffen worden und hätten fliehen müssen.

Diese Gerüchte erfüllten uns mit Sorge wegen unseres Genossen Mordechai Irgo, der an diesem Tag in unserer illegalen Druckerei in Jaffa gearbeitet hatte. Selbstverständlich wollten wir sofort dorthin eilen, um nach ihm zu sehen. Wir überlegten uns jedoch, daß es besser sei, einen arabischen Genossen, der in der Nähe wohnte, zu entsenden. Später erzählte uns Irgo, daß ein arabischer Nachbar mit der Nachricht von der Demonstration zu ihm in die Druckerei gekommen sei und ihn auf seinem Dachboden versteckt habe. Er sorgte für ihn, gab ihm zu essen, und schon nach zwei Tagen konnte Irgo sein Versteck wieder verlassen.

Die britischen Machthaber gingen mit brutaler Gewalt gegen die arabischen Demonstranten vor und trieben sie auseinander.

Viele wurden schwer verletzt. Einige unserer Genossen, die sich nach Jaffa durchschmuggelten, waren Augenzeugen, wie man die Schwerverletzten ins Gefängnis von Jaffa schleppte. Die Nachricht über das brutale Vorgehen der Briten verbreitete sich schnell im ganzen Land. Als Reaktion auf diese Vorkommnisse verließen die Arbeiter in Jaffa ihre Arbeitsplätze, die Ladenbesitzer verriegelten ihre Geschäfte, und auch die Schulen wurden geschlossen. Das Arabische Hochkomitee rief zum Generalstreik auf und brach alle Beziehungen zur britischen Mandatsverwaltung ab. Dieser offene politische Protest, an dem sich das ganze Land beteiligte, wurde im wahrsten Sinne des Wortes zu einem nationalen Aufstand der arabischen Bevölkerung.

Die Vertreter der arabischen Nationalbewegung forderten die Beendigung des britischen Mandats, die Unabhängigkeit Palästinas, demokratische Wahlen zu einem Parlament und die Bildung einer vom Volk gewählten Regierung sowie das allgemeine Wahlrecht für alle Bürger.

Im Grunde genommen waren es die gleichen Forderungen, die die arabische Nationalbewegung bereits in den Jahren zuvor erhoben hatte. Diesmal jedoch, 1936, wurden sie von allen Schichten der arabischen Bevölkerung unterstützt. Die arabische Bevölkerung schloß sich ohne Ausnahme dem Streik an. Das gesamte Leben von den Städten bis hin zum entlegensten Dorf wurde lahmgelegt.

Unsere Partei sah die Lage als außergewöhnlich an. Alle Genossen wurden aufgerufen, besonders aktiv und zugleich wachsam zu sein. Ich gehörte damals dem Sekretariat der Parteiorganisation in Tel Aviv an. Einen Tag nach Ausbruch der Unruhen trafen sich die Mitglieder des Sekretariats zu einer Beratung außerhalb Tel Avivs in einer Schonung. Wir warteten auf das Flugblatt des Zentralkomitees mit der Stellungnahme der Partei zu den Ereignissen und tauschten Meinungen und Gedanken aus.

Die Ursachen der Erhebung waren wie in den Jahren 1933/34 politisch, wirtschaftlich und gesellschaftlich bestimmt. Auch damals hatten stürmische Demonstrationen stattgefunden. Seitdem hatte sich für die arabischen Massen nicht viel geändert. Die Arbeiter und die Fellachen litten nach wie vor unter der Arbeitslosigkeit, der zionistischen Vertreibung und der Unterdrückung durch die britische Fremdherrschaft. Es wurde zunehmend klar, daß die Mandatsmacht die Probleme nicht mehr durch die Unterdrückung der Massen lösen konnte. Die Verbitterung des arabischen Volkes zeigte sich in Demonstrationen und spontanem Widerstand.

Wenn man den Berichten der Mandatsregierung nach London glauben wollte, so hatte sich die wirtschaftliche Lage im Land ständig verbessert. Tatsächlich war eine Verbesserung aber nur für die jüdische Bevölkerung Palästinas eingetreten. Eine Ursache dafür war, daß die Juden, die nach dem Machtantritt des Faschismus aus Deutschland flohen und ins Land kamen, zum Teil Kapital mitbrachten. Obwohl dieser Kapitalzustrom begrenzt blieb, da die meisten reichen Juden, die Deutschland verließen, nach Frankreich, in die USA und andere Länder gingen, konnten zahlreiche neue Industriebetriebe aufgebaut werden. Dadurch wurde die Arbeitslosigkeit reduziert und die wirtschaftliche Lage verbessert. Gleichzeitig veranlaßte diese Entwicklung die zionistischen Institutionen, Juden mit Vermögen zum Kauf von Boden zu bewegen.

Die zeitweilige Prosperität innerhalb des jüdischen Wirtschaftssektors hatte aber keinen positiven Einfluß auf die Lage der arabischen Werktätigen. Die jüdischen Betriebe blieben für die arabischen Arbeiter verschlossen, und der verstärkte Kauf von Land vergrößerte die Zahl der vertriebenen Fellachen. Diese Entwicklung verstärkte die Verbitterung der arabischen Massen, die antibritische und antizionistische Stimmung wuchs.

Die jüdische Bevölkerung verschloß die Augen vor diesen Problemen, und die Führung der Histadrut tat das ihrige, damit die jüdischen Arbeiter die Politik der »Eroberung der Arbeit« unterstützten. Tendenzen der Feindseligkeit zwischen jüdischen und arabischen Arbeitern wurden geschürt.

Die Genossen unserer Partei befanden sich von Anfang an in einer äußerst komplizierten Lage. Wie sollte man den jüdischen Arbeitern erklären, daß die Opfer, die bei diesen Unruhen vergeblich gebracht würden, in Wirklichkeit Opfer der Politik Großbritanniens und seiner Helfershelfer, der zionistischen Institutionen und der arabischen Reaktion, waren? Wie konnte man jetzt die jüdischen Arbeiter zur Aktionseinheit mit den arabischen Arbeitern mobilisieren, ihnen begreiflich machen, daß sie gemeinsame Interessen und gemeinsame Feinde hatten?

Ein Genosse von uns wurde bei der Arbeit von seinen Kollegen beschimpft: »Deine arabischen Freunde veranstalten in Jaffa einen Pogrom!« Er versuchte, ihnen klarzumachen, daß er sich von den Gewalttaten und den Überfällen auf Juden distanzierte und daß sich die Demonstrationen ihrem Inhalt nach gegen die Briten und die Zionisten richteten, die die Araber von ihrem Boden und von ihren Arbeitsplätzen vertrieben. Doch es fiel ihm schwer, Verständnis zu erlangen.

Ein anderer Genosse, der an seinem Arbeitsplatz ebenfalls voller Zorn empfangen wurde, erläuterte, wie sehr die »Eroberung der Arbeit« den Interessen der jüdischen und der arabischen Arbeiter schadete. Keiner wollte ihm zuhören. Zwei seiner Kollegen beendeten schließlich die Diskussion und sagten: »An allem sind die Briten schuld. Wenn sie es wirklich gewollt hätten, wäre keinem einzigen Juden in Jaffa ein Haar gekrümmt worden. Die Briten sind aber zufrieden, wenn sich Araber mit Juden und Juden mit Arabern schlagen. Die Hauptsache — sie selbst bleiben dabei verschont.«

Gleichzeitig durfte man aber die im Land entstandene Situation nicht losgelöst von der Entwicklung in den benachbarten arabischen Ländern betrachten. Sowohl der erfolgreiche antibritische Umsturz in Irak 1935, die revolutionären Kämpfe in Syrien und in Libanon für nationale Unabhängigkeit und gegen den französischen Kolonialismus als auch die Kämpfe der nationalen Befreiungsbewegung in anderen Ländern beeinflußten den Aufstand in Palästina.

Wir erhielten das zentrale Flugblatt der Partei zur Verbreitung. Alle Genossen und sogar Sympathisierende wurden zur Verstärkung herangezogen. In dieser Nacht verteilten Dutzende von Mitgliedern der Partei und des Jugendverbandes den Aufruf und malten Losungen an die Wände. Wir deckten die Stadt förmlich damit zu. In den Flugblättern wurde davor gewarnt, sich von den Briten provozieren zu lassen und im Zorn jüdisches und arabisches Blut zu vergießen. Gefordert wurde statt dessen der gemeinsame Kampf von Juden und Arabern gegen die Fremdherrschaft, gegen die Ausbeutung und die zionistische Politik der Vertreibung.

Wir arbeiteten bis in die Morgenstunden. Obwohl man uns vor

Verhaftungen gewarnt hatte, verlief zu unserer größten Überraschung die gesamte Aktion ohne besondere Vorkommnisse. Es schien, als hätte der Geheimdienst keine Informationen über unser Vorhaben erhalten.

Sehr früh gingen einige Genossen hinaus, um unsere Arbeit zu betrachten. Hunderte von Arbeitern fanden das Flugblatt und lasen die Losungen an den Wänden. Wir hatten unsere Freude daran. Die Polizei freute sich natürlich weniger. Die Stadt war direkt unter ihrer Nase »beschmiert worden«. Ein Skandal! Man beschloß, Rache zu nehmen.

Hier beginnt die Geschichte der Verhaftungen einer Vielzahl von Genossen und damit auch meiner eigenen Verhaftung.

Das Eis wurde teuer bezahlt

Damals pflegte ich ein kleines Kind in einer Familie, die in der Bugraschowstraße wohnte. Täglich ging ich mit ihm im Gan-Meir-Park und in der King-George-Straße spazieren.

Nach der erfolgreichen Nacht unserer Flugblattaktion ging ich wie immer mit dem Jungen hinaus. Da ich versuchte, eine Begegnung mit der Geheimpolizei zu vermeiden, mied ich die Hauptstraßen und lief auf kleinen Nebenstraßen zum Park. Als ich ihn endlich erreicht hatte, atmete ich erleichtert auf. Hier werden sie mich nicht suchen, dachte ich. Da bekam der Junge plötzlich Appetit auf Eis. Ich versuchte, ihm das auszureden, denn ich wollte nicht auf die King-George-Straße. Aber er gab keine Ruhe. »Ich will Eis! Ich will Eis!« quengelte er so lange, bis ich nachgab und zum Kiosk ging. Ich bezahlte gerade, als ich die Bremsen eines Autos hinter mir quietschen hörte.

»Hofmann!« hörte ich meinen Namen aus dem Auto rufen. »Komm mal her!«

Wenn nicht das Kind gewesen wäre, hätte ich versuchen können zu fliehen. So aber hielt ich den Jungen ruhig an der Hand und blieb stehen. Er war erschrocken. Was sollte ich jetzt machen? Ich gab mich ganz ruhig, obwohl es in meinem Innern wegen meines Leichtsinns brodelte.

Die zwei Geheimpolizisten waren mir bekannt: Dudik und Holzer. Sie stiegen aus dem Wagen und forderten mich auf einzusteigen: »Rein in den Wagen mit dir!«

»Ich muß das Kind erst nach Hause bringen!«

»Ist es dein Kind?« fragte Dudik.

»Glaubst du etwa, so eine hat ein Kind?« sagte Holzer voller Spott. Ich hätte ihm direkt ins Gesicht spucken mögen.

Sie berieten sich. »Wir bringen dich und das Kind nach Hause. Ab in den Wagen!«

Wir gingen die Treppen hinauf, klingelten. Die Frau öffnete. Sie erschrak. »Was ist geschehen? Was ist mit dem Kind?«

»Beruhigen Sie sich, alles ist in Ordnung«, antwortete an meiner Stelle Holzer. »Wir nehmen sie nur fest«, und er zeigte auf mich.

»Sie nehmen sie fest? Aber warum denn? Hat sie etwas gestohlen?« fragte die Frau voller Angst.

»Sie hat nichts gestohlen. Sie ist eine Kommunistin.«

»Eine Kommunistin? Ach, du lieber Gott! So ein gutes Mädchen.«

Die Polizisten hielten mich fest, und wir gingen die Treppen wieder hinunter. Wir fuhren los. Erst jetzt konnte ich mich konzentrieren. Ich hatte einige Zettel bei mir. Sie waren zwar nicht so wichtig, dennoch wollte ich nicht, daß sie der Polizei in die Hände fielen. Ich holte sie sehr behutsam aus der Tasche, riß sie in kleine Stücke und warf sie mit äußerster Vorsicht aus dem offenen Fenster.

Die beiden merkten nichts. Sie waren anderweitig beschäftigt: Nervös suchten sie die Straßen ab, sie waren ja auf Kommunistenjagd.

»Erst heute angefangen und schon ein Dutzend geschnappt«, brüstete sich der eine. »Gestern habt ihr doch Flugblätter verteilt, nicht wahr? Wir werden es euch schon zeigen!«

Auf der Polizeistation in Jaffa befanden sich bereits Dutzende von Genossen. Jeder erzählte, wie es zu seiner Verhaftung gekommen war. Wir alle waren sehr um unsere Familien, um unsere Freunde und um die Partei besorgt. Immer mehr Verhaftete kamen dazu. Man brachte uns in das Gefängnis von Jaffa. Wahrscheinlich würden sie uns nur wenige Tage festhalten. Ein Prozeß sollte wohl nicht stattfinden. Wir waren in »Schutzhaft«; da war ein Prozeß unnötig. Der Hochkommissar gab eine Anordnung, und die Polizei führte sie aus.

Wie lange konnte man in »Schutzhaft« genommen werden?

Eigentlich unbegrenzt. Man konnte eine Woche sitzen, wenn man Pech hatte, auch Jahre. Alle waren der Willkür der britischen Mandatsbehörden unterworfen.

Wir saßen und warteten. Die Stunden vergingen. Ich wurde zum Verhör geholt. »Wo wohnst du? Wenn du uns die Adresse nicht nennst, brechen wir dir die Knochen!«

Sie haben weder von mir noch von den anderen Genossen irgendeine Adresse erhalten. In der Wohnung hätte sich ein Genosse oder ein Familienangehöriger aufhalten können, oder ein Flugblatt hätte irgendwo liegen können, vielleicht sogar eine andere Anschrift. Kurz: Man durfte keine Adresse preisgeben.

Sollten sie uns doch schlagen! Wir waren darauf gefaßt. Gewöhnlich schlug man die Mädchen aber nicht. Nur in Ausnahmefällen geschah das, zum Beispiel bei Riwa. Sie arbeitete im illegalen Apparat, kannte die Druckerei und die Verbindung zur Parteiführung. Genossen wie sie wurden besonders streng verhört und auch gefoltert. Die Polizisten zogen Riwa nackt aus und hängten sie an den Armen auf. Sie drohten ihr, sie zu vergewaltigen. Sie verbrannten ihr die Fußsohlen. Riwa hielt jedoch stand und verriet nichts. Die Angelegenheit wurde vor das britische Parlament gebracht — das hatte William Gallacher, der kommunistische Abgeordnete, veranlaßt. Die Folterungen der Mädchen hörten danach zwar auf, aber Foltermaschinerie und Terror wurden dafür verstärkt gegen die Männer eingesetzt.

Nur durch ein Wunder ist keiner an diesen Folterungen gestorben.

Die männlichen Genossen brachte man in die Gefängnisse von Jerusalem, Ramleh und Akko. Ihre Körper trugen die Spuren der Folterungen. Einmal weigerte sich sogar der Leiter des Gefängnisses von Ramleh, einen Inhaftierten nach solch einer »Behandlung« aufzunehmen. Er fürchtete nämlich, dieser könnte in seinem Gefängnis sterben und er hätte dann die Verantwortung zu tragen.

Die Genossinnen im Gefängnis verheimlichten mir eine Zeitlang, daß auch Sorach verhaftet und schwer mißhandelt worden war. Man zerschlug ihm seine Brille, und nur durch ein Wunder blieben die Augen unverletzt.

Zu diesem Zeitpunkt wußte ich aber davon nichts. Ich saß in meiner Zelle und sah vor mir meinen Freund, wie er nach Hause kam, auf mich bis spät in die Nacht hinein wartete, mich suchte, überall hinrannte und nach mir fragte, bis er es endlich erfuhr … Und was war aus meiner Schwester geworden, die aus dem Kibbuz kommen wollte, um mich zu besuchen? Würde die Polizei, falls sie inzwischen meine Adresse herausgefunden hatte, auch sie verhaften? Sie war zwar meine Schwester, aber deswegen noch lange keine Kommunistin. Ich wollte nicht, daß sie meinetwegen leiden müßte. Was würde aus den Flugblättern und allen weiteren Aktionen werden, wenn so viele Genossen verhaftet worden waren? Wer ist überhaupt verschont geblieben? Wie könnte man die übrigen warnen? Gerade jetzt benötigten wir jeden einzelnen Genossen. Was würde aus meinem Lohn werden? Ich mußte doch die Miete für das Zimmer bezahlen. Und die Wäsche in der Wanne? Fragen über Fragen, die nicht beantwortet werden konnten.

Am nächsten Tag lud man uns auf große Polizeiautos mit vergitterten kleinen Fenstern und transportierte uns in das Frauengefängnis nach Bethlehem.

Wir wurden sozusagen in den ersten Demonstrationstagen des Jahres 1936 verhaftet. Von nun an konnten wir die Ereignisse nur noch hinter den Gefängnismauern verfolgen. Die britische Administration versuchte, die Kommunisten, die treuesten, aktivsten und konsequentesten Kämpfer für eine bessere Zukunft beider Völker in Palästina, »unschädlich zu machen«.

Ungeduldig erwarteten wir Nachrichten von draußen. Leider waren sie sehr spärlich. Nur wenige unserer Genossen durften uns besuchen. In kurzen und vorsichtigen Sätzen versuchten sie, uns über die Lage zu informieren. Bei allen Begegnungen war ein Polizist anwesend. Wir erfuhren aber, daß der große Streik und der Kampf draußen weitergingen.

Wenige Tage später wurde ein neuer Häftling eingeliefert: Jehudit Kalman aus Tel Aviv, eine Parteiveteranin. Ihr war es gelungen, eine Zeitung einzuschmuggeln, und sie berichtete uns, daß die Briten nach wie vor mit brutaler Gewalt gegen Demonstrationen und andere Aktionen vorgingen, daß es Tote und Verwundete gegeben hatte. Der Generalstreik aber wurde fortgesetzt. Danach blieben wir lange Zeit ohne jede Nachricht …

Als Kommunist im Gefängnis

Hinter Gittern

Im Frauengefängnis in Bethlehem sind Dutzende von Genossinnen eingesperrt, unter ihnen Parteiveteranen, ältere und jüngere Frauen. Einige sind schon »Dauermieter« in diesem Gefängnis, andere noch Neulinge, die zum ersten Mal erfahren, was es bedeutet, hinter Gittern zu sein.

Die ersten Tage sind am schlimmsten − der Körper ist zwar im Gefängnis, aber Geist und Gedanken befinden sich noch draußen, zu Hause, bei der Familie und bei der Partei. Man begreift noch nicht so recht, daß von nun an alles anders sein wird als bisher. Man verspürt ein Verlangen, hinauszugehen, zu rennen, etwas zu sehen, zu helfen ..., aber man steht vor einer schweren metallenen Tür mit einem vergitterten Fensterchen, und hinter dieser Tür warten bewaffnete Polizisten.

Das Gefängnis in Bethlehem war nur eines von vielen, die im gesamten großen Imperium Seiner Majestät verstreut lagen.

Es wird oft behauptet, ein Gefängnis sei eine Schule für Revolutionäre. Es ist jedoch zweifellos besser, diese Erfahrung nicht machen zu müssen. Ist man aber eingesperrt, so kann diese Schule die Starken noch stärker machen und auch die Schwachen stählen.

In einem Gefängnis herrschen eigene Gesetze, Pflichten und Rechte. Wir setzten zwar unser politisch-ideologisches Leben, unseren Kampf fort, aber unter völlig anderen Bedingungen. Die Eigenschaften eines Kommunisten in der Freiheit reichen im Gefängnis nicht immer aus. Hier werden nicht nur politische Standpunkte, intellektuelle Fähigkeiten und Treue zur revolutionären Sache auf die Probe gestellt, sondern − in einem geschlossenen Kollektiv − auch die Charaktereigenschaften und Neigungen eines jeden einzelnen geprüft. Alles Schöne und Gute und

173

alles Schwache und Häßliche erscheinen hier wie in einem Spiegel. Man muß sich mit vielem auseinandersetzen, sich selbst überwinden und selbst erziehen. Keiner wählt hier frei und nach seinem Geschmack seine Freunde. Völlig unterschiedliche Menschen, noch gestern und vorgestern einander fremd, sind gezwungen, in maximaler Harmonie, in gegenseitigem Einvernehmen und mit Geduld zusammenzuleben. Man muß die guten Eigenschaften entwickeln und negative Erscheinungen bekämpfen — jeder für sich und alle zusammen. Und all das unter den Bedingungen der Haft, in einer Atmosphäre der Drohungen und des Terrors.

Aber wir sind schließlich Kommunisten. Unser Ziel ist es doch, eine humane Gesellschaft und einen besseren Menschen zu schaffen. So lernen wir hier im Gefängnis, was gegenseitige Hilfe, Disziplin, Kollektivität und echte Freundschaft bedeuten, lernen vor allem auch Bescheidenheit. Und noch etwas erfahren wir: Jeder kann ein Held sein, wenn er es nur will.

Ich würde lügen, wollte ich behaupten, jede von uns sei eine vollkommene Kommunistin gewesen. Aber jede von uns hat gelernt, möglichst viele geistige Potenzen und positive Eigenschaften zu entwickeln, um sich zu bewähren.

Fragt man einen politischen Häftling, was wohl das schwerste im Gefängnis sei, wird er sicher sagen: die fehlende Individualität. Wie kann man aber von Individualität sprechen, wenn 20 bis 30 Frauen in einem kleinen Raum zusammengepfercht leben müssen? Dennoch schufen wir uns »eigene Eckchen«. Dorthin konnte man sich zurückziehen, sich von der Umgebung lösen, nachdenken und insgeheim auch weinen, ja, sogar vom Tag der Entlassung träumen.

Für so etwas reicht aber der gute Wille des einzelnen allein nicht aus. Es bedarf der guten Organisation eines streng einzuhaltenden Tagesablaufes.

Wir alle sahen ein, daß Disziplin notwendig war, stellten im Kollektiv Regeln auf und teilten die Zeit ein. Jede Stunde war eingeplant: Zeit zur Arbeit, zum Lernen und auch zur freien Beschäftigung, sogar Ruhepausen. Fiel es einer von uns etwa während der Ruhezeit ein, zu singen oder zu tanzen, so trafen sie die vorwurfsvollen Blicke der anderen, und sie hörte damit auf. Nur wenn das gesamte Kollektiv die Belange des Individuums achtet, wird auch das Individuum das Kollektiv als Ganzes achten. Ge-

genseitige Achtung und die Einsicht in die Abhängigkeit voneinander sind im Gefängnis unabdingbar. Es ist schwer, sich daran
zu gewöhnen; es bleibt einem jedoch nichts anderes übrig. Bei
dem einen geht es etwas schneller, beim anderen langsamer.

Ich suchte mein Eckchen stets nachts vor dem Schlafengehen
auf. Ein polnischer Dichter schrieb einmal: »Ich habe zwei
Freunde: Der eine ist meine Wand, der andere — etwas empfind-
samer — mein Kopfkissen, in dem ich mich ausweinen kann.«

Die Nacht senkt sich auf das Gefängnis herab. Wir liegen auf
unseren Matratzen auf dem Fußboden. Das Licht wird um
22 Uhr gelöscht. Das ist Vorschrift. Ringsumher herrscht Stille.
Einige schlafen sofort ein, andere unterdrücken ein leises Weinen. Es gibt auch solche, die im Schlaf reden, und andere, die aus
einem Alptraum erwachen.

Ich ziehe das Laken über mein Gesicht und versuche, mir ein-
zubilden, ich sei nicht hier. Leise singe ich das deutsche Lied
»Die Gedanken sind frei …« vor mich hin. Ich träume, ich bin
draußen, ich renne … Wohin renne ich zuerst? Nach Hause?
Zur Partei? Durch die Straßen? Genossen, ich bin frei …

Sechs Uhr früh heißt es aufstehen. Das ist für alle — ausge-
nommen die Kranken — Pflicht.

Chana leitet die Morgengymnastik. Natürlich hätte sie, so wie
ich, sicher Lust, noch etwas länger zu schlafen. Ihr liegt auch
nicht soviel daran, sich immer und immer wieder mit der trägen
Lea auseinanderzusetzen. »Schon immer habe ich das Turnen
gehaßt«, versucht Lea sich zu rechtfertigen. Sie ist nicht die einzige, die die Bedeutung der Gymnastik unterschätzt. Aber Chana
gibt nicht nach. »Arme hoch! Rechts! Links! Rechts! Links! Und
eins und zwei …« — »Sind wir hier bei der Armee?« protestieren einige. »Ohne Gymnastik werdet ihr hier zugrunde gehen!«
entscheidet Chana. Sie hatte recht, das Turnen rettete uns vor
dem physischen Ruin. Zum Schluß hörten wir alle auf sie.

Nun fingen wir an, unseren Schlafraum in Ordnung zu bringen. Wir hatten sogar einen »Salon« mit großem Fenster — eine
Veranda mit einem langen Tisch und zwei Bänken. Das war unser Speiseraum, der Raum zum Lernen und zum Arbeiten. Er
enthielt einige Regale für Bücher und Kleidung. Die Toiletten waren draußen auf dem Korridor. Wir mußten um Erlaubnis bitten,
sie zu benutzen. Nachts stand ein Eimer im Zimmer.

Das tägliche Aufräumen der »Wohnung« nahm nicht viel Zeit in Anspruch, vorausgesetzt, es waren keine Wanzen in den Matratzen. Dann sah die Sache natürlich anders aus. Wir reinigten alles gründlich mit DDT. Auf Ungeziefer zu achten war eine heilige Pflicht. Den Fußboden säuberten wir täglich. Wir hatten eine Kommission, die die Aufgaben verteilte und deren Erledigung kontrollierte. Einmal in der Woche war Großreinemachen angesagt.

Wenn einer ins Gefängnis kommt und weiß, daß er nicht so bald entlassen werden wird, ist sein erster Gedanke: Wie werde ich die viele Zeit nutzen, die plötzlich da ist? Wir hatten einige Bücher, wenn auch nicht gerade die allerbesten. Man konnte aber auch mit Hilfe anderer Genossen lernen, unter anderem Fremdsprachen. Wir stammten ja aus verschiedenen Ländern. Ich lernte Russisch und Arabisch. Einige lernten Französisch, Deutsch und sogar Esperanto. Wir hatten auch Genossinnen unter uns, die sich Grundwissen aneignen mußten, da sie vorher keine Möglichkeit dazu gehabt hatten. Nur ganz wenige lernten aber Arabisch. Wofür auch? Fast alle wußten, daß sie später des Landes verwiesen würden; da hatte es keinen Sinn.

Die Auswahl unserer Lehrthemen erfolgte spontan. Wir lernten, was sich anbot. Das Lernen war freiwillig; es gab aber auch Pflichtfächer: Marxismus-Leninismus, politische Ökonomie und Grundprobleme unseres Landes. Einige von uns arbeiteten Vorträge aus. Nicht immer standen uns Bücher und andere notwendige Materialien zur Verfügung, doch die Erfahrungen der illegalen Arbeit hatten unser Gedächtnis geschult. Wir lernten und waren in der Lage, Vorträge ohne Notizen zu halten und selbst lange Zitate auswendig wiederzugeben. Wir beschäftigten uns nicht nur mit politisch-ideologischen Fragen, sondern bildeten auch eine Kommission für Kultur und Kunst. So lernten wir singen, tanzen, stricken, sticken und zeichnen.

Unsere größte Errungenschaft aber war die Bibliothek. Um sie uns zu erhalten, war ständiger Kampf erforderlich. Zwar hatten wir die Erlaubnis, Bücher zu besitzen, aber die Gefängnisleitung benutzte sie als Druckmittel, um »gute Führung« zu erzwingen. Beim kleinsten Vergehen griff sie sofort nach der Bibliothek und beschlagnahmte sie einfach. So mußten wir also ständig um sie kämpfen. Jedes neuerworbene Buch war wie ein Fest für uns.

Wie kamen wir aber zu neuen Büchern? Die Genossen draußen besorgten sie. Wir rangen mit der Leitung des Gefängnisses um jedes Buch. Manchmal gelang es auch, Bücher einzuschmuggeln. Nach jeder Beschlagnahme kam uns die Bibliothek aber wie nach einem Pogrom vor, ausgeplündert und armselig. In solchen Fällen trauerten wir um jedes beschlagnahmte Buch, als sei ein Freund gestorben. Trotz allem vergrößerte sich unsere Bibliothek dennoch ständig. Dafür sorgten wir schon.

Wir wurden zu einer großen Familie. Jede neue Gefangene, die traurig und niedergeschlagen zu uns kam, wurde mit offenen Armen empfangen. Wir taten alles, was wir nur konnten, um ihr die Trennung von der Familie und den Verlust der Freiheit zu erleichtern.

Kaum war eine Neue eingeliefert, überschütteten wir sie mit einer Flut von Fragen: »Was ist draußen los? Hast du *ihn* gesehen? Was macht die Familie? Wie sieht es in der Partei aus?« Alle fragten durcheinander, immer wieder das gleiche. Wir waren überzeugt davon, daß sie *ihn* — den Freund — gesehen haben mußte. Sie sollte alles genau beschreiben, sein Aussehen, seine Worte, seine Liebe ...

Sollte eine Genossin entlassen werden, bereiteten wir uns lange Zeit darauf vor. Das Kollektiv kam zusammen und gab der Betreffenden Aufträge, was der Partei über die Lage im Gefängnis, über die Probleme, die Bedürfnisse und Wünsche, aber auch über private Dinge zu berichten sei. Die Häftlinge pflegten sich nacheinander mit der glücklichen Genossin zusammenzusetzen und mit ihr zu flüstern. Diese hörte aufmerksam zu und schrieb mit kleinen Buchstaben und in Geheimschrift alles auf ihre schmutzige Wäsche. Sie hoffte, die Nachrichten beim Verlassen des Gefängnisses verbergen zu können. Sie wurde mit so vielen Beichten, schönen Worten, privaten Wünschen und Gefühlsausbrüchen überschüttet, daß sie nicht wußte, wo ihr der Kopf stand. Auch ein Abschiedsfest durfte nicht fehlen. Die vor der Entlassung stehende Genossin wurde plötzlich Mittelpunkt des gesamten Geschehens. Wir freuten uns mit ihr, beglückwünschten sie, waren aber auch neidisch. Und wie!

Am lang ersehnten Tag der Entlassung zog die Betreffende ihr schönstes Kleid an. Wir standen alle um sie herum, küßten und umarmten sie. Wir lachten und weinten zugleich. Wenn sich dann der Schlüssel im Türschloß drehte, verstummten alle. Die Tür wurde geöffnet, und unsere Genossin entschwand unseren Blicken. Bevor sie uns verließ, riefen wir ihr noch nach: »Vergiß nicht!« Und jede hatte dabei ihre persönliche Bitte im Sinn. Alle zusammen aber dachten wir an unsere gemeinsame Sache.

Der Erste Mai

Wer behauptet da, daß man im Gefängnis keine Feste feiern könnte? Und ob man das kann! Alle revolutionären Feste, die draußen begangen wurden, feierten wir auch »drinnen«. Besonders eindrucksvoll waren: der Erste Mai, der Gedenktag für W. I. Lenin, Karl Liebknecht und Rosa Luxemburg und selbstverständlich der Tag der Oktoberrevolution.

Ich hatte mich noch gar nicht richtig im Gefängnis akklimatisiert, als auch schon die Maifeier vorbereitet wurde. Alles mußte heimlich inszeniert werden. Die Aufseher erfuhren von unserem Fest erst, als wir aus voller Kehle »Die Internationale« sangen. Das geschah, als die Stadtuhr Bethlehems, deren Klang uns durch die geöffneten Fenster erreichte, 10 Uhr geschlagen hatte. Die Menschen auf dem Marktplatz hörten uns und wußten, daß die »Bolschewiki« im Gefängnis ein Fest begingen ...

Die Strafe folgte der Feier in der Regel auf dem Fuße. Manchmal war sie schwer, manchmal leichter. Dennoch hielt sie uns niemals davon ab, und es gelang ihnen nicht, uns das Gefühl zu nehmen, zu den Millionen zu gehören, die diesen Tag festlich begingen.

Im Zimmer und auf der Veranda findet ein Großreinemachen statt. Wir legen Festtagskleidung bereit. Alle sind aufgeregt. Alles, was rot ist, benutzen wir als Fahnen, Spruchbänder und Wandschmuck. Vor lauter Aufregung und Erwartung wachen wir sogar früher als notwendig auf. Alles ist fertig, aber die Zeit vergeht schrecklich langsam.

Unsere Gedanken sind draußen. Was mögen die Genossen jetzt tun? Wird eine Demonstration stattfinden? Und wo? Wie viele rote Fahnen hängen an den Lichtleitungen? Wie viele Losungen konnten an die Wände gemalt werden? Sind Genossen beim Verteilen des Maiaufrufes verhaftet worden? Heute ist der internationale Kampf- und Feiertag des Proletariats. Die Hoffnungen von Millionen von Werktätigen sind mit diesem Feiertag und mit der Sowjetunion, wo er als Staatsfeiertag begangen wird, verbunden.

Draußen bei den Genossen müßte man sein, den Ersten Mai auf der Straße feiern, denke ich und gehe auf meinen Platz. Doch ich sage mir: Bleib ruhig, auch hier im Gefängnis kämpfen und feiern wir … Die Stunde rückt näher. Wir stehen in einer Reihe, herausgeputzt und bereit.

Zehn Uhr. Wir stimmen »Die Internationale« an. Die Aufseherinnen klopfen laut an die Tür. Wen stört es? Wir singen aus vollem Halse weiter. Auf dieses Fest verzichten wir nicht. Heute ist der Erste Mai.

Eine halbe Stunde frische Luft

Eine halbe Stunde pro Tag dürfen wir spazierengehen. Man läßt uns dazu auf das Dach des Gefängnisses, das mit Stacheldraht umzäunt ist. Hier gibt es frische Luft und Sonne; man spürt den Wind, und man sieht den Himmel. Eigentlich kann von Hinaufgehen und von Spazierengehen keine Rede sein; wir stürzen buchstäblich hinaus, schubsen, springen und brechen fast die Tür auf. Unter normalen Bedingungen ist ein Spaziergang eine normale Sache, für uns ist er ein wertvolles Geschenk.

Sonne! Der Betonboden ist schmutzig, aber wir achten nicht darauf. Wir legen uns lang hin und saugen die Sonnenstrahlen geradezu auf. Beim Schließen der Augen glaubt man, die zarte Hand eines Liebenden, der weit weg ist, zu spüren. Doch das hält nicht lange an. Ein Befehl ertönt: »Nicht hinlegen! Aufstehen! Los! Tempo!« Dieser Befehl kommt von Chana, die für die Gymnastik und die Spaziergänge verantwortlich ist. Sie hat recht: Wir müssen uns in der frischen Luft bewegen. Die physische Belastung ist gering, die nervliche dagegen groß.

Komisch, gewöhnlich kann der Mensch gar nicht richtig ermessen, was Luft bedeutet. Aber hier, auf dem Dach des Gefängnisses, ist die Luft von Bethlehem einfach wunderbar. Wir rennen. »Tief einatmen!« kommandiert Chana. Wir trinken die Luft wie Wein, sie macht uns richtig betrunken. Wir versuchen, bei guter Laune zu bleiben, zu lachen und zu singen. Ohne alldas droht unserer Gesundheit, unserer körperlichen Verfassung Gefahr.

Im Herbst ziehen sich über uns die Wolken zusammen und lassen sogar manchmal eine Träne herunterfallen. Dann verschwinden wir vom Dach, stehen an den verschlossenen Fenstern und berechnen die Zeit, die wir hier noch bleiben müssen. Der Winter rückt näher ... Wann werden wir diesen Ort endlich verlassen können?

Rechte und Strafen

Man ließ uns hungern, schlicht und einfach hungern. Früh — eine Pita, einen Fladen aus Mehl und Wasser, dazu einige grüne Oliven, zur Abwechslung mal eine hauchdünne Scheibe Käse. Dazu warmes Wasser, manchmal etwas, das an Kaffee erinnerte, nur mit dem Unterschied, daß es stank. Mittags bescherte man uns ein undefinierbares Gericht, ähnlich einer Linsensuppe, die nach ranzigem Öl roch. Die Suppe erregte Übelkeit, und es bedurfte großer Überwindung, sie zu essen. Wir sprachen uns gegenseitig Mut zu: »Iß, sonst wirst du keine Kraft haben.« Dazu gab es zwei Fladen und weiter nichts. Das Abendbrot wurde eingespart. Einige von uns verloren an Gewicht, andere wiederum nahmen vom Pitaessen und infolge der mangelnden Bewegung sehr zu. Beide Symptome bedeuteten Schwäche und Krankheit. Uns retteten nur die Lebensmittelpakete, die von draußen kamen. Nach dem Gesetz durfte jeder Häftling, der noch nicht verurteilt war oder sich in »Schutzhaft« befand, einmal in der Woche ein Paket erhalten.

Auch ein Besuch war ihm gestattet. Ein Besuch — was für ein Fest! Endlich in ein anderes Gesicht sehen zu dürfen und Neuigkeiten von zu Hause zu hören! Die Besucher waren Familienangehörige oder Genossinnen der Roten Hilfe, zumeist ältere Frauen, die keine Mühe scheuten, um uns zu helfen und uns aufzumuntern. Wenn der Polizist anständig war, gelang es uns sogar, zehn Minuten mit den Besuchern zu sprechen.

Es war verboten, leise zu sprechen. Dennoch konnte man ja viele Dinge mit einem Blick, mit den Händen, selbst mit einem Lächeln oder einem Wink sagen. Auf diese Weise erhielten wir wichtige politische Informationen und übermittelten auch Informationen nach draußen. Die Pakete, die wir erhielten, waren für uns ein »Gesundheitszuschlag«. Wir verteilten die Lebensmittel und bedachten dabei ganz besonders die Kranken und Schwachen.

Die Gefängnisleitung wußte ganz genau, was die Besuche und die Pakete für uns bedeuteten. Deshalb strich man sie uns beim geringsten »Vergehen«. Ich werde die kurze »goldene Zeit« unter Frau Jackson und ihrer Stellvertreterin nicht vergessen: Sie erlaubten uns, die Gefängnisküche zu benutzen und selbst zu kochen. Selbstverständlich war dann das Essen gesünder und schmackhafter. Wir baten um Lebensmittel von draußen und veranstalteten Wettbewerbe zur Ermittlung einer »Königin der Kochkunst«. Es war kein leichter Wettbewerb, da wir unter uns professionelle Köchinnen hatten, zum Beispiel Rosa, die in namhaften Pensionen gekocht hatte. Diese »goldene Zeit« ging leider sehr schnell vorüber, und wir kehrten zur Linsensuppe zurück.

In allen Gefängnissen führten die Kommunisten den Kampf um besseres und nahrhafteres Essen. Bereits 1930 war den politischen Häftlingen nach einem Hungerstreik, der zehn Tage gedauert hatte, ein »Regime« versprochen worden, das die Briten als »Standard of Life« bezeichneten. Die Mandatsbehörden versuchten jedoch, die Rechte der Kommunisten, denen als politischen Gefangenen andere Bedingungen zustanden als den kriminellen, zu ignorieren.

Laut diesem »Regime« hatten die Häftlinge das Recht auf Betten und auf besseres Essen, das Recht, Bücher, Papier und Schreibmaterialien zu besitzen sowie an ihre Familien Briefe zu schreiben. Häufig genug aber strich die Gefängnisleitung als Strafe für verschiedene »Vergehen«, zum Beispiel wegen des Gesangs der »Internationale« an Arbeiterfeiertagen, eine Vergünstigung nach der anderen.

Folgende Strafen wurden verhängt: Besuchsverbot, Leseverbot, Entzug der Erlaubnis zum Briefeschreiben und zum Erhalt von Lebensmittelpaketen, Verbot der Spaziergänge. Die schlimmste Strafe aber war: Karzer bei Wasser — ohne Brot. Die Bekanntgabe der Strafen war stets mit Beleidigungen und Beschimpfungen verbunden.

In Bethlehem lagen unsere Räume in der zweiten Etage. Die Gitter der Fenster waren nicht sehr dicht, so daß wir genug Luft zum Atmen hatten. Anders sah es beispielsweise bei den männlichen Häftlingen im Jerusalemer Gefängnis aus. Ihre Fenster waren klein, von außen sogar mit Blech verkleidet, damit man ja nicht hinausschauen konnte. Nachts war sehr schlechte Luft, da das Nachtgeschirr nur einmal am Tag geleert wurde. Viele der Inhaftierten wurden immer schwächer und erkrankten. Die verbreitetsten Krankheiten im Gefängnis waren Rheumatismus, Bronchitis, Schwindsucht und Darmerkrankungen. Für alle diese Krankheiten hatte der Gefängnisarzt ein einziges, angeblich bewährtes Mittel, ein eigenartiges Öl, »Schurba« genannt. Mit »Schurba« heilte er Durchfälle, Erkältungen, sogar ein verrenktes Fußgelenk ...

Die Tragödie der rothaarigen Salka

Die rothaarige Salka war während einer der provokatorischen Versammlungen der Poale Zion von der Polizei festgenommen worden. Man verurteilte sie zu einer Woche Haft und beschloß, sie des Landes zu verweisen. Salka jedoch besaß die polnische Staatsbürgerschaft, und es war nicht so einfach, sie nach Polen zu deportieren.

Polen erschwerte die Rückkehr von kommunistischen Bürgern, und es dauerte daher lange, bis sie die Reise antreten konnten. Aus diesem Grunde wurde Salkas Gefängnisstrafe um einige Monate verlängert. Ich lernte sie 1932 im Gefängnis von Bethlehem kennen — groß, schlank, mit rotem Haar, einer richtigen Prachtmähne.

Sofort nach meiner Ankunft fing sie ein Gespräch mit mir an und ließ danach nicht mehr von mir ab. Das Eigenartige aber war, daß alle ihre Fragen sich nur auf meine persönlichen Dinge bezogen. Sie fragte mich über meine Beziehungen zu ihrem Freund, einem Genossen, aus. Zuerst verstand ich nicht, worauf sie hinauswollte. Als ich es begriff, war ich verblüfft. »Was willst du eigentlich, ich kenne ihn fast gar nicht«, gab ich zur Antwort. »Zu der Zeit, von der du sprichst, war er schon hier in Palästina, und ich lebte noch in Warschau.«

Salka sah mich verschmitzt an und sagte: »Und mit Hilfe des Konsulats geht es wohl nicht?« Ich brach in Gelächter aus, als ich diesen »Witz« hörte. Auch sie lachte. Zu diesem Zeitpunkt verstanden wir jedoch noch nicht, was in ihrem Kopf vorging. Das Leben im Gefängnis verlief eigentlich recht normal. Salka aber war nervös und sprach von merkwürdigen Dingen. Keiner von uns ahnte, was für ein Unglück auf uns zukam.

An einem Morgen weckten uns Salkas schreckliche Schreie: »Mädchen, wacht auf! Draußen ereignet sich etwas ganz Fürchterliches. Mosche soll enthauptet werden! Man kann es verhindern. Eine von uns kann ihn retten, wenn sie ihren Kopf an seiner Stelle hinhält!« Salka stand vor uns im Nachthemd, ihr rotes Haar war zerzaust, ihre Augen glänzten, und ihre Stimme klang hysterisch.

Entsetzt sprangen wir auf. Salka! Sollte sie auf eine so dumme Weise Witze machen? Salka rannte im Zimmer umher und hörte nicht auf zu schreien, man müsse das Kollektiv zusammenrufen. Wir setzten uns schließlich im Kreis auf die Matratzen.

»Wer meldet sich freiwillig?« fragte sie im Befehlston. Vielleicht hatte ich nicht alles begriffen, jedenfalls hob ich die Hand wie bei einem Spiel und sagte: »Ich melde mich!« Sie warf mir einen vernichtenden Blick zu und machte eine Handbewegung, als wollte sie sagen: Du bist nicht geeignet ...

Es meldeten sich sofort andere Genossinnen. Doch auch sie wurden von Salka zurückgewiesen. Sie ging von einer zur anderen, piekte sie, bis es weh tat, mit ihren kalten und spitzen Fingern in die Brust und entschied: »Du nicht! — Du nicht!«, bis sie schließlich zu Schifra kam. Schifra folgte Salkas Fingern mit den Augen, als hätte sie den Lauf eines Gewehrs vor sich. Und gerade zu Schifra sagte sie: »Du!« Schifra begann zu schreien, aber Salka packte sie und stieß sie zur Tür. Wir eilten Schifra zu Hilfe, entrissen die fast Ohnmächtige Salkas Armen. Wir versuchten, Salka zu beruhigen, und legten sie hin. Allmählich schlief sie ein.

Erst jetzt wurde uns das ganze Ausmaß des Unglücks bewußt: Salka hatte den Verstand verloren.

Wir riefen uns ihre Geschichten und ihre Taten aus der letzten Zeit ins Gedächtnis zurück. Wie konnte es geschehen, daß wir bisher nichts bemerkt hatten? Es fiel uns ein, daß Salka bei unserem letzten Gespräch kurze Notizen an der Wand gemacht hatte. Wir lasen sie jetzt. Es waren Wörter ohne Zusammenhang: Deportation, Lulek, Geheimpolizei, eine Rothaarige ... Wir erinnerten uns, gelacht zu haben, als sie behauptete, daß die Partei keine Rothaarigen aufnehmen dürfe: »Man darf keine Rothaarigen in die Partei aufnehmen, sie können nicht verborgen bleiben.«

Wir versuchten, einen Arzt zu alarmieren. Der Gefängnisarzt war jedoch nicht bereit zu kommen. Wir drohten mit Hungerstreik, falls man unserer Genossin die notwendige Hilfe verweigerte. Die Drohung half: Endlich kam der Arzt. Er sah erst uns, dann Salka an. Schließlich betrachtete er uns so, als hätten wir den Verstand verloren. Er gab ihr Beruhigungstabletten, war aber nicht dazu zu bewegen, etwas für ihre Entlassung zu tun. Wir benachrichtigten unsere Genossen draußen und baten um dringende Hilfe.

In der Zwischenzeit pflegten wir Salka. Sarah und ich waren verantwortlich. Ich hatte vor Geisteskranken keine Angst, sie interessierten mich eher. Auch Betrunkene hatten früher meine Neugier erregt. In meiner Jugendzeit saß ich stundenlang im Park neben Betrunkenen oder Geisteskranken und lauschte ihren phantastischen Erzählungen. Mit Hingabe pflegte ich nun Salka.

Eines Tages kam mir der Gedanke, daß Schach ihr vielleicht helfen könnte, und tatsächlich, sie spielte Schach mit mir. Sie war klug, besaß ein umfangreiches Wissen und beherrschte mehrere Sprachen. Sie hielt revolutionäre Vorträge und übersetzte sie in verschiedene Sprachen. Unter anderem beherrschte sie Arabisch, wenn auch weniger gut. Sie hatte interessante Einfälle. So verkörperten für sie beim Schachspiel die schwarzen Figuren die bösen Mächte und die weißen die Kräfte des Friedens und der Befreiung. Immer wählte sie die weißen Schachfiguren. Ich verlor freiwillig, und sie war dann glücklich. Oft merkte ich beim Spielen, wie sehr sie mich haßte, da ich für sie die Reaktion und den Imperialismus »verkörperte«. Stundenlang spielten wir, bis die Müdigkeit sie übermannte und sie sich schlafen legte.

In den Nächten machte sie sich über die Genossinnen, die neben ihr wachten, lustig. Einmal fragte sie Chana: »Was machst du hier?«

»Ich bin Nachtwächter«, antwortete Chana.

»Du machst dich lächerlich«, sagte sie, »wieso mußt du die Nacht bewachen?«

Eine ganze Woche lang pflegten wir die kranke Salka — sieben Tage und Nächte eines Alptraumes. Wir bangten um ihr Schicksal, wir wollten, daß sie geheilt würde. Schließlich erreichten wir es: Salka wurde aus dem Gefängnis entlassen. Genossen holten sie ab, der Abschied war erschütternd.

Als ich aus dem Gefängnis freikam, stand Salkas Deportation kurz bevor.

Man erzählte mir, daß sie nach ihrer Entlassung zu keinem Arzt in Behandlung gehen wollte, da sie alle »reaktionär« seien. Die ärztliche Behandlung erzielte dennoch gute Ergebnisse. Sie beruhigte sich und kam zu sich. Sie war aber noch sehr schwach, und die Gefahr einer neuen Krise war nicht vorüber. Der Roten Hilfe gelang es mit Unterstützung der Zentrale in Paris, die Zustimmung zu erhalten, sie als politische Emigrantin in die Sowjetunion zu schicken.

Wir freuten uns mit ihr. Wir begleiteten Salka zum Hafen in Jaffa. Dort lag ein sowjetisches Schiff vor Anker. Salka war ruhig, mit Lebensmitteln, etwas Geld und einem Ausweis der Roten Hilfe ausgerüstet.

Der sowjetische Kapitän verließ sein Schiff und kam, um uns zu begrüßen. Er hörte sich an, was wir über Salka zu berichten hatten, und versprach, auf sie zu achten.

Beim Abschiednehmen weinte Salka. Auch wir kämpften mit den Tränen. Sie umklammerte kraftvoll meine Hände, ihre Finger waren eiskalt. »Grüße die Genossen«, stammelte sie, »werden wir uns jemals wiedersehen?«

Ein Boot brachte sie zum Schiff. Ich sah sie aufs Deck hinaufgehen, winkte ihr mit beiden Händen zu. Das war mein letzter Gruß an sie.

Auch Salka verschwand im Sturm der tragischen Kriegsjahre ...

Hanka Milsteins Tod

Als ich eingesperrt wurde, sprachen im Gefängnis alle über die Ermordung Hankas. Ich hatte sie nicht gekannt, sie auch nie auf einer Fotografie gesehen. Von den Alteingesessenen des Gefängnisses hörte ich ihre erschütternde Lebensgeschichte.

Hanka Milstein war krank, sie hatte einen Herzfehler. Vielleicht war dies der Grund, weshalb sie dem Kommunistischen Jugendverband* nicht beitrat, sondern nur eine Sympathisantin blieb. Ihre ältere Schwester Stella war sehr aktiv im Jugendverband. Hanka dagegen nahm nur manchmal an Aktionen teil, so auch an einer Massowka, einer Straßenkundgebung, in Jerusalem. »Es war im Jahr 1931«, erzählte Miriam Golod. »Als die Massowka begann, regnete es in Strömen. Mit dem Regen kamen aus allen Ecken Geheimpolizisten, umzingelten uns und verhafteten fast die ganze Gruppe des Jugendverbandes.«

Hanka wurde zu drei Monaten Haft verurteilt. Die Bedingungen im Gefängnis verschlechterten ihren Gesundheitszustand rapid. Alle Bemühungen der Eltern und der Partei, sie freizubekommen, waren vergebens. Schließlich wurde Hanka ins Gefängniskrankenhaus gebracht. Auch dort waren die Bedingungen nicht besser, und sie trat in einen Hungerstreik.

Nach ihrem Tod erzählte man, daß sie zwangsweise ernährt worden sei. Selbst für gesunde Menschen ist das gefährlich. Hanka starb im Alter von 17 Jahren.

Ihr Tod löste eine Welle der Empörung und Entrüstung im Jugendverband und in der Partei aus. Stimmen des Protestes kamen aber auch aus breiten Kreisen der Bevölkerung. Hankas Eltern, orthodox-religiöse und fanatische Juden, Bewohner des Jerusalemer Viertels Mea Schearim, waren nicht damit einverstanden, daß Kommunisten an der Beisetzung teilnahmen. Sie baten sogar die Polizei um Hilfe, um das zu verhindern.

Da organisierten die Jungkommunisten eine große Protestdemonstration in den Straßen Jerusalems. Dutzende Polizisten und Beamte des Geheimdienstes stürzten sich auf die Demonstranten und schlugen brutal auf sie ein. Den Mädchen wurden Kleider und Blusen vom Leibe gerissen. Als besonders grausam erwies sich der Geheimpolizist Teitelboim. Viele Jugendliche wurden verhaftet. Die Ermordung Hankas im Gefängnis, die Demonstration und ihre gewaltsame Auflösung wurden zum Tagesgespräch in Jerusalem.

Jahrzehnte später wurden mir diese Ereignisse wieder in Erinnerung gerufen, und zwar im Gespräch mit unserer Genossin Machla Nerodowskaja in Leningrad. Sie, ihr Mann und ihr kleines Kind waren damals während der Demonstration verhaftet worden. Danach wurden sie 1932 in die Sowjetunion deportiert. »Ich ging zur Kundgebung«, sagte Machla, »um gegen den Mord an Hanka zu protestieren. Sie verlor ihr junges Leben im Kampf gegen die Fremdherrschaft, für eine bessere Zukunft ...«

Lieber nackt als in Häftlingskleidern

Der Tag im Gefängnis begann wie üblich. Wir waren gerade mit der Gymnastik und mit dem Frühstück fertig, als wir laute Schreie aus einer anderen Zelle des linken Flügels hörten: »Genossen! Man zieht uns mit Gewalt Häftlingskleidung an! Unternehmt sofort etwas!« Irgendwo wurden Türen zugeschlagen, dann herrschte wieder Ruhe.

Da wir eingeschlossen waren, baten wir eine der Kriminellen namens Fatma, die auf dem Korridor arbeitete, in Erfahrung zu bringen, was geschehen sei. Die kriminellen Häftlinge waren in von uns weiter entfernten Zellen eingesperrt. Sie verrichteten verschiedene Arbeiten und hatten mehr Bewegungsfreiheit als wir. Einige halfen uns und hielten sogar unsere wichtigen Verbindungen nach draußen aufrecht. Fatma kam zurück und flüsterte uns durch die Türgitter zu: »Drei Mädchen sind völlig nackt.« Fatma bedeckte voller Scham die Augen und fügte lächelnd hinzu: »Ganz, ganz nackt, wie bei ihrer Geburt. Man hat ihnen Anstaltskleider gegeben, aber sie wollen sie nicht anziehen. Eine spricht ein wenig Arabisch, sie sagte zu mir: ›Diese Kleider ziehen wir nicht an. Wir sind Kommunistinnen!‹«

Wieder schickten wir Fatma los, um die Namen der Mädchen zu erfahren. Wir baten sie, ihnen mitzuteilen, daß wir ihnen helfen und sofort handeln würden. Was aber konnten wir tun? Reden halten? Demonstrieren? Mit Steinen werfen?

Wir teilten uns in Gruppen auf, stellten uns an die Fenster und fingen laut zu rufen an: »Kommandant! Kommandant!« Unsere Rufe begleiteten wir mit einem Eßgeschirrkonzert. Wir schrien immer lauter und klopften mit den Blechnäpfen und mit allem, was wir im Zimmer finden konnten, gegen die Wand, gegen Fenster- und Türrahmen. Es war das reinste »Blechkonzert«. Der Krach war ohrenbetäubend. Wir sahen, daß immer mehr Menschen auf dem Marktplatz stehenblieben.

Endlich erschien die Aufseherin, eine große Frau mit guter Figur, in einem langen schwarzen Kleid. Sie kam in Begleitung der Stellvertreterin und selbstverständlich mit ihrem kleinen Hündchen.

»Was ist passiert?« fragte sie streng.

»Man will unsere Genossinnen zwingen, Häftlingskleider zu

tragen. Wir sind damit nicht einverstanden!« sagte unsere »Außenministerin« Hella. »Das ist gegen die Vorschrift!«

»Wer sagt hier, daß es gegen die Vorschrift ist?« gab die Aufseherin spöttisch zur Antwort. »Ihr macht wohl die Gesetze selbst? Soviel Lärm wegen so einer Kleinigkeit.«

Wir forderten, die Gefängnisleitung solle eine Abordnung von uns empfangen. Die Aufseherin und ihre Helferin sahen sich an und sagten: »Morgen könnt ihr eine Abordnung schicken.«

Die Abordnung bestand aus drei Mädchen: Hella, Chana und mir. Anwesend waren ein britischer Beamter, den man aus Jerusalem geschickt hatte, die Aufseherin des Gefängnisses und der Kommandant einer in Bethlehem stationierten Militäreinheit. Zuerst drohten sie, falls wir weiter randalierten, Militäreinheiten zum Einsatz zu bringen. Wir erklärten, daß die Kommunisten bereits viele Hungerstreiks auf sich genommen hätten, um bessere Bedingungen für die politischen Häftlinge zu erreichen — Bedingungen, wie sie in der ganzen Welt üblich seien —, und daß wir niemals zustimmen würden, daß drei unserer Genossinnen Häftlingskleider tragen müßten. Dann schon lieber nackt bleiben ...

Sie wollten wissen, was wir unternähmen, falls sie unsere Forderung nicht erfüllten. Wir antworteten, daß wir die öffentliche Meinung im Land und in der ganzen Welt alarmieren und uns an das britische Parlament wenden würden. Schließlich versprachen sie, uns eine Antwort zukommen zu lassen.

Wir gingen zurück und berichteten über den Verlauf der Zusammenkunft.

Wir warteten auf eine Antwort. Unser Tagesablauf wurde völlig umgestoßen. An diesem Tag haben wir nicht gelernt, nicht gearbeitet, sondern nur gewartet.

Auch am nächsten Tag mußten wir noch warten. Der Morgen verging, ohne daß wir ein einziges Wort hörten. Die Mittagsstunde rückte näher — immer noch nichts. Da schickten wir unseren heimlichen »Verbindungsmann«, Fatma, los. Sie kam zurück und sagte: »Alles beim alten, sie laufen nackt herum, sind nicht zur Arbeit gegangen, haben nichts gegessen. Sie sagen, die Stimmung sei gut.« Ihre Namen hatte sich Fatma nicht gemerkt. »Jüdinnen«, sagte sie.

Die Spannung wuchs von Minute zu Minute. Man brachte die berüchtigte Linsensuppe. Wir rührten sie nicht an. Vielleicht hatte man uns betrogen? Sollten wir bis zum Abend keine Antwort bekommen, wollten wir das Konzert wiederholen, diesmal aber noch lauter. Wir würden uns auch an die Parteizentrale mit der Bitte wenden, in den Hungerstreik treten zu dürfen. Das beschlossen wir, bevor sich jede in ihre Ecke zurückzog.

Plötzlich und ohne jegliche Ankündigung ging die Tür auf, und das Zimmer betraten eine Aufseherin und mit ihr unsere drei Genossinnen.

»Wir haben gesiegt!« Erfreut umarmten und küßten wir die Neuen. »Erwürgt uns nicht!« riefen wir bei ihrer heftigen Umarmung.

Als die erste Aufregung vorbei war, machten wir uns miteinander bekannt: Gina aus Petach-Tikwah, Zipora aus Tel Aviv und Chana aus Haifa. Sie erzählten uns ihre Geschichte. Gina war die Hauptrednerin. Sie war mittelgroß, mollig, mit kastanienbraunem Haar. Das eindrucksvollste an ihr waren die Augen — groß, hellblau, naiv wie die Augen eines kleinen Kindes.

Gina erzählte, gleich nach ihrer Ankunft im Gefängnis habe man ihnen befohlen, ihre Kleider abzulegen, Häftlingskleider anzuziehen und zur Arbeit zu gehen.

»Wieso? Wißt ihr nicht, daß wir Kommunisten sind?« protestierten sie.

»Schlagt euch das aus dem Kopf«, antwortete man ihnen.

»Gina spricht doch gut englisch, und die Aufseherin hat sie sicher verstanden«, ergänzte Zipora.

Gina fuhr fort: »Wir überlegten, wie wir euch informieren könnten. Ich versuchte, eine Tür zu öffnen, und es gelang mir. Dann schrie ich mit voller Kraft. Ihr habt es ja gehört. Die Polizistin stürzte sich auf mich und schleppte mich von der Tür weg. Mit Gewalt wollten sie uns entkleiden. Sie hatten es nicht leicht mit uns, wir haben gekratzt und gebissen. Da rissen sie uns die Kleider vom Leibe. Wir blieben nackt und liefen herum wie unsere Mutter Eva ...«

Gina und ihr Schönheitssalon

Die Affäre der »nackten Mädchen« war vorbei. Das Leben ging normal weiter. Bestimmt wurde es für eine Zeitlang von einer interessanten Erscheinung, von Gina Bruzkus.

Gina lebte sich schnell in unserem Kollektiv ein und brachte viele neue Ideen mit. Zuerst verkündete sie, einen »Kosmetiksalon« eröffnen zu wollen. Den allerschönsten! Das war eine sensationelle Mitteilung. Welche Frau möchte nicht schön sein?

Zu unserer Zeit aber war es nicht üblich, daß werktätige Frauen ihr Gesicht pflegten, außerdem hatten sie weder Zeit noch Geld dafür.

Die Vertreter einer Frauenemanzipation hielten nicht viel vom Schönsein. Sie sahen bereits in einer noch so geringen Gesichtspflege bürgerliche Eigenschaften.

Aber kehren wir zu unserem »Kosmetiksalon« zurück.

»Mädchen unter dreiundzwanzig Jahren kommen für die Pflege nicht in Frage«, entschied Gina.

»Warum?« protestierten die Jüngeren.

»Es schadet der Haut«, behauptete die Spezialistin.

So teilten wir uns schließlich in enttäuschte Mädchen und in »Erwachsene« auf, die Gina zur Schönheitspflege unter ihre Fittiche nahm.

Ich zählte zu den Glücklichen. Mein Glücksgefühl schwand jedoch sehr schnell. Denn Ginas Gesichtspflege ging so vor sich: Sie rieb mein Gesicht mit Öl ein, das wir zum Braten hatten, und bearbeitete es mit den Fäusten. Das tat sehr weh. Ich versuchte, tapfer zu sein, konnte aber bald nicht mehr an mich halten und schrie: »Laß mich los!«

»Tut es weh?« Sie lachte herausfordernd und fuhr mit dem Kneten fort. »Wer schön sein will, muß leiden! Das ist Massage, verstehst du?« erklärte sie mir ruhig lächelnd.

Ich aber stand auf. Mein Gesicht sah aus wie eine rote Rübe, Tränen liefen mir aus den Augen. Ich sagte zu Gina: »Das ist nichts für mich. Ich will nicht leiden und auch nicht schön sein.«

Gina konnte mich nicht verstehen. Sie dachte, ich würde ihre Fähigkeiten unterschätzen, und war beleidigt. Die meisten Frauen dachten aber nicht wie ich. Gina hatte bald trotz der Schmerzen, die ihre Pflege den Frauen zufügte, eine feste »Kundschaft«, so daß in ihrem »Salon« immer Gedränge herrschte.

Gina hatte einige unantastbare Prinzipien, von denen sie nicht bereit war abzuweichen. Sie war ehrlich, treu, mutig, kameradschaftlich, bescheiden und eine wahre Internationalistin. Sie kannte aber auch keine Kompromisse, weder im Kleinen noch im

Großen. Das brachte ihr im Verhältnis zu den Genossen und zu anderen Menschen häufig Schwierigkeiten ein.

Gina kam zur Partei aus einem Milieu, in dem die Probleme der Arbeiterklasse weitgehend unbekannt waren. Die Familie Bruzkus galt als wohlhabend und war für ihre zionistische Gesinnung bekannt. Gina war das schwarze Schaf in der Familie. Nach Beendigung des Herzlia-Gymnasiums in Tel Aviv trat sie in die Partei ein.

Gina arbeitete im illegalen technischen Parteiapparat. Sie war intelligent, hatte viele Fähigkeiten, war besonders begabt für technisches Zeichnen und für Zeichnen überhaupt. Sie sprach Russisch und Englisch, schrieb in diesen Sprachen sogar Gedichte. Ein kleiner Sammelband ihrer Gedichte, den sie mir schenkte, war in russischer Sprache verfaßt.

Der Zionismus wurde Gina durch seine Politik der »Eroberung des Bodens«, der »Eroberung der Arbeit« und der »Eroberung der Märkte« verhaßt. Sie suchte und fand eine revolutionäre, internationalistische Antwort — sie trat in die Partei ein. Gina war in Petach-Tikwah sehr aktiv. Da sie auch ein wenig Arabisch sprach, konnte sie leicht Kontakte zu arabischen Arbeitern und arabischen Frauen herstellen, die im Städtchen arbeiten wollten. Auf dem Schuk, dem Markt von Petach-Tikwah, war Gina eine bekannte Person: Mit laut erhobener Stimme war sie gegen all diejenigen aufgetreten, die versucht hatten, die Araber daran zu hindern, ihre landwirtschaftlichen Erzeugnisse zu verkaufen. Sie erstand selbst öfter bei arabischen Händlern größere Mengen an Gemüse, die sie gar nicht benötigte, nur, um damit gegen den Chauvinismus zu protestieren.

Viele Jahre war Gina in der Partei aktiv. Noch in den fünfziger Jahren arbeiteten wir zusammen in der Demokratischen Frauenbewegung Israels. Sie gab »Alonech«, die damalige Zeitschrift der Organisation, heraus.

Das Unglück kam unerwartet. Gina wurde krank, ihre Nerven hielten der Belastung nicht stand. Doch selbst während ihrer Krankheit waren alle ihre Gedanken bei der Partei. Die ewige Angst vor den Verfolgungen des Geheimdienstes zermarterten ihr Gehirn. Sie sorgte sich nicht um ihre eigene Gesundheit, sondern um die Partei und ihre Genossen.

Meine Gina, die Gina mit der empfindlichen Seele, meine teuerste Freundin, marschierte plötzlich nicht mehr mit uns. Sie lebte, sie ging, war aber nicht mehr sie selbst. Eines Tages verschwand sie gänzlich. Sie brach die Verbindung zur Partei, zu den Genossen und auch zu mir ab. Überall suchte ich nach ihr. Ein einziges Mal tauchte sie unerwartet bei mir auf, um mir zu erzählen, daß ihr Mann in Afrika gestorben sei. »Man hat ihn umgebracht«, behauptete sie.

Einmal traf ich sie noch auf der Straße. »Gina!« rief ich. Sie blickte mich an, erkannte mich, blieb einen Augenblick stehen und ging dann weiter. Sie wollte nicht mit mir sprechen, sie ging einfach weg. Ich blieb mitten auf der Straße stehen, Tränen in den Augen ...

Arabische kriminelle Häftlinge

Im Gefängnis saßen Hunderte von kriminellen Frauen. Sie wurden wegen verschiedener Vergehen eingesperrt: wegen Nichtbezahlung der Steuern, wegen Prostitution, Diebstahls und auch Mordes. Es gab Mütter, die mit ihren Säuglingen zusammen im Gefängnis waren. Ihre Lage war tausendfach schlimmer als unsere. Es gab aber unter ihnen auch Frauen, für die selbst das schlechte Gefängnisessen, verglichen mit dem Hunger, den sie draußen leiden mußten, eine Verbesserung bedeutete.

Die arabischen Frauen verrichteten vielerlei Tätigkeiten und arbeiteten auch außerhalb des Gefängnisses. Das Verhältnis der Aufseher und der Verwaltungsangestellten zu ihnen war gespannt. Sie wurden bei jeder Kleinigkeit erniedrigt und gedemütigt. Sie waren gezwungen, vor der Direktorin einen Knicks zu machen. Man schlug sie immer wieder und beschimpfte sie. Sie haben all das erduldet, da sie nicht wußten, daß man sich dagegen wehren konnte.

Die meisten von ihnen verstanden unseren Kampf um politische Rechte nicht und begriffen auch nicht, warum wir uns weigerten zu arbeiten. Große Aufklärungsarbeit mußten wir leisten, damit sie einsahen, daß unser gesamter Kampf — einschließlich der Arbeitsverweigerung — mit dem Kampf gegen die britische Herrschaft zusammenhing. Allmählich begannen sie, uns als ihre Freunde zu betrachten. Wenn sich eine Gelegenheit zur Unterhaltung bot — das geschah jedoch recht selten —, erzählten sie uns ihre Lebensgeschichten und von der Not der Fellachenfrauen und ihrer Familien.

Unter ihnen fiel eine Frau besonders auf. Sie war schön und groß. Sie war verurteilt wegen Mordes an der Geliebten ihres Mannes und bereute ihre Tat nicht. Interessant war, daß die anderen Frauen ihr große Achtung entgegenbrachten. »Heldin« nannten sie sie.

Fatma, unsere Vertraute und Freundin, war jung und die aufgeweckteste der arabischen Häftlinge. Sie hielt zu uns und haßte die britischen Machthaber. Wir waren für sie ein Phänomen: jüdische Frauen, die im Gefängnis saßen, obwohl sie keine Prostituierten waren. So etwas war ihr vorher noch nicht begegnet, und sie hielt uns für die »besten Frauen der Welt«, wie sie selbst sagte. Fatma war bereit, alles für uns zu tun. Auch die anderen halfen uns bei Auseinandersetzungen mit der Gefängnisverwaltung. Sie weinten, wenn wir geschlagen wurden, und teilten ihr Essen mit uns, wenn man uns in den Karzer warf. Auch hier spielte Fatma eine wichtige Rolle.

Abgeschoben in die Moschawot

Eines Tages wurde die Genossin, die unsere »Sprecherin« war, ins Büro gerufen. »Packt eure Sachen. In zwei Stunden verlaßt ihr das Gefängnis.«

»Verlassen? Wohin?«

Keine Antwort. Wir waren verwirrt und wußten nicht, ob wir uns darüber freuen oder Angst haben sollten.

Jehudit Kalman hatte schon recht, als sie meinte: »Egal, Hauptsache weg von hier.«

»Allahu akbar« (Allah ist groß), lauteten die Worte unserer Freundin Fatma.

Wir bekamen unsere Sachen zurück — unsere Uhren und unser Geld. Draußen wartete schon ein normaler Autobus. Neben dem Fahrer saß ein bewaffneter Polizist, auf den hinteren Sitzen hatten Soldaten Platz genommen. Die übrigen drei Männer in Zivil waren natürlich Geheimpolizisten.

Ich warf einen letzten Blick zum Gefängnis hinüber. Der Bus setzte sich in Bewegung; tatsächlich, wir fuhren. Nur nicht zurück, dachten wir alle, und überlegten, ob wir uns nun auf dem

Weg in die Freiheit befanden oder nicht. Wenn ja, warum gaben sie uns dann bewaffnete Begleitung mit? Der Autobus fuhr in Richtung Tel Aviv. Vielleicht waren wir doch frei? Wir begannen, ganz spontan, mit voller Kraft zu singen. Die Polizisten waren verärgert und drohten uns mit den Fäusten. Unser Gesang verstummte aber nicht mehr. Wir durchfuhren viele Ortschaften. Die Bewohner staunten: Was ist hier los? Das paßt doch nicht zusammen — singende Mädchen und bewaffnete Polizisten …

An der Einfahrt nach Tel Aviv hielt der Autobus plötzlich an. Ein Mann stieg ein. Zu meinem Erstaunen war es kein anderer als mein eigener Vater.

»Das ist doch mein Vater!« rief ich und war außer mir. Was machte er hier? Es war keine Zeit zum Überlegen. Der Autobus setzte seine Fahrt fort. Mein Vater nahm an meiner Seite Platz, küßte mich schüchtern und flüsterte mir auf jiddisch ins Ohr: »Man schiebt euch in die Moschawot ab. Ich habe bei der Polizei erreicht, daß man dich nach Rechowot bringt.«

Er war sehr erregt und konnte die Worte nur mühsam hervorbringen. Armer Vater, dachte ich, was habe ich ihm für Sorgen bereitet. Ich erfuhr nun, wieviel Mühe es ihn gekostet hatte, die Polizei zu überzeugen, mich nach Rechowot, zu den Eltern meines Freundes Sorach, einzuweisen. Und ich hörte von ihm, daß auch Sorach aus dem Gefängnis Ramleh dorthin kommen sollte.

Mein Vater! Es war das erste Mal in meinem Leben, daß ich seine Liebe und Fürsorge spürte. So etwas hatte ich von ihm in der ganzen Zeit meiner Kindheit nicht gekannt. Gewiß, er hatte mich auch damals lieb, zeigte es aber niemals. Mir wurde auf einmal bewußt, wie schwer er es doch mit seiner kommunistischen Tochter hatte. Zu allem Unglück war sie nun auch noch schwanger. Das war nicht »koscher«, ohne Chuppah, ohne Trauung … Und er selbst bettelte bei der Polizei, daß man sie ausgerechnet zu den Eltern des Burschen schickte, der an ihrem Zustand schuld war.

Nach kurzer Zeit stieg er aus. Wir waren unruhig. Wir wußten mit den Worten »in die Moschawot abgeschoben« nichts anzufangen. Außer Landes deportiert wurden viele, das wußten wir, aber innerhalb Palästinas abgeschoben zu werden, das war etwas Neues. Sicher handelte es sich um einen raffinierten Trick der Briten! Was sollte nun werden?

194

Auf der Polizeistation angelangt, wurden wir in mehrere Gruppen aufgeteilt: nach Herzlia, Petach-Tikwah, Rechowot, Raanana und so weiter. Noch bevor wir begriffen hatten, was da vor sich ging, waren wir schon getrennt. Von allen Mädchen war ich die einzige, die nach Rechowot sollte. Sie brachten mich zum Autobus. Als ich einstieg, erblickte ich Sorach und noch einige Genossen, die in den Gefängnissen von Jerusalem, Ramleh und anderswo eingesperrt gewesen waren.

Was für ein Tag! Was für Ereignisse!

Wir erreichten den Ort Rechowot. Alle wurden wir in einer Holzbaracke im Jemenitenviertel untergebracht. Es waren etwa 15 Männer und ich, die einzige Frau. Mordechai Biletzki war unser Sprecher. Ihm erklärte ein Polizeioffizier, wie wir uns zu verhalten hätten.

»Ihr seid frei, aber ihr müßt euch dreimal am Tag bei der Polizei melden. Jede politische Tätigkeit ist untersagt.« Punktum!

»Wovon sollen wir leben und existieren?«

»Bittet die Bauern, euch Arbeit zu geben. Wir sind nicht verpflichtet, euch zu ernähren«, meinte der Inspektor.

Sieh an! Allmählich begriffen wir den Trick: Warum sollte die britische Administration Geld ausgeben, um politische Häftlinge in den Gefängnissen zu unterhalten? Sollten sie doch lieber unter Aufsicht der Polizei arbeiten.

Wir bekamen Verbindung zur Partei, und ihre Weisung lautete, sich mit dieser Regelung abzufinden. Besser draußen sein, als im Gefängnis schmachten.

Wir waren einverstanden, aber die Bauern nicht. Auch die Histadrut war nicht bereit, uns Beschäftigung zu vermitteln, und sei es nur für einen einzigen Arbeitstag. Sie haben uns einfach boykottiert. »Warum sollen wir den Bolschewiken, den Mopsim, Arbeit geben?« Die Bauern waren verärgert. »Womöglich organisieren die hier noch Streiks; die werden uns nur Schwierigkeiten bereiten!« — »Uns hat keiner gefragt«, behaupteten die Histadrut-Vertreter im Ort.

Was uns betraf, so waren wir buchstäblich am Verhungern. Dennoch war es herrlich, die Felder zu durchstreifen, sich in der Sonne zu wärmen und frische Luft atmen zu dürfen. Dreimal am Tag »spazierten« wir zur Polizei. Hier warteten stets Neugierige auf uns — wir waren schließlich die Sensation des Ortes.

Die Rote Hilfe unterstützte uns, und unsere Familien halfen auch, soweit sie es vermochten. Wir konnten es aber nicht ertragen, der Partei und den Familien zur Last zu fallen. Warum sollten wir die Beamten Seiner Exzellenz, des Hochkommissars, von der Verantwortung entbinden? Wir berieten und beschlossen: Wir kämpfen gegen diese Art der Ausweisung. Wir teilten der Partei unseren Standpunkt mit.

In der Zwischenzeit vegetierten wir so dahin, hungrig und eng zusammengepfercht in der Holzbaracke.

Ich war in den ersten Monaten meiner Schwangerschaft und noch sehr dünn. Meine Freundin Hinda ging mit mir zum Gynäkologen. Der Arzt untersuchte mich, hörte sich meine Situation an und sagte nach langem Überlegen: »Wir treiben es besser ab, obwohl es schon etwas spät ist.«

»Ich will aber das Kind«, sagte ich energisch.

»Du wirst es nicht durchstehen unter diesen Bedingungen«, warnte er.

»Keine Angst, ich werde es«, sagte ich, stand auf und ging.

Am nächsten Tag fand ich meine Sachen gepackt. Man sagte mir: »Wir haben beschlossen, daß du zu den Eltern ziehst. Du bist das einzige Mädchen unter uns, und es ist für keinen von uns angenehm.« Sehr taktvoll gab man mir zu verstehen, daß ich umziehen sollte. Sorach zog auch zu seinen Eltern.

Ein seltener Gast

Es war für alle eine große Überraschung, als eines Abends jemand aus der Dunkelheit auftauchte, der uns besuchen wollte — es war ein Mitglied des Zentralkomitees unserer Partei. Er kam in Begleitung eines Genossen, den wir kannten. Stürmisch und voller Freude überfielen wir den Gast mit tausend Fragen. Als sich die erste Aufregung gelegt hatte, drängte es uns, von ihm politische Nachrichten zu erhalten. Seit unserer Verhaftung im April hatten wir kein einziges Wort direkt aus so berufener Quelle gehört.

Das Bild wurde für uns allmählich klarer. Der Generalstreik der arabischen Bevölkerung dauerte an, nach wie vor herrschte strenge innere Disziplin. Die britischen Mandatsherren und die zionistischen Führer waren verblüfft. Es war eine Volkserhebung im wahrsten Sinne des Wortes.

Der Handel, die munizipalen Einrichtungen und alles, was zur Organisierung des täglichen Lebens notwendig war, lagen still. Das war gegen den Willen der reaktionären Führer des Arabischen Hochkomitees, das offiziell zum Aufstand aufgerufen hatte. Die Führung war weder vom Umfang noch vom Charakter des Streiks begeistert, konnte aber nicht mehr zurück. In Wirklichkeit leitete nicht sie, sondern die in den Städten und Dörfern gebildeten Aktionskomitees die Protestbewegung. Sie wiederum wurden von der Istiqlal-Partei, besonders ihrem linken Flügel unter Hamdi el-Husseini, geleitet. Husseini arbeitete eng mit der Palästinensischen Kommunistischen Partei zusammen.

Zu unserem Bedauern — so berichtete der Genosse — war es den Briten gelungen, in einigen Ortschaften den Zorn der arabischen Massen gegen die Juden zu richten. Die Engländer wurden dabei von reaktionären und proimperialistischen arabischen Kreisen unterstützt, die im Gegensatz zu den wahren Interessen des arabischen Volkes die nationalen Widersprüche schürten. Natürlich förderte auch die zionistische Führung jüdisch-arabische Zusammenstöße, um so die jüdische Bevölkerung Palästinas davon zu überzeugen, daß die Zukunft des Landes nur durch einen Krieg entschieden werden könnte. Viele aufrichtige Menschen fielen auf diese chauvinistische Propaganda herein. Es ist auch wichtig zu wissen, daß die Überfälle auf Juden fast nur in den ersten Tagen des Aufstandes registriert wurden, während sich später der Kampf hauptsächlich gegen die Briten richtete.

Der Genosse betonte, daß die zionistische Führung die arabische Erhebung als Pogrom gegen die Juden bezeichnete. In der Tat, es gab Erscheinungen, die einen solchen Ausdruck rechtfertigten, aber das war nur die halbe Wahrheit. Generell so zu argumentieren war eine bewußte politische Irreführung. In den seit Beginn des Aufstandes vergangenen drei Monaten hatten die Rebellen Polizeistationen und Einheiten der britischen Armee überfallen, Brücken, Eisenbahnlinien und eine Ölleitung gesprengt sowie ähnliche Aktionen durchgeführt. Darüber berichtete die zionistische Presse jedoch nichts. Sie schrieb nur von Überfällen auf Juden.

Der Genosse hob hervor, daß unsere Partei gegen jeden individuellen Terror sei, aber nicht aufhören werde, den jüdischen Arbeitern zu erklären, daß die judenfeindlichen Aktionen ein Ausdruck des Hasses gegen die zionistische Politik der »Eroberung des Bodens und der Arbeit« waren. Schuld an solchen Aktionen sei auch die Weigerung der zionistischen Führer, sich der Forderung der Araber nach Beendigung des britischen Mandats und Bildung einer eigenen Regierung in Palästina anzuschließen. Die Tatsache, daß die Histadrut-Führung jüdische Arbeiter schickte, um den streikenden Arabern die Arbeitsplätze wegzunehmen, wirkte sich so aus, als würde Öl in das Feuer der existierenden Feindschaft gegossen. Wir hörten nun die ersten offiziell veröffentlichten Zahlen der bisherigen Opfer: 90 Juden, 197 Araber und 281 Soldaten und Polizisten (überwiegend Briten).

Der Genosse nahm sich viel Zeit, um uns von den Aktionen der Partei in diesen schwierigen Tagen zu berichten. Die Verfolgungen durch die Polizei waren hart. Allein in den ersten Tagen des Monats April wurden 45 Genossen ins Gefängnis geworfen. In den Monaten Mai und Juni erhöhte sich die Zahl der verhafteten jüdischen und arabischen Genossen auf 200 und mehr. An die Stelle der Eingekerkerten traten neue Genossen, es entstanden neue Parteigruppen, und neue führende Kader entwickelten sich. Sie verrichteten mit großer Ergebenheit ihre Arbeit. Trotz der Feindschaft, die die zionistischen Führer bewußt gegen die Kommunistische Partei entfachten, schlossen sich ihr jüdische Arbeiter und Jugendliche an, und die Partei wuchs allmählich. Für uns war diese Begegnung, die bis spät in die Nacht hinein dauerte, von größter Bedeutung.

Inzwischen war auch die Antwort des Zentralkomitees eingetroffen: Unser Vorschlag, den Kampf gegen diese Form der Ausweisungen aufzunehmen, war akzeptiert worden. Die Genossen machten sich auf den Weg zum Polizeiinspektor und forderten: »Laßt uns frei und gebt uns Arbeit! Oder schickt uns zurück in die Gefängnisse!«

Da unsere Forderungen keine Resonanz fanden, riefen wir zu einem Sitzstreik in der Polizeistation auf. Diese Tat verursachte große Aufregung in der Moschawa.

Auch in den anderen Moschawot folgten die Genossen unserem Beispiel.

Wir erhielten zahlreiche Besuche — es kamen Neugierige, aber auch Arbeiter, die uns ihre Sympathie bekundeten. Sie schimpften auf die Engländer und auf die Bauern, die sich weigerten, uns Arbeit zu geben.

Drei Tage später trafen einige Militärfahrzeuge im Ort ein, luden uns auf und fuhren mit uns davon — vor und hinter uns Panzerwagen, sogar mit Kanonen bestückt. Wir riefen der Bevölkerung zu: »Seht, welche Angst sie vor uns haben!«

Alle wurden wir in die Gefängnisse zurückgebracht. Die neue Methode der Ausweisung in die Moschawot war fehlgeschlagen.

»Schwangerenzuschlag«

Wieder öffneten sich die eisernen Tore des Gefängnisses in Bethlehem und verschlangen uns. Wir kehrten voller Eindrücke und Neuigkeiten zurück.

Meine Schwangerschaft war kein Geheimnis mehr. Drei andere Mädchen waren ebenfalls schwanger. Im Gegensatz zu mir waren aber meine Kameradinnen darüber nicht sehr erfreut und glücklich. Sie sollten deportiert werden und versuchten alles, um die unerwünschte Schwangerschaft »loszuwerden«. Wir wollten ihnen helfen und vermittelten unsere Erfahrungen, wie ein Sitzbad in heißem Wasser und ähnliches mehr. Nichts half. Wir bemühten uns, ihnen das Dasein zu erleichtern, und unterrichteten die Gefängnisleitung von ihrem Zustand.

Zu unserer großen Überraschung empfingen Frau Jackson und ihre Stellvertreterin diese Mitteilung mit Freude. Sie waren beide kinderlos, und es war für sie das erste Mal, daß Kinder, die keine »Natives« — so nannten sie die Kinder der Araber und der einheimischen Juden — waren, im Gefängnis zur Welt kommen sollten. Sie versprachen, die Neugeborenen würden den Status eines freien Bürgers erhalten. Ein großes, sauberes Zimmer wurde vorbereitet, gut durchlüftet, mit Kinderbetten und allem Notwendigen versehen. Die Aufseherinnen widmeten sich der Vorbereitung des Kinderzimmers mit besonderer Freude. Sie verweigerten sogar dem Hündchen den Zutritt, um keine Bazillen zu verbreiten. Selbst ihr Verhältnis zu den Schwangeren verbesserte sich.

Ich kam nicht in den Genuß ihrer Fürsorge, da ich die palästinensische Staatsbürgerschaft besaß.

Sofort nach meiner Rückkehr ins Gefängnis beschworen mich meine Genossinnen, mich beim Arzt anzumelden und bessere Nahrung, sogenannten Schwangerenzuschlag, zu verlangen. Ich ließ mich überreden und ging. Der dicke Arzt machte es sich in seinem Sessel bequem. Er war von mir nicht sonderlich beeindruckt, blickte mich eher gelangweilt und voller Geringschätzung an. Ich ließ mich nicht von ihm untersuchen. Er schrieb mir etwas auf einen Zettel, und am gleichen Tag bekam ich den »Schwangerenzuschlag«: Suppe, die ich wegen ihres üblen Geruchs ohnehin nur selten aß, und eine zusätzliche Pita. Dazu das Allerwichtigste: ein Bett! Es war ein eisernes Bett. Ich legte meine Matratze aus Lumpen darauf.

Ich bekam auch eine Bettgenossin, die kleine, magere und herzkranke Debora. Zu zweit lagen wir in dem Bett, mein Kopf an ihrem Fußende und ihre Füße an meinem Kopf. Wir gaben in diesem schmalen Bett ein »herrliches Paar« ab — zusammengedrängt wie die Ölsardinen.

Rosa am Fenster

Rosa Bermann war eine außergewöhnliche Persönlichkeit und die einzige Mutter unter uns. Draußen hatten sie eine kleine Tochter — Jemima. In unserer Freizeit, wenn sich jede von uns in ihre Ecke zurückgezogen hatte, saß sie stundenlang auf dem Fensterbrett und schaute sehnsüchtig hinaus. Wenn man sie dann ansprach, pflegte sie einen anzusehen, als kehrte sie aus ganz weiter Ferne zurück. Rosas freie Stunden waren ihrer kleinen Tochter gewidmet. Sie dachte an sie, träumte von ihr, verging vor Sehnsucht nach ihr.

Von uns allen war sie die älteste, diejenige mit der größten Lebenserfahrung. Sie war groß und gut gewachsen, stolz trug sie ihr schwarzes Haar. Sie redete nie viel; wenn man sie aber um Rat fragte, gab sie bereitwillig Antwort. Über ihr Leben erzählte sie nichts, nur ihre traurigen Augen sprachen Bände.

Ich fühlte mich zu ihr hingezogen, vielleicht wegen des Leides, das sich in ihren Augen widerspiegelte, vielleicht auch, weil sie bereits Mutter und ich eine werdende Mutter war. Auch Rosa schenkte mir wahrscheinlich wegen meines Zustandes viel Aufmerksamkeit. Sie war die erste, die von meiner Schwangerschaft erfuhr. Ich war erst am Anfang, es ging mir gut, also wozu viel darüber reden? Aber Rosa erzählte ich es, sie beobachtete mich wie eine ältere Schwester. Bei unseren Gesprächen auf dem Fensterbrett erfuhr ich einiges aus ihrem Leben.

Rosa war die Tochter einer wohlhabenden Familie, Absolventin eines Gymnasiums. Ihr sagte der leichte und gerade Weg ihrer Freundinnen nicht zu. Sie wollte aus dem kleinbürgerlichen Milieu ausbrechen, um Ehrlichkeit und Gerechtigkeit zu suchen. Der 1. Mai 1927 war der entscheidende Tag in ihrem Leben. Sie ging gerade die Herzlstraße in Tel Aviv entlang, als sie eine Arbeiterkolonne erblickte.

Die Demonstranten trugen rote Fahnen und sangen »Die Internationale«. Die Menschen am Straßenrand hegten nicht gerade viel Sympathie für sie. Es waren ja Kommunisten – Mopsim. Auf Rosa machte diese Demonstration jedoch einen tiefen Eindruck. Sie spürte, daß sie zu diesen Menschen gehörte, und schloß sich ihnen an. Mit einem sympathischen Lächeln um die Lippen erzählte sie: »Stell dir das vor, ich hatte ein langes, weißes Kleid an, einen eleganten Hut auf und hielt in der Hand einen Sonnenschirm. Ich sah wie eine Dame der zionistischen Frauenorganisation aus. Dennoch schämte ich mich nicht, mich in diesem Aufzug den Arbeitern mit ihren kurzen Hosen und Sandalen anzuschließen. Warum, weiß ich bis heute nicht.«

Für Rosa begann mit den Tagen der revolutionären Arbeit auch der Ärger zu Hause. Ihr Mann war ein fanatischer Mapainik, haßte ihre kommunistischen Anschauungen und schlug bei jeder Gelegenheit Krach.

So konnte das Familienleben nicht weitergehen. Rosa nahm ihre Tochter, die kleine Jemima, und verließ das Haus. Da sie keinen Beruf erlernt hatte, ging sie im Haushalt arbeiten. Im Laufe der Zeit qualifizierte sie sich zu einer erstklassigen Köchin und war in den großen Hotels gefragt. So kochte sie für die reichen Hotelgäste auserlesene Speisen und nahm anschließend an den illegalen Aktionen der Partei teil. Der Polizei blieb sie unbekannt. Kein Mensch hatte vermutet, daß man auch sie 1936 bei der Verhaftungswelle erwischen würde. Eine Genossin, die vor dem Zugriff der Polizei geflohen war, suchte bei ihr Unterkunft. Rosa nahm sie mit offenen Armen auf. Die Genossin wurde aber verfolgt, und ihre Spur führte geradewegs zu Rosa.

Als man Rosa verhaftete, verlangte man von ihr, sich öffentlich von den Kommunisten zu distanzieren und dadurch ihre Freiheit zu erkaufen. Sie weigerte sich, verbarg ihre Tränen vor den Augen der Geheimpolizei, nahm Abschied von ihrer kleinen Tochter und ging ins Gefängnis.

Für Jemima sorgten Genossinnen der Roten Hilfe. Die Kleine wußte, daß ihre Mutti eine Heldin war und sich der Polizei nicht unterwarf. Sie wuchs wie viele unserer Kinder in einer Atmosphäre des Kampfes für Gerechtigkeit, Ehrlichkeit und Wahrheit heran.

Gemeinsam träumten wir von den Tagen nach unserer Entlassung. Rosa versprach, für mich ein Festmahl zu kochen, und wollte wissen, was ich gern esse. Ich blickte auf meine trockene Pita und auf die Oliven und entwarf ein reichhaltiges Menü. Hinter den vergitterten Fenstern ging die Sonne unter. Rosa schaute dem schwindenden Licht nach und sah bestimmt ihre kleine Jemima vor sich. Ich dachte indessen an die versprochene gute Mahlzeit.

Das Festessen fand tatsächlich statt. Rosa wurde vor mir entlassen. Als ich sie besuchte, fand ich einen reichgedeckten Tisch vor. »Alles, was du dir gewünscht hast«, sagte Rosa.

Jahre sind indessen vergangen. Jemima wuchs heran und gehörte zu den leitenden Mitgliedern unseres Kommunistischen Jugendverbandes. Sie heiratete und gebar einen Sohn. Das grausame Schicksal setzte ihrem Leben bei der Geburt des zweiten Sohnes ein Ende. Was für ein Unglück!

Ausgerechnet ich sollte Rosa und Jakob, Jemimas Mann, diese Hiobsbotschaft überbringen. Ich glaubte, dazu allein nicht imstande zu sein. Früh am Morgen standen Maya, Jemimas beste Freundin, und ich zitternd vor dem Eingang des Hauses. Als Jakob herauskam, erzählten wir ihm, was geschehen war. Er erlitt einen Schock. Maya begleitete Jakob, und ich ging zu Rosa nach oben.

Sie lag noch im Bett und erschrak, als sie mich sah. Zuerst brachte ich es nicht fertig, ihr die Wahrheit zu sagen, und flüsterte nur: »Zieh dich an ...« Sie fing an, sich anzukleiden, und wandte dabei kein Auge von mir. Immer wieder fragte sie: »Was ist denn passiert? Sag es mir doch!« Ich blieb stumm, ich konnte nichts sagen. Erst als wir im Begriff waren, das Haus zu verlassen, nahm ich sie in meine Arme und berichtete ihr. Sie stand wie versteinert da, umarmte mich dann und murmelte: »Weine nicht ...« Es vergingen einige Minuten, bis sie das ganze Ausmaß ihres Unglücks begriff.

Ihre Kraft und Liebe widmete sie von da an der Erziehung und Pflege ihrer Enkel. Tief in ihrem Innern verschloß sie ihr unsagbares Leid, den Verlust ihrer geliebten einzigen Tochter. Stolz und beherrscht lebte sie mit ihrem Kummer.

An ihrem Sterbebett im Krankenhaus besuchte ich Rosa. Ich wußte nicht, ob sie mich noch erkannte. Da öffnete sie plötzlich die Augen und sagte: »Ich danke dir für die Karte zum 8. März, die du mir aus Moskau geschickt hast. Ich danke dir wirklich.«

Der 8. März und meine Rückkehr aus der Sowjetunion waren schon lange vorbei, aber Rosa erinnerte sich noch an die wenigen Worte, die ich ihr aus Moskau geschrieben hatte — sie erinnerte sich daran und war dankbar. Mit solch kleinen Dingen konnte man sie erfreuen, dachte ich.

Rosa starb im Januar 1980. Ich begleitete sie auf ihrem letzten Weg, und vor meinen Augen sah ich sie ganz deutlich auf dem Fensterbrett im Gefängnis von Bethlehem sitzen und hinaus in die Freiheit schauen, wo ihre Jemima auf sie wartete ...

Eine Feier

Wir bereiteten die Feier zum 7. November, dem Tag der Oktoberrevolution, vor. Die Aufgaben dafür wurden verteilt. Ich war für das kulturelle Programm und damit auch für die Vorführung eines kleinen Theaterstückes verantwortlich. Um bei der Wahrheit zu bleiben — ich war ein nervöser und unduldsamer »Regisseur«. Aber nicht nur ich, auch einige »Schauspielerinnen« hatten keine Geduld. Dina meinte: »Was ist denn schon dabei, eine schlechte Schauspielerin zu sein? Ich sitze schließlich nicht im Gefängnis als Strafe für mein schlechtes Spielen, sondern weil ich Kommunistin bin.«

Ich wußte, daß sie recht hatte. Ich war aber für das Stück verantwortlich, und daher war es in meinen Augen damals das allerwichtigste.

Einmal, als ich nach solch einem Wortgefecht nicht einschlafen konnte, wurden Erinnerungen wach ...

Vor vielen Jahren wollte ich tatsächlich einmal zum Theater, gab es aber dann sehr schnell auf. Eigentlich war die Geschichte sowohl zum Lachen als auch zum Weinen. Als ich den Kibbuz verließ, wußte ich noch nicht, wie sich mein Leben weiter gestalten würde. Eines Tages traf ich einen jungen Burschen, einen ehemaligen Kibbuznik. Es stellte sich heraus, daß wir ein gemeinsames Hobby besaßen — das Theater. Der junge Mann nahm mich mit zum Jugendzirkel des »ha-Ohel«-Theaters. Auf diese Weise traf ich eine Regisseurin, die mich von allen Seiten betrachtete und mich dann zu einem Gespräch einlud.

»Du kommst für die Bühne in Frage«, entschied sie. Sie regte meine Phantasie an und bestärkte mich in dem Willen, zum Theater zu gehen. Regisseurin Berta kam aus Deutschland. Sie nahm sich meiner ganz auf »jeckische«* Art an. Sie vertrat die Auffassung, daß junge Talente ans Tageslicht gebracht werden müßten. Bis heute ist mir unklar, weshalb gerade ich ein passendes Objekt für sie war.

Damals aber war ich sehr glücklich. Sie gab mir verschiedene Rollen, die ich spielte, während sie mich fotografierte. Danach schrieb sie einen Brief, legte die vergrößerten Fotos bei und schickte alles zusammen keinem Geringeren als dem weltberühmten deutschen Regisseur Erwin Piscator, den sie persönlich kannte. Piscator hielt sich zu dieser Zeit in Moskau auf.

Ungeduldig wartete ich auf seine Antwort. Selbstverständlich war es lächerlich, aber ich gab mich gern der Illusion hin, die Berta in mir geweckt hatte. Die Regisseurin war weit nervöser als ich. Endlich kam die Antwort. In das kleine Tel Aviv des Jahres 1932 kam ein Brief von dem legendären Piscator! Berta jubelte. Sie ging mit dem Brief in ihrer Tasche umher, als sei er vom lieben Gott persönlich. Die Nachricht verbreitete sich in Windeseile unter den Schauspielern des »ha-Ohel«, der »ha-Bimah« und anderer Theater. Der Brief an sich war eine solche Sensation, daß keiner mehr nach dem Inhalt fragte. Gerade der Inhalt aber interessierte mich in erster Linie. Der Künstler bedankte sich für den Brief und die Fotos und empfahl, das junge Mädchen im Jugendzirkel des »ha-Ohel«-Theaters weiter auszubilden. Er glaube, daß das »ha-Ohel« als Arbeitertheater eine gute Perspektive biete.

Im Theater interessierte man sich plötzlich für das »junge Mädchen, das Verbindungen zu Piscator« hatte. Ich, die ich mich dank meiner Phantasie schon als Schülerin des berühmten Regisseurs gesehen hatte, erhielt jedoch eine kalte Dusche. Von meiner Arbeit im Theater erzählte ich eines Tages dem Sekretär meiner Parteizelle. Er sah mich erstaunt an und sagte dann entschieden: »Schlag dir das aus dem Kopf! Du mußt zwischen dem Theater und dem politischen Kampf wählen.«

Bekanntlich habe ich mich für den politischen Kampf entschieden.

Mein tragikomisches Erlebnis mit dem Theater rief ich mir, als ich im Gefängnis auf meinem harten Lager ruhte, ins Gedächtnis zurück und nahm mir vor, meine Kameradinnen nicht mehr mit meinen übertriebenen »künstlerischen Forderungen« zu quälen.

Eines Tages kehrte Gina mit strahlendem Gesicht und einem Päckchen unter dem Arm aus der Küche zurück. Das Päckchen versteckte sie, und sie verriet auch nicht, was darin war. Am Vorabend des Feiertages überraschte sie uns dann: Sie breitete ein Laken aus, nahm aus dem Päckchen ein Stück Kohle, das sie aus der Küche entwendet hatte, und fing an zu malen.

»Das ist Lenin! Lenin, wie er leibt und lebt!« riefen wir, als sie fertig war.

Bis zu diesem Tag wußten wir nicht, daß Gina solches Talent besaß. Unsere Bewunderung war grenzenlos. Am nächsten Morgen, als das Zimmer für die Feier geschmückt war und das Leninporträt an der Wand hing, ging die Tür auf und Frau Jackson trat mit ihrer Stellvertreterin ein. Auch das Hündchen, ihr ständiger Begleiter, fehlte nicht. Wir erstarrten vor Schreck. Wir hatten drei Sünden begangen: Kohle geklaut, ein Laken Seiner Majestät beschmutzt und Lenin gemalt.

Mit angehaltenem Atem verfolgten wir alle Bewegungen der Aufseherin. Frau Jackson ließ ihre Blicke umherschweifen und verharrte schließlich bei Lenin. Sie sah das Bild an und sagte versöhnlich: »Diesen Gentleman kenne ich. Es ist Mister Lenin.« Sie ging zur Tür und sprach kein Wort mehr. Als die Tür sich hinter den beiden Frauen geschlossen hatte, brach ein Freudengeschrei aus. »Sie kennt diesen Gentleman!« Wir kugelten uns vor Lachen. Gina wurde zur Heldin des Tages.

Wir stellten uns in einer Reihe auf — wir trugen festliche Kleider, waren hübsch gekämmt und zum Feiern bereit. Die Stadtuhr schlug zehn. Wir stimmten »Die Internationale« an. Schon oft hatte ich diese Hymne gesungen und gefühlt, wie sich meine Stimmung hob. Aber heute, hier im Gefängnis von Bethlehem, würgten mich die Tränen bereits bei den ersten Klängen des Liedes. Nicht nur mir, auch den anderen ging es so. »Auf zum letzten Gefecht ...«, schallte es dann aus den offenen Fenstern des Gefängnisses. Unser Lied drang überall hin, bis in die Straßen der Stadt und auf den Marktplatz.

Wir eröffneten die Feierstunde. Als Gäste hatten wir zwei Aufseherinnen eingeladen, die uns Sympathie entgegenbrachten. Sie erhielten »Ehrenplätze« gegenüber der »Tribüne«, die mit roten Fahnen geschmückt war. Diese Fahnen hatten wir aus Blusen, Westen und sogar aus Unterröcken genäht. Wir hatten alles, was rot war, benutzt. Auch an den Fenstern hängten wir rote Fahnen auf, so daß man sie draußen sehen konnte. Selbstverständlich wurde eine Rede gehalten, und wie damals üblich, war es natürlich eine lange Rede.

Dann war es soweit, das Stück kam an die Reihe. Meine Spannung ließ nach, als ich den »Sprechchor« vernahm. Es wurden revolutionäre Gedichte vorgetragen. Alles klappte gut. Nun war ein polnisches Gedicht an der Reihe, das ich selbst einstudiert hatte. Es handelte von einem jungen Maurer, der auf einem hohen Baugerüst steht und singt:

> »Er wird bauen ein Haus, so hoch,
> Ein Haus mit hundert Etagen.
> Hundert Etagen ganz aus Marmor.
> Es wird hoch werden, bis an die Wolken,
> Es wird weder Donner noch Blitz fürchten ...«

Der Maurer steht in der 40. Etage und singt weiter:

> »Das weiße Haus mit den hundert Etagen,
> Wird nicht das Ende meiner Träume sein.
> Noch höher werde ich bauen,
> Bauen, bis ich die Sonne erreiche
> Und ein Haus mit hunderttausend Etagen
> Entstehen wird ...«

Das Gerüst für den jungen Maurer bauten wir aus unseren eisernen Betten, die wir senkrecht aufstellten. Ich — in Hosen, eine weite Bluse darüber, um den Bauch zu verbergen, und mit einem roten Halstuch — kletterte auf das Gerüst. Ich war also der junge Maurer und sang voller Begeisterung. Dieses Lied liebte ich besonders und schon lange wegen des schönen Traumes.

»Vorsichtig!« ertönte plötzlich ein Schrei. Ich erschrak, lehnte mich gegen die Wand und beendete das Lied. Stürmischer Beifall brach aus. Man half mir beim Herunterklettern.

Wir saßen dann an den Tischen, sangen und aßen »gute Sachen«, die wir uns monatelang vom Munde abgespart hatten.

Nach der Feier mußte ich mich jedoch sofort hinlegen. Ich war von den Ereignissen des Tages völlig ermattet.

Aus meiner Ecke erhaschte ich einen Gesprächsfetzen: »Warum hast du denn geschrien? Du hast sie erschreckt. Sie hätte ja herunterfallen können!« sagten einige vorwurfsvoll zu Rosa. Die verwirrte Rosa verteidigte sich: »Ich hatte Angst um sie. Wozu muß denn ein schwangeres Mädchen unbedingt auf wackeligen Betten herumklettern?«

Der Abschied

Die Partei und die Familie unternahmen alles mögliche, um mich freizubekommen. Mein Bauch reichte indessen fast hinauf bis an die Nasenspitze. Eigentlich gab es keine juristischen Hindernisse, da ich eingesperrt war, ohne abgeurteilt worden zu sein. Die Polizei schien sich auch darin einig zu sein, mich besser nicht im Gefängnis entbinden zu lassen. So bekam ich eines Tages die Mitteilung, ich sei frei.

Frei? Kaum zu fassen!

Als die Mädchen das erfuhren, begann eine lebhafte Diskussion über den Namen des zu erwartenden Kindes. Natürlich würde es ein Junge werden. Bis heute kann ich nicht fassen, wieso sie nur von der Geburt eines Sohnes und nicht von einer Tochter sprachen, als hätten sie es vorausgeahnt.

Das größte und wichtigste Ereignis des Jahres 1936 war der Krieg in Spanien. Deshalb wählten die Mädchen den Namen Largo, nach dem spanischen Arbeiterführer Largo Caballero. Der Vorschlag wurde mit Begeisterung aufgenommen. Einige hatten jedoch Bedenken: »Largo Caballero ist kein Kommunist. Was wird geschehen, wenn er uns eines Tages enttäuscht?« Das Problem wurde so gelöst: Er wird »Largo Eitan« genannt, da kann es keine Enttäuschung geben.

Ein Abschiedsfest wurde veranstaltet. Die herzlichen Worte, die vielen guten Wünsche und die Küsse, die ich erhielt, würden wohl bis ans Lebensende reichen.

Endlich brach der lang ersehnte Tag an. Ich stand im großen Zimmer, um mich herum meine Genossinnen. Ich fühlte mich wie eine Braut. Sie zogen mir das weiße Kleid an, das ich bei meiner Ankunft im Gefängnis getragen hatte. Eine von uns, die nähen konnte, hatte es so weit wie nur möglich gemacht. Nun war ich bereit. Alle begleiteten mich bis an die Tür, so war es üblich. Der Abschied von den anderen schwangeren Mädchen fiel mir besonders schwer. Ich versprach, für die »Gefängniskinder« wie für meine eigenen zu sorgen. »Auf Wiedersehen!« riefen wir uns zu, Tränen in den Augen.

Als sich das Gefängnistor hinter mir schloß, war ich wie benommen. Ich konnte noch nicht fassen, daß ich wirklich frei war. Ich wollte meinen Kameradinnen ein letztes Mal zuwinken, aber die Fenster waren auf der anderen Seite. Da kam ich mir nach all den langen Monaten des Beisammenseins auf einmal richtig verloren vor.

Ein Polizeiauto transportierte mich nach Jerusalem.

Auf der Wache gab man mir unentgeltlich eine Eisenbahnfahrkarte nach Tel Aviv. Ich verließ die Polizeistation, ging durch die Straßen Jerusalems und begann endlich zu begreifen: Ich war wirklich frei. Ich konnte überall hingehen, ich wußte nur nicht, wohin.

Ich hatte viel Zeit, mein Zug fuhr erst am Nachmittag. Ich ging spazieren. Vor einem Laden, in dessen Schaufenster ein Spiegel hing, blieb ich stehen. Ich warf einen Blick hinein und war entsetzt: Wer war denn das? Das sollte ich sein? Das Gesicht war zwar mein eigenes, das weiße Kleid gehörte auch mir, die braunen Zöpfe sahen aus wie die meinen — und doch war ich es nicht! Ich sah eine kleine Frau mit dickem Bauch. In den vielen Monaten im Gefängnis hatte ich mich niemals im Spiegel gesehen. So bemerkte ich auch nicht, wie sehr sich mein Körper verändert hatte.

Als ich mich vom ersten Schreck erholt hatte, sah ich mich um. Lachte mich denn keiner aus? Nein. In den Augen der Pas-

Als Jugendliche in Warschau

Die Mutter Chaja Warschawiak

Der Vater Mendel Warschawiak

Tel Aviv im Jahre 1929

Blick auf Haifa, 1935

Zum ersten Mal auf einer Parteiversammlung, 1931

Ernst Thälmann

Georgi Dimitroff

Britische Soldaten durchsuchen Araber in Jerusalem, 1938

Britische Truppen beschießen im Oktober 1938 das Dorf Miar

Lea Grundig: Plakat für die »Liga V«, 1942

OFFICIAL PALESTINE PRESS CARD

بطاقة صحفية رسمية כַּרְטִיס-עִתּוֹנוּת רִשְׁמִי

Name of Holder اسم حامل البطاقة
שֵׁם בַּעַל הַכַּרְטִיס

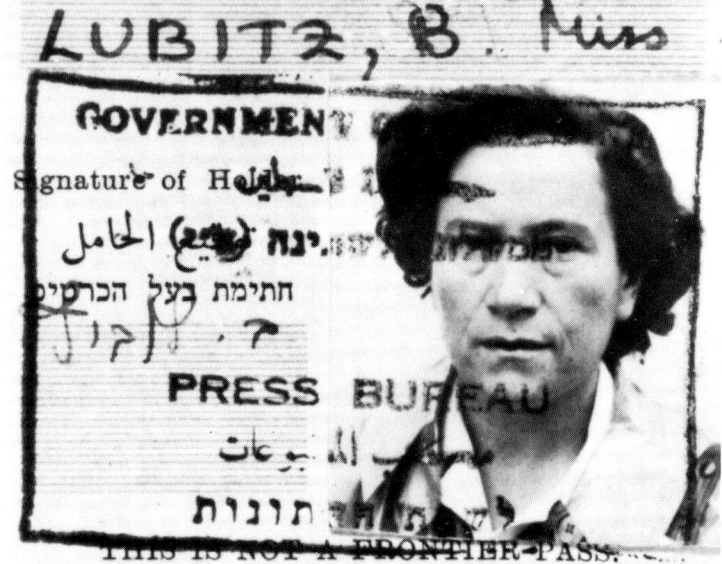

LUBITZ, B. Muni

THIS IS NOT A FRONTIER-PASS.

ليست هذه بطاقة لاجتياز الحدود כַּרְטִיס זֶה
אֵינוּ כַּרְטִיס-גְּבוּל

Presseausweis 1946

An Bord der »Tara« im Jahre 1947

Mit der Jugendgruppe aus Palästina 1947 in Jugoslawien.
V.r.n.l.: Ouda Ashhab, Sascha Khenin, Elijahu Gozansky;
links Louis Aragon und Elsa Triolet; in der Mitte vorn Ita Vilner

Auf den Ruinen des Warschauer Ghettos, 1947

Auf dem Vereinigungskongreß 1948 in Haifa.
V. r. n. l. sitzend: G. Gabardian, E. Habibi, S. Mikunis, T. Toubi,
M. Vilner; stehend: M. Biletzki, E. Vilenska, P. Feinhaus,
E. Gozansky, W. Ehrlich, E. Feigenbaum, E. Druckmann, R. Lubitsch

Mit Pnina Feinhaus auf einem Festival der Kommunistischen Jugend
auf dem Karmel in Haifa

Jael Gerson   Sioma Mironiansky

Festliche Zusammenkunft der »Liga V« 1949
in Rischon le-Zion

Das Haus im Schabasi-Viertel von Tel Aviv

Mit Sorach, Eitan und David im Jahre 1951

Vor dem Reichstagsgebäude 1951 in Berlin

Auf dem Kongreß fortschrittlicher Frauen 1954

Präsidium des Kongresses der Freundschaftsbewegung
Israel — Sowjetunion 1964

Die erste Delegation des Komitees zur Verbesserung der Beziehungen
zwischen Israel und der UdSSR 1971 auf der Reise nach Moskau

Hertta Kuusinen, Präsidentin der Internationalen Demokratischen
Frauenföderation, überreicht 1972 in Budapest eine Anerkennungsurkunde
für die Demokratische Frauenbewegung Israels

Die Vertreter der Kommunistischen Partei Israels
auf dem 12. Histadrut-Kongreß 1973

Die Vertreterinnen der Kommunistischen Partei Israels
auf dem NAAMAT-Kongreß 1973

Protest vor der Knesset gegen Lohnsenkungen und Forderung
nach mehr Mitteln für die Armenviertel anstatt für die Siedlungen
in den okkupierten Gebieten; links die Autorin

Mit Mahmud el-Mughrabi auf einer Tagung des Weltfriedensrates
1979 in Berlin

Treffen mit Genossen, die in den dreißiger Jahren aus Palästina
vertrieben worden waren, Moskau 1979

Muhamad Nafa, Generalsekretär des Kommunistischen Jugendverbandes, überbringt auf dem XIX. Parteitag dem Generalsekretär der KPI, Meir Vilner, die Grüße des Jugendverbandes, Tel Aviv 1981

Auf einer Demonstration der Partei 1981. V. r. n. l.: R. Lubitsch, T. Toubi, M. Vilner, J. Irge, Z. Karkabi, W. Ehrlich

santen war ich einfach eine schwangere Frau, eine ganz normale Erscheinung.

Wie werden meine Freunde und meine Familie so eine wie mich aufnehmen? Macht nichts, tröstete ich mich, es ist doch mein Sohn, Largo-Eitan ...

In der Eisenbahn von Jerusalem nach Tel Aviv fuhren Juden und Araber in gesonderten Waggons. Der Boykott beruhte auf Gegenseitigkeit. In allen Wagen waren viele arabische und jüdische Polizisten und noch mehr britische Soldaten. Alle waren so gut bewaffnet, als führen sie zur Front.

In dem Abteil, in das ich eingestiegen war, saßen nur Araber, alles Männer. Ich setzte mich neben einen alten Fellachen. Allgemeines Schweigen, bedrückendes Schweigen. Bestimmt denken sie, daß ich spionieren, ihren Gesprächen lauschen will, schoß es mir durch den Kopf. Es war mir peinlich. Dennoch blieb ich sitzen, um diese Trennung zwischen Juden und Arabern zu durchbrechen.

Jüdische Polizisten kamen alle Augenblicke herein und kontrollierten, ob alles in Ordnung sei. Ich beachtete sie nicht und war entschlossen, das bedrückende Schweigen zu beenden. Ich sagte: »Ich hoffe, nicht gestört zu haben. Es kann sein, daß ich das falsche Abteil gewählt habe. Ich weiß nicht, was im Land jetzt vor sich geht. Heute wurde ich aus dem Gefängnis in Bethlehem entlassen. Ich bin Kommunistin. Sollte es euch unangenehm sein, mit mir in einem Abteil zu sitzen, weil ich eine Frau und eine Jüdin bin, sagt es bitte, dann werde ich gehen.«

Die Reaktion war ein allgemeines Staunen. Einige standen auf, kamen näher und fragten: »Kommst du wirklich aus dem Gefängnis? Du bist Kommunistin?«

Ich erzählte, wie und warum ich verhaftet worden war. Der arabische Polizist, der ins Abteil hineinsah, war überrascht. Er verschwand und kehrte mit einem britischen Offizier und einem jüdischen Polizisten zurück. Sie sagten zu mir, es wäre wohl besser, das Abteil zu wechseln. Ich weigerte mich. Da erklärte der jüdische Polizist: »Noch bist du Häftling.« Ich stritt das entschieden ab. Mir wurde als »Beweis« die Fahrkarte vorgehalten, die ich von der Polizei erhalten hatte. Ich erwiderte, die Karte selbst, mit meinem eigenen Geld, bezahlen zu können. Die arabischen Fahrgäste konnten ihren Haß auf die Polizei kaum länger verbergen.

Die beiden Ordnungshüter zogen sich zu einer Beratung zurück und kamen nicht wieder.

Jetzt standen fast alle um mich herum. Ich erzählte ihnen vom Kampf der Partei. Ab und zu unterbrach ich mich und fragte: »Versteht ihr mein Arabisch? Ich spreche ja so schlecht!« — »Ja! Ja!« versicherten sie mir. Freundschaftlich nahmen wir voneinander Abschied.

Der Zug fuhr in Tel Aviv ein. Ich erhob mich und sah aus dem Fenster. Ich erblickte Sorach. Auch er sah mich und rannte mir mit einem Blumenstrauß in der Hand entgegen.

In diesem Augenblick drängte sich mir ein anderes Bild auf: Herbst 1929, ein Zug fährt in den Bahnhof von Benjamina ein. Auf dem Bahnsteig ein Bursche mit zerzaustem rotblondem Haar, breitschultrig, von der Sonne gebräunt; er hat ein weißes Hemd und kurze Hosen an, und seine etwas krummen Beine stecken in Sandalen. Auch das war Sorach. Nur waren wir uns damals noch fremd und ahnten nicht, wie nah wir uns später für das ganze Leben sein würden …

Jetzt wartete er wieder auf dem Bahnhof, diesmal auf uns zwei — auf mich und unseren Sohn.

Der Zug hielt. Vorsichtig stieg ich die hohe Treppe hinunter und fiel direkt in seine starken und warmen Arme.

Nach meiner Entlassung verfolgte ich Monate hindurch das Schicksal meiner Genossinnen und ihrer Säuglinge, die im Gefängnis das Licht der Welt erblickten. Jehudit Kalman wurde mit ihrem Töchterchen nach Frankreich ausgewiesen, wo sie viele Jahre die politische Arbeit in der Französischen Kommunistischen Partei fortsetzte und ihr Kind großzog.

Tragisch war das Schicksal Sima Brunsteins. Zusammen mit ihrem Mann Mischa — einem bekannten Kommunisten, Häftling im Jerusalemer Gefängnis — und ihrem Kind wurde sie des Landes verwiesen und nach Polen deportiert. Die Familie machte Station in Paris. Mischa Brunstein fuhr sofort nach Spanien, kämpfte in den Interbrigaden bis zum Ende des Krieges. Er gab später ein Buch über Spanien heraus (erschienen in Warschau 1958). Es hieß »Pasaremos« (Wir werden durchkommen).

In diesem Buch erzählt Mischa eine Episode aus der Zeit seiner und Simas Haft im Gefängnis in Palästina: »Beim Prozeß traf ich meine Frau, die aus dem Frauengefängnis Bethlehem hergebracht worden war. Sie flüsterte mir ins Ohr: ›Die Mädchen im Gefängnis haben beschlossen, daß unser Kind — falls ich trotz meiner Schwangerschaft verurteilt werden sollte und im Gefängnis entbinden muß — Liberto oder Liberta heißen soll. So wollen wir unsere Solidarität mit dem spanischen Volk bekunden.‹ «

Mischa war einverstanden. Er meldete sich zur spanischen Front und überlebte. Das Kind und Sima blieben in Frankreich. Sie wurden während der Nazibesetzung umgebracht.

Über das Schicksal der dritten Genossin und über ihr Kind wissen wir bisher nichts.

Unsere Männer in Spanien

Als ich das Gefängnis verlassen hatte, fand ich in Palästina viele meiner Freunde nicht mehr vor. Sie kämpften bereits in Spanien. In der Zeit, als dort der national-revolutionäre Krieg tobte, baten viele inhaftierte Genossen, besonders jene, die außer Landes deportiert werden sollten, die Partei um Erlaubnis, sich den Interbrigaden, in denen Antifaschisten aus allen Teilen der Erde kämpften, anschließen zu dürfen. Das war Ausdruck der tiefen internationalistischen Haltung unserer Genossen, die bereit waren, ihr Leben zu opfern, um den Faschismus in Spanien noch im Keim zu ersticken. Unter den Freiwilligen gab es Mädchen und Jungen. Auch ich wollte hin, konnte es aber wegen meiner Schwangerschaft nicht.

Jetzt, in Freiheit, spürte ich die Lücken in unseren Reihen.

Auf unerforschlichen Wegen erreichten uns Nachrichten vom Tod unserer Genossen: von Josef Schnitzer, Jizchak Joffe und Elijahu Ehrlich; von Soni Kesselmann, einem ehemaligen Kibbuz-Mitglied, bekannt für seine Wortkargheit; von Meir Levy, dem ersten, der 1935 bei der Demonstration während des Hungerstreiks in Jerusalem von den Schüssen der Polizei verwundet worden war; von Abd el-Hilek, der ganz allein in den Hungerstreik trat und im Gefängnis von Akko sogar im Winter nackt umherlief, weil er sich weigerte, Häftlingskleidung zu tragen; von Mordechai Milman, Held und Hauptmann im 13. Bataillon.

So wie sie kämpften viele andere an den verschiedenen Fronten in Spanien und fanden dort den Heldentod.

Hunderte junge Menschen sind aus Palästina nach Spanien gegangen, aber nur wenige kehrten zurück. Einer von ihnen war unser guter Genosse Israel Zentner, der das Buch geschrieben hat »Von Madrid bis Berlin«. Als er zurückkam, war seine Brust mit vielen Orden geschmückt. Alle unsere Spanienkämpfer gaben ihr Blut im Kampf gegen den Faschismus und schrieben ein Ruhmesblatt in der Geschichte unserer Partei.

Wir werden aller in Achtung und Liebe gedenken

Wir sitzen in einem großen Raum eng beieinander. Alle sind wir ehemalige Häftlinge mit unterschiedlichen Schicksalen. Die Genossen mit palästinensischer Staatsangehörigkeit hatten die Hoffnung, wenn es Seiner Exzellenz, dem britischen Hochkommissar, beliebte, entlassen zu werden. Andere, ohne diese Staatsangehörigkeit, erwarteten, in die Länder deportiert zu werden, aus denen sie stammten, mitunter auch in andere Staaten. Wir waren unserer viele. Wie kann man sich heute noch an alle erinnern?

In unseren Händen befindet sich eine Liste der 1936 in Palästina inhaftierten Kommunisten. Es ist die Kopie eines Dokuments über die Zeit des britischen Mandats in Palästina, das in einem Londoner Archiv aufbewahrt wird. Die Liste umfaßt 200 Namen, darunter 60 Frauen. Einige Namen sind schlecht lesbar.

Vor meinen Augen sehe ich unsere treuen Genossen, mit denen ich zusammen in der Illegalität gearbeitet habe, die Genossinnen, die mit mir im Gefängnis in Jaffa und in Bethlehem gesessen haben. Nur wenige von ihnen durften im Land bleiben; die meisten wurden in ihre Herkunftsländer vertrieben oder mußten durch viele Länder wandern. Unter ihnen waren unsere Genossen, die 1936 in Spanien oder später im zweiten Weltkrieg, bei den Partisanen und in den alliierten Armeen, gegen den Faschismus gekämpft haben. Viele weilen nicht mehr unter uns.

Die Partei steht tief in ihrer Schuld. Sie gedenkt ihrer mit Liebe und Achtung.

Hier die Liste der Häftlinge des Jahres 1936:

Abullisk, Rosa
Abu-Khalifa, Muhamad
Abram, Rosa

Abramovitz, Daniel
(fiel in Spanien)
Aberstein, David

Agopian, Aram
Auerbuch, Jechiel
Ostrovsky, David
Oscherovitz, Ester
Ickenblum, Isaak
Irgo, Mordechai
el-Bayari, Hassan
el-Baschiti, Taha
Alexandrovitz, David
(fiel im Partisanenkampf
in Frankreich)
Almi, Puo
Ellenbogen, Dora
Oesterreich, Mosche
Ekvist, Robert
(fiel in Spanien)
Eckstein, Dora
Ehrlich, Elijahu
(fiel in Spanien)
Arpat, Ruschti
Bader, Elijahu
Bader, Zvi
Balter, Jacob
Barthel, Hans
Buber, Fischel
Borovik, Zivia
Bursuk, Arie
Bialer, Abraham
(Lova, fiel in Spanien)
Biber, Israel
Bibergal, Adolf
Biletzki, Mordechai (Marcus)
Binler, Tova
Birebach, Dvora
Blatt, Schlomo
Bleifer, Menachem
Ben Mordechai, Schmuel
Bronstein, Michael
Bronstein, Nachum
Brutzkus, Regina
Brückner, Josef
(fiel in Spanien)
Berlovitz, Mordechai

Berman, Sonia
Barak, Chanan
Gottesmann, Isaak
Goldberg, Hadassa
Goldenberg, Chaim
Gordon, Zvi
Goralik, Pinchas
Goretzky, Chava
Ginzburg, Schimon
Glanz, Abraham
Gelobter, Zvi
Glusman, Zvi
Gamisch, Schraga
Granek, Isaak
Granek, Fruma
Gross, Hella
Grossman, Matityahu
(wurde durch die Gestapo
in Frankreich ermordet)
Greifman, Aharon
Grill, Ester
Grünwald, Mosche
David, Benjamin
Drucker, Olga
Hartman, Philip
Hiller, Mosche
Hirsch, Micha
Helfand, Aharon
Hamam, Achmed
Weber, Josef
Weber, Jacob
Wolfson, Rivka
Weitman, Abraham
(fiel in Spanien)
Weiss, Erna
Weiss, Josef
Weisberger, Chaim
Winograd, Jecheskel
Witz, Jehudit
Wenfeld, Sara
Salburg, Hanna
Zibula, Chajuta
Silberstein, Abraham
(fiel in Spanien)

Simmring, Josef
Hussein, Machmud Suliman
Chen, Jacob
Chefetz, Pinchas
(wurde in Spanien verwundet)
Tanzman, Rivka
Tubias, Aharon
Traum, Pnina
Jatzel, Jacob
Jedinoruky, Hans
Joffe, Schlomo
Jacob, Imri
(fiel in Spanien)
Jakir, Iara
Cohen, Malka
Katz, Jehudit (Ita)
Katz, Nicolas
Katz, Sara
Lazar, Max
Lubitz, Sorach
Lubitz, Chaim
Lubitz, Ruth
(Hofmann, Bracha)
Lubetzky, Rivka
Levy, Arthur
Levi, Jacob
Levy, Meir
(fiel in Spanien)
Levi, Amram
Levy, Kurt
Loiber, Jehudit
Liberman, Zipora
Litwak, Zvi
(fiel im Partisanenkampf
in Frankreich)
Lifschitz, Isaak
Litzman, Eugen
Manesch, Grischa
Moscovici, Aharon
Moschik, Rasie
Maytos, Chaja
Margalit, Sara
Markowitz, Ariel

Novomisky, Abraham
Novik, Alisa
Nimgowitz, Zvi
Sachakian, Garnik
Segal, Mordechai
Segal, Schmuel
Sobol, Dov
Soton, Abraham
Stanislavsky, Abraham
Sibkrot, Leib
Saluan, Antel
Slonim, Meir
Saltimovitz, Chaim
Abdel Khalek, Ali
(fiel in Spanien)
Othman, Muhamad Ali
Afuani, Abdallah
Feingelernter, Chaim
Feinhaus, Pnina
Finkelstein, Hanna
Fürst, Jehuda
Fischer, Erna
Platt, Awigdor
Plai, Alexander
Feldman, Schmuel
Pletkovsky, Mosche
Fleischer, Nissan
Frankas, Israel
Friedrich, Abraham
Zwiebelsaft, Sara
Tzimels, Sara
Zinamon, Max
Kadar, Muhamad
Castel, Schimon
Kovatz, Zolton
Kutschevsky, Ester
Koltun, Zvi
Kalman, Jehudit
Kopelik, Zipora
Kupper, Arie
Korin, Chaja
Kornfeld, Menachem
Kirschenbaum, Abraham

Klotz, Pinchas
Klein, Simcha
Knubovitz, Abraham
Kaplan, Mordechai
Krauss, Dina
Krasnow, Jacob
Resehith, Assisa
Rubengrün, Silvia
Roggendorf, Jonathan
Rosovsky, Aharon
Rosenberg, Hanna
Rosner, Abraham
Rosner, Pepi
Rosenstrauch, Frieda
Roth, Mordechai
Roth
Schaon, Ladislav
Schwitzer, Josef
Schurek, Chava
Stockstil, Abraham
(kämpfte in Spanien)

Steinmetz, Bruria
Strauss, Greta
Stern, Israel
Schein, Schoschana
Scheinferber, Chaim
Scheiner, Natan
Schechter, Abraham
Schechter, Josefina
Schmidt, Frida
Schnitzer, Sara
Spielberg, Zvia
Schapiro, Abraham
Schapiro, Elieser
Schapiro, Mussa
Czeransky, Isaak
Schreiber, Zvi
Schreiber, Zvi
(genannt Sekretner)
Tamari, Schalom

Ein ferner Krieg
und nahe Kämpfe

Eine ungewöhnliche Hochzeit

Wir wollten keine Hochzeitszeremonie, aber unsere Eltern hatten darauf bestanden.

Einen Monat vor der Entbindung gingen wir also zum Rabbiner. Es war eine komplizierte Heirat: Mit dickem Bauch konnte ich nicht vor den Rabbiner treten; wie bereits erwähnt, ging meine schöne Freundin Mascha statt meiner hin. Als Trauzeugen erschienen meine beiden Brüder. Aber die Hauptzeugin war natürlich ich. Wegen meiner Schwangerschaft trank ich auf meiner eigenen Hochzeit nicht einen einzigen Schluck Wein. Und nicht nur das, nicht einmal den Trauring durfte ich behalten: Er war nur geliehen ...

Ich bekam einen Sohn. Den Sohn, den wir uns so sehr gewünscht hatten und auf den wir so lange warten mußten. Kinder bedeuten für ihre Eltern eine große Verantwortung, besonders in einer Zeit der illegalen Arbeit. Was wird aus dem Säugling, wenn die Eltern oder ein Elternteil für längere Zeit verhaftet werden? Doch bereits das jahrelange Warten auf ein Kind, wenn man es sich sehr wünscht, ist nicht einfach. Unseren Sohn nannten wir, wie es meine Kampfgefährten im Gefängnis vorgeschlagen hatten, Largo-Eitan. Sorach gefiel dieser Name auch, und er fand sogar noch eine weitere Erklärung: Largo ist ein Begriff aus dem Bereich der Musik.

Das kleine Wesen veränderte unser Leben von Grund auf. Es war schwach, aber anspruchsvoll. Es weinte und schrie – und wir waren aufgeregt. Die Genossen lachten und meinten: »Er ist schon sehr aktiv.« Sorach hatte es leichter: Er rannte einfach davon. Ich jedoch blieb auf meinem Posten. Meine Hauptaufgabe bestand ja darin, für den winzigen Largo-Eitan »Milch zu produzieren«. Ich mußte täglich acht Gläser Saft austrinken, und zwar vor und nach dem Stillen. Sorach prüfte, wenn er von der Arbeit kam, ob die Gläser tatsächlich leer waren. Oft goß ich, um Diskussionen zu vermeiden, den Saft weg.

Das kleine Wesen war aber nicht nur ein Schreihals, sondern auch sehr lieb. Für uns bestand das größte Problem darin, einen Weg zu finden, wie wir zum »normalen Leben«, das heißt zur politischen Tätigkeit, zurückkehren konnten, ohne unsere Pflichten als Vater und Mutter zu vernachlässigen.

Wir ziehen nach Rischon le-Zion

Wir konnten nicht länger in Tel Aviv bleiben. Die Geheimpolizei ließ uns nicht mehr aus den Augen. Arbeit gab es nicht. Mich nahm die Pflege des Kindes zwar voll in Anspruch, doch zum Leben brauchte man auch Geld.

Man schlug uns vor, nach Rischon le-Zion umzuziehen — weg aus der Stadt, der Geheimpolizei aus den Augen. Die Lage in der Partei war schwer: Die Massenverhaftungen von 1936, die Deportationen, die Abreise der Genossen, die nach Spanien gingen, lichteten die Reihen der Partei. Es galt daher, neue Genossen zu gewinnen, um die Partei wieder zu stärken. Die Polizei gönnte uns aber keine Ruhepause. Sie verfolgte ganz besonders die ihr bekannten Genossen. Das Sekretariat der Partei beschloß daher, diese Genossen zeitweilig aus dem aktiven Kampf zurückzuziehen. Das bedeutete, den Kontakt zu den Parteiinstitutionen abzubrechen und abseits zu stehen. So sollte es möglich werden, weitere Mitglieder aufzunehmen und die Partei neu aufzubauen. Radwan al-Hilou (Moussa), der Generalsekretär der PKP, teilte mir diesen Beschluß mit und fügte hinzu: »Das ist zwar hart, aber nur vorübergehend. Es ist notwendig im Interesse der Partei, und das ist entscheidend. Der Umzug nach Rischon le-Zion ist für euch eine gute Lösung.«

Wir packten unsere Sachen, wickelten das Baby gut ein und machten uns auf den Weg. Noch wußten wir nicht, wie und wovon wir leben sollten.

Wir mieteten im Arbeiterviertel ein Zimmer. Die Küche teilten wir mit einem zweiten jungen Ehepaar. Möbel besaßen wir nicht. Wir kauften uns zwei eiserne Betten. Zwei »Tnuwah«-Apfelsinen-Kisten dienten uns als Schränke für unsere Sachen und für die des Kindes. Die wenigen Kleidungsstücke, die wir besaßen, hängten wir in einer Ecke hinter einem Vorhang auf. Alle meine Kleider waren mir zu eng, denn durch das Stillen hatte ich zugenommen. Der Kleine schlief vorerst im Kinderwagen, aber bald würde er ein Kinderbett brauchen. Dieses Problem lösten unsere Freunde, die Tischler, ganz einfach: Sie bauten ein Laufgitter, und dieses diente unserem kleinen Prinzen auch als Bett. Nach einem Jahr bekam er dann von seinem Großvater ein Bettchen geschenkt.

Unsere wirtschaftliche Lage verbesserte sich ein wenig, als Sorach Arbeit fand. Wir kamen einigermaßen zurecht. Doch ein anderes Problem beschäftigte uns: Wie konnten wir plötzlich außerhalb jeglichen Parteigeschehens stehen und ohne politische Aktivitäten leben?

In der Zwischenzeit unterhielt ich mich sehr oft mit unseren Küchenmitbenutzern. Sie waren kinderlos und arbeiteten beide — er in der Orangenplantage und sie in einem Restaurant. Angenehme Menschen. Der Wunsch, sich näher kennenzulernen, beruhte auf Gegenseitigkeit. Wir sprachen sehr vorsichtig über verschiedene Dinge, hauptsächlich über Politik. Eigenartig — auch sie interessierten diese Themen … Als wir mehr wagten — sowohl sie als auch wir —, stellten wir die Übereinstimmung unserer Auffassungen fest. Sie wollten uns und wir sie gewinnen!

Mit der Zeit wurde uns klar, daß sie der »Proletarischen Liste« angehören mußten. Unter diesem Namen arbeiteten die Kommunisten in den Gewerkschaftsverbänden der Histadrut. Dennoch gaben wir uns noch nicht zu erkennen. Mordechai Irgo, der auch in einer Zitrusplantage in Ness Ziona arbeitete und an jedem Wochenende zu uns kam, machte unser Spiel mit. Laut Parteibeschluß »standen wir abseits«. Einmal hörten wir durch die dünne Wand ein Gespräch. Unser Nachbar sagte zu jemandem, daß er drei neue Leute »in der Mache« habe und hoffe, sie als Sympathisanten zu gewinnen.

Wir platzten fast vor Lachen. Es dauerte nicht mehr lange, und wir erzählten den Nachbarn die Wahrheit. Sie waren überrascht, aber bald waren wir enge Freunde.

Als es uns finanziell besser ging, beschlossen wir, ins Zentrum umzuziehen. Das Arbeiterviertel war zu weit vom Ort entfernt.

Zusammen mit unseren Freunden, den Tischlern, mieteten wir eine Zweizimmerwohnung. Sie lebten bereits in einem Zimmer der Wohnung, als wir mit dem Kinderwagen, in dem unser ganzes Vermögen lag, ankamen. Unser schönstes Möbelstück war das Laufgitter. Unsere Freunde steckten den Besen in den Kinderwagen und hängten an seinem Stiel das Nachttöpfchen unseres Sohnes auf. Die Hauswirtin, die auf ihrem Balkon stand, blickte fassungslos auf ihre neuen Mieter. Als sie sich von ihrem ersten Schreck erholt hatte, eilte sie hinunter, versperrte uns den Eingang und rief: »Hier herein kommt ihr nicht!« Es halfen keine Erklärungen, keine Bitten. Sie wollte weder uns noch unsere Armut in ihrem Haus haben und gab uns den bereits gezahlten Vorschuß zurück. Wir stritten so heftig, daß die Leute auf der Straße zusammenliefen. Schließlich beschlossen wir, den Streit zu beenden, und machten kehrt. Wir zogen ins Arbeiterviertel zurück.

Unsere Freunde gaben der Vermieterin von da an keine Ruhe. Sie öffneten alle Hähne, bis das Wasser die Wohnung überschwemmte und in die Wohnung der Vermieterin lief. Sie fiel in Ohnmacht, und unsere Freunde rannten davon … In der Moschawa lachte alles.

Etwas später mieteten wir im Ort eine kleine Parterrewohnung. In dieser Wohnung lebten wir fast zehn Jahre, bis 1947.

Selbständige politische Tätigkeit

Unsere Freunde informierten uns über das Geschehen in der Partei. Dennoch war ich unzufrieden. Zwar hatte ich als Mutter und Hausfrau genug zu tun, aber alles in mir rebellierte gegen diese Isolierung.

Ich beschloß, »etwas« zu unternehmen. Das einfachste war, Verbindung zur Organisation der werktätigen Mütter aufzunehmen. Zunächst ging ich zu den Versammlungen und hörte nur zu. An Diskussionen beteiligte ich mich sehr zurückhaltend, so daß man aus meinen Worten nur schließen konnte, daß ich zu den »gemäßigten« Linken zählte. Meine kurzen Hosen bestätigten ihre Annahme, ich gehörte dem Kibbuz des ha-Schomer ha-Zair in Rischon le-Zion an.

Auf diese Weise wurde ich ganz in diese Organisation integriert. Ich meldete mich für die Arbeit im Viertel der jemenitischen Juden. Für diese Aufgabe gab es wenig Freiwillige. Die Frauen dieses Ortsteils sahen in mir zuerst eine Art Lehrerin oder Leiterin. Später, als ich in viele Häuser Zutritt gefunden und gute Kontakte zu zahlreichen Familien angeknüpft hatte, änderte sich dieses Verhältnis zu mir. Zwar nahmen sie mich noch nicht ganz in den »jemenitischen Familienclan« auf, vertrauten mir aber und luden mich immer wieder ein.

Es gelang mir, Dutzenden von Frauen neue, fortschrittliche Begriffe beizubringen. Langsam gelangten wir auch zu Gesprächen über die Rechte der Frau in der Familie, über die Notwendigkeit der Förderung der Frau, des Kampfes gegen reaktionäre traditionelle Ansichten und über die Bedeutung einer neuen Politik. Wir führten Gespräche über das Verhältnis zu den Arabern und über vieles andere, das sie vorher noch nie gehört hatten.

Meine Aktivität hatte eines Tages ein unerwartetes Ergebnis. Als ich viele Jahre danach auf einem Frauenkongreß der Histadrut sprach, unterbrachen mich die MAPAI-Frauen ständig. Da hörte ich plötzlich eine Frau rufen: »Hört auf, sie zu stören. Ruth darf man nicht unterbrechen!« Ihrem Ruf schlossen sich noch zwei Frauen an. Ich erkannte sie von weitem: Es waren meine alten jemenitischen Bekannten aus Rischon le-Zion. Ich war sehr beeindruckt. Dieses Ereignis rief bei den Teilnehmern und auch bei der damaligen Generalsekretärin des Frauenkomitees der Histadrut, Frau Idelson, großes Erstaunen hervor. Sie fragte mich anschließend: »Wieso werden Sie plötzlich von den Jemeniten verteidigt?!«

Die Polizei sucht mich immer noch

Wir flohen aus Tel Aviv nach Rischon le-Zion, um unsere Spuren zu verwischen und der Polizei zu entkommen. Tatsächlich lebten wir eine gewisse Zeit ruhiger.

Eines Tages — ich war gerade im Lebensmittelladen — kam ein Polizist herein und fragte die Verkäuferin: »Kannst du mir sagen, wo Bracha Hofmann ist? Man sagt, sie wohne hier in der Gegend.«

»Nein«, gab sie zur Antwort. Sie kannte meinen Namen nicht. Der Polizist ging. Ich wartete eine Weile, verließ den Laden und sah mich um. Der Mann, ein Geheimpolizist, war nicht mehr da.

Ich eilte nach Hause. In einer Stunde hatten wir alles Notwendige gepackt, nahmen unseren Sohn und flohen nach Rechowot zu den Eltern.

Nach einer Woche kehrte ich zurück. Wir wurden wachsamer, aber nichts geschah. Ich wurde erst entdeckt, als ich bereits längere Zeit wieder aktiv war.

Eines Tages tauchte an unserer Wohnungstür ein Polizist auf. Ich war gerade beim Reinemachen. Er teilte mir mit, daß ein Polizeioffizier mich sprechen möchte, und bat mich mitzukommen. Ich stand barfuß in einer Wasserpfütze und wischte den Fußboden.

»Sag ihm«, erwiderte ich, »ich hätte keine Zeit. Du siehst es doch selbst!«

Dem Polizisten verschlug es die Sprache.

»Geh, sag es ihm«, wiederholte ich.

Der verblüffte Polizist ging. Seit diesem Tag wurde ich nicht mehr zur Polizei gerufen.

Jaakovs Flucht

Jaakov kam zu Besuch, und ich freute mich, ihn zu sehen. Er war Beauftragter des Zentralkomitees und für die Südbezirke verantwortlich. Er erschien oft unangemeldet. Seine Besuche waren immer ein Fest für uns. Die Genossen kamen dann meist bei mir zusammen, um von ihm Neuigkeiten über die letzten Aktionen der Partei zu hören. Es wurde diskutiert und beraten. Schließlich waren wir in der Provinz, während Jaakov aus der Stadt, direkt vom Zentralkomitee der Partei, kam.

Er war stets beladen wie ein Kamel, brachte Flugblätter zum Verteilen, Zeitungen und — das allerwichtigste — Informationen mit. Bislang hatten seine Besuche weder bei der Geheimpolizei noch bei der Haganah Verdacht erweckt. Aber eines Tages, als er gerade bei uns saß, hörte ich Jona rufen. Sie und ihr Mann, ebenfalls Kommunisten, waren unsere Nachbarn.

Ich ging in den Hof.

»Was ist passiert?«

»Etwas ist im Gange«, flüsterte mir Jona durch den Drahtzaun zu, der unsere beiden Häuser trennte. »Die Straße wimmelt von Haganah-Leuten und Geheimpolizei. Was hat das zu bedeuten?«

»Jaakov ist bei mir«, flüsterte ich zurück. »Bestimmt hat ihn jemand erkannt!«

Jona erschrak. Ich dachte krampfhaft nach, was zu tun sei. Er mußte fliehen. Ich kehrte in die Wohnung zurück und beriet mich mit Jaakov. Danach flüsterte ich noch einmal mit Jona, und wir beschlossen, daß er über den Zaun in ihren Hof flüchten und von dort durch den hinteren Eingang direkt in eine Zitrusplantage laufen sollte, die an ihren Hof grenzte.

Gesagt, getan. Innerhalb weniger Minuten verschwand Jaakov. Das Material versteckte ich.

Jetzt, da er in Sicherheit war, beschlossen wir, Geheimpolizei und Haganah-Leute ein wenig an der Nase herumzuführen. Ich ging zum nahe gelegenen Laden und kaufte ein. »Heute habe ich Gäste«, verkündete ich laut. Auf dem Weg nach Hause fielen mir selbstverständlich die Geheimpolizisten auf, aber ich tat, als sähe ich sie nicht. Noch einmal ging ich in den Laden. »Ich habe noch etwas vergessen …« Die übereifrigen Geheimen versteckten sich erneut. Jedesmal, wenn ich die Wohnung verließ, glaubten sie nämlich, daß endlich auch der gesuchte Mann erscheinen würde …

Jona und ich begriffen nicht, weshalb sie nicht in die Wohnung kamen, um ihn zu verhaften. Sollten sie etwa keinen Haftbefehl haben, oder wollten sie die »Rechnung« draußen begleichen? Die Zeit verging langsam. Die Geheimpolizisten verbargen sich in den umliegenden Höfen.

Um fünf Uhr nachmittags machten wir dem Versteckspiel ein Ende.

In Jonas Haus in der zweiten Etage wohnte eine Sympathisantin. Wir weihten sie in das Geheimnis ein. Sie schlug ihrem Mann einen Spaziergang vor. Sie kletterten über den Zaun in unseren Hof und gingen von dort auf die Straße. Jona und ich folgten ihnen.

Ein echtes Schauspiel! Die Haganah-Leute und die Polizei stürzten sich sofort von allen Seiten auf das Paar. Der Mann wußte nicht, worum es ging, und stand ganz entsetzt da. Er wurde böse und schrie: »Was geht hier vor sich, was wollt ihr von mir?!« Er weigerte sich mitzugehen, doch gerade damit hatten wir gerechnet. Es entstand großer Tumult, beinahe hätte es sogar eine Schlägerei gegeben. Da mischte ich mich ein und rief:

»Hände weg!« Die Geheimpolizei und ihre Helfer waren nun überzeugt, denjenigen erwischt zu haben, auf den sie den ganzen Tag gewartet hatten.

Schließlich gingen wir alle, begleitet von vielen Neugierigen, zur Polizei, Jona und ich vornweg. Auf der Polizei war man sehr erstaunt, sie kannten den Mann: »Ein anständiger Bürger.« Die Spürhunde zogen die Schwänze ein. Sie hatten sich lächerlich gemacht. Die Geschichte wurde bald in der ganzen Moschawa erzählt. Es dauerte gar nicht lange, da hieß es, zwei Kommunistinnen hätten unter den Augen der Polizei einem »Spion« zur Flucht verholfen. In dieser Nacht verteilten wir alle Flugblätter, die Jaakov mitgebracht hatte.

Der Tod meines Vaters

Mein Vater war gestorben. Ich beeilte mich, nach Tel Aviv zu fahren, wußte ich doch, daß dort meine Mutter schon auf mich wartete. Ich bat meine Freundin im Nachbarhaus, den Jungen für kurze Zeit zu sich zu nehmen. »Was ist denn passiert?« fragte sie. »Mein Vater ist tot«, sagte ich ruhig. Plötzlich fing ich an, bitterlich zu weinen. Ich war selbst darüber erstaunt, da ich bisher geglaubt hatte, keine starke Bindung zu meinem Vater zu haben. Ich kehrte in mein Zimmer zurück, setzte mich auf das Sofa und fing an nachzudenken. Immer wieder schluchzte ich auf.

Mein Vater war also von uns gegangen, und ich fragte mich: Was war er für ein Mensch? Eigentlich kannte ich ihn kaum. Weder seine Kindheit noch seine Freuden und Sorgen. Wen liebte er? Wen haßte er? All das wußte ich nicht, und das schmerzte mich. Du hast dich stets mit ihm gestritten, machte ich mir zum Vorwurf.

Mein Vater war Großhändler. Er besaß einen Laden in der Franciszkańska 12 in Warschau, nahe unserem Haus. Er verkaufte Trockenobst, das aus orientalischen Ländern importiert wurde. Er war mittelgroß, gutaussehend und hatte einen Bart, den er sehr pflegte. Wir waren sieben Kinder, vier Töchter und drei Söhne. Vater war ein religiöser Mensch und achtete auf die Einhaltung der religiösen Pflichten. Er trug einen schwarzen Kaftan und einen kleinen chassidischen Hut. Nur wenn er ins Ausland fuhr, zog er einen Anzug an und setzte sich einen aschkenasischen* Hut auf. Er zählte zu den Chassidim* des Rabbis von Kozk, der zu den Begründern der Chassidenbewegung vor 200 Jahren gehört hatte.

Zu Hause achtete man ohne Fanatismus auf die Einhaltung der Sitten und Gebräuche. Die Söhne schickte Vater in den Cheder (Talmudschule); als sie älter wurden, lernten sie Buchhaltung. Zu den Mädchen war er liberaler. Infolge des Einflusses einiger Verwandter, die nicht religiös waren, durften die Mädchen eine weltliche jüdische Schule besuchen.

Die Religion stand von jeher zwischen meinem Vater und mir. Bereits mit zwölf Jahren gehörte ich zu den »Ketzern«. Zu Jom Kippur*, am Versöhnungsfest, forderte ich den lieben Gott heraus: Ich wollte mich selbst überzeugen, daß es ihn wirklich gab. Ich fastete nur einen halben Tag. Ein Jahr später gab ich es ganz auf. Ich aß sogar im Haus meiner Freundin ganz demonstrativ Schweinefleisch.

»Nun?« fragte ich und blickte nach oben. »Nichts ist passiert!« Von da an hörte ich ganz auf, an seine Existenz zu glauben.

Mein Vater verlangte von uns Mädchen nicht im übertriebenen Maße, die religiösen Pflichten zu erfüllen. Das einzige, worauf er Wert legte, war, uns das Beten aus dem Sidur (Gebetbuch) beizubringen.

Er versuchte, seine Kinder daran zu hindern, den Weg, den sie eingeschlagen hatten, weiterzugehen, aber vergeblich. Jeder von uns wählte seine eigene Lebensweise und seinen eigenen politischen Weg. Keiner trat in Vaters Fußtapfen und wurde religiös. Als es galt, das Elternhaus zu verlassen, gingen wir in Frieden auseinander.

Vater war ein Gelehrter. Er besaß im Salon eine große Bibliothek mit heiligen Schriften. Und er lernte sein ganzes Leben, auch Sprachen: Englisch, Deutsch und andere mehr. Die letzte Sprache, die er erlernte, war Esperanto. In seiner Bibliothek fanden sich Wörterbücher in vielen Sprachen. Er las auch »ketzerische« Bücher. So pflegte er uns marxistische Literatur und Romane zu entwenden und sie dann heimlich in den Nächten zu lesen.

Ich hielt ihn für einen Egoisten — niemals spürte ich seine Liebe zu mir. Sollte ich mich geirrt haben? Er ernährte uns doch, sorgte für Kleidung und für unsere Bildung. Nun, da er tot war, merkte ich, wie sehr er mir fehlte. Jahrzehnte hindurch hatte ich es nicht gespürt. Im Gegenteil, nicht selten hatte er mich sogar gestört.

Ich konnte den Kummer, den er mir wegen meines Studiums zugefügt hatte, und den Kampf, den ich mit ihm deshalb ausfechten mußte, nicht vergessen. Mein Vater hatte seine Prinzipien. Eins davon war, daß Mädchen nicht mehr als vier Jahre Mittelschule (heute wären das zwei Jahre Oberschule) besuchen sollten. Danach, mit fünfzehn schon, habe sich ein Mädchen auf die Hochzeit vorzubereiten. Vater war nicht gegen das Erlernen von Sprachen, zum Beispiel von Französisch, aber es sollte zu Hause geschehen. Die Zeit des »Wartens auf einen Bräutigam« sollte das Mädchen im Laden an der Kasse verbringen, obwohl diese Hilfe dort völlig überflüssig war.

Der Kampf um das Lernen begann mit mir. Meine älteste Schwester kapitulierte. Die zweitälteste setzte zwar ihr Studium fort, da mein Vater mit der Begründung, sie sei »kränklich«, zu Zugeständnissen bereit war. Die Wahrheit aber war, daß er sie von allen Kindern am meisten liebte und nachgab. Als ich in die sechste Klasse des Gymnasiums versetzt werden sollte, verbot er mir, weiter zu lernen. Ich rebellierte. Ich beschloß, nicht aufzugeben und das Lernen selbst zu finanzieren. Ich gab Nachhilfestunden. Das war nicht leicht für mich. Ich war klein und mager, und die Eltern der Schüler hatten kein Vertrauen zu mir: Das sollte eine Lehrerin sein? Ich litt darunter und nahm meine ganze Kraft zusammen, um damit fertig zu werden.

Als meine Mutter erfuhr, daß ich Privatunterricht erteilte, wurde ich das erste Mal in meinem Leben mit einer kräftigen Ohrfeige bedacht. »Ich erlaube es dir nicht, in fremden Häusern zu dienen!« schrie sie. Etwa zwei Wochen herrschte zu Hause große Spannung.

Mein Vater schwieg, dennoch war es klar, daß er meine Rebellion nicht so ohne weiteres akzeptieren würde. Tatsächlich ließ seine Reaktion nicht lange auf sich warten. Eines Morgens wachte ich auf und fand meine Schuhe nicht. »Wo sind meine Schuhe?« fragte ich meine Mutter. »In Vaters Geldschrank«, antwortete sie ruhig. Mir kamen die Tränen.

Ich hatte Hausarrest und war sehr unglücklich. Dennoch wollte ich keinesfalls auf die Schule verzichten und organisierte Hilfe. Jaakov, mein Kamerad vom ha-Schomer ha-Zair, kam und brachte mir ein Paar Herrenschuhe — hohe Lederstiefel mit Schnallen. Ich zog sie an und ging zu meiner Freundin Dorka. Dorka war ein Einzelkind, ein Nachkömmling. Sie hatte ein eigenes Zimmer. Ihre Eltern nahmen mich freundlich auf. Sie wußten nicht, daß ich von zu Hause weggelaufen war.

Abends klingelte in der Wohnung meiner Freundin das Telefon. »Komm nach Hause!« Meine älteste Schwester Rachel weinte und bettelte. Sie weinte immerzu. Sie fürchtete sich vor Vater und Mutter und nahm des Hausfriedens wegen alles hin.

»Ich komme nicht zurück, es sei denn, ich darf weiter lernen«, antwortete ich entschlossen. Als sie schrie: »Was tust du uns nur an?«, legte ich den Hörer auf. Ich habe keine Ahnung, was sich in dieser Nacht zu Hause abgespielt hat. Sicher verheimlichte man vor meinem Vater die Flucht. Am nächsten Tag klingelte erneut das Telefon. Meine älteste Schwester war wieder am Apparat. »Tante Riwka bittet dich, bei ihr vorbeizukommen, sie möchte mit dir sprechen.«

Ich ging hin. Vor meiner Tante, der Schwester meines Vaters, hatte ich großen Respekt. Alle ihre Kinder erwarben Hochschulbildung. Es herrschte eine liberale Atmosphäre. Zu meinem Erstaunen traf ich meine Mutter und meine älteste Schwester Rachel bei ihr an. Wir saßen in zwei verschiedenen Zimmern, und meine Tante rannte von einem Zimmer in das andere, um zu verhandeln und zu vermitteln.

Meine Mutter machte deutlich, daß mein Vater nie nachgeben würde und alle sehr unglücklich würden, falls ich nicht zurückkäme. Da ich noch minderjährig sei, könne man mich mit der Polizei nach Hause holen — und so weiter und so fort. Zur Peitsche wurde aber auch Zuckerbrot gereicht: Meine Mutter würde dafür sorgen, daß ich zu Hause weiter lernen könnte. Sie würde mir Geld für privaten Unterricht, für die besten Lehrer geben. Am Ende des Schuljahres könnte ich die Prüfungen für die siebente Klasse ablegen und die Schule damit beenden. Bis dahin würde sich Vater bestimmt beruhigt haben. Die Tante übte Druck aus und verbürgte sich dafür, daß ich weiter lernen könnte.

Schließlich willigte ich ein und kehrte nach Hause zurück. Meine Mutter hielt ihr Versprechen. Ich lernte privat, und mein Vater erfuhr davon nichts. Meine Schularbeiten erledigte ich in den späten Nachmittagsstunden, nachdem er sich zur Ruhe gelegt hatte. Ich saß im engen Zimmerchen unseres Dienstmädchens auf einem Holzbänkchen, meine Hefte lagen auf dem Stuhl. Das Dienstmädchen seufzte immer wieder und sagte: »Was sind das nur für Eltern, die ein Mädchen nicht lernen lassen?« Als mich mein Vater eines Nachts beim Kerzenschein ertappte, sagte er gemütlich: »Das verstehe ich. Wer lernen will, findet schon einen Weg. Für Faule ist die Schule nur Spiel und Verschwendung.«

Als Kinder hatten wir mit dem Vater nicht viel zu tun. Jeder ging seiner Wege. Abgerechnet wurde am Sabbatabend, wenn wir alle am feierlich mit einer weißen Tischdecke und brennenden Kerzen gedeckten Tisch saßen. Da machte er seine »erzieherischen« Bemerkungen. Dabei herrschte eine gedrückte und gespannte Atmosphäre. Keiner wagte, zu widersprechen oder etwas zu bemerken. Mutter blieb still, und meine älteste Schwester weinte schon im voraus.

Mein Vater lehnte selbstverständlich den ha-Schomer ha-Zair ab. Er wollte nicht, daß die Burschen mit seinen Töchtern ausgingen.

In meinem Gedächtnis blieb eine von vielen Episoden haften, die Vaters ernsten und zugleich kindlichen Charakter verdeutlichte. Die kindliche Seite liebte ich sogar.

Es war am Vorabend von Jom Kippur, dem Versöhnungsfest. Die Zeremonie des Sündenvergebens begann. Mutter schwang — wie es vorgeschrieben war — über den Köpfen der drei Mädchen eine lebendige Henne. Wir standen eng beieinander und lachten. Mutter sprach das Gebet. Am Ende des Gebets mußte jede von uns die Henne antippen und sagen: »Mir zum Leben und dir zum Tod.« Mir tat die Henne leid, und ich sagte laut: »Dir zum Leben und mir zum Tod.« Meine Mutter fing an zu schreien und zwang mich, den Satz richtig zu sagen. Über den Köpfen meiner Brüder ließ sie einen jungen Hahn kreisen. Für sich hielt sie noch eine Henne zurück und für meinen Vater einen großen Hahn. Und hier begann die Geschichte. Mein Vater hatte Angst vor dem Hahn und der Hahn vor meinem Vater. Heldin des Tages blieb die Mutter: Sie bedeckte den Kopf meines Vaters mit einem Laken, hielt den großen Hahn an den Beinen fest und ließ ihn um den zugedeckten Kopf meines Vaters kreisen. Der Hahn zitterte und krähte. Mein Vater duckte sich vor Angst unter dem Laken, und meine Mutter geriet ins Schwitzen. Wir platzten fast vor Lachen. Vater hatte Angst, den Hahn zu berühren und ihm den Tod zu wünschen. Was war zu tun? Meine Mutter kam ihm zu Hilfe. Alles endete schließlich gut. Wir blieben am Leben, und das Geflügel wanderte in den Kochtopf.

Als meine Schwester und ich davon sprachen, nach Palästina auszuwandern, schien Vaters Seele gespalten zu sein. Einerseits war er dagegen, daß die Töchter in die weite Welt hinausgingen, wo so viele Wölfe in Form von Männern existierten, andererseits aber hätte er hier eine Menge Geld als Mitgift für seine vier Töchter gebraucht. War das etwa eine Kleinigkeit? Bestimmt überlegte er lange und rechnete nach. Er war zwar wohlhabend, aber nicht reich. Außerdem liebte er es, wenn das Geld in seiner Tasche blieb.

Einmal sagte er zu mir: »Willst du eine Zionistin sein, bitte sehr, aber wozu mußt du dazu nach Palästina fahren? Mach es so wie Weizmann*. Er ist ein größerer Zionist als du und fährt nicht nach Palästina.« Er ging in seinem Zimmer umher, streichelte seinen schönen und gepflegten Bart und legte mir seinen Standpunkt dar: »Und überhaupt, wozu mußt du so radikal sein? Jedes Extrem ist gefährlich. Schau, meine Tochter, das beste Stück des Herings ist die Mitte. Und wo geht man am sichersten? Nicht am Rand des Bürgersteigs, sondern in der Mitte, immer nur in der Mitte. Das ist das allersicherste.« So dachte er, und so versuchte er auch, sein ganzes Leben zu gestalten.

Er kam mit meiner Mutter nach Palästina, als 1934 die große Wirtschaftskrise in Polen begann und die gesamte Mittelschicht hart von den Steuerlasten Minister Grabskis getroffen wurde. Mein Vater kaufte damals ein kleines Haus in Tel Aviv. Erst da erfuhr er, daß seine Tochter Kommunistin geworden war.

»Habe ich dich nicht vor dem Radikalismus gewarnt?« sagte er. Dennoch benahm er sich mir gegenüber voller Achtung. »Keine Angst«, pflegte er zu scherzen. »Sollten die Zionisten einmal das Land beherrschen, habe ich Protektion bei meiner Tochter Riwka. (Sie gehörte zur Führung des ha-Schomer ha-Zair.) Sollten die Kommunisten zur Macht kommen, habe ich bei der anderen Tochter Protektion. Nur bitte«, fuhr er fort, »sorge mir dafür, daß die Kommunisten mir mein kleines Haus im Schabasi-Viertel nicht wegnehmen, es ist nicht so sehr kapitalistisch …«
Alle lachten wir mit.

Ich zog ein schwarzes Kostüm an und fuhr zur Beerdigung. Meine Mutter beruhigte sich, als sie mich schwarz gekleidet sah. Anscheinend hatte sie Angst gehabt, ich könnte sie blamieren. Wir begleiteten unseren Vater zu seiner letzten Ruhestätte, zum Friedhof in Nachalat Jizchak. Auf seinem Grabstein stand geschrieben:»David Menachem ha-Cohen Warschawiak, von Baal Schem Tow* abstammend. Gestorben 1939.«

Mein Bruder Jizchak besuchte einmal mit seinem Sohn Miki, einem erfolgreichen jungen Schauspieler, das Grab meines Vaters. Er wollte, daß sein Sohn seine Abstammung kennenlernte. Auch ich ging mit. Ich wollte etwas von der Ehre, zu diesem Stammbaum zu gehören, empfinden, aber vergebens. Von der Religion und der Erziehung meines Vaters war bei mir schon lange, lange nichts mehr übrig. Ich achte jedoch das teuerste, das mir mein Vater vererbt hat: den Drang nach Wissen.

Wieder Parteiarbeit

Meine Aktivitäten beschränkten sich nicht auf unser Wohnviertel, sie wurden immer umfangreicher. Ich hatte Kontakte zu Menschen verschiedener Schichten, traf mich öfter mit verantwortlichen Frauen unterschiedlicher Organisationen, einschließlich der internationalen Frauenorganisation WIZO*. Diese Beziehungen bewährten sich auch in den kommenden Jahren. So traf ich zum Beispiel nach vielen Jahren auf einer Veranstaltung der Frauenorganisation in Tel Aviv mit Chana Levin zusammen, damals Bürgermeisterin in Rischon le-Zion. In der Diskussion, ob man mit Kommunisten zusammenarbeiten sollte, sagte sie:»Aus meinen Erfahrungen in der gemeinsamen Arbeit mit Ruth Lubitsch in Rischon le-Zion kann ich eine solche Zusammenarbeit nur befürworten.« Frau Idelson, die Vorsitzende der Frauengewerkschaft in der Histadrut, sah mich erstaunt an.

Aber kehren wir zu den damaligen Zeiten zurück.

Es war für mich unerträglich, abseits zu stehen. Ich hatte doch nicht beabsichtigt, mein ganzes Leben als Hausfrau und Mutter zu verbringen. Die Genossen in Rischon le-Zion drängten mich außerdem, ihnen zu helfen. So kehrte ich auf ganz natürliche Weise zur Parteiarbeit zurück.

Ich schrieb einen Brief an das Sekretariat der Partei und bat um Aufhebung des früheren Beschlusses über die »Quarantäne«. Ich wartete und wartete, aber keine Antwort kam. Da entschloß ich mich, das Warten aufzugeben und mit der Aktivität zu beginnen. Gesagt, getan, und es dauerte gar nicht lange, da wurde ich zum Parteisekretär gewählt.

Ich schlug damit eine neue, alte Seite meines Lebens auf. Als allgemein bekannt wurde, daß ich bereits seit langem Mitglied der Kommunistischen Partei war, erregte das natürlich Aufsehen. Die Reaktion war dennoch nicht so feindlich, wie ich es erwartet hatte. Einige stellten die übliche Frage: »Wie kann ein so anständiges Mädchen Kommunistin sein?« Die Mehrheit jedoch meinte: »Das war doch zu erraten.« Sie änderten aber nicht im geringsten ihr positives Verhältnis mir gegenüber.

Die rechten Mapainiks in der Histadrut-Führung dachten nicht daran, zu schweigen. Sie entschieden auf der Grundlage eines entsprechenden Beschlusses der Histadrut, keine Kommunistin in ihren Reihen zu dulden und mich auszuschließen. Wir beschlossen, gegen diese Festlegung zu kämpfen, und sammelten 200 Unterschriften, um sie auf jeden Fall rückgängig zu machen. Neben Mitgliedern der Histadrut und verschiedener Parteien haben auch viele Persönlichkeiten unterschrieben. Der Beschluß wurde tatsächlich annulliert. Ich zählte zu den wenigen Kommunisten, die nicht aus der Histadrut ausgeschlossen wurden.

Der große Brand beginnt

Was wir befürchtet hatten, war eingetroffen: Hitlerdeutschland überfiel am 1. September 1939 Polen. Der zweite Weltkrieg hatte begonnen. Ein kurzer Überblick soll zeigen, wie die Ereignisse aufeinander folgten und sich die Lage immer mehr zuspitzte.

Die rechtmäßige Spanische Republik lag in ihren letzten Zügen. Der Faschist Franco erhielt von Hitler und Mussolini militärische Hilfe. Die verräterische »Nichteinmischungspolitik« der Regierungen Frankreichs, Großbritanniens und der Vereinigten Staaten von Amerika tat das Ihre. Bereits zu Beginn des spanischen Krieges (1936) stand man an der Schwelle eines Weltkrieges. Die reaktionären Regierungen Großbritanniens und Frankreichs ermöglichten es den deutschen Faschisten, Österreich und das tschechoslowakische Sudetengebiet zu annektieren.

Frankreich und Großbritannien lehnten die Vorschläge der Sowjetunion ab, eine antifaschistische Front zu bilden. Chamberlain und Daladier gingen noch weiter: Sie unterschrieben zusammen mit Hitler und Mussolini das Münchner Abkommen, um Hitlers Stoß gegen die Sowjetunion zu lenken.

Dann kam das Jahr 1939: Die Spanische Republik fiel; Hitlerdeutschland besetzte die übrigen Teile der Tschechoslowakei. Das faschistische Heer Mussolinis marschierte in Albanien ein.

Die Bemühungen der Sowjetunion, einen Militärpakt mit England und Frankreich zustande zu bringen, wurden zurückgewiesen. In Anbetracht dieser verräterischen Haltung und um Zeit zu gewinnen, war die Sowjetunion gezwungen, mit Deutschland einen Nichtangriffspakt abzuschließen.

Am 1. September 1939 marschierten die Hitlerarmeen in Polen ein. Es begann der faschistische Feldzug in Europa, der Völkermord. Es begann der große Weltbrand. Wir wichen nicht mehr vom Radio, die Nachrichten erschlugen uns fast. Viele, viele von uns hatten Eltern und Geschwister in Europa. Wir konnten Hitlers »Mein Kampf« sehr wohl deuten. Wir wußten Bescheid über die Verfolgung von Juden und Kommunisten. Wir wußten es und bangten um ihr Leben.

Die Kommunistische Partei in Palästina begann, ihre Kampfrichtung neu zu durchdenken. Sie erkannte, daß man jetzt alle Kräfte gegen den schlimmsten Feind der Menschheit, die faschistische »Achse«, vereinen mußte.

Die Beratungen waren nicht einfach. Die britische Mandatsherrschaft wurde fortgesetzt, was nichts anderes bedeutete als Kolonialismus und Unterdrückung. Die Welt aber stand in Flammen. Die Faschisten besetzten ein Land nach dem anderen. 1940 fiel Frankreich. Es begannen die großen Bombenangriffe auf England. Unser Leben änderte sich völlig. Jeder überlegte, was er für den allgemeinen Kampf tun konnte. Die Partei rief nun ihre Mitglieder auf, in der britischen Armee zu kämpfen.

Am 22. Juni 1941 überfiel die Hitlerarmee die Sowjetunion. Allen war klar, daß dieser Krieg damit eine schicksalhafte Wendung genommen hatte. Der erste, uns nahe Arbeiter-und-Bauern-Staat der Erde stand dem faschistischen Feind, der schon so viele Länder erobert hatte, gegenüber. Die Aufregung und die Angst waren groß. Aber gleichzeitig waren auch die Hoffnung und der

Glaube an die Möglichkeit, den Faschismus zu besiegen, gewachsen.

Das Radio war Tag und Nacht eingeschaltet. An der Wand hing eine große Landkarte mit Fähnchen. Das Bild bedrückte uns: Die roten Fähnchen befanden sich auf dem Rückzug, die schwarzen im Vormarsch ... Die Armee Rommels näherte sich Palästina, sie befand sich schon an der westlichen Grenze Ägyptens. Was sollte nun werden? Dennoch waren wir zuversichtlich. Wir glaubten, daß sich in Kürze die Situation zum Guten wenden würde.

Im Sommer 1941 verlas Chana Rubina im Rundfunk den ergreifenden Aufruf des jüdischen antifaschistischen Komitees, der uns aus Moskau erreicht hatte. Man wandte sich mit der Bitte an alle, die Sowjetunion, die den grausamsten aller Kriege zu bestehen hatte, zu unterstützen und dem Weltfonds, der zum Kauf von 1 000 Panzern und 500 Bombern gegründet worden war, Spenden zu übermitteln. Gleichzeitig erreichte uns die Nachricht, daß es in Haifa eine Organisation mit dem Namen »Liga V«* gab, die von Persönlichkeiten wie Arnold Zweig, Martin Buber, Max Brod, Avigdor ha-Meiri, Alexander Pen und anderen gegründet worden war und zur Hilfe für die UdSSR aufrief.

Uns war klar, daß die Partei, die ja noch tief in der Illegalität steckte, diese Bewegung ins Leben gerufen und auch Verbindung zu diesen Persönlichkeiten hatte.

Ich fuhr nach Tel Aviv, um mich mit den Genossen zu beraten. Dabei erfuhr ich, daß eine gleiche Organisation in Tel Aviv im Entstehen war. Ich nahm Verbindung auf und fuhr zur Gründungsveranstaltung. Die Sitzung fand in der Wohnung des Musikprofessors Schoor statt. Es nahmen teil: der Schriftsteller Avi-Schaul, Dr. Mandelberg, der Ingenieur Zwi Nadaw, J. Jizchaki und L. Ternopoler, leitende Mitglieder der Poale Zion. Auch die Kommunisten J. Stavi und ich sowie der parteilose S. Nehorai waren anwesend.

Nach Hause zurückgekehrt, beschlossen wir, auch in Rischon le-Zion eine Ortsgruppe der »Liga V« zu gründen. Das war gar nicht so einfach. Es galt, zuerst eine angesehene Persönlichkeit dafür zu gewinnen. Nach einigen Anstrengungen fanden wir sie. Sie hieß Raja Abrutzki, eine intelligente und gebildete Frau, von Beruf Krankenschwester. Sie übernahm diese Aufgabe. Sie liebte die russische Literatur sehr, verstand das Wesen des sowjetischen Staates und seine Rolle in diesem Krieg. Ihr Mann gehörte zu den Führern der MAPAI und war gegen ihre Weltanschauung. Sie stellte sich aber mutig an die Spitze der »Liga V« in Rischon le-Zion. Ich half ihr, die Arbeit zu organisieren. Die erste öffentliche Versammlung fand in einem großen Kinosaal der Moschawa statt. Der Saal war bis auf den letzten Platz besetzt. Es traten der Schriftsteller Avi-Schaul und andere Persönlichkeiten auf, die zu den Mitbegründern der Liga gehörten.

Die Ortsgruppe war bald sehr aktiv. Wir sammelten Geld für die Rote Armee und leisteten eine umfangreiche Aufklärungsarbeit. Im Laufe der Zeit wuchs die »Liga V« und erstarkte. Es schlossen sich ihr die Arbeiterparteien der Histadrut an, breite Arbeiterkreise sowie Menschen aus den Mittelschichten und aus der Intelligenz. Nach dem feierlichen Auftakt, dem ersten Kongreß im August 1942 in Jerusalem, fanden Aufklärungsveranstaltungen in verschiedenen Städten und Betrieben statt. An diesen Veranstaltungen nahmen auch sowjetische Gäste teil, die über Teheran gekommen waren — M. Michailow und A. Petrenko.

Auf einer dieser Veranstaltungen in Tel Aviv, im Saal »Jascha Chefez«, sollte ich sprechen. Auch hier war alles bis auf den letzten Platz besetzt. Ich befand mich in den letzten Monaten meiner Schwangerschaft. Als ich die Tribüne verließ, hörte ich jemanden aus dem Publikum sagen: »Ich wußte nicht, daß zwei so sprechen können ...« Das Jahr 1942 brachte dann ein freudiges Ereignis für unsere Familie. Unser zweiter Sohn kam zur Welt — David.

Viele Jahre war ich in den Reihen der »Liga V« aktiv. Diese Arbeit mit allen ihren Erfolgen und Mißerfolgen brachte mich der Sowjetunion und ihrer Kultur näher. Ich lernte Russisch und las wissenschaftliche und schöngeistige Literatur im Original. Meine Arbeit setzte ich viele Jahre in der Freundschaftsbewegung Israel—Sowjetunion fort. Dabei lernte ich nicht nur zahlreiche Persönlichkeiten kennen, sondern auch, wie man mit Menschen unterschiedlicher Weltanschauungen zusammenarbeiten kann. Es war ein sehr wichtiger Abschnitt, in dem Erfahrungen im Kampf für die Verbreitung der Wahrheit über die Sowjetunion und zur Vertiefung der Freundschaft mit der UdSSR innerhalb der Bevölkerung gesammelt wurden.

Jael Gerson

Jael Gerson — sie war Teil unserer Kommunistischen Partei, zart, zerbrechlich und mutig ... Jael Gerson ist auch heute unvergessen und ihr Leben teurer Bestandteil der Geschichte unserer Partei.

Als wir, die Familie und die Partei, erfuhren, daß Jael schwer krank war, haben wir alles mögliche versucht, um sie aus dem Gefängnis Bethlehems freizukämpfen. Vergeblich, die Kolonialbehörden lehnten es ab. Jael schwebte in Lebensgefahr. Sie wurde von einer Aufseherin erst ins Gefängniskrankenhaus gebracht, als sie bereits im Sterben lag.

Jael Gerson starb am 7. Februar 1941 im Gefängnis. Sie war erst 27 Jahre alt. Ihr kurzes Leben hatte sie ganz dem revolutionären antiimperialistischen Kampf in unserem Land gewidmet.

Bereits mit 13 Jahren marschierte sie an der Spitze einer Schülerdemonstration, die ein Gesetz für unentgeltlichen Schulbesuch und Schulpflicht für alle Kinder des Landes forderte. Die Schüler demonstrierten auch zum Zeichen der Solidarität mit ihren streikenden Lehrern. Bereits damals hatte Jael die Grundsätze der Menschenrechte erkannt und beschlossen, für diese Rechte zu kämpfen.

Sich danach sehnend, fand sie sehr schnell den Weg zum Kommunistischen Jugendverband. Dort lernte sie und kämpfte für ihre Ideale bis zum letzten Atemzug. Sie war Sekretär des Kommunistischen Jugendverbandes in Tel Aviv.

Der Lebensweg Jaels war schwer: Wegen ihrer revolutionären Tätigkeit wurde sie von der Schule verwiesen; sie lernte allein hartnäckig weiter, da ihr die Schulen verschlossen blieben. Auch zu Hause mußte sie sich wegen des gefährlichen Weges, den sie gewählt hatte, häufig mit den Eltern auseinandersetzen. Die Geheimpolizei kannte sie sehr gut und hatte sie oft verhaftet. Es gelang ihr jedoch nicht, sie in die Knie zu zwingen. Im Gegenteil, Jael wurde in diesem Kampf hart wie Stahl. Voller Überzeugung setzte sie ihre revolutionäre Tätigkeit fort.

Sie leistete Großes unter der jüdischen und der arabischen Jugend. Sie verstand Bedeutung und Notwendigkeit der Einheit der jüdischen und der arabischen Werktätigen Palästinas in ihrem Kampf gegen den Imperialismus. Sie lernte Arabisch und beherrschte diese Sprache auch. Viele Jahre gab sie ihre ganze Kraft und ihr ganzes Können, um eine Brücke der Verständigung zwischen der Jugend beider Völker zu schlagen.

Verstand und Bescheidenheit, grenzenlose Treue und Mut waren ihr eigen. Das war es, was auch ich an ihr so liebte.

Als 1936 der Krieg in Spanien begann, beeilte sich Jael, sich den Interbrigaden anzuschließen. Sie machte sich auf den Weg. Die Léon-Blum-Regierung hinderte die freiwilligen Spanienkämpfer an der Weiterreise und versperrte ihnen den Weg. Jael war gezwungen, in Paris zu bleiben. Dort nahm sie sofort Verbindung zur Französischen Kommunistischen Partei auf und arbeitete aktiv mit.

Drei Jahre später kehrte sie nach Palästina zurück. Die Geheimpolizei warnte sie davor, ihre politische Tätigkeit wieder aufzunehmen; sie drohte ihr mit Verhaftung. Jael Gerson konnte natürlich nicht aufhören … Sie konnte nicht aufhören, ein Kämpfer der Revolution zu sein. Nur wenige Monate waren vergangen, und schon wurde sie verhaftet. Im Gefängnis erkrankte sie an einer schweren Lungenentzündung. Ihr Zustand wurde von Tag zu Tag schlimmer. Da sie keine medizinische Hilfe erhielt, war sie durch die Mandatsbehörden praktisch zum Tode verurteilt. Selbst im Sterbebett im Krankenhaus wurde sie von der Kolonialpolizei bewacht.

Jael Gerson, die die revolutionären Traditionen des Kommunistischen Jugendverbandes in Palästina mitbegründet hat, war es nicht vergönnt, zu erleben, wie wir aus der Illegalität heraustraten und in aller Breite den antiimperialistischen Klassenkampf fortsetzten. Es war ihr nicht vergönnt, die Zerschlagung des von ihr so gehaßten Faschismus zu erleben. Wir, die wir es erlebt haben, wußten und wissen, was sie in ihrem kurzen Leben dazu beigetragen hat …

Sioma Mironiansky

Ein furchtbarer Schlag traf uns, auch mich packten Schmerz und Entsetzen:

Sioma Mironiansky, der Sekretär unserer Tel-Aviver Parteiorganisation, war ermordet worden.

Ich hatte ihn nicht persönlich gekannt. Er war neu in der Partei gewesen, und die Bedingungen der Illegalität verboten es, Bekanntschaften zu machen.

Die Geschichte seines Todes war schrecklich: Man faßte Sioma, schleppte ihn in das Gebäude der Geheimpolizei in Tel Aviv, folterte und prügelte ihn zu Tode. Seine Leiche wurde an einem unbekannten Ort verscharrt ...

Der Mord geschah am 7. Juli 1941, als der große antifaschistische Krieg in vollem Gange war. Das Verbrechen war von zwei jüdischen Offizieren, den Mitarbeitern des Geheimdienstes Steinberg und Kenner, begangen worden. Die mit Sioma eingesperrten Genossen hörten seine Schreie, als er gefoltert wurde. Sie vernahmen auch die plötzliche Stille, die eintrat, nachdem er ermordet worden war.

Die Partei begann, einen öffentlichen Kampf zur Aufklärung des Mordes zu führen. Die Verfolgungen durch die Polizei, die anhaltenden Verhaftungen und die ständigen Gefahren hielten die Genossen nicht davon ab, in Kinos vor Beginn der Vorstellungen aufzutreten und über den Mord an Sioma Mironiansky zu berichten, von seinem Kampf zu erzählen. Sie riefen dabei auf, alle Kräfte im antifaschistischen Kampf zu vereinen, und forderten, die Suche nach den Mördern zu verstärken und diese zu bestrafen.

Jahre sind vergangen, sehr viele Jahre. Der Kampf, die Mörder und die Leiche des Ermordeten zu finden, dauerte lange. Nachdem der Staat Israel gegründet worden war, erhob unsere Partei erneut die Forderung, die Nachforschungen fortzusetzen. Auf Druck der öffentlichen Meinung war die provisorische Regierung gezwungen, eine staatliche Untersuchungskommission zu benennen. Aber dies geschah nur pro forma; sie hatte keine Vollmacht, die Mörder vor Gericht zu stellen. Die Kommission empfahl lediglich, die beiden Offiziere wegen Meineids aus dem Polizeidienst zu entlassen. Selbst diese Empfehlung wurde jedoch nicht befolgt. Steinberg und Kenner wurden nur für kurze Zeit aus dem Dienst entlassen und danach — so zynisch es auch klingt — wieder eingestellt und sogar befördert.

Der Kampf darum, die Wahrheit über den Mord an Sioma ans Tageslicht zu bringen, ist nicht beendet. Wir verzichten nicht darauf und vergessen nichts. Die Gestalt des Kommunisten Sioma Mironiansky wurde für alle Zeiten ins Gedächtnis unserer Partei eingeprägt. Die Forderung, die des Mordes Schuldigen zu bestrafen, ist ein wichtiger Bestandteil unseres Kampfes zur Veränderung des Antlitzes Israels ...

Die ersten Massenaktionen der Werktätigen

Ich schätzte die Genossen meiner Ortsgruppe sehr. Sie waren der Partei ergeben und sehr aktiv. Nach einem schweren Arbeitstag nahmen sie schnell einen Happen zu sich und waren schon wieder unterwegs. Nun begannen sie ihre zweite Schicht, die Arbeit in der Partei. Das Parteilokal war täglich geöffnet. Neue Mitglieder kamen hinzu. Es waren Arbeiter; einige nannten sich selbst sogar »Proletarier«. Sie arbeiteten in Fabriken, kleinen Betrieben und im britischen Militärlager Sarafand. Die Ortsgruppe diskutierte über die Probleme der Werktätigen. Wir erklärten den Arbeitern die Vorgänge des antifaschistischen Krieges in Zusammenhang mit dem Klassenkampf. Wir gaben Flugblätter heraus und organisierten Streiks. Wir erkannten politische Probleme und galten bei den Arbeitern als »Wissende«.

Dieser Aufschwung trat nach der Zeit 1938 bis 1939 ein, einer Periode, in der die meisten Mitglieder unserer Gruppe sowie ein großer Teil der Werktätigen in Rischon le-Zion und in Palästina insgesamt arbeitslos waren. Eine schwere Zeit, besonders für die Arbeiterfamilien. Not und Entbehrung waren sowohl in jüdischen als auch in arabischen Haushalten ständig zu Gast. Dennoch war die Situation der arabischen Arbeiter und Fellachen durch die Politik der Vertreibung vom Boden und die »Eroberung der Arbeit« noch um ein Vielfaches schwerer.

Erst mit Beginn des zweiten Weltkrieges 1939 änderte sich die wirtschaftliche Lage spürbar. Industrie und Wirtschaft gerieten durch die Notwendigkeit, die britische Armee zu versorgen, in Bewegung. Der große Wandel vollzog sich aber erst 1941 mit dem Überfall der Hitlerarmee auf die Sowjetunion. Die Briten begannen nun fieberhaft, ihr Militärlager in Sarafand auszubauen und zu vergrößern. Der Krieg rückte immer näher an die Grenzen Palästinas heran. Wer weiß, was geschehen wäre, hätte die Rote Armee bei Stalingrad nicht gesiegt!

Palästina wurde zu einem zentralen strategischen Gebiet für die Armeen der Alliierten in Mittelost. Armeestützpunkte schossen überall wie Pilze nach dem Regen aus dem Boden. Betriebe und Fabriken wurden errichtet. So entstanden in Rischon le-Zion neben der bereits seit langem existierenden Fabrik »Birah« noch Betriebe für Textil-, Silikat-, Holz- und Glasverarbeitung, Streichholzfabriken und andere Unternehmen. Die Soldaten der britischen Armee und die für die Armee arbeitenden Zivilisten benötigten Kleidung und Nahrung. Die Zahl der in der Industrie Beschäftigten wuchs daher enorm schnell.

Auch für die arabische arbeitende Bevölkerung begann ein neuer Zeitabschnitt. Tausende von ihnen fanden Arbeit in den Betrieben, die die britische Armee versorgten. Weitere Tausende wurden zu Lohnempfängern in den Streichholzfabriken, der Nahrungsmittelindustrie, in internationalen Unternehmen, im Verkehrswesen, in den Häfen, im Bauwesen usw.

Die steigende Zahl jüdischer und arabischer Arbeiter in der Industrie führte zur Verschärfung der Klassenauseinandersetzungen, aber auch zur Stärkung des proletarischen Bewußtseins und der Solidarität zwischen jüdischen und arabischen Werktätigen. Wir nahmen aktiv an den Auseinandersetzungen teil. Viele Arbeiter suchten das Lokal der Partei auf, um sich zu beraten.

Die Werktätigen im Land trugen die Hauptlast des Krieges. Ihre wirtschaftliche und soziale Lage war schwer. Die Löhne waren niedrig, alle Waren teuer, und eine Arbeiterfamilie kam nur mit Müh und Not über den Monat. Es existierten keine Arbeitsverträge, nur bei wenigen Arbeitsstellen gab es Kollektivverträge. Den Achtstundentag kannte man nicht. Die meisten schufteten im Akkord. Sie hatten keinen Jahresurlaub, und es fehlte an den elementarsten sozialen Rechten.

Wir forderten von der Histadrut, den Kampf für bessere Arbeits- und Lebensbedingungen aufzunehmen. Die Antwort lautete, man streike nicht während des Krieges, alle Anstrengungen seien für die Front. Die Werktätigen dagegen waren der Meinung, daß gleiche Opfer notwendig seien. Es dürfe nicht sein, daß die Arbeiter für einen Hungerlohn schufteten und die Unternehmer und Spekulanten währenddessen auf ihre Kosten immer reicher würden. Die Anstrengungen der Werktätigen für den Sieg über den Faschismus müßten belohnt werden. Sie forderten anständige Lebensbedingungen, sozialen und wirtschaftlichen Fortschritt zu Lasten der Ausbeuter und Spekulanten.

Tatsächlich brachen Streiks aus. Bei den Streiks in Rischon le-Zion ging es hauptsächlich um die Erhöhung der Löhne, um Teuerungszuschläge, Jahresurlaub, Entlassungen und soziale Bedingungen. Der Kampf war gleichzeitig mit der Forderung auf Abschluß von Kollektivverträgen verbunden. Im Betrieb »Gawisch« zum Beispiel, wo fast ausschließlich Frauen beschäftigt waren, stand die Forderung nach Schwangerschaftsurlaub und minimalen sanitären Bedingungen im Vordergrund.

So wie in Rischon le-Zion begannen Streiks auch in vielen anderen Orten. Die meisten endeten mit vollem oder teilweisem Erfolg. Zwar verlangten die Führer der Histadrut, die eine »Burgfriedenspolitik« mit dem Industriellenverband betrieben, daß die Streikenden sich bereit erklärten, durch Schiedskommissionen die Konflikte beizulegen. Die Arbeiter weigerten sich jedoch und bewiesen, daß sie in der Lage waren, auch ohne die »guten Ratschläge« der Histadrut ihren Kampf zu führen. Sie streikten weiter. Die Unternehmer reagierten darauf häufig mit Aussperrungen.

Besonders lehrreich war für uns der Streik bei »Tirsah«, einem Tischlereibetrieb in Rischon le-Zion. Hier half uns Elijahu Gozansky — Aljoscha — sehr. Er arbeitete damals in einer Diamantenschleiferei in Tel Aviv, in einem neuen Industriezweig Palästinas, der etwa 4 000 Arbeiter beschäftigte. Aljoscha verstand sich gut auf Fragen der Gewerkschaftsarbeit und wurde zum Ratgeber der Partei auf diesem Gebiet.

Der Streik bei »Tirsah« dauerte sehr lange. Es ging um prinzipielle Fragen — um den Kampf für die Unterzeichnung eines Arbeitsvertrages und um die Bezahlung der Löhne für die Dauer des Streiks. Die »Arbeitgeber« weigerten sich, diese Löhne zu zahlen.

Bei diesem Streik lernten wir die Taktik der Unternehmer kennen. Unter dem Druck der Arbeiter waren sie bereit, Arbeitsverträge zu unterzeichnen, bedienten sich aber gleichzeitig des Betruges: Sie änderten den Namen des Betriebes von »Tirsah« auf »Tirsiah«, und mit Hilfe des Buchstabens i annullierten sie den abgeschlossenen Arbeitsvertrag und machten die Rechte der Arbeiter, zum Beispiel die Berücksichtigung des Dienstalters, zunichte. Sie redeten sich damit heraus, daß die neue Gesellschaft den Vertrag der alten Gesellschaft nicht anerkennen müsse. Doch der Plan ging nicht auf, denn die »Tirsah«-Arbeiter machten ihnen einen Strich durch die Rechnung. Mit ihrem Streik bewiesen diese und auch die Werktätigen anderer Betriebe Klassenreife und vorbildliche Solidarität. Als Reaktion auf die schwarze Liste des Industriellenverbandes, der verboten hatte, die bei »Tirsah« streikenden Arbeiter zu beschäftigen, stellten die Werktätigen der Betriebe »Birah« und »Gawisch« ein Ultimatum und drohten ebenfalls mit Arbeitsniederlegungen, sofern dieser Beschluß der Unternehmer nicht aufgehoben würde. Diesen blieb nichts anderes übrig, als die schwarze Liste für ungültig zu erklären. Die Arbeiterschaft hatte damit einen großen Sieg errungen und den Unternehmern eine gehörige Lektion erteilt.

Während dieser Zeit hielten wir in der Moschawa eine Versammlung zum Zeichen der Solidarität mit den Streikenden des »Tirsah«-Betriebes ab. Aljoscha sprach. Er erläuterte die Gründe, die zum Streik geführt hatten, gab Informationen über die Streikwelle im Land und analysierte die Kampfmethoden der Arbeiterklasse. Der Saal war bis zum letzten Platz gefüllt, viele mußten stehen. Es waren die Arbeiter von »Tirsah«, Werktätige aus anderen Betrieben, und selbstverständlich waren auch unsere Genossen und Anhänger anwesend. Alles lauschte Aljoschas Worten. Ich hörte jemanden sagen: »Warum läßt man ihn sprechen, er ist doch Kommunist?« Ein anderer gab zur Antwort: »Laß das, er ist einer von uns. Er ist ein Arbeiter; er weiß, was er sagt.«

Aljoschas Worte fanden allgemeine Zustimmung. Danach folgte ein kultureller Teil. Ita, Mitglied des Kommunistischen Jugendverbandes, trug das Gedicht von Enda Pinkerfeld »Der Streik der Nägel« vor. Ita, die mit Aljoscha aus Tel Aviv gekommen war, erntete stürmischen Beifall. Die Arbeiter von »Tirsah« schickten ihr sogar ein Dankschreiben.

Unsere Aktivitäten direkt am Arbeitsplatz stärkten die Partei und erhöhten ihr Ansehen bei den Werktätigen. Die Menschen hörten auf uns. Wir waren keine »Ökonomisten«. Wir taten alles, um das Klassenbewußtsein, die Solidarität der Massen zu vertiefen, und wirkten unermüdlich im Kampf gegen die britische Herrschaft in Palästina, für die Unabhängigkeit des Landes und für das Wohl der Araber und der Juden.

Schwere Zeiten für die Partei

1943 spaltete sich die Partei. Es ist und bleibt das schmerzhafteste Kapitel ihrer Entwicklung. Über die gesellschaftlichen und politischen Hintergründe und über die Auswirkungen der Spaltung schreibe ich nicht. Bereits im Vorwort des Buches habe ich dargelegt, daß ich keine tiefe und umfangreiche Analyse verschiedener Epochen vornehmen kann.

Ich wohnte damals in Rischon le-Zion in der Provinz, weit entfernt vom »Smolny«. So nannten wir die bescheidene Wohnung des damaligen Generalsekretärs der Partei im Manschia-Viertel von Jaffa, des Genossen Moussa, der in Wirklichkeit Radwan al-Hilou hieß. Aus den Materialien, die wir von Zeit zu Zeit erhielten, wußten wir, daß Diskussionen innerhalb der Partei im Gange waren.

Einmal in der Woche besuchte uns Mordechai Irgo, ein erfahrener Genosse, der in den Zitrusplantagen von Ness Ziona arbeitete. »Ich komme, um Atem zu holen«, pflegte er zu sagen. Kaum war er angelangt, band er sich eine Schürze um und wusch das Geschirr ab. Es fand sich immer irgendwelches schmutziges Geschirr in meiner Küche. Irgo meinte, Geschirrspülen sei etwas Angenehmes. Das Betrachten des sauber gewaschenen Geschirrs befriedigte ihn. Er bat sogar — halb im Scherz, halb im Ernst —, ihm das Geschirr der ganzen Woche zum Abwaschen aufzuheben. Wir lachten. Ich hätte ihm diese Bitte sogar mit Freuden erfüllt, denn ich mochte diese Arbeit nicht.

Wir nutzten die Zeit, um uns zu unterhalten. Ich erzählte von meinen Sorgen über die Situation in der Partei. Irgo, der Kluge mit den sanften Augen, zeigte sich optimistisch: »Wir haben schon verschiedene schwere Zeiten durchgemacht. Zwar sieht es sehr traurig aus, aber die Partei wird die Kinderkrankheiten auch überwinden und den richtigen Weg weitergehen.« Dennoch beruhigten mich seine Worte nicht. Ich verstand, daß die Lage diesmal sehr ernst sein mußte. Es erreichten uns tatsächlich bedrückende Nachrichten. Besonders die Genossen der Ortsgruppe Haifa brachten sie uns mit.

Es schien, daß die kleineren Ortsgruppen Sorgen bereiteten und die Partei beschlossen habe, sie zu reaktivieren. Uns besuchten nun viele Genossen, unter ihnen auch Aljoscha. Bis spät in die Nacht saßen und diskutierten wir über die Veränderungen, die sich Ende 1939 in Palästina abzeichneten und die sich im Verlauf des zweiten Weltkrieges weiter verstärkten. Wir diskutierten über die Tatsache, daß die jüdische Bevölkerung zunahm, daß das aus Deutschland, aus der Hölle des Faschismus, gerettete Kapital die industrielle Entwicklung beschleunigte. Dadurch wuchsen die Arbeiterklasse und das Industrieproletariat im Land.

Während des zweiten Weltkrieges veränderte sich auch die Lage innerhalb der arabischen Bevölkerung. Die arabische Arbeiterklasse wuchs und reifte. Viele der vom Boden vertriebenen Fellachen strömten in die Städte. Tausende von Tagelöhnern arbeiteten in den Militärlagern, in Fabriken, beim Straßenbau und auch im Bauwesen. Es entstanden Arbeiterorganisationen, an deren Spitze arabische Kommunisten und kampfbereite fortschrittliche Gewerkschafter standen. Sie leiteten den Kampf der arabischen Arbeiter, denen die Histadrut nach wie vor versperrt blieb.

Die Zeit des antifaschistischen Krieges stellte der arabischen nationalen Bewegung und den antiimperialistischen Kräften unter ihnen neue und schwierige Aufgaben. Es gab reaktionäre arabische Führer, die sich auf die Seite des deutschen Faschismus schlugen. In dieser komplizierten Situation leisteten die arabischen Kommunisten und die anderen fortschrittlichen Kräfte einen äußerst wichtigen Beitrag, indem sie dazu aufriefen, die antifaschistische Koalition zu unterstützen und sich auf die Seite der UdSSR in deren Kampf gegen den Faschismus zu stellen.

Diese politische Entwicklung verlangte von der Partei, ihren Weg zu überprüfen, um den im Land entstandenen neuen Verhältnissen Rechnung zu tragen. Das alles geschah unter sehr, sehr schwierigen organisatorischen Umständen innerhalb unserer Partei, die nun im Begriff war, aus der Illegalität, in der sie zwanzig Jahre arbeiten mußte, herauszukommen und unter neuen, legalen Bedingungen zu wirken. Hinzu kam, daß 1943 die Komintern aufgelöst wurde und jede Partei von nun an völlig selbständig arbeiten mußte. Die Zeit verlangte sofortige Veränderungen und demokratische Entscheidungen in der Partei. Im Zentralkomitee wurde die Forderung nach Einberufung eines Parteitages, des ersten seit dem VII. Parteitag 1930, erhoben.

Die Mehrheit des Zentralkomitees, einschließlich des Generalsekretärs Moussa, war gegen die Einberufung eines Parteitages, der über alle entscheidenden Fragen auf demokratischer Grundlage beraten und Beschlüsse fassen sollte. Als die Diskussionen sich zuspitzten, löste das Zentralkomitee die Grundorganisationen der Partei in Tel Aviv und Hadar ha-Karmel in Haifa auf und schloß einige Genossen aus der Partei aus. Die Ausgeschlossenen gründeten daraufhin eine eigene Vereinigung mit dem Namen »Provisorische Zentrale Kommission«. Sie begann sofort, aktiv zu werden und die Genossen zu mobilisieren.

Über diese erschreckende Entwicklung hörten wir, wie ich bereits schrieb, aus dem Mund der Genossen, die uns besuchten. Wir bekamen es mit der Angst zu tun. Es war klar, daß der Einheit der Partei Gefahr drohte.

Nur keine Spaltung, flehte ich im stillen, nur keine Spaltung. Aber die Gefahr der Spaltung hing bereits wie das Schwert des Damokles über unserer Partei.

Endlich erhielt ich eine Einladung, um an einer Konferenz der Partei teilzunehmen, die das Zentralkomitee einberufen hatte. Es war im Mai 1943. Ich eilte nach Tel Aviv. Das Baby ließ ich bei meinen Eltern zurück und begab mich in den Saal des Mughrabi-Kinos. Viele der Teilnehmer kannte ich nicht; es lagen ja mehrere Jahre Illegalität hinter uns. Außerdem hatten sich in den letzten Jahren zahlreiche neue Mitglieder der Partei angeschlossen. Die Atmosphäre im Saal war gespannt, die Diskussion wurde immer schärfer. Ich war so aufgeregt, daß ich auf das Podium sprang und − ohne das Wort erteilt bekommen zu haben − zu sprechen begann. Es waren Worte, die aus der Tiefe meines Herzens kamen. Alles, was ich wollte, war, eine Spaltung zu verhindern. Ich versuchte, davon zu überzeugen, daß wir gemeinsam einen Ausweg finden könnten; denn nur eine vereinte Partei könne in der Lage sein, Wege zu finden, um die neuen, komplizierten politischen und gesellschaftlichen Probleme, die herangereift waren, zu lösen. Sollte sich eine Spaltung vollziehen, würden wir alle die Verlierer sein: Die Ereignisse des langjährigen Kampfes der Partei, der jüdischen und der arabischen Arbeiterklasse würden zunichte gemacht. So dachten auch die meisten der Genossen.

Die Wirklichkeit sah aber ernst und bitter aus. Die Krise war so tief, daß eine Spaltung unvermeidlich war. Zuerst erfolgte sie nicht auf nationaler Basis. Es wirkten zwei palästinensische kommunistische Parteien nebeneinander. Auf dem VIII. Parteitag 1944 vereinigten sie sich wieder zu einer kommunistischen Partei; die arabischen Kommunisten jedoch verließen diese Partei und gründeten die Liga für Nationale Befreiung*. Die Palästinensische Kommunistische Partei arbeitete weiter auf der Grundlage ihres internationalistischen Programms und vertrat die Interessen beider im Land lebenden Völker. Die Partei und die Liga arbeiteten zusammen.

Gewöhnlich bringt ein Zerfall der Einheit eine Explosion mit sich, und es entstehen unter ideologischem und politischem Deckmantel kleine Splittergruppen. So entstanden auch damals verschiedene Gruppierungen, unter anderen der Kommunistische Bildungsverband in Palästina, später Hebräische Kommunistische Partei genannt. Diese Organisation hemmte unsere Aktionen und fügte uns viel Schaden zu. Allein der Begriff »hebräischer Kommunist« steht schon im Widerspruch zur internationalistischen kommunistischen Theorie. Die zionistischen Reaktionäre frohlockten, als diese nationalistische Gruppe auftauchte. Wir wußten jedoch aus Erfahrung, daß Körperschaften dieser Art früher oder später abtreten müssen und von der politischen Arena verschwinden. Das war dann auch tatsächlich das Schicksal dieser Gruppe.

Wenn die Partei dein ganzes Leben ausfüllt, so ist für dich eine Spaltung, als hätte man dir ein Messer in den Leib gestoßen. Es war wie ein Alptraum. Für mich und viele andere Genossen war die Spaltung ein schwerer Schlag. Die ganze Zeit gaben wir die Hoffnung nicht auf, und wir taten alles, um die Spaltung zu überwinden und die jüdisch-arabische Einheit der Partei wiederherzustellen.

Diese Frage war Gegenstand des IX. Parteitages der Palästinensischen Kommunistischen Partei, der 1945, nach dem Sieg über den Faschismus, stattfand. Der Parteitag faßte einen politischen Beschluß, in dem es hieß, daß sich Palästina infolge der in ihm vor sich gehenden Prozesse von einem Land mit nur einer Nationalität zu einem binationalen Land entwickelt hat. Auf diesem Parteitag wurde entsprechend den veränderten Bedingungen auch beschlossen, das Land vom Joch des britischen Mandats zu befreien und einen einheitlichen, binationalen Staat zu errichten, in dem beide Völker in voller Gleichberechtigung leben können. Wir sahen darin die einzig richtige Lösung.

Fünf Jahre nach der Spaltung wurde die internationalistische Einheit der Partei wiederhergestellt. Das war auf dem Vereinigungskongreß im Dezember 1948.

Wir lieben dich, Lewitan

1943 kam die Wende und brachte bedeutende Tage mit sich. Der Sprecher von Radio Moskau, Juri Lewitan, verkündete mit seiner bekannten tiefen Stimme die erste große gute Nachricht: Sieg in Stalingrad! Wir umarmten und küßten uns, weinten vor Freude. Der Sieg über den Faschismus wurde für uns von nun an zur Gewißheit.

Dennoch hörten wir nicht auf, die westlichen Alliierten aufzufordern: »Eröffnet eine zweite Front!« Der Sieg bei Stalingrad machte uns deutlich, daß die Eröffnung der zweiten Front die Schrecken des Krieges und des Mordens verkürzen und den Einmarsch der Armee Rommels in Palästina verhindern würde. Die Truppen Rommels standen bereits am Rand der westlichen Wüste bei el-Alamein. Da die deutschen Faschisten jedoch an der Hauptfront in der Sowjetunion Verstärkung brauchten, mußten sie bislang in Afrika kämpfende Einheiten abziehen. Dadurch wurden wir gerettet.

Mit großer Freude begannen wir nun, auf der Karte die kleinen roten Fähnchen umzustecken. Die glücklichen Kinder halfen uns dabei. Sie liebten diese roten Fähnchen, und ihr sehnlichster Wunsch war, eines davon auf Berlin stecken zu können ...

Dieser Krieg war der grausamste aller bisherigen Kriege, und mit jedem Sieg der Roten Armee wurden mehr und mehr Einzelheiten über die Verbrechen der Nazis gegen die Menschen anderer Völker und besonders gegen das jüdische Volk bekannt.

1944. Lewitan meldet: Belgrad ist frei, Sofia ist frei, Bukarest ist frei, Tirana und Budapest sind frei. Wir lieben dich, Lewitan! Geographisch ist der Krieg weit entfernt, aber du bringst ihn uns nahe — mit seinen Siegen und mit dem Schmerz über die enormen Verluste. »Stellt euch die Lage der Kommunisten in den befreiten Ländern vor«, meint ein Genosse. »Direkt aus den Konzentrationslagern, aus den Gefängnissen, aus der Hölle — an die Macht! Sie machen Geschichte! Gestern nichts — morgen alles.« Und wir hören im stillen die Klänge der »Internationale«.

Unsere Tage waren reich an Aktivitäten. Im Mittelpunkt stand der Kampf für die Eröffnung der zweiten Front. Nachts schrieben wir an die Wände der Häuser und auf die Fahrdämme die Losung: »Sofort die zweite Front!« Wir erklärten ununterbrochen, daß Großbritannien und die USA endlich eine ernste Offensive gegen Hitler beginnen müßten, daß sie nicht die ganze Last des Krieges der Roten Armee und den Sowjetvölkern überlassen dürften, daß sie alle Anstrengungen unternehmen sollten, um dem Krieg ein Ende zu bereiten und Millionen Menschen vor Vernichtung und Tod zu retten.

Die Losungen malten wir nachts, denn wir waren noch halb in der Illegalität. Da wir aber bereits mit einem Bein draußen standen, behinderte uns die Polizei nicht mehr. Mit leeren Farbeimern kehrten wir in den frühen Morgenstunden müde nach Hause zurück. Am Morgen konnten dann die Menschen auf dem Weg zur Arbeit die großen Losungen lesen: »Eröffnet sofort die zweite Front!« Und wir wußten, daß sie mit uns einer Meinung waren.

Erst im Juni 1944 wurde endlich die zweite Front eröffnet. Das geschah, als die Rote Armee die faschistischen Heere zurückgedrängt hatte und sich auf Berlin zubewegte. Indessen setzten wir unermüdlich die Hilfsaktionen für die Rote Armee fort. Die »Liga V« schickte Ambulanzen für die Front (über Teheran), wir sammelten Spenden, strickten Strümpfe und Wollmützen.

Dichter schrieben historische Gedichte, und russische Lieder wurden ins Hebräische übersetzt. Wer kannte nicht das Lied »Wart auf mich, ich komm' zurück« von Konstantin Simonow, übersetzt von Abraham Schlonski, und sang es mit?

»Mutti, gehst du schon wieder?«

Ich öffnete leise die Tür. In der Wohnung war es warm. Das war nach der Kälte draußen angenehm. Ich war naß und durchgefroren. Ich legte den Mantel ab, zog die vom Schlamm beschmutzten Galoschen aus und betrat das Kinderzimmer. Wieder hatten sie sich aufgedeckt. Ich deckte zuerst den Ältesten zu. Er öffnete die Augen, fragte: »Mutti, gehst du schon wieder weg?« und schlief weiter. Ich deckte den Kleinen zu. Seine kindliche Stimme klang weinerlich: »Mutti, bist du da?« — »Ja, ich bin hier«, beru-

higte ich ihn. Im Nebenzimmer schlief Sorach. Auch er lag aufgedeckt. Vorsichtig breitete ich die Decke über ihn. Er wurde wach.
»Gehst du?«

Ich blieb stehen, und wie ein Blitz schoß ein Gedanke durch
meinen Kopf: Alle drei sehen mich immer nur gehen, meistens
sehen sie mich nur von hinten. Ich liebe sie doch so sehr! Alle
sind sie mir so teuer, und dennoch müssen sie das Gefühl haben,
daß ich sie vernachlässige. Ständig warten sie auf mich, und immer wieder gehe ich weg ...

Ich zog mich aus und legte mich ins Bett. Ich konnte nicht einschlafen, drehte mich von einer Seite auf die andere, die Glieder
fanden keine Ruhe − die Füße, die Hände, der Kopf. Es stimmte,
ich war wenig zu Hause. Ich sorgte zwar dafür, daß die Jungen
gesund waren, für Kleidung und Spielsachen. Aber sie vermißten
meine Gegenwart und spürten meine Liebe nicht. Die Kinder
brauchten mich ganz. Erst am Abend zuvor hatte ich versucht, es
ihnen klarzumachen. Sie verstanden es schon. Dennoch sagte mir
der Älteste nach meinen Erläuterungen: »Geh nicht!«

Sie hatten unter meiner Aktivität zu leiden. War ich wirklich
eine gute Mutter? Ich richtete mich im Bett auf und ließ meinen
Blick umherschweifen. Es war still in der Wohnung. Alle drei
schliefen. Draußen heulte und tobte der Wind. Sie schliefen im
Glauben, ich sei gegangen. Sie träumten davon, daß ich nicht bei
ihnen war. So ging es viele Male, viele Abende. Ich mußte das
ändern, mehr zu Hause sein, versicherte ich mir selbst in dieser
Nacht.

Tausendmal hast du es dir bereits vorgenommen, sagte ich mir,
tausendmal ... Wenn sie mich bloß verstehen würden. Aber morgen muß ich unbedingt ins Übergangslager Or Jehuda. Gerade
erst bin ich von dort zurückgekommen. Ich sah dort Kinder in
undichten, kalten und nassen Baracken. Man versank bis zu den
Knien im Morast. Es gab nicht einmal sauberes Trinkwasser.
Morgen werden die Bewohner dieses Lagers vor dem Gebäude
der Jewish Agency in Tel Aviv demonstrieren. Ich muß an der
Demonstration teilnehmen. Ich muß ihnen helfen ...

Meine Gedanken kehrten zu meinen und anderen Kindern in
der Zeit der Illegalität zurück.

Unsere Kinder

Die Kinder der in der Illegalität aktiven Kommunisten hatten eine schwere Last zu tragen. Unsere Bestrebungen und unsere Kämpfe beeinflußten ihre Spiele, ihre Phantasie und ihre Träume. Unsere Freuden, unsere Vorstellungen von der Weltrevolution und vom Fortschritt waren auch die ihrigen. Den Weltschmerz, den wir in unseren Herzen trugen, übertrugen wir bewußt und unbewußt auch auf sie. Ihre Helden waren Vater und Mutter, die demonstrierten, sich an Streiks beteiligten, mit der Polizei zusammenstießen und im Gefängnis sitzen mußten. Sie wurden Zeugen, wie die Polizei in die Wohnungen stürmte, um den Vater oder die Mutter zu verhaften. Ihre Feinde waren der Polizist, der britische Soldat, der Stacheldraht und die vergitterten Fenster der Gefängnisse. Ihr Lieblingsfeiertag war der Erste Mai (mein Dreijähriger sagte statt »echad bemai« »echad bemajim«, was soviel bedeutet wie »einer im Wasser«), und ihre größte Freude war es, die rote Fahne tragen zu dürfen.

Sie betrachteten sich als Beschützer ihrer Eltern vor den Feinden. Sie wollten »schnell« groß, »schnell« zu Helden werden. Sie lernten rasch, was es bedeutet, wachsam zu sein, suchten Wege, um brenzligen Situationen zu entgehen. Das allerwichtigste jedoch war, daß sie lernten, zwischen Freund und Feind zu unterscheiden.

»Ist Vater zu Hause?« fragte ein Mann an der Wohnungstür von Sonja und Alther in Haifa. Lena, die Vierjährige, betrachtete aufmerksam den Fremden und sagte: »Mutter gibt dir eine Antwort.« Lena besuchte mitunter mit ihrer Mutter den Vater, der in Akko im Gefängnis saß. Sie sah ihn stets nur durch die engen Gitter. Lena weinte, sie wollte, daß der Vater mit ihr spazierenging ...

Diese Steppkes wußten bereits, wann sie die Wahrheit zu sagen hatten und wann sie lügen mußten. Ein vierjähriges Kind, Chaims Sohn aus Haifa, hörte die Kindergärtnerin sagen: »Man darf nicht lügen.« Sofort erklärte er ihr: »Einen Polizisten darf man aber belügen.«

Kinder sind häufig viel kompromißloser als Erwachsene.

Einmal ging ich mit meinem Sohn spazieren. Da kam ein Mann, Mitglied der Revisionistischen Bewegung*, auf mich zu.

Wir sprachen miteinander. Das Kind wurde unruhig. Als der Mann sich entfernt hatte, schimpfte mein Sohn mich aus: »Warum hast du mit diesem ›Bus‹ gesprochen?« »Busim« nannte er die EZEL*-Mitglieder, weil wir ständig »Bus« (Buh) in ihren Versammlungen riefen. Die »Busim«-Kinder hatten ihn auf der Straße so lange gewürgt, bis er blau wurde. Weinend war er nach Hause gekommen und hatte mich gefragt: »Daß sie mich würgen, weil ich Kommunist bin, verstehe ich ja, aber warum schreien sie, ich sei kein Jude?« Er war damals gerade fünf Jahre alt.

Schifra Iwenkowitzer hatte eine kleine Tochter. Sie zog sie ganz allein auf. Schifra war eine mutige Frau. Selbst die Polizei wußte, daß sie schwer zu fassen war. Sie lebte in ewiger Angst, was mit ihrem Kind würde, sollte sie verhaftet werden. Das Kind blieb meist allein im Haus zurück. Als die Polizei einmal eine Demonstration sprengte, wurde Schifra von Polizisten verfolgt. Sie versteckte sich auf einem Hof in einer Mülltonne, und sie fanden sie nicht. Mit Müll beschmutzt, kehrte sie heim. Das Mädchen freute sich: »Heute ist Mutti mal schmutzig nach Hause gekommen!«

Auch Dascha Gurwitz hatte ein Kind zu Hause. Sie arbeitete in einer Fabrik und wirkte sehr aktiv in der Partei, besonders unter den Arbeiterinnen. Auch ihr drohte stets die Gefahr einer Verhaftung. Maya war fünf Jahre alt, als ihr Dascha im Bad, damit es keiner hörte, sagte: »Sollte ich verhaftet werden, nimm dieses Päckchen und geh zu Tante Chana. Sie wird für dich sorgen. Weine dann nicht und hab auch keine Angst! Ich werde bestimmt wiederkommen.« Chana war die »Tante« aus der Roten Hilfe. Das Päckchen war immer fertig gepackt. Die kleine Maya erzählte auch mit Stolz, daß sie eine Aufgabe für die Partei erfüllte: Sie paßte abends auf das Baby Joram auf, dessen Eltern häufig nicht zu Hause waren. Sie wusch sogar seine Windeln. Damals war sie gerade zehn.

Der zweite Weltkrieg fiel in unser Leben, in unser Zuhause ein. Unsere Kraft, unser Herz und unser Hirn — alles wurde durch die Hilfe für die Rote Armee und die Aktivitäten für die Eröffnung einer zweiten Front in Anspruch genommen. Unsere Kinder konnten nicht umhin, all das mit uns zu erleben.

Am Ende unserer Straße, unten am Rande der Moschawa,

wohnten zwei Frauen. Sie kamen aus Deutschland. Beide waren schon älter und lebten allein. Sie hatten goldene Hände, waren wahre Künstlerinnen beim Herstellen kleiner und großer Puppen. Sie hatten eine kleine Werkstatt, die nur wenigen bekannt war. Die wunderschönen Puppen verkauften sie in den Städten.

Eines Tages erschienen sie bei uns, setzten sich verlegen hin. Ich wußte nicht, wie ich mich verhalten sollte.

»Haben Sie einen kleinen Sohn?« fing die eine an.

»Ja.«

»Es ist uns peinlich, wir wissen nicht, wie wir es Ihnen sagen sollen, aber in letzter Zeit verschwinden ständig Puppen aus unserer Werkstatt ...« — »Man sagte uns, daß es Ihr Sohn sei«, kam ihr ihre Schwester zu Hilfe.

»Mein Sohn?« Ich war verblüfft. »Wieso mein Sohn? Er spielt gar nicht mit Puppen.«

Die Frauen schwiegen. »Bitte, fragen Sie ihn doch!« sagten sie, entschuldigten sich und gingen.

Als der Junge nach Hause kam, fragte ich ihn: »Sag mal, hast du Puppen aus der Werkstatt unten genommen?« — »Nein!« sagte er und schaute mir direkt in die Augen. Ich beruhigte mich, grübelte aber weiter darüber nach. Die Frauen würden wohl nicht so ohne Grund auf ihn gekommen sein. Also fragte ich noch einmal: »Wo hast du die Puppen hingelegt?«

Er war nicht überrascht und antwortete: »Draußen in eine Grube.« Ich ging mit ihm hinaus. Er zeigte mir den Ort — eine Grube, die mit einem kleinen Brett zugedeckt war. Ich schob das Brett zur Seite und tatsächlich — die Kunstgewerbepuppen lagen da. Ich wußte nicht, ob ich die Puppen bewundern oder mit dem Sohn schimpfen sollte. Das wichtigste war, herauszubekommen, was das Ganze sollte.

Ich holte die Puppen aus der Grube und legte sie in einer Reihe hin: zehn kleine und mittlere Puppen, wahre Meisterwerke. Mein Sohn stand da und traute sich nicht, mir in die Augen zu schauen.

»Was hattest du damit vor?« fragte ich und versuchte, mich zu beherrschen.

»Ich werde sie der Roten Armee schicken.«

»Was?!«

Er wiederholte die Antwort und war durch meine Reaktion

ganz erschrocken. »Man wird sie in die Ambulanzen hineintun.«

»Was sollen die Soldaten mit dem Spielzeug machen?«

»Ihren Kindern geben, die besitzen bestimmt keine … oder verkaufen, damit sie Geld sammeln können.«

Ein Spender klaut Puppen, dachte ich.

Ich nahm die Puppen mit nach Hause. Ratlos saß ich da. Ich wußte nicht, was ich machen sollte. Eigentlich verspürte ich den Wunsch, meinen Sohn zu umarmen und zu küssen. Wie konnte ich das aber tun, wenn er Puppen stibitzte!

Ich rief ihn. »Von nun an wirst du mir beim Geldsammeln für die Ambulanzen helfen. Die Puppen aber müssen zurück — du weißt doch, warum?«

»Ja«, sagte er erleichtert, »die Rote Armee braucht keine Puppen.«

»Nein, weil du sie ohne Erlaubnis genommen hast.«

»Sie haben doch so viele«, meinte er.

»Ja, aber sie gehören dir nicht. Man kann die Frauen darum bitten oder sie kaufen, aber nicht einfach nehmen, ohne zu fragen.«

Er sah mich ganz verschämt an und schwieg.

»Jetzt geh und gib sie zurück.«

»Ich will nicht, mach du es.«

Seine Augen waren voller Angst. Ich beschloß, nachzugeben. Es war für ihn wirklich eine zu schwere Aufgabe. Ich packte also die Puppen ein und fragte: »Kommst du mit?«

»Nein!«

»Nie wieder darfst du etwas nehmen, ohne zu fragen!«

»Nie wieder«, versprach er.

Ich ging zur Tür. Er rannte hinter mir her, fiel mir um den Hals und brach in lautes Schluchzen aus: »Ich komme doch mit …«

Auch die ganz Kleinen erlebten schon den Lebensrhythmus einer kommunistischen Familie mit. David war dreieinhalb Jahre alt, als ich mit ihm in der Moschawa oft spazierenfuhr. Im Korb des Kinderwagens waren Flugblätter versteckt.

Eines Tages trafen wir den Gemeindevorsitzenden, einen echten Mapainik. Wir unterhielten uns. Da holte der Sohn ein Flugblatt aus dem Korb und gab es ihm. Beide mußten wir lachen. Der Vorsitzende sagte: »Der fängt ja früh an!«

Jossi — er war drei Jahre alt — suchte Kapitalisten und hatte dafür einen triftigen Grund. Seine Mutter sagte immer zu ihm: »Wir können dir nicht alles kaufen, wir sind Arbeiter und keine Kapitalisten.« Also brauchte er einen Kapitalisten! Einmal saß er auf dem Schoß eines Bauunternehmers, des Chefs seines Vaters. Das Kind besah ihn voller Neugier und fragte dann: »Bist du vielleicht ein Kapitalist?«

Der Mann brach in schallendes Gelächter aus. »Wozu brauchst du Kapitalisten?« erwiderte er.

»Sie haben viel Geld, und ich kann mir dann viele Spielsachen kaufen«, gab Jossi zur Antwort.

»Und wozu brauchst du soviel Spielzeug?« fragte der Unternehmer weiter.

»Für die Kinder«, antwortete Jossi.

»Und für dich willst du nichts?«

»Nur den allergrößten Ball.«

Der Bauunternehmer lachte und wandte sich dann an den Vater: »Ist das eure Erziehung? Den größten Ball will er für sich haben ...«

Nach dem Tod meines Vaters stellte ich ein Foto von ihm auf meinen Tisch. Mein Sohn und das Mädchen unserer Nachbarn betrachteten das Bild. Klein Sarah fragte: »Was ist das für ein König?« Bei ihr zu Hause hing nämlich ein Bild von König George.

Eitan wollte einmal wissen: »Mutti, ist das ein Lenin oder ein Stalin?«

Gewöhnlich fragt man Kleinkinder: »Wo ist die Lampe?« Aber das einjährige Kind von Chana fragte man: »Wo ist Lenin?« Und das Kleine zeigte mit seinen Fingerchen auf den Schrank, auf dem Lenins Bild lag. Das durfte ja nicht an der Wand hängen, schließlich war man in der Illegalität.

»Warum gehst du immer weg?« regte sich mein sechsjähriger Sohn auf. »Andere Mütter bleiben zu Hause, nur du gehst und gehst.«

Ich kehrte um, nahm ihn auf den Schoß und erklärte: »Du weißt, daß ich nicht in ein Café oder spazierengehe. Ich gehe, um die Menschen zu bitten, der Roten Armee zu helfen. Du weißt doch, daß ein schrecklicher Krieg tobt.« Einen Augenblick war er ruhig, aber gleich darauf hatte er die Antwort parat: »Wieso muß man Erwachsenen etwas erklären? Verstehen sie das sonst nicht?

Ich bin klein und verstehe es, also verstehen es die Erwachsenen erst recht.«

Ein anderes Mal sagte er: »Ich will nicht allein zu Hause bleiben und noch dazu mit ihm!« Und er zeigte dabei auf seinen Bruder, das Baby, das in seinem Bettchen schlief. Ich versuchte, ihn zu beruhigen: »Du hast doch die Plakate gesehen, auf denen steht, daß wir heute abend eine Versammlung haben und daß ich die Versammlung eröffne.« Traurig sah er mich an, dachte eine Sekunde nach und sagte dann: »Nun gut, mach schon, aber komm bald wieder.«

Eitan war fünfeinhalb Jahre alt, ging nicht in den Kindergarten und noch nicht in die erste Klasse. Man prüfte ihn. Ich saß mit anderen Müttern auf dem Korridor vor dem Zimmer des Schuldirektors und wartete. Schließlich kam ich an die Reihe. »Der Junge ist begabt«, sagte der Direktor, »schulreif. Als ich ihn fragte: ›Wo hat die Blume ihren Mund?‹, antwortete er: ›In der Wurzel.‹ Das hat mir gefallen. Zu seiner Erziehung aber muß ich sagen, daß sie mir nicht gefällt. Ich fragte Eitan, was er werden möchte, wenn er groß ist. Er gab zur Antwort: ›Ein russischer Pilot.‹ — ›Warum ein russischer und kein jüdischer Pilot?‹ fragte ich. Und er: ›Nun gut, dann werde ich eben ein jüdisch-russischer Pilot.‹ «

»Machen Sie sich keine Sorgen über seine jüdische Erziehung«, erwiderte ich. »Verstehen Sie nicht, daß in diesen Tagen des Krieges die Heldentaten der sowjetischen Piloten ihn mehr beschäftigen als alles andere? Russen oder Juden, das ist nicht sein Problem.«

Jossi, der sechsjährige Nachbarssohn, erfuhr, daß er ein Brüderchen bekommen hatte. Er war enttäuscht: »Ich will keinen Bruder, ich will eine Schwester!« Er gab nicht nach, allen erzählte er: »Ich habe eine Schwester!« Einige Tage vergingen. Da hörte ich zufällig, wie Jossi den Kindern erzählte: »Ein Bruder ist doch besser. Ein Junge ist mehr wert als ein Mädchen. Zusammen können wir Hitler töten!«

Der Trost der damaligen Tage ...

Als die Kinder älter wurden, war es nicht mehr so einfach für sie. Sie hatten es schwer in der Schule. Sie waren gezwungen, sich mit politischen Problemen, mit dem Antikommunismus, mit dem Haß auf die Araber und die Sowjetunion auseinanderzuset-

zen. Sie mußten aufpassen, nicht von den anderen Schülern iso-
liert zu werden. Sehr oft lebten sie in zwei verschiedenen Welten,
in der Welt der Schule und in der Welt ihrer Familie. Sie wollten
auch so sein »wie alle«, aber ihre Gedanken und die Auffassungen ihrer Eltern ließen sie anders sein. Dennoch wollten sie akzeptiert werden. Also lernten sie fleißig, um Anerkennung zu gewinnen und am Leben der Klasse teilzuhaben. Sie verbargen ihre
Ansichten nicht, verteidigten sie, stellten sich an die Spitze der
Schülervertretungen und wurden so für die Zukunft gestählt.
Aber sie hatten es schwer, viel schwerer als die Erwachsenen.
Manchmal suchten sie dann auch den leichteren Weg. Die
Schwachen unter ihnen schwiegen und litten.

Die Lehrerin in der Klasse der siebenjährigen Rina erzählte
vom Parlament, berichtete, daß die Knesset* 120 Abgeordnete
hat. Sie nannte die Fraktionen. Rina merkte jedoch sofort, daß sie
die Fraktion der Kommunisten nicht erwähnt hatte. Was sollte
sie tun? Sie dachte nach und meldete sich. »Frau Lehrerin, ich
habe nachgezählt, es sind noch keine hundertzwanzig.« — »Wirklich? Wer fehlt?« wunderte sich die Lehrerin. »Es fehlt die Fraktion der Kommunisten«, antwortete Rina. Die Lehrerin war verlegen. Die Kinder aber freuten sich, daß Rina so schnell zählen
konnte und die Lehrerin reingelegt hatte.

Die Lehrerin verlangte von den Kindern, einen Aufsatz über
den Juni-Krieg von 1967 zu schreiben. Hanoch war elf Jahre alt.
Er war sich nicht ganz sicher, was er machen sollte, denn wie
seine Eltern war auch er gegen diesen Krieg. Was sollte er tun?
Er schrieb über den arabisch-israelischen Krieg von 1948. Die
Lehrerin meinte: »Der Aufsatz ist gut, aber er behandelt nicht
den Sechstagekrieg.« Darauf Hanoch: »Wirklich? Da habe ich
mich eben geirrt. Es sind ja schon so viele Kriege ...«

Unsere illegalen Zimmer

Wir nahmen Abschied von der illegalen Arbeit. Damit nahmen
wir auch Abschied von den Räumen, die uns dafür zur Verfügung standen. Sie haben es wirklich verdient, daß man ein Wort
über sie verliert.

Könnten die Wände reden, wie viele lehrreiche Dinge könnten
sie erzählen! Diese Wände gaben uns Schutz, und die Fenster

waren ihre Augen. Eine Vase oder ein Taschentuch am Fenster warnte die Genossen: Achtung, nicht hinein! Fehlten diese Symbole, so wußten sie, daß alles in Ordnung war. Die Wände vernahmen unzählige Flüstergespräche. Sie verbargen Flugblätter, Transparente und anderes illegales Material vor den Augen der Geheimpolizei.

In diesen Räumen arbeiteten wir, versteckten uns selbst, trafen uns mit verschiedenen Menschen, verbargen Genossen, die aus den Gefängnissen kamen oder den Händen der Polizei entflohen waren, Genossen, die nach zersprengten Demonstrationen gejagt wurden und hier Unterschlupf fanden. Diese Wände waren auch Zeugen, wenn man Genossen bei ihrer Verhaftung verhörte, und sie sahen die besorgten Gesichter und die Angst in den Augen der Kinder, wenn ihre Eltern abgeführt wurden. Sie hüteten die Geheimnisse der Menschen, die für das Glück der Werktätigen und für eine bessere Zukunft in diesem Land kämpften.

Es gab gute und schlechte Räume. Wir mußten lernen, sie zu unterscheiden.

Ein gutes Zimmer bedeutete weniger Verhaftungen, weniger Gefängnisaufenthalt. Jeder von uns durchlief während der Jahre der Illegalität eine Reihe solcher Zimmer. Es wäre schwierig, sie alle aufzuzählen, sich an alle zu erinnern. Dennoch sind einige in meinem Gedächtnis wie gute Freunde haftengeblieben.

Doch noch einmal zur Frage: Was war eigentlich ein gutes Zimmer? Mochte es noch so winzig, sogar ohne Fenster sein — es mußte einen separaten Eingang haben, damit die Nachbarn mich und meine Genossen, die mit Paketen ein und aus gingen, nicht bemerkten. War es auf dem Dachboden oder im Keller, um so besser. Noch günstiger war es in einem Außenbezirk, nicht im Zentrum der Stadt, und möglichst weit von einer Polizeistation entfernt. Ein gutes Zimmer mußte auch zwei Zugänge haben, damit man leichter entwischen konnte.

Selbstverständlich mußte es auch billig sein, denn unsere Mittel waren begrenzt. Viele waren arbeitslos, und die, die Arbeit hatten, versuchten, kürzer zu arbeiten, um Zeit für die Partei zu gewinnen. Mit Ausnahme weniger verantwortlicher Genossen, die in tiefster Illegalität lebten, hatten wir keine bezahlten Parteifunktionäre. Die Gesamtarbeit für die Partei war unentgeltlich.

Das war schwer, hatte jedoch auch Vorteile. Wir waren immer

unter den Massen, sei es an den Arbeitsplätzen oder bei den Arbeitslosen. Das zwang uns, in billigen Zimmern zu wohnen, in Baracken ohne Küche, die Toiletten auf dem Hof. In den Städten wurden viele Zimmer vermietet. Man konnte ohne Schwierigkeiten umziehen, und das taten wir auch.

Unser erstes Zimmer war in der Hermonstraße im Schabasi-Viertel von Tel Aviv, nicht weit von dem Ort entfernt, wo ich noch heute wohne. Ein großes Zimmer mit zwei Fenstern und Außeneingang. Wir kamen mit unseren Möbeln an: zwei einfachen Liegen, die wir von der Jewish Agency bekommen hatten, einem Packen Decken und Kissen, einem Koffer mit Kleidung und Büchern. Als »Schrank« benutzten wir eine der Ecken, die mit einem Vorhang versehen war, und eine Apfelsinenkiste, auf der »Tnuwah« stand. Die »Küche« bestand ebenfalls aus einer »Tnuwah«-Kiste mit einem Primuskocher und einigen Küchengeräten. Wer weder Tisch noch Stühle besaß, »besorgte« sie sich; aus Cafés nahmen wir Gläser, Teller und Bestecke mit. Für uns bedeutete das eine »gerechte Umverteilung der Dinge« zwischen denen, die viel hatten, und jenen, die nichts besaßen.

Das Zimmer in der Hermonstraße verließen wir schon nach zwei Wochen. Etwas kam uns da verdächtig vor, so nahmen wir unsere Siebensachen und wechselten die Behausung.

Wir fanden im Jemenitenviertel ein dunkles Zimmerchen mit einem kleinen Fenster zum Hof hinaus. Zwar konnte man sich dort verstecken, aber nicht vor dem Regen schützen, da die Zimmerdecke Löcher hatte. Es regnete direkt auf das Bett, das den größten Teil des Raumes einnahm. Doch wir wollten nicht gleich nach dem ersten Regen wieder das Zimmer wechseln. So trafen wir Gegenmaßnahmen. Wir schoben die wenigen Gegenstände unter das Bett, und auf die Decken legten wir unsere Ledermäntel (wir alle trugen damals im Winter Ledermäntel). In die Mäntel drückten wir »Gräben«, so konnte das Wasser in Eimer abfließen, die wir vor dem Bett aufgestellt hatten.

Schließlich verließen wir diese Herberge und bezogen wieder ein anderes Zimmer in der Meeresstraße. Dieser Raum auf dem Dachboden war sehr klein. Obwohl das Bett schmal war, konnten wir die Tür nur mit Mühe und Not öffnen. Wir zogen uns im Treppenflur an und aus und ließen uns gleich auf das Bett fallen. Dann hatten wir ein Zimmer, an das ich mich gut erinnern kann, da wir durch das Fenster fliehen konnten, als die Geheimpolizei vor der Tür stand.

Ich wohnte danach allein in einer Holzbaracke in der Dizengoffstraße. Zwar hatte der Raum einen separaten Eingang, aber die Wirtin sah viele Männer mit Paketen ein und aus gehen und verdächtigte mich, »schmutzige Geschäfte« zu betreiben. Da ich ihr nicht erzählen durfte, wer diese Männer eigentlich waren, verschwand ich, als die Nacht hereinbrach.

Dann kam die »Prosperity«, der »Wohlstand«. Wir hatten Arbeit und aßen täglich gut in der Arbeiterküche der Gewerkschaft. Manche von uns gingen sogar in der Allenbystraße in den Bierkeller und ließen es sich bei Bier und Würstchen gut gehen. Wir mieteten uns ein relativ gutes Zimmer in der Dizengoffstraße. Die Vermieter, verschworene Mitglieder der MAPAI, ahnten nicht, daß wir Kommunisten waren, die in der Illegalität lebten.

Eines Tages, als ich die Tür aufmachte, erblickten meine Augen einen echten Kleiderschrank. Ich war verblüfft. »Was fällt dir ein?« fragte ich erregt Sorach, der dahinter stand. Er wollte mich beruhigen: »Sieh mal, es ist kein einfacher Schrank. Erstens ist er klein, und zweitens verwandelt er sich in einen Schreibtisch mit Fächern, wenn du die Tür aufmachst. Schön und bequem!« Er versuchte, mich zu überzeugen. Aber vergebens!

»Es ist einfach kleinbürgerlich!« Ich war böse. »Was wird, wenn die Polizei hinter uns her ist? Sollen wir mit einem Schrank auf dem Rücken in ein anderes Zimmer rennen?«

Ich beruhigte mich nicht, gab aber nach. Ich konnte schließlich den Schrank nicht rausschmeißen …

So waren wir, so lebten, wohnten und liebten wir. So verliefen unsere Aktivitäten.

Das wichtigste war, weit weg von den Augen des Geheimdienstes zu sein. Einmal geschah es, daß Polizisten zufällig vorbeikamen und hereinsahen. Einer von ihnen kannte meinen Lebensgefährten noch aus Polen. Sie traten ein. Ein Packen Flugblätter lag auf dem Bett. Ich schaffte es noch, schnell ein Kopfkissen darüberzuwerfen. Wir waren für den Bruchteil einer Sekunde verblüfft. Die ungebetenen Gäste fingen an, meinem Zimmernachbarn Fragen zu stellen. Danach zeigten sie Interesse an mir. Ich beeilte mich, mich vorzustellen, und sagte: »Ihr habt keinen neuen Fisch gefangen. Ich bin der Polizei in Tel Aviv gut bekannt.« Sie glaubten es vielleicht gar nicht. Offensichtlich hatten sie es eilig und uns nur durch einen Zufall »erwischt«. Sie ließen uns unterschreiben, daß wir uns am nächsten Tag bei der Polizei melden würden. »Wir kommen«, versprachen wir. Sie durchsuchten das Zimmer flüchtig, hoben das Kopfkissen nicht hoch und fanden so nicht die Flugblätter. Wir mußten schnell handeln. Wir packten unsere Sachen in Koffer und in einen Rucksack, rollten die Decken und die Kissen zusammen und machten uns auf und davon. Nach einer Stunde hatten wir bereits — weit entfernt von diesem — ein anderes Zimmer. Dort standen zwei verrostete Betten mit zerrissenen Matratzen. Wir warfen die Matratzen weg, kauften neue und besorgten uns wieder zwei »Tnuwah«-Kisten. Gemeldet haben wir uns natürlich nicht.

Dann endlich war die Zeit der Illegalität vorüber und damit auch das Problem der Zimmer gelöst. Wir werden uns an die illegalen Quartiere stets liebevoll erinnern.

Wir werden legal

Die Verfolgungen der Polizei gingen weiter. Dennoch ermutigte uns die politische Situation des Jahres 1942 dazu, die Illegalität zu verlassen. Natürlich konnten wir bei den Behörden nicht um Genehmigung dafür bitten. Doch die politischen Ereignisse, an denen auch wir einen Anteil hatten, ließen sie uns zuteil werden.

Zu dieser Zeit wohnte ich mit meiner Familie in Kirjat Chaim. Sorach arbeitete im britischen Militärlager Kordani. Eines Tages erschienen Genossen aus Haifa und erzählten, daß die erste öffentliche legale Parteiversammlung stattfinden werde. Sie baten mich, dort zu sprechen. Das war eine große Ehre.

»In diesem Zustand?« fragte Sorach besorgt. Ich war im letzten Monat meiner Schwangerschaft. Tatsächlich war es nicht ungefährlich, in so einer Versammlung aufzutreten, da man nicht genau wußte, ob die Polizei oder Rowdys angreifen würden. Ich konnte trotzdem nicht nein sagen. »Wir geben ihr guten Schutz!« versicherten die Genossen. Als ich in ihrer Begleitung den Ort erreichte, war der Saal bereits überfüllt. Alle empfanden, daß der Durchbruch zur legalen Tätigkeit erzielt war. Es war die erste öffentliche Parteiversammlung nach 21 Jahren Illegalität.

Der Zeitpunkt war richtig gewählt. Die Polizei störte die Versammlung nicht, und auch die Rowdys blieben fern. Unter den Rednern befanden sich einige mir unbekannte. Aber Pnina Feinhaus, die ich in meiner ersten Parteigruppe getroffen hatte, war ebenfalls da. Zehn Jahre aktiver illegaler Parteiarbeit waren seit jenem Tag vergangen. Pnina blickte bereits auf 21 Jahre illegaler Parteiarbeit zurück. Ich kann mich heute nicht mehr erinnern, was die anderen und ich selbst auf dieser Versammlung gesagt haben. Eins kann ich aber nicht vergessen: Es war das erste Mal, daß wir auf einer Tribüne in einem vollen Saal saßen und keiner uns störte und schrie: »Nieder mit den Mopsim!« Es war tatsächlich eine historische Wende.

Als die Versammlung zu Ende war, saßen wir beisammen und unterhielten uns. Wir waren erregt und aufgewühlt und versuchten, zu begreifen, daß wir wieder legal waren. Der schreckliche Krieg, die Antihitlerkoalition, die neue Atmosphäre ...

Wir gaben uns selbstverständlich keinen Illusionen hin. Die Mandatsregierung ließ keinerlei Anzeichen für eine demokratische Politik erkennen. Sie wurde nur gemäßigter in Anbetracht der liberaleren Winde, die der Krieg gegen den Faschismus und der Wunsch der Völker nach Freiheit und Fortschritt mit sich brachten.

1942 wurden alle Kommunisten aus den Gefängnissen entlassen. Wir konnten legale Versammlungen abhalten, obwohl unsere Partei gesetzlich nicht zugelassen war. Sollte die britische Administration uns wirklich mehr Rede- und Pressefreiheit zugestehen? Jedenfalls erhielten wir erst im Dezember 1944 die offizielle Genehmigung, die Parteizeitung »Kol ha-Am« (Stimme des Volkes)* herauszugeben.

Wir begaben uns also in die Legalität. Wie viele Jahre hatten wir darauf gewartet! Hatten wir die illegale Zeit tatsächlich hinter uns? Würde uns die Polizei nicht mehr verfolgen? Würden wir uns nicht mehr verstecken und unsere Adressen nicht mehr selbst vor unseren Angehörigen verheimlichen müssen? Es wäre nicht mehr verboten, eine Arbeitsadresse zu nennen? Wir brauchten nicht mehr aufzupassen, um nicht reinzufallen und um andere nicht zu Fall zu bringen? Wir könnten gehen, ohne darauf zu achten, ob wir von einem »Schwanz« verfolgt würden, brauchten nicht mehr nach einem Zeichen im Fenster zu suchen, ob alles in Ordnung war oder nicht?

Die Arbeit in der Illegalität bedeutete, sich heimlich außerhalb der Stadt treffen zu müssen und — wenn ein Pfiff ertönte — auseinanderzurennen.

Illegalität bedeutete, zehn Augen, wachsame Ohren wie ein Jagdhund zu besitzen, flink und aufmerksam zu sein, davonrennen zu können, Gassen und Durchgänge der Stadt zu kennen, dunkle Ecken für Treffs zu finden, die Polizei irrezuführen, ihr Lügen aufzutischen, aber auch auf der Arbeit und bei den Verwandten zu lügen, Schläge zu erdulden und zu lernen, was es bedeutet, im Gefängnis eingesperrt zu sein.

Arbeit in der Illegalität hieß auch, fachmännisch Flugblätter zu verteilen, Losungen zu malen, die Farbe den Polizisten ins Gesicht zu schleudern und wegzurennen … Und trotz allem mußte man auch noch lachen und fröhlich sein können.

Wir verließen die Illegalität — das Herz voller Pläne, voller Hoffnungen …

Offiziell wurde die Kommunistische Partei erst 1944 legal.

Mit Beginn der legalen Tätigkeit wandte sich das Zentralkomitee der Partei an das Exekutivkomitee der Histadrut und verlangte von ihm, die Festlegung aufzuheben, wonach der Partei verboten war, in der Gewerkschaftsorganisation zu wirken. Ferner verlangte es, unseren Genossen, die hinausgeworfen worden waren, alle Rechte zurückzugeben. Der Briefwechsel wurde in der Presse veröffentlicht. Auf die Argumente des Exekutivkomitees der Histadrut erwiderte die Partei, daß es unverständlich sei, daß Arbeiter deshalb verfolgt und aus den Gewerkschaften entfernt würden, weil sie internationalistische Anschauungen hätten.

Noch vor dem 6. Kongreß der Histadrut (1944) wurde die Liste der Partei für ungültig erklärt. Daraufhin schickte das Zentralkomitee der Partei ein Protestschreiben an den Kongreß, in dem es betonte, die Histadrut untergrabe die Einheit der Arbeiterklasse und trete die demokratischen Rechte mit Füßen. Ohne Aufhebung des Verbots könne es keine fortschrittliche Gewerkschaft geben, die für die Interessen der Arbeiter kämpfe.

Nach langwierigem Kampf, den unsere Partei über ein Jahrzehnt führte, beschloß die Führung der Histadrut 1959 endlich, ihre Türen auch den arabischen Arbeitern zu öffnen. Erstmals beteiligten sich dann 1965 arabische Arbeiter an den Wahlen zum Histadrut-Kongreß.

Neue Horizonte

Tränen an einem Tag des Glückes

Juri Lewitan verkündet das Ende des Krieges; die rote Fahne ist auf dem Reichstag gehißt worden. Es ist Nacht. Bereits den ganzen Abend haben wir vor dem Radioempfänger gewartet; der Sprecher hat mitgeteilt, daß die Sendung in der Nacht fortgesetzt wird. Voller Ungeduld erwarten wir das lang ersehnte Wort. Da endlich ertönt die unverwechselbare Stimme Lewitans: »Deutschland hat endgültig und bedingungslos kapituliert. Sieg!« Vor Glück sind wir wie betäubt und fühlen — wie in einem herrlichen sowjetischen Lied beschrieben —, daß es ein Glück mit Tränen in den Augen ist.

Es ist eine Stunde der Freude und des Glücks. Wir stoßen auf das Leben an. Heute ist der 9. Mai 1945. Ewig werden wir uns an dieses Datum erinnern. Es hat eine neue Epoche in der Menschheitsgeschichte, in der Geschichte unseres Landes und unserer Partei, aber auch im Leben jedes einzelnen von uns eingeleitet. In der ganzen Welt wird das Fest des Sieges gefeiert, werden Siegesdemonstrationen veranstaltet.

Der Rote Platz ist mit Bürgern Moskaus übersät; Alte und Junge, Jugendliche, Soldaten und viele andere sind hier versammelt. Die Kremluhr schlägt die Stunde des Sieges. Aus den Lautsprechern erschallt lauter Gesang. Akkordeons und Mundharmonikas ertönen, alt und jung tanzen zu ihren Klängen. Bewegt trifft man sich und diskutiert. Keiner achtet darauf, ob es Tag oder Nacht ist — es ist ein einziger Freudentaumel. Nur ein Volk, das so viele Opfer bei der Zerschlagung des Faschismus brachte, ist imstande, sich so am Tag des Sieges zu freuen. Die Menschheit wird ihres Retters — der Roten Armee und der Völker der Sowjetunion — ewig gedenken.

Die Welt begann, aus den Trümmern wiederaufzuerstehen und

ihre furchtbaren Wunden zu heilen. Millionen Menschen suchten die in aller Welt verstreuten Überlebenden ihrer Familien. Flüchtlinge, Flüchtlinge, Flüchtlinge ... Auch nach Palästina kamen jüdische Flüchtlinge, Überlebende, denen es wie durch ein Wunder gelungen war, den Verbrennungsöfen zu entgehen. Diese Menschen, die mit eigenen Augen die Hölle geschaut hatten, mußten aufgenommen werden. Ihnen mußte die Hoffnung zurückgegeben werden, daß es nie wieder zu einer derartigen Hölle auf Erden kommen würde. In Palästina gab es kaum eine jüdische Familie, die keinen nahen Verwandten in diesem Weltbrand verloren hatte. Die am Leben Gebliebenen, Angehörige aller Völker, legten vor sich selbst Rechenschaft ab. Sie suchten einen Weg, um ähnliches Unglück zu verhindern, um Faschismus und Krieg mit den Wurzeln auszurotten. Die Hoffnung der Welt auf Frieden, Kultur und Humanismus begann erneut zu keimen.

Wir demonstrieren

Durch die Straßen Tel Avivs zog ein feierlicher Siegesmarsch, der von unserer Kommunistischen Partei organisiert worden war. Es war ein beeindruckender Zug, eine Demonstration, wie sie Palästina noch nicht gesehen hatte.

Am Nachmittag des 12. Mai, an einem Sonnabend, zogen Tausende Demonstranten durch die Straßen der Stadt. Sie marschierten von der Alijah-Straße bis zur Merkas-Baale-Mlachah-Straße. Dicht an dicht säumten die Einwohner Tel Avivs die Straßen. Sie empfingen uns mit Begeisterung. Was für ein schönes Gefühl! Wann hatte die Partei jemals so marschieren können? Wann hatte sie die Möglichkeit gehabt, so ihre Kräfte vorzuweisen, ihre Stärke und Organisiertheit, ihre Begeisterung und ihren Glauben zu demonstrieren?

Ganz vorn schritten die Mitglieder des Kommunistischen Jugendverbandes. Reihenweise leuchteten ihre weißen Blusen und ihre roten Halstücher. Mit dabei — das Jugendorchester. Die Generation der Zukunft. Millionen hatten gekämpft, waren ermordet, verbrannt und gequält worden, damit diese Generation niemals erleben muß, was für ein Ungeheuer der Faschismus ist.

Im Demonstrationszug wurden riesige Porträts der Führer der Antihitlerkoalition — Stalin, Roosevelt und Churchill — sowie der

Helden des Krieges und der siegreichen Sowjetarmee mitgeführt. Hunderte Transparente, Fahnen und Symbole waren zu sehen. Als der »Block der Trauernden« vorbeizog, standen die Menschen schweigend an den Straßen. Viele hatten Tränen in den Augen. Jugendliche trugen ein großes schwarzes Transparent mit der Aufschrift: »Vergeßt es nie!«

Natürlich war die Partei auf dieser Demonstration auch mit all ihren politischen Forderungen präsent.

Ich marschierte gemeinsam mit den Genossen der Parteiführung. Ein Gedanke beschäftigte mich: Das Kriegsende eröffnete eine neue Epoche in der Menschheitsgeschichte, eine neue Etappe auch für die Entwicklung Palästinas. Wir sangen »Die Internationale« und atmeten tief durch — es war noch so viel zu tun!

Die Sonne verschwand bereits am Horizont. Doch die Massen marschierten und marschierten, Lieder und Sprechchöre wollten kein Ende nehmen, um den Sieg zu verkünden.

Wer ist schuld?

Das Leben in Rischon le-Zion ließ uns die Probleme der Kommunalverwaltung besser erkennen. Der Stadtrat — die meisten seiner Mitglieder waren Bourgeois — sorgte sich nicht um die Belange der einfachen Bürger, und es gab eine Unmenge von Problemen. Die Menschen kamen zu mir nach Hause. Einmal besuchte mich jemand schon früh am Morgen und vertraute mir ein Geheimnis an: »Die Stadtverwaltung läßt mit einem Müllauto Fleisch transportieren! Wenn die Abfälle abgeladen worden sind, wird der Wagen gesäubert und transportiert dann Fleisch.« Ich überprüfte die Angaben, sie stimmten tatsächlich. Da machten wir im Rathaus einen Skandal. Die Ratsmitglieder konnten den Vorfall nicht leugnen und sahen sich gezwungen, einen weiteren Lkw zu kaufen.

Der öffentliche Park mit seinen hundertjährigen Palmen war vernachlässigt; er glich einer Müllhalde. Doch die Bürger der Stadt und ihre Kinder waren auf ihn angewiesen. Also übten wir Druck auf die Stadtverwaltung aus. Der Park wurde gesäubert und aufgeräumt. Er wurde wieder grün und schön.

Eines Tages war ein junger Bursche von einem Auto auf der

Straße erfaßt worden und an den Folgen des Unfalls gestorben. Das Unglück passierte, weil es keine Fußwege gab. Wir schlossen uns im Kampf gegen die Stadtverwaltung zusammen und ließen die Bürger eine Forderung auf Errichtung von Bürgersteigen unterzeichnen. Das Ergebnis: Es wurden Trottoire angelegt.

Die Bürger begriffen allmählich, daß man sich an die Kommunisten wenden mußte, um etwas zu erreichen. Diese würden kämpfen, Initiativen ergreifen und die Massen mobilisieren.

Mit diesem sicheren Gefühl einer Verbindung zu den arbeitenden Massen gingen wir in die Munizipalwahlen. Wir wußten, daß die Wahlergebnisse in Rischon le-Zion auch andere Orte beeinflussen würden. Der Hauptkampf spielte sich zwischen dem Bürgerblock (ha-Esrachi) und den Histadrut-Parteien ab. Er verlief im wahrsten Sinne des Wortes stürmisch.

Dennoch war das Arbeiterlager in einer Zeit, als sich die Kräfte der ländlichen Bourgeoisie zusammenschlossen, gespalten. Die Führer der MAPAI und des ha-Schomer ha-Zair bekämpften die Kommunisten. Sie fürchteten die wachsende Kraft unserer Partei und vergaßen ganz den Klassenfeind. Auf den Straßen verteilten sie Flugblätter mit der Losung: »Keine Stimme den Kommunisten!« Wir hatten also an zwei Fronten zu kämpfen — gegen die Rechtskräfte und gegen die Führung der zionistischen Arbeiterparteien. Wir riefen zur Einheit der Arbeiterklasse gegen das rechte Lager auf.

Der Wahlkampf wurde noch durch ein formales Mißgeschick erschwert. Ich war die erste Kandidatin auf der Liste unserer Partei, aber meine Kandidatur wurde abgelehnt. Das Zentralkomitee der Kommunistischen Partei wandte sich daraufhin an das Oberste Gericht; sein Antrag wurde jedoch abgewiesen. Also suchten wir einen neuen Spitzenkandidaten. Unsere Wahl fiel auf Abraham, einen Sympathisanten der Partei. Er war entsetzt, als wir ihm unseren Vorschlag unterbreiteten: Warum gerade ich? Er war ein einfacher Mensch, Bauarbeiter und Tischler, ein kluger Mann, bei jedermann beliebt, aber schweigsam und sogar etwas menschenscheu. Die Arbeiter kannten und achteten ihn wegen seiner Aufrichtigkeit und seines persönlichen Verhältnisses zu ihnen. Nun lehnte er es ab, an der Spitze der Parteiliste zu stehen. Wir ließen aber nicht locker, holten aus Tel Aviv sogar Aljoscha Gozansky heran, damit er ihn überzeuge. Schließlich stimmte Abraham zu, stellte jedoch die Bedingung, ihn sofort nach den Wahlen zu entlasten. Wir versprachen es ihm.

Es wurde ein heißer Wahlkampf. Wir erhielten 212 Stimmen. Das war ein großer Erfolg, denn es bedeutete, daß ein Vertreter der Partei in den Stadtrat einziehen konnte. Auch die zionistischen Arbeiterparteien waren zufrieden: Unser Vertreter sicherte eine Mehrheit der Arbeiterschaft. Aber die Plantagenbesitzer fanden einen Trick: Bei Bekanntgabe der Wahlergebnisse lösten sie den Block auf, den sie vor den Wahlen gebildet hatten. Durch dieses Manöver erhielt die Liste von Zerubabel Chabib, dem Vorsitzenden des bisherigen Stadtrats, 220 Stimmen. Wir dagegen mußten infolge dieser Machenschaften unseren Sitz zu seinen Gunsten aufgeben. Auf diese Weise sicherte man die bourgeoise Mehrheit und damit die Fortsetzung ihrer bisherigen Amtsgewalt.

Um unseren Abgeordnetensitz zu retten, wurde die Histadrut-Führung eingespannt. Sie entwickelte fieberhafte juristische Aktivitäten. Die Situation entbehrte nicht einer gewissen Tragikomik: Die Führer der MAPAI, die sich von den Kommunisten getrennt und sie verleumdet hatten, kämpften nun um einen Vertreter der Kommunistischen Partei im Stadtrat. Ein Histadrut-Funktionär fragte mich: »Was ist denn mit dir los? Sonst immer so aktiv und jetzt auf einmal nicht mehr?« — »Jetzt«, antwortete ich ihm, »ist es mal an euch, zu rennen. Schließlich seid ihr schuld daran, daß wir nicht mehr Stimmen bekommen haben. Sonst wäre die ganze Affäre nicht passiert.«

Die Histadrut klagte also bei Gericht gegen Zerubabel Chabib und nahm sich einen Rechtsanwalt. Das Verfahren fand in Rechowot statt. In der Presse konnte man in großen Lettern lesen: »MAPAI kämpft um die Rettung des kommunistischen Abgeordneten im Stadtrat von Rischon le-Zion.« Das war in jenen Tagen tatsächlich eine neue öffentlich-politische Erscheinung. Der Richter Bechor Schitrit (zeitweilig Justizminister in der Ben-Gurion-Regierung) entschied den Prozeß zugunsten der Liste von Chabib. Daraufhin ging es im Stadtrat stürmisch zu.

Die Histadrut organisierte eine große Arbeiterversammlung. Die Redner der MAPAI und des ha-Schomer ha-Zair versuchten, ihr Versagen bei den Wahlen zu rechtfertigen. Ich saß mit unseren Genossen im Saal. Plötzlich rief jemand laut: »Ruth soll sprechen! Ruth soll sprechen!« Viele unterstützten ihn. Ich drehte mich um und sah, daß die Zwischenrufer Arbeiter waren, die keinerlei Verbindung zu unserer Partei hatten — Anhänger verschiedener politischer Strömungen. Der Versammlungsleiter war verlegen. Ich stand auf und ging zum Rednerpult. Mit stürmischem Beifall wurde ich empfangen. Ich war bewegt, denn es war das erste Mal, daß ich nicht erst um die Erlaubnis, sprechen zu dürfen, kämpfen mußte. Das war wirklich ein schönes Gefühl. Die Situation war Ausdruck der großen Wertschätzung, die unsere Partei im Kampf für die Einheit der Arbeiterklasse gegen die Bourgeoisie, gegen die Spaltung und deren Preis errungen hatte. Und darüber sprach ich auch. Ich verwies die Anwesenden auf das Flugblatt des ha-Schomer ha-Zair: »Keine Stimme der Kommunistischen Partei!«, und erklärte: »Nur acht Stimmen haben gefehlt, um den Stadtrat in die Hände der Arbeiter zu geben. Wer ist nun daran schuld?« So fragte ich sie und konnte mir jede weitere Erklärung ersparen.

Erster Durchbruch

Ein langer Tag voller Aufregungen

Frühling 1947 — Zeit der großen Hoffnungen am Vorabend der Diskussion in der UNO-Vollversammlung über das Schicksal Palästinas. Das Zentralkomitee wählte Aljoscha Gozansky und mich als Mitglieder einer Parteidelegation aus, um eine Reihe volksdemokratischer Staaten in Europa zu besuchen. Wir waren überglücklich. Es war schließlich die erste Parteidelegation, die in diese Länder reiste.

Wir erwarteten ungeduldig das Zeichen zur Abreise. Aber die Zeit verging, und es kam keinerlei Nachricht. Für den Fall, daß die Reise nicht zustande kam, begann ich erst gar nicht mit den Vorbereitungen.

Es kam die große Demonstration zum Ersten Mai in Tel Aviv. Wir marschierten — bereits heiser vom lauten Rufen der Losungen für den Abzug der Briten, für die Unabhängigkeit Palästinas und für jüdisch-arabische Brüderlichkeit — durch die Straßen. Da trat plötzlich Aljoscha Gozansky aus dem Demonstrationszug und verkündete mir bewegt: »Morgen mittag besteigen wir ein Schiff nach Jugoslawien. Ich habe es eilig!« Und weg war er.

Die Demonstration war zu Ende. Sorach und ich standen mit unseren beiden Kindern inmitten der Menge und sahen einander an. Was war nun als erstes zu tun? Wie sollten wir uns an einem einzigen Tag auf die Reise vorbereiten? Auch Sorach sollte als Begleiter mit uns fahren. »Ich bin der Gepäckträger der Delegation«, sagte er und fügte mit einem Lächeln hinzu: »Ein glücklicher Gepäckträger!« Wir begannen einen Wettlauf mit der Zeit, hasteten von Geschäft zu Geschäft, besorgten Koffer, notwendige Sachen für uns, für die Kinder, die wir bei Verwandten lassen wollten.

Es war schon spät, als wir uns auf den Weg nach Hause, nach Rischon le-Zion, begaben. Dort begann eine knappe Stunde später auch die Maidemonstration. Und natürlich durften wir nicht fehlen. Ich mußte sogar auf der Abschlußkundgebung sprechen. Zweifellos war der Rede meine gehobene Stimmung anzumerken. Nun blieben uns nur noch der Abend und die Nacht. Wir packten, machten die Wohnung sauber, verabschiedeten uns von unseren Freunden.

Für uns gab es keine Nacht; sie verrann, da brach auch schon der Morgen an. Das Auto, die Kinder, die Großmutter — Sorachs Mutter, die uns begleitete —, die Koffer und nicht zu vergessen unser Hund Boki. Wir fuhren nach Norden. Unseren elfjährigen Großen und den Hund ließen wir bei meiner Schwester. Den fünfjährigen Kleinen wollte meine zweite Schwester nehmen. Doch da erfuhren wir, daß mein Schwager plötzlich erkrankt war. Er hatte hohes Fieber. Ob es Typhus war? Unter diesen Umständen konnten wir das Kind auf keinen Fall dort lassen. Wir rannten zum Telefon und riefen Freunde in Haifa an, gute Genossen, die selbst keine Kinder hatten. »Könnt ihr unseren Sohn aufnehmen?« Schweigen und offensichtliche Verwirrung, dann die Antwort: »Los, bringt ihn her!« Bloß gut, daß es solche Freunde gibt!

Wir fuhren nach Haifa, ließen den Jungen dort und verabschiedeten uns mit vielen Küssen. Dann mußten wir noch einmal nach Rischon le-Zion, um die Großmutter nach Hause zu bringen, und wieder nach Haifa.

Als wir endlich das kleine jugoslawische Transportschiff bestiegen, das im Hafen von Haifa vor Anker lag, waren wir am Ende unserer Kräfte.

»Wo wart ihr bloß?« empfing uns Aljoscha, der schon unruhig

auf uns wartete. Versuch aber mal, jemandem zu erzählen, was einem Menschen so alles im Laufe eines Tages passieren kann ...

Ich war wegen unseres Jüngsten beunruhigt und suchte mit dem Kapitän ins Gespräch zu kommen. Ihn bat ich um die Erlaubnis, mit unseren Freunden zu telefonieren. Er zögerte, denn so etwas war eigentlich nicht üblich, und es fiel ihm offensichtlich auch schwer, die Geschichte zu glauben. Doch schließlich gab er mir die Genehmigung. Ich bedankte mich nochmals bei meiner Freundin und fragte, wie es dem Jungen gehe. Sie beruhigte mich: »Es ist alles in Ordnung. Du brauchst dir keine Sorgen zu machen!«

Erst als sich das Schiff immer mehr von der schönen Küste Haifas entfernte, beruhigte ich mich allmählich und begann zu begreifen, daß ich mich tatsächlich auf einer Reise in die volksdemokratischen Staaten befand.

Noch spät in der Nacht saßen wir mit Aljoscha zusammen und bereiteten unsere Mission vor. Das Zentralkomitee der Partei hatte uns mit zwei Aufgaben betraut: Erstens sollten wir die neue Realität in den Volksdemokratien studieren und zweitens Beziehungen zu den Zentralen der dortigen kommunistischen Parteien herstellen, um sie mit der neuen Entwicklung in Palästina und mit den Kämpfen unserer Partei vertraut zu machen.

Seit dem Sieg über Nazideutschland und das militaristische Japan, der vieles verändert hatte, waren erst zwei Jahre vergangen. Die Wertschätzung der Sowjetunion, die die entscheidende Rolle bei diesem Sieg gespielt hatte, war enorm gestiegen. Weitere Staaten schlugen den Weg zum Aufbau einer sozialistischen Gesellschaft ein, der nationale Kampf zur Befreiung von den Ketten des Kolonialismus nahm einen großen Aufschwung.

Auch in Palästina gingen in diesem historischen Zeitabschnitt entscheidende Veränderungen vor sich. Die Erkenntnis der jüdischen und der arabischen Massen, daß es notwendig sei, die britische Mandatsherrschaft zu beenden, war gewachsen. Den Kämpfern für nationale Unabhängigkeit antworteten die britischen Behörden mit Terror, Ausgehverbot und grausamer Unterdrückung. Es wurden Massenverhaftungen vorgenommen, die Konzentrationslager machten das Leben schier unerträglich. Dennoch ging der Kampf weiter.

Bereits auf unserem IX. Parteitag im Februar 1945 war beschlossen worden, für die sofortige Beendigung des britischen Mandats sowie für die Übergabe des Palästinaproblems an die UNO zu kämpfen, und zwar auf der Grundlage der Anerkennung des Selbstbestimmungsrechtes sowohl des jüdischen als auch des arabischen Volkes. Wir waren die ersten, die diese Forderung vorbrachten, und erfüllten damit eine patriotische Aufgabe.

Auf unsere Reise hatten wir uns das Memorandum mitgenommen, das unsere Parteidelegation 1946 der britisch-amerikanischen Untersuchungskommission vorgelegt hatte. In dieser Schrift hieß es unter anderem, daß das Palästinaproblem nicht als Interessengegensatz zwischen Juden und Arabern anzusehen sei, sondern daß es sich vielmehr um einen Widerspruch handele, der als Ergebnis der Intrigen der ausländischen Machthaber entstanden ist. Die britischen Behörden wandten sich entschieden gegen die Übergabe der Palästinafrage an die UNO. Doch damit nicht genug. Auch die zionistische Führung war gegen eine solche Diskussion in den Vereinten Nationen, obwohl sie die Beendigung des britischen Mandats in Palästina forderte. Ihre Haltung resultierte aus dem Wunsch, die traditionelle, historisch gewachsene Zusammenarbeit mit dem britischen Imperialismus fortzusetzen, sowie aus der Furcht vor den Positionen der sowjetischen Vertreter in der UNO.

Die zionistischen Führer zogen es vor, die Briten und die Amerikaner zu bedrängen, zusätzliche Rechte in Palästina zu gewähren, und sie sicherten ihnen sogar Militärbasen zu. All das natürlich auf Kosten der Araber. Es waren jedoch nur wenige Tage der UNO-Diskussion vergangen, als die zionistischen Kreise angesichts der Reden von Andrej Gromyko und Semjon Zarapkin erkennen mußten, daß sie mit ihrer blinden Feindseligkeit gegen die Sowjetunion einen großen Fehler begangen hatten.

Unsere Partei vertrat die Auffassung, daß es nur mit Hilfe der UNO und der UdSSR sowie deren prinzipieller Unterstützung des Rechtes jedes Volkes auf Selbstbestimmung möglich sei, der Herrschaft der Briten in Palästina ein Ende zu bereiten sowie eine Lösung zu finden, die den Interessen und den nationalen Bestrebungen der beiden Völker des Landes nach völliger Unabhängigkeit entsprach. Noch 1945 unterstützte die Partei die Gründung eines binationalen Staates bei völliger Gleichberechtigung beider Völker. Sie betrachtete auch die Föderation eines jüdischen und eines arabischen Staates als möglichen Weg. Einige Monate später wurde jedoch klar, daß die einzig reale Lösungsmöglichkeit unter den damaligen Gegebenheiten die Teilung des Landes in zwei demokratische und unabhängige Staaten — einen jüdischen und einen arabischen — war. Die jüdischen und die arabischen Kommunisten unterstützten daher den Beschluß der UNO-Vollversammlung vom 29. November 1947.

Auf allen Begegnungen und in allen Gesprächen trugen wir während unserer Reise diese Probleme vor. Wir stießen dabei auf großes Interesse, und das ermutigte uns.

Diskussionen, Apfelsinen und Einheit

An Bord des jugoslawischen Schiffes »Tara« trafen wir eine Abordnung des Kommunistischen Jugendverbandes, der auch eine Reihe unserer Genossen angehörte, sowie eine Jugendgruppe der arabischen Liga für Nationale Befreiung. Beide waren zur Teilnahme an einem internationalen Jugendlager eingeladen, um beim Bau der Eisenbahnstrecke Šamac—Sarajevo zu helfen und zur Befreiung Jugoslawiens von den Trümmern des furchtbaren Krieges beizutragen.

Jugendlicher Lärm erfüllte das Schiff. Die Delegation unseres Jugendverbandes wurde von David (Sascha) Khenin geleitet, und an der Spitze der Abordnung der Liga stand Ouda Ashhab. Als die »Tara« ablegte und sich immer weiter von der Küste entfernte, standen wir gemeinsam an Deck. Unser Blick hing wie gebannt an Haifa und seiner schönen Umgebung, am Karmel, der im Grün versank, und an den goldenen Kuppeln der Klöster.

Die Anwesenheit von jüdischen und arabischen Jugendlichen verwandelte das Schiff in eine Bühne, auf der Gespräche, Unterhaltungen und Diskussionen stattfanden, auf der aber auch viel getanzt und gesungen sowie Freundschaften geschlossen wurden. Seit unserer Trennung — der Spaltung der Partei 1943 — sehnten wir uns danach, die jüdisch-arabische Einheit in unserem gemeinsamen Kampf wiederherzustellen. Hier auf dem Schiff kam alles auf den Tisch: das Problem des Kampfes gegen die britische Herrschaft, die Einwanderung, die Diskussionen im Sicherheitsrat zur Palästinafrage, die Spaltung der Partei und vieles andere. Das zentrale Thema unserer Gespräche war natürlich die Spaltung der Partei. Jetzt standen wir Auge in Auge der politischen und gesellschaftlichen Realität in Palästina gegenüber. Hier, an Bord des kleinen Schiffes inmitten des stürmischen Meeres, setzten wir uns zusammen und fühlten, daß uns gleiche Gedanken und Ideen verbanden. Wie groß war unser Glück bei dieser Erkenntnis!

Natürlich waren wir nicht befugt, Gespräche über eine Vereinigung zu führen. Aber unsere Gespräche verstärkten das Gefühl, daß es an der Zeit sei, die trennende Vergangenheit beiseite zu schieben und die Tür, die in eine gemeinsame Zukunft führt, zu öffnen. Diese Zeit kam wirklich. Bereits ein Jahr später war es soweit.

Lange danach erinnerte mich Ouda einmal im Spaß an die Rolle, die in unseren Gesprächen die Apfelsinenkiste spielte, die ich für meinen Bruder in Polen mitgenommen hatte. Jedesmal, wenn die Gespräche auf Schwierigkeiten stießen, stürzten sich die Beteiligten nämlich auf diese Apfelsinenkiste. Und es zeigte sich, daß die Apfelsinen halfen: Noch vor unserer Ankunft in Jugoslawien wurde eine gemeinsame Versammlung beider Jugenddelegationen durchgeführt, auf der sie sich zu einer jüdisch-arabischen Abordnung zusammenschlossen. Wir stießen miteinander darauf an und luden den Kapitän und die gesamte Besatzung ein, an unserer Freude teilzuhaben. Natürlich wurde auch Jurek nicht vergessen, der Moses des Schiffes. Er hatte keine Eltern mehr, und die Matrosen hatten sich seiner angenommen. Wir liebten ihn alle und verwöhnten ihn.

Man kann wohl schwerlich behaupten, daß es für uns an Bord des kleinen Frachters sehr bequem war. Der Kapitän hatte allerdings ein gutes Verhältnis zu uns. Er stellte sogar seine Kajüte zur Verfügung und schlief selbst an Deck. Wir wollten sein Angebot eigentlich gar nicht annehmen, doch er bestand darauf.

Das kleine Schiff schlingerte auf den hohen Wellen hin und her. Die meisten von uns wurden seekrank. Eines Morgens saßen wir sogar nur noch zu dritt beim Frühstück, alle anderen waren erkrankt. Ich erinnerte mich daran, daß ich für Notfälle eine Ausbildung als Krankenschwester erhalten hatte, und versuchte, so gut es ging, zu helfen. Aber ohne Ergebnis. Erfolgversprechend wäre einzig eine Beruhigung der See gewesen, doch das überstieg bei weitem meine Fähigkeiten.

Wir machten Zwischenstation in Alexandria. Das Schiff ging vor Anker, und die Lastträger begannen, Salzsäcke zu laden. Beißender Salzgeruch verbreitete sich. Salz aus zerrissenen Säcken bestäubte weiß alle Vorübergehenden, biß in die Kehlen und Augen. Wir wollten von Bord gehen und uns die Stadt ansehen, aber die Hafenbehörden erlaubten es nur den arabisch-palästinensischen Freunden; den jüdischen Genossen wurde es verboten. Es nutzte mir nichts, daß ich erklärte, auch ich sei palästinensische Staatsbürgerin.

Mit Salz beladen, fuhr das Schiff direkt weiter nach Jugoslawien. Wir legten dort in einem kleinen Hafen an. Von hier fuhren wir mit dem Zug in die jugoslawische Hauptstadt, nach Belgrad. Wir lechzten förmlich nach Eindrücken; schließlich war es unser erster Besuch in einem Land, das begonnen hatte, den Sozialismus aufzubauen.

Nun begann unsere Reise erst richtig. Wir befanden uns auf dem Boden Jugoslawiens, eines Landes, dessen Kommunisten mit Recht von sich sagen konnten, daß sie den Kampf gegen die deutschen Eindringlinge als erste aufgenommen hatten. Sofort nach der Annexion Österreichs durch die Nazis riefen die jugoslawischen Kommunisten, die unter schweren Bedingungen in der Illegalität tätig waren, ihr Volk auf, sich auf die Möglichkeit eines Überfalls des faschistischen Deutschlands vorzubereiten. Von Beginn des Krieges bis zu seinem Ende leisteten sie sehr viel, und die Kämpfe der jugoslawischen Partisanen sind überall bekannt. Jetzt befanden wir uns also im neuen Jugoslawien.

Ein Lied bei Sonnenaufgang

Ein lautes Lied ließ mich früh am Morgen aus dem Bett springen. Die Sonne war gerade erst aufgegangen. »Eins, zwei, eins, zwei! Jugend Titos ...«, erklang es in serbokroatischer Sprache. Jungen und Mädchen mit Spaten und Hacken auf den Schultern marschierten in Reih und Glied durch das internationale Jugendlager, dessen Bewohner die Eisenbahnstrecke Šamac—Sarajevo bauten.

Wir hatten zwischen Gesprächen und Begegnungen die Zeit gefunden, das Jugendlager zu besuchen. Ein riesiges felsiges Gebiet. Auf großen Plateaus waren Zelte errichtet worden. Über den Platz schallten die Stimmen von Jugendlichen in Arbeitskleidung.

Lachen, Lieder, junge Leute. Wir konnten uns nur mit Mühe einen Weg zur Arbeitsstätte bahnen. Überall Waggons voller Steine und Felsbrocken. Und Massen junger Burschen und Mädchen. Sie arbeiteten emsig wie die Ameisen.

180 000 Jugendliche bauten die Eisenbahnlinie. An der Seite der jugoslawischen Jugend arbeiteten Brigaden aus Griechenland, aus der Tschechoslowakei, aus Italien, Australien, Großbritannien und vielen anderen Ländern — Symbol für die demokratische Verbrüderung von Völkern, die die Zerstörung, die der Faschismus verursacht hat, beseitigt und eine neue, freie und friedliebende Welt aufbaut. Hier trafen wir natürlich auch die Brigade »Einheit und Brüderlichkeit«, der die Mitglieder des Kommunistischen Jugendverbandes und die Jugendgruppe der arabischen Liga für Nationale Befreiung angehörten. Sie unterbrachen ihre Arbeit und freuten sich sehr über unser Kommen. Doch selbst wenn wir es gewollt hätten, wir hätten uns nicht mit Küssen begrüßen können: Alle waren schwarz vom Staub, und Schweiß rann ihnen über die Gesichter. Unsere Jugendlichen leisteten ausgezeichnete Arbeit und hatten bereits einen Orden und eine Anerkennungsurkunde erhalten. Sascha Khenin und Ouda Ashhab hatten sie auf einer Festveranstaltung gemeinsam entgegengenommen.

Wir trafen uns mit einem kräftigen jungen Burschen. Er war der Einsatzleiter. Mit ihm kam ein junges Mädchen, die Dolmetscherin. Wie viele Jugendliche arbeiten hier? Welche Bedingungen finden sie vor? Aus welchen Ländern kommen sie? Fragen ohne Ende prasselten auf den Einsatzleiter herab. »Es ist schwer, die Massen von Jugendlichen einzusetzen; es herrscht ein Durcheinander«, erzählte er uns. »Wenn ich um dreihundert Personen bitte, schickt man mir sechshundert. Die Arbeitsgeräte reichen nicht für alle. Wo soll ich sie hernehmen?« fragte er verzweifelt. Außerdem kamen Besucher aus allen Ländern hierher. Am selben Tag wie wir weilte beispielsweise der berühmte französische Schriftsteller Louis Aragon im Lager. Man fotografierte ihn mit unserer Jugendbrigade.

Wir gingen in den Straßen Belgrads spazieren. Der Krieg hatte überall seine Spuren hinterlassen. Die wirtschaftliche Lage war schwer. Leere Geschäfte, es gab weder Obst noch Gemüse. Dafür sahen wir etwas, das wie ein Wunder anmutete: In den Fleischereien gab es Würste in Hülle und Fülle, verschiedene Sorten, und nicht einmal Schlangen vor den Geschäften. Das war doch etwas Erfreuliches — oder? Das nun nicht gerade. Es stellte sich heraus, daß die reichen Bauern ihr Vieh lieber schlachteten, als sich in Kollektivwirtschaften zusammenzuschließen. Also gab es Wurst ... Der Aufbau der sozialistischen Wirtschaft verlief mit Schwierigkeiten, wir indessen stopften uns mit Wurst voll.

Wir gingen in die nach den Brüdern Baruch benannte Straße, um eine jüdische Mutter zu besuchen, deren sechs Söhne den Heldentod im Kampf gegen den Faschismus gefunden hatten. Diese Frau sagte uns: »Ich habe meine Kinder für die Freiheit und die Völkerfreundschaft geopfert. Ich möchte, daß auch meine Brüder in eurem Land für ein Regime des Friedens und der Völkerfreundschaft kämpfen ...« Sie erzählte uns ruhig von ihren Söhnen, und ihre Augen waren weit in die Ferne gerichtet ...

Natürlich auch Arbeit

Eine Begegnung jagte die andere, eine Versammlung folgte der nächsten. Wir hörten Erklärungen, Geschichten aus dem Partisanenkrieg, diskutierten über die Lage in der Welt. Doch auch wir wurden gefragt und mußten Rede und Antwort stehen: zur Lage im Nahen Osten im allgemeinen und in Palästina im besonderen, über die Aktivitäten der Partei, ihre Erfolge und Schwächen, über die Notwendigkeit der gegenseitigen Verständigung und der solidarischen internationalistischen Unterstützung. In der UNO-Diskussion zum Palästinaproblem hatte Jugoslawien eine aktive Rolle gespielt. Unsere Gastgeber waren daher sehr daran interessiert, nun aus unserem Mund Fakten und Einschätzungen zu hören.

Tito war nicht in Belgrad; er konnte uns nicht empfangen. Dafür wurden uns aber Unterredungen mit anderen führenden Persönlichkeiten ermöglicht. Gespräche, Gespräche und nochmals Gespräche — völlig Neues und Ergänzungen zu bereits Bekanntem; lernen, verstehen, begreifen.

Überall baten wir darum, Redaktionen kommunistischer Zeitungen zu besuchen. Die Zeitung »Borba« befand sich in einem elfstöckigen Hochhaus der jugoslawischen Hauptstadt. Diese Zeitung — Führer und Mobilisator der Freiheitskämpfer und der Arbeitermassen in Jugoslawien — entstand und existierte viele Jahre unter unmenschlichen Bedingungen in der Illegalität, ohne Mittel und vielen Gefahren ausgesetzt. Das prächtige Gebäude, in dem jetzt der Sitz der Redaktion war, verließen früher Produkte der Lüge und Unterdrückung: Hier erschien die größte faschistische Zeitung des Landes. Wir saßen in den Büros der »Borba«, hörten von der revolutionären Geschichte der Zeitung, ebenso von ihrer Entwicklung in der neuen Zeit und von ihrem historischen Beitrag zum Leben der Völker Jugoslawiens. Für uns ein ganz besonders freudiges und aufschlußreiches Erlebnis!

In Bulgarien

Von Jugoslawien aus wollten wir weiter nach Bulgarien fahren. Aber wir hatten keine Einreisegenehmigung; sie war noch nicht eingetroffen. Unser Aljoscha jedoch erklärte, unternehmungslustig, wie er war: »Dann fahren wir eben ohne Genehmigung!« Die jugoslawischen Gastgeber waren nicht gerade erfreut, aber der Wunsch so teurer Gäste, wie wir es waren, ging ihnen über alles. Sie schickten uns einen Soldaten als Begleiter mit. Wir freundeten uns schnell miteinander an, und er fühlte sich bald als Delegationsmitglied. An der Grenze warteten die Visa auf uns — alles war also in Ordnung. Als man unser Gepäck kontrollieren wollte, sagte Aljoscha zu den Beamten: »Wir sind Diplomaten!« Dadurch kamen wir ohne Kontrolle durch den Zoll. Danach rannte Aljoscha zum ersten Telefon, das er sah. »Was ist denn los?« fragte ich ihn. »Ich teile der hiesigen Partei mit, daß offenbar jedes feindliche Element ohne Kontrolle passieren kann«, antwortete er. »Mach das bloß nicht«, redeten wir auf ihn ein. Aljoscha gab schweren Herzens nach und verzichtete.

Sofia lag in Trümmern. Die meisten Geschäfte waren leer. Die Stadt litt unter den Kriegswunden. Viele Fenster waren ohne Scheiben. Es war heiß und staubig. Das schöne Witoscha-Gebirge sah die zerstörte Stadt von oben; es hatte schon vieles hier unten mit ansehen müssen ...

Im bulgarischen Parlament ging es stürmisch zu. Die Rechtskräfte (die rechte Bauernpartei) stürzten sich förmlich auf die Regierung. Wir konnten alles von der Gästetribüne aus verfolgen. Sie drohten mit den Fäusten und verließen danach den Saal. Die

Zurückbleibenden lachten und spotteten über sie: Sie sind weg, ihre Zeit ist vorbei … Uns erzählte man: »An ihrer Statt haben wir achtzigtausend begeisterte Jugendliche, sie bauen freiwillig Straßen und Staudämme …«

Als wir uns eines Tages in der Klementinastraße befanden, erzählten uns unsere Betreuer folgendes: Hier fand während des Krieges ein historisches Ereignis statt. Die Gestapo wollte in Zusammenarbeit mit den bulgarischen Faschisten die Juden des Landes in Vernichtungslager schicken. Doch früh am Morgen versperrten bulgarische Arbeiter — Männer, Frauen und Jugendliche — diese Straße und sagten den Faschisten: »Nein! Die Juden Bulgariens werdet ihr nicht von hier wegholen. Sie sind Teil unseres bulgarischen Volkes.« Die Faschisten mußten dem Druck dieser organisierten Kraft weichen. Die Juden wurden gerettet. Die Aktion hatte das Bezirkskomitee der Bulgarischen Kommunistischen Partei geleitet, dessen Sekretär der heutige Generalsekretär der BKP, Todor Shiwkow, war.

Wir fuhren kreuz und quer durch die Stadt. In den Gaststätten aßen die Arbeiter einen Teller Suppe von schwarzer Farbe, gekocht aus Gedärmen. Der Geruch war keineswegs appetitanregend. Aber vor Hunger aßen die Menschen selbst diese Suppe. Wir wurden zu einem festlichen Abendessen eingeladen. Unsere Gastgeber kamen mitsamt ihren Frauen und Kindern. Obwohl das Essen bescheiden war, konnte man sich hier doch einmal in der Woche satt essen.

Bei Zola Dragojtschewa

Wir wurden zu einem Treffen mit der Generalsekretärin des Nationalkomitees der Vaterländischen Front eingeladen. Es war unsere erste Begegnung mit Zola Dragojtschewa, der im bulgarischen Volk sehr beliebten Politikerin; im Laufe der Zeit wurden wir gute Freundinnen. Zola ist der lebendige Geist der Vaterländischen Front, der breitesten öffentlich-politischen Körperschaft in Bulgarien. Sie strahlt Optimismus aus, obwohl das Leben dieser Frau großen Opfermut und viele Leiden abverlangte: aufreibende Arbeit in der Illegalität, Gefängnis, Todesurteil.

1947 war Zola voller Energie und Tatendrang; sie konnte ihren Jugendtraum verwirklichen — den Aufbau des Sozialismus in Bulgarien. Sie gehört zur Generation von Georgi Dimitroff, auch wenn sie etwas jünger als er ist.

Während unseres Gespräches erzählte uns Zola von ihrer Begegnung mit Ben Gurion, der nach dem Krieg Bulgarien besucht hatte: »Ich bat ihn um die Möglichkeit, nach Palästina zu reisen. Er lehnte es ab. Da sagte ich ihm: ›Hier in Bulgarien haben wir während des Krieges für die Juden mehr getan als Sie. Wir haben den Deutschen nicht gestattet, die Juden in Vernichtungslager zu bringen.‹« Auf dieses Erlebnis kam Zola mehrmals zurück, wenn wir uns in Bulgarien oder bei internationalen Kongressen trafen.

Schließlich besuchten wir noch die Redaktion der Zeitung, die Druckerei und den großen Verlag für marxistisch-leninistische Literatur. Unsere Freunde bemühten sich eifrig, schnell und viel Wissen und Kultur zu verbreiten. Wir waren voller Hochachtung.

Genosse Mayer, ein Jude, Parlamentsabgeordneter, zeigte auf eines der großen Häuser im Stadtzentrum und erklärte uns: »Hier befand sich eine Bank der Nazis, und im Keller war unsere illegale Druckerei. Oben arbeitete die riesige Nazimaschinerie, mobilisierte die Kräfte der Reaktion für den Krieg gegen das bulgarische Volk, eine Maschinerie, die antikommunistisches, antisowjetisches und antisemitisches Gift verbreitete. Und im Keller arbeitete ein anderer Apparat, dessen Ideale die Liebe zum Menschen und zum Vaterland, der Haß auf die Nazimörder, auf die Unterdrücker, waren. Uns stand nur eine Druckmaschine zur Verfügung, nur wenig Papier, Federn und Tinte. Aber der entschiedene Wille des Volkes war auf unserer Seite. Daher brach die gewaltige Nazimaschinerie zusammen, und diejenigen, die ehemals im Keller gesessen hatten, stiegen ans Licht. Das Volk befreite sich, und auch die Zeitung der Bulgarischen Kommunistischen Partei befreite sich.«

Wir saßen in der Redaktion der »Rabotnitschesko Delo« und erzählten von unserer kleinen und jungen Zeitung. »Kol ha-Am«, eine Tageszeitung, existierte wahrlich nur mit einer einzigen Setzmaschine und hatte nun endlich ein Telefon erhalten. Aber wir kamen uns trotzdem nicht minderwertig vor, und auch unsere Gastgeber betrachteten uns nicht so. Sie schätzten den schweren Kampf unserer Partei und unserer Zeitung für Völkerfreundschaft und nationale Unabhängigkeit vom britischen Imperialismus. Sie verstanden unseren Stolz auf unsere Zeitung und bewerteten ihn hoch, um so mehr, als sie selbst erst seit drei, vier Jahren Herausgeber großer Zeitungen waren.

Wir wurden in den Rundfunksender von Sofia eingeladen. Aljoscha und ich übermittelten über Radio Sofia unsere Glückwünsche direkt in den kleinen Mughrabi-Saal in Tel Aviv, in dem eine Festveranstaltung für »Kol ha-Am« stattfand. Die Radiowellen übertrugen herzliche Worte, denn wir liebten sie, unsere Zeitung. Für mich war es das erste Mal, daß ich im Radio sprach.

In Sofia besuchten wir auch eine Synagoge. Normalerweise gehe ich nicht in Synagogen – und jetzt zum ersten Mal sogar in einem sozialistischen Land! Im großen Saal waren sehr viele Menschen versammelt, und es herrschte starkes Gedränge; viele mußten sogar stehen. Wir sprachen hebräisch, dann wurden unsere Worte ins Bulgarische übersetzt. Hunderte Augenpaare waren auf uns gerichtet. Aufmerksam wurde jedes unserer Worte verfolgt – über die Kämpfe der Arbeiter in Palästina, über die antiimperialistischen Kräfte, über unsere Partei, die für die Beseitigung des britischen Mandats und für die Übergabe des Palästinaproblems an die UNO sowie für eine demokratische Lösung dieses Problems sowohl für das jüdische als auch für das arabische Volk kämpfte. Auch bei meinen folgenden Besuchen in Sofia wurde ich immer an diese ganz besondere Versammlung in der dortigen Synagoge erinnert.

Bei einem Gespräch mit jüdischen Führern des antifaschistischen Komitees erzählte man uns von einem Helden Bulgariens namens Ben David. Dieser mutige Partisan war von den Nazis ermordet worden. Bei einer seiner Heldentaten hatte er ein großes Tankfahrzeug in Brand gesteckt und somit den deutschen Faschisten Verluste zugefügt. Es stellte sich heraus, daß es sich um unseren Genossen Tatscher handelte, der mit seiner Familie aus Palästina nach Bulgarien zurückgekehrt war. Ich konnte mich noch gut an ihn erinnern: Er war groß und kräftig, lebte mit seiner Familie in einem Armenviertel, in einem Zimmer ohne jeglichen Komfort. Die Kinder wurden sommers wie winters mit kaltem Wasser auf dem Hof gewaschen. Tatscher war in der Partei aktiv gewesen, und wir hatten ihn sehr geschätzt. Als wir nun von seinem Heldentod hörten, waren wir traurig und stolz zugleich.

Da wir zum ersten Mal in Bulgarien waren, passierten auch Mißverständnisse. In besondere Verlegenheit geriet eines Tages

Aljoscha. Er trat vor Funktionären der bulgarischen Partei in einem bis auf den letzten Platz gefüllten Saal auf. Aljoscha sprach russisch, man verstand ihn. Plötzlich merkte ich jedoch, daß er gespannt und nervös wirkte und seine Worte einige Male wiederholte. Er blickte mich an und fragte: »Mache ich es richtig?« Ich bestätigte es ihm durch Kopfnicken: Aber ja! Doch es beruhigte ihn nicht. Nachdem er geendet hatte, ertönte im Saal stürmischer Beifall. Aljoscha kam verschwitzt herunter und fragte: »Was ist hier bloß los? Als ich sprach, haben sie ununterbrochen die Köpfe geschüttelt, als wollten sie sagen: Nein! Nein!« Als unsere Gastgeber das hörten, platzten sie fast vor Lachen, drücken doch die Bulgaren durch Kopfschütteln Zustimmung aus.

Und noch ein Beispiel: Wenn man in Bulgarien russisch spricht, muß man sehr aufpassen. Es gibt ähnliche Worte mit unterschiedlicher Bedeutung. So sagte man uns: Wenn ihr ein Brötchen wollt, so sagt nicht »Bulka« wie im Russischen. Im Bulgarischen heißt »Bulka« nämlich »junge Frau«. »Und wenn ich nun eine solche verspeisen möchte?« scherzte Aljoscha.

Bei Georgi Dimitroff

Höhepunkt unseres Besuches in Sofia war die Begegnung mit Georgi Dimitroff. Am 18. Juni 1947 beging das bulgarische Volk seinen 65. Geburtstag. Auf den Straßen wurden wahre Volksfeste gefeiert. Mit untergehakten Armen tanzten Arbeiter, Bauern, Soldaten, Alte und Junge. Am Abend waren wir zu einem Festessen in einen der Säle des ehemaligen Königspalastes eingeladen.

Langsam stiegen wir die mit einem roten Teppich bedeckten Stufen empor. Noch vor wenigen Jahren waren diese Stufen nur die Angehörigen der »Oberschichten« emporgestiegen, die Besitzer von Macht und Geld, die das bulgarische Volk bis aufs Blut aussaugten und es unterdrückten ... Und jetzt waren es Arbeiter, Bauern und Angehörige der Intelligenz, die für die Befreiung des Volkes gekämpft hatten. Zu den Gästen gehörten Abordnungen aus Fabriken und ausgezeichnete Arbeiter — die ersten im neuen Bulgarien.

Wir betraten einen großen Saal, riesige Kronleuchter blendeten die Augen. Plötzlich hörte man ein Flüstern, in dem Hochachtung und Liebe mitschwangen: »Dimitroff ist da, Dimitroff ist da.« Georgi Dimitroff trat mit seiner Frau Rosa ein. Bevor wir noch richtig zu uns gekommen waren, wurden wir schon zu Dimitroff geführt und ihm vorgestellt — ihm, einem der größten Revolutionäre der Welt. Wir begrüßten ihn und überbrachten ihm die herzlichsten Wünsche der jüdischen und der arabischen Werktätigen unseres Landes. Georgi Dimitroff dankte. Ich konnte den Blick nicht von ihm wenden. In seinen schwarzen Augen standen viel menschliche Weisheit, ein gutes Herz und eine große Traurigkeit geschrieben, die mir das Herz abschnürte. Ich konnte nicht umhin, mich an das Antlitz Dimitroffs zu erinnern, wie ich es oft auf Bildern gesehen hatte: Damals hatte er vor dem Gericht der Nazihenker in Leipzig gestanden, fast allein den Banditen gegenüber. In meinen Ohren klangen noch seine Worte, die Warnung, Prophezeiung und Aufruf an die Welt zugleich waren: Faschismus bedeute Krieg. Es gelte, die Menschheit zu retten, eine antifaschistische Front zu bilden und das Untier zu vernichten, bevor es Unglück über die Menschheit bringe.

Er hatte sich seitdem verändert. Schließlich waren viele Jahre vergangen, Jahre angestrengter Arbeit und Jahre des Krieges, Jahre, in denen er eine gewaltige Verantwortung bei der Führung seines Volkes und in der internationalen kommunistischen Bewegung in jener Zeit des Kampfes und des Heldentums zu tragen hatte. Sein Gesicht war schmaler geworden, die Augen jedoch waren gleich geblieben — große, brennende, weise Augen, die den Preis der Umwälzung und die Freude des Sieges über die Finsternis kannten.

»Le-chajim, zum Wohl!« sagte Georgi Dimitroff auf hebräisch, als man uns Getränke anbot, und er wünschte den jüdischen und den arabischen Arbeitern Erfolg bei ihrem Kampf in Palästina.

Zwei Jahre später war er bereits nicht mehr am Leben. Sein Werk und dessen Früchte jedoch sind geblieben, und auch die Geschichte wird ihn niemals vergessen.

Es war eine große Ehre für mich, daß ich zu den drei Genossen unserer Parteiführung gehörte, denen aus Anlaß des 100. Geburtstages Georgi Dimitroffs im Jahre 1982 die Dimitroff-Medaille verliehen wurde. Es waren der Generalsekretär unserer Partei, Meir Vilner, der stellvertretende Generalsekretär, Tawfiq Toubi, und ich. Wir erhielten die Auszeichnung in der bulgarischen Botschaft in Moskau. Ich war sehr bewegt. Ich erinnerte mich daran, wie ich Dimitroff von Angesicht zu Angesicht gegenübergestanden hatte, und an sein Vermächtnis, das er Generationen von Kämpfern hinterließ.

In Rumänien, in Ungarn und in der Tschechoslowakei verlief unser Besuch in größerer Eile. Es herrschte noch ziemliches Durcheinander nach dem Krieg. Man suchte nach Wegen, um das Vertrauen der Volksmassen zu gewinnen. Eine Unmenge von Menschen irrte auf der Suche nach Überlebenden ihrer Familien umher, ohne zu wissen, ob es sie wirklich noch gab oder nicht. Europa nach Hitler ... Auch hier sahen und hörten wir, was die Völker in der Zeit des Krieges hatten durchmachen müssen. Wir vernahmen unzählige Geschichten des Leides, des Heldenmutes und der grenzenlosen Wertschätzung für die Sowjetunion und die Rote Armee — die Befreier. Und natürlich erfuhren wir auch von den Freuden und Leiden beim Aufbau des neuen Lebens.

In Bukarest erzählte uns ein alter Genosse, was für schwere Augenblicke es für einen Kommunisten auch in einem Land, das den Sozialismus aufbaut, geben kann. »Denkt nicht, daß es jetzt, da wir die Macht in eigenen Händen halten, leicht für uns ist. Ich habe im Gefängnis gesessen, man hat mich gefoltert. Die rumänische Geheimpolizei war für ihre Grausamkeit bekannt. Aber sehr schwere Augenblicke in meinem Leben gab es auch nach dem Krieg, als wir nach Errichtung der neuen Macht den Arbeitern keinen Lohn zahlen konnten. Wir hatten kein Geld, und die Arbeiter und ihre hungrigen Familien sahen uns mit fragenden Augen an. Es gibt noch so viel zu tun für das neue Leben und noch so viele Schwierigkeiten. Aber es gibt noch mehr Hoffnungen. Wir werden die Schwierigkeiten überwinden, wir sind bereits dabei ...«

Budapest, eine der schönsten Hauptstädte Europas, »Klein-Paris«, war stark zerstört. Doch das alte Parlamentsgebäude stand noch in seiner alten Pracht da. Hier trafen wir einige unserer Genossen wieder, die durch die Briten des Landes verwiesen worden waren. Sie erzählten uns, daß die Arbeiter voller Hoffnung waren, daß aber nicht alle mit der neuen Macht sympathisierten. Die Partei hatte große Schwierigkeiten, das Land aus Ruinen wiederaufzubauen und die Massen für den Weg in das neue Leben zu gewinnen.

Das Goldene Prag war im Krieg nicht zerstört worden; es blieb in seiner ganzen Schönheit erhalten. Man merkte nicht einmal eine besondere Knappheit an Waren des täglichen Bedarfs. Das Leben wirkte normal, aber der Weg zum Sozialismus war noch lang. Es schien mir an jedem Ort so, als brodelte es wie in einem Kessel. Schließlich waren erst zwei Jahre seit dem Ende des Krieges, des schrecklichsten aller bisherigen Kriege, vergangen, und so vieles war vernichtet worden ...

Die Hölle in Polen

In meinem Warschau

Von Prag aus stiegen wir nach Polen hinab. Warum wir »hinabstiegen«? Weil wir in die Hölle hinunter mußten, in die Hölle, in die der Hitlerfaschismus mein Heimatland Polen verwandelt hatte. Wir stammten alle drei aus Polen. Aljoscha und Sorach waren jedoch etwas weniger Polen als ich. Sie kamen nämlich aus Grodno, sprachen Russisch und liebten den für seine Schönheit berühmten Fluß Njemen. Ich aber stammte direkt aus Warschau.

Wir stehen im Zentrum Warschaus auf den Trümmern des Ghettos. 1947. Wie lange können Steine beben vom Pulsschlag der Millionen unschuldig Gemordeter — unter ihnen auch Säuglinge, deren Blut hier vergossen wurde? Wie lange wohl?

Mein Warschau ... die Stadt meiner Kindheit und Jugend. Sie besteht nur noch aus Trümmern und geschwärzten Steinen. Wo ist mein Haus? Wo die Häuser von Millionen Menschen?

Wir stehen auf Bergen von Steinen. Wohin man auch blickt — nur Steine. Ich suche mein Haus und finde verstreute Menschenknochen. Ob sie von einem Mann oder von einer Frau sind? Ich will nicht weinen. Ich bin versteinert, so wie diese Steine — die Überreste des Ghettos. Ich höre das Echo der Todesschreie, den Widerhall der Kämpfe, die Rufe, die vom Heldenmut und von den Hoffnungen der Kämpfenden kündeten.

Wo ist mein Warschau? Ich versuche, hinter den Trümmern mein Warschau zu sehen: das Haus in der Franciszkańska 10, die Straßen, durch die ich in meiner Kindheit mit Zöpfen auf dem Rücken und der Mappe in der Hand zur Schule gelaufen bin. Wo ist der Park geblieben, in dem ich spazierenging und goldenen Träumen nachhing?

In Auschwitz

Als Andenken erhielt ich ein Stück Seife aus Gips: So hatte man den Todgeweihten vorgetäuscht, sie sollten sich duschen — unter einer Todesdusche. Man zeigte mir das dafür verwendete Cyclon B. Ich bat um die blonde Locke eines Kindes, das einmal gelebt hat. Dieses Haar fiel mir auf in einem Berg von Menschenhaar. Sie sagten, all das müsse gut aufbewahrt werden zur Erinnerung daran, was man diesem goldlockigen Kind und den vielen, vielen anderen angetan hat …

Ich versuchte, mir vorzustellen, was hier geschehen war. Es kamen ununterbrochen Massen von Menschen hier an — Kinder, Frauen, Männer, Greise. Sie kamen und gingen. Kannten sie ihr Schicksal? Verstanden sie, was hier passierte? Sie gingen in den Tod, in die Verbrennungsöfen … Und ein Häftlingsorchester — so erzählte man uns — spielte einen Tango. Nein, es ist schwer, sich das alles vorzustellen. Es liegt außerhalb des menschlichen Fassungsvermögens.

Ein Zettel im Mantel

Ich fuhr allein nach Paris weiter. Aljoscha schrieb mir, daß ich von dort keinerlei Papiere mitbringen sollte, weil ich auf dem Flugplatz genau durchsucht werden würde. Aber ich brachte es nicht fertig, auf ein kleines Stück Papier zu verzichten.

Das Flugzeug landete in Lod. Durch das Fenster sah ich schon die Geheimpolizei. Ich stieg ruhig aus, in der einen Hand den Koffer, in der anderen Tasche und Mantel.

»Bitte, meine Dame«, sagte einer der Gentlemen in Zivil. Ich bemerkte, daß er ein Foto von mir in der Hand hielt. Die Menschen um mich herum sahen mit Erstaunen, wie zwei große Männer eine kleine Frau begleiteten. Wir gingen los. Einer trug meinen Koffer. Am Eingang zum Polizeioffice des Flughafens, in der kleinen Abfertigungshalle, stand ein Tisch, und hinter ihm saß ein arabischer Wachposten. Ich nahm meinen Mantel, warf ihn lässig auf den Tisch und sagte zu dem Posten in arabisch: »Passen Sie bitte darauf auf!« Der kleine Zettel war im Mantel eingenäht.

Ich betrat in Begleitung der britischen Polizisten das Zimmer. Sie suchten und suchten, öffneten den Koffer, die Tasche, riefen eine Polizistin, um eine Leibesvisitation vorzunehmen. Sie fanden aber nichts. In jedem anderen Fall hätte ich ihnen nicht ohne Geschrei und Protest erlaubt, mich so zu durchsuchen. Aber diesmal war mein Protest zurückhaltend. Ich hatte absichtlich in meiner Tasche einige unwichtige Papiere mitgenommen und damit den Polizisten Beschäftigung verschafft. Große Enttäuschung. Sie fanden ein Buch von Marx und berieten sich, ob es verboten oder erlaubt sei, es einzuführen. Schließlich entschieden sie sich für »erlaubt«. Ein kleines Buch von Lenin mit rotem Einband jedoch war verboten! Alles weitere war nur noch eine routinemäßige Untersuchung. Jetzt fing ich endlich an zu schimpfen: »Was ist hier los? Es ist schon spät! Die öffentlichen Verkehrsmittel fahren nicht mehr. Es ist der Tag vor Jom Kippur, wie soll ich denn nach Hause kommen?«

Die »schweigsamen« Briten tauschten miteinander Blicke. Dann fingen sie an, hin- und herzulaufen und ein Verkehrsmittel zu suchen. Es gab keins. Sie bemühten sich, mich zu beruhigen. Ein Militärjeep sollte kommen und mich transportieren. Ich ging mit zornigem Gesicht aus dem Office, gab »höfliche« Worte auf Kosten der Geheimpolizisten von mir und nahm meinen Mantel vom Tisch des Wachpostens. Der Jeep wartete bereits, die Briten entschuldigten sich. Ich stieg in den Wagen, sie luden Koffer und Tasche auf, und ab ging es nach Tel Aviv.

»Bist du verrückt! Ich habe dir extra geschrieben, nichts mitzubringen! Wenn ihnen nun der Zettel in die Hände gefallen wäre«, wütete Aljoscha. »Mir passiert so etwas nicht«, antwortete ich so sicher, als ob mir das gesamte britische Empire zu Füßen läge oder sich in meiner Tasche befände ...

Der »Unabhängigkeitskrieg«

Es kamen große, historische Tage. An die Rundfunkempfänger gefesselt, hörten wir am 14. Mai 1947, wie der Vertreter der Sowjetunion, Andrej Gromyko, in der UNO-Vollversammlung das Recht der beiden Völker Palästinas, des jüdischen Volkes und des arabischen Volkes, auf Unabhängigkeit proklamierte. Seine Worte kündeten vom Ende der verhaßten britischen Mandatsherrschaft. Gromyko sagte, wenn sich zeige, daß die Schaffung eines unabhängigen und demokratischen arabisch-jüdischen Staates unrealistisch sei, stehe der Plan zur Teilung Palästinas in zwei unabhängige, selbständige Staaten — einen jüdischen und einen arabischen — auf der Tagesordnung. Und am 26. November 1947 erklärte der sowjetische Chefdelegierte, daß der Beschluß, Palästina zu teilen, mit den hohen Prinzipien und Zielen der Organisation der Vereinten Nationen übereinstimme; er stehe im Einklang mit dem Prinzip der nationalen Selbstbestimmung der Völker.

Es ist gut, sich heute, in einer Zeit, da vor unseren Augen der große und gerechte Kampf des palästinensischen Volkes um die Gründung eines eigenen Staates geführt wird, dieser Worte zu erinnern.

Es kam der 29. November 1947. Die UNO-Vollversammlung faßte den Beschluß über die Aufhebung des britischen Mandats, den Abzug der britischen Armee aus Palästina und die Erteilung der politischen Unabhängigkeit an beide Völker — das heißt die Gründung eines jüdischen Staates und eines arabischen Staates.

Ich sah, wie die Massen in Tel Aviv auf die Straßen stürzten und tanzten. Alle feierten sie das Fest. Auch wir nahmen unsere Kinder und gingen hinaus. Es war schwer, inmitten der dichtgedrängten Menge vorwärts zu kommen. Die Herzen der Menschen waren voller Hoffnung; farbige Ballons stiegen auf, Orchester spielten. Man konnte die große Freude regelrecht fühlen. Auch wir waren in festlicher Stimmung, hatten wir doch unermüdlich für die Beseitigung der britischen Kolonialherrschaft gearbeitet und gekämpft. Jetzt würde sie verschwinden, würde der Vergangenheit des Landes angehören, das dieser Leiden schon längst überdrüssig war.

Ich ließ meine Phantasie weit in die Zukunft schweifen, in der — wie ich mir vorstellte — die neue Generation in zwei Nachbarstaaten in Frieden gedeihen würde.

Aber war diese schöne Zukunft schon gesichert? Das Gefühl der Freude wurde durch Sorgen und sogar durch die Befürchtung getrübt, daß wir noch weit von wahrer Freude entfernt sein und uns noch viele schwere Prüfungen bevorstehen könnten. Grund dafür war all das, was uns die britische Herrschaft hinterlassen hatte — Völkerhaß und nationale Spaltung.

Wir hatten es gewußt: Weder die Kräfte der Reaktion, die nationale Feindschaft und die ganze chauvinistische Tradition der zionistischen Führung des Jischuw waren verschwunden noch die Feindschaft der arabischen Reaktion, die von der britischen Macht gefördert worden war. Wir hatten keine Illusionen, es würden noch schwere Tage kommen, schwere Kämpfe. Das Zentralkomitee der Partei forderte die Schaffung einer provisorischen demokratischen Regierung auf der Grundlage der Einheit der Arbeiterklasse, denn nur so könne sie frei sein und als Faktor zur Verteidigung des Friedens gegen die Kriegstreiber sowie als Basis für Demokratie und Völkerfreundschaft wirken. Wie anders sah aber die Realität aus! Bereits die folgenden Tage sollten beweisen, daß die Hoffnung, die Völker würden in eine neue Epoche des friedlichen Zusammenlebens eintreten, in eine Etappe der Unabhängigkeit und Demokratie, noch weit davon entfernt war, Wirklichkeit zu werden.

So schrieb »Kol ha-Am« am 30. November 1947: »Wir wissen: Nach dem Fest kommt der Alltag. Noch liegen viele Hindernisse auf dem Weg, der von der Beschlußfassung zur Realisierung führt. Schwer lastet das Erbe, das uns die abziehenden Mandatsbehörden hinterlassen haben, auf dem Land. Besonders schwer wirkt sich die Trennung unserer Völker aus. Und noch schwerer werden sich die negativen Erscheinungen in unserer Gemeinschaft und die politische Tradition unserer Führung rächen. Dennoch wird der Jischuw niemals dieses Fest vergessen. Er wird auch diejenigen, die ihm geholfen haben, und diejenigen, die es vollbracht haben, niemals vergessen.«

Auf der Straße tanzten die Massen und sangen »Katjuscha«. Wir hofften inständig, daß sie die Hilfe der Sowjetunion nie vergessen würden.

Meir Vilner unterzeichnet im Namen der Kommunistischen Partei die Unabhängigkeitserklärung Israels. Ich weiß, was er denkt und was er fühlt: die Freude über die Tatsache der Unabhängigkeit des Staates Israel; die Verantwortung, die auf den Schultern der Arbeiterklasse und der Kräfte des Friedens und der Demokratie liegt; die Notwendigkeit, den demokratischen Charakter Israels zu sichern sowie normale Beziehungen zwischen dem Staat Israel und dem unabhängigen palästinensischen Staat, der entstehen würde, zu schaffen und Beziehungen des Friedens mit den arabischen Nachbarstaaten herzustellen.

Ich vertrete die Partei in der Kommission, deren Aufgabe es

ist, Emblem und Fahne des Staates festzulegen. Wir sitzen um einen großen Tisch herum und schlagen verschiedenes vor. Ich bin gegen den siebenarmigen jüdischen Leuchter, die Menorah, als Staatssymbol. Für mich ist er ein religiöses Symbol. Unterbreitet wurde dieser Vorschlag sogar von einem MAPAM-Mitglied, von Mordechai Ben Tow. Er sagt, daß die Menorah den Heldenmut der Makkabäer versinnbildliche und daß sie selbst vom ha-Schomer ha-Zair in Warschau als Zeichen benutzt worden sei.

Meine Worte verweilen lange beim Inhalt, den es dem Emblem und der Fahne zu geben gilt. Ich sage, daß diese Ausdruck des Willens des Volkes sein müssen, frei, in völliger Unabhängigkeit und in Freundschaft mit den Nachbarn zu leben. Sie müssen eines demokratischen Staates, der Frieden und soziale Gerechtigkeit erstrebt, würdig sein. Keiner ist anderer Meinung. Aber wird es wirklich so werden? Dieser Zweifel läßt mich nicht los ...

Tatsächlich kamen bald Zeiten, in denen das kleine Land wie im Sturm wild hin- und hergerissen wurde — der »Unabhängigkeitskrieg« begann. Junge Menschen fielen auf den Schlachtfeldern. Wir Kommunisten kämpften für die Verwirklichung der UNO-Beschlüsse, wollten Unabhängigkeit und Freiheit für beide Völker, für das Volk Israels und für das palästinensische arabische Volk. Indessen jedoch floß eine Unmenge Blut von Juden und Arabern. Auch alle Begleiterscheinungen des arabisch-israelischen Krieges trafen uns hart. Die lärmende Stadt Jaffa wurde zu einer Geisterstadt. Viele Menschen wurden vertrieben, viele flohen — es begann der Raub ihres Eigentums. Auch im arabischen Haifa spielte sich eine ähnliche Tragödie ab, ebenso in vielen Dutzend arabischer Dörfer. Die Zukunft sollte beweisen, daß uns das Grund genug zur Besorgnis sein mußte.

Erneute Vereinigung

Der lang ersehnte Tag ist gekommen. Wir alle sind glücklich. Fünf Jahre lang fühlten wir uns so unvollständig wie vom Körper abgetrennte Gliedmaßen. Auf unseren Parteitagen (VIII. Parteitag 1944, IX. Parteitag im September 1945 und X. Parteitag im November/Dezember 1946) stand die Wiederherstellung der Einheit der Partei auf internationalistischer Grundlage — die Vereinigung von Juden und Arabern — im Mittelpunkt der Diskussion.

Sie war unsere Hauptsorge. Wir haben aktiv für eine erneute Vereinigung gearbeitet und gekämpft, haben freundschaftliche Beziehungen zur Liga für Nationale Befreiung hergestellt.

Auf dem X. Parteitag, Ende des Jahres 1946, wurde daher folgender Beschluß gefaßt:

»Der Parteitag schätzt die Bemühungen des Zentralkomitees der Partei zwischen ihrem IX. und X. Parteitag für eine Zusammensetzung der Partei auf internationalistischer Basis hoch ein. Der Parteitag konstatiert, daß die jüdisch-arabische Einheit eine absolute Notwendigkeit darstellt, um den Kampf gegen den Imperialismus erfolgreich zu führen. Die beiden in Palästina lebenden Völker haben die gleichen Interessen, und zwar die Befreiung vom Kolonialjoch. Um den antiimperialistischen Kampf in Palästina erfolgreich zu führen, ist die Zusammenarbeit von Arabern und Juden, zuallererst zwischen den Arbeitern und den fortschrittlichen Kräften beider Völker, unabdingbar. Ein Eckpfeiler der jüdisch-arabischen Zusammenarbeit muß eine einheitliche, auf internationalistischer Grundlage tätige Kommunistische Partei sein, die auch durch ihre Existenz die Möglichkeit der Zusammenarbeit zwischen Juden und Arabern im Land auf der Grundlage der wahren sozialen und nationalen Interessen beider Völker, auf der Grundlage eines gemeinsamen Kampfes für Demokratie und Unabhängigkeit Palästinas beweist. Der Parteitag sieht es als vordringlichste Aufgabe der Partei an, alle Anstrengungen zu unternehmen, um ihre Reihen internationalistisch zusammenzusetzen.«

Endlich hatten wir die Einigung erreicht. Vor der gemeinsamen Sitzung des Zentralkomitees der Palästinensischen Kommunistischen Partei und des Zentralkomitees der Liga für Nationale Befreiung wurde ein Dokument zur Vorbereitung des Vereinigungskongresses (Oktober 1948) veröffentlicht. Darin hieß es unter anderem, »daß die Partei während ihrer gesamten Existenz bis zum Mai 1943 in ihrer Zusammensetzung internationalistisch war. Im Zusammenhang mit der Krise in der Partei, die infolge von Fehlern der ehemaligen Parteiführung und eines fehlenden demokratischen Zentralismus in der Partei entstand, organisierten sich die arabischen Genossen in der Liga für Nationale Befreiung. Die jüdischen Genossen waren weiter im Rahmen der Kommunistischen Partei tätig ..., die sich selbst während der gesamten Zeit als eine in ihrem Wesen, ihrer Ideologie und ihrer Politik internationalistische Partei betrachtete.«

Die Geschichte hat gezeigt, daß die Schaffung eines eigenen Rahmens auf nationaler Grundlage nicht der richtige Weg sein kann, denn er schadet der Schaffung einer internationalistischen jüdisch-arabischen Arbeiterfront. Es wurde bewiesen, daß eine kommunistische Partei den Weg der internationalistischen jüdisch-arabischen Einheit beschreiten muß, denn in ihr liegt eine Quelle ihrer Kraft.

Die Teilnehmer des Vereinigungskongresses kommen in festlicher Kleidung in den Kinosaal, in dem die Veranstaltung stattfindet. Es ist noch früh, dennoch drängen sich die Menschen bereits am Eingang: Erwachsene, Jugendliche und auch Kinder — Juden und Araber. Freudige Erwartung in den strahlenden Augen. Es treffen sich Freunde, die sich entzweit hatten und nun wieder aufeinander zugehen. Viele sind bewegt, hier und da sieht man sogar Tränen — Freudentränen.

Nun ist der Augenblick der Eröffnung des Kongresses da. Wir gehen nacheinander auf die Bühne, die mit vielen Bildern und Fahnen geschmückt ist. Die Anwesenden erheben sich von den Plätzen, und nicht enden wollender Beifall tost durch den Saal. Mein Herz klopft heftig. Der Wille zur Einheit — ein bewußter, starker und kollektiver Wille — wurde in die Tat umgesetzt.

Esther Vilenska eröffnet den Kongreß. Emile Habibi und Tawfiq Toubi treten gemeinsam mit Meir Vilner und Schmuel Mikunis auf. Sie sind einer Meinung: Nur auf der Grundlage internationalistischer Brüderlichkeit können wir die beiden Völker, das jüdische und das arabische Volk, bei der Erfüllung ihrer historischen Mission — der richtigen und gerechten Verwirklichung des Beschlusses über die Gründung zweier unabhängiger demokratischer Staaten — führen. Dieser zentrale Gedanke kehrt in den Worten der jüdischen und der arabischen Redner immer wieder. Denn es ist die Wahrheit, daß wir nur dann die täglichen Interessen der Arbeiterklasse vertreten und mit dem arbeitenden Volk in eine Zukunft schreiten können, die frei von Ausbeutung und Unterdrückung ist, in den Sozialismus, wenn wir vereint sind. Vor uns liegen viel Arbeit und viele Schwierigkeiten, große Gefahren, aber auch große Hoffnungen. Der »Aufruf des Vereinigungskongresses an das arbeitende Volk in Israel« wird vorgetragen. Stehend und mit begeistertem Beifall nehmen ihn die Versammelten an.

Wir haben der Arbeiterklasse und den Völkern eine große Botschaft überbracht. Doch nun heißt es, an die Arbeit zu gehen. Es ist noch so viel zu tun, damit unsere Wahrheit auch zur Wahrheit der beiden Völker unseres Landes wird.

Aljoscha ist nicht mehr

Ist das wirklich wahr? Aljoscha lebt nicht mehr! Das Flugzeug, mit dem er unterwegs war, zerschellte in den Bergen Griechenlands. Er war in wichtiger Mission in die Tschechoslowakei gereist und hatte am Parteitag der Polnischen Sozialistischen Partei teilgenommen. Die Schreckensbotschaft erreichte uns während einer Festveranstaltung der Partei in Tel Aviv. Auf der Bühne trat gerade unser »Ron«-Chor auf.

Das war am 21. Dezember 1948. Ich stand auf und verließ den Saal, lief entsetzt durch die Straßen … Wir hatten ihn doch gerade erst beim Vereinigungskongreß gesehen. Aljoscha kam mit Anzug und Krawatte an, festlich gekleidet wie ein Bräutigam; sein Gesicht war vor Freude gerötet. Wie kein anderer von uns hatte er es verstanden, seinen Gefühlen über diesen Kongreß Ausdruck zu verleihen.

Und so hatte er darüber geschrieben: »Genosse, es gibt viele Schriftsteller, die über das große Glück geschrieben haben. An jenem Abend, am Abend der Vereinigung, gelang es uns jedoch, das Glück ganz in uns aufzunehmen. Gibt es denn ein größeres Glück als die Verwirklichung des großen und langjährigen Zieles eines Kollektivs? Gibt es ein größeres Glück als den Sieg Deines Traumes und Deiner Überzeugung? Kann ein Mensch allein jemals so glücklich sein? Wir fühlen oft, sehr oft sogar, daß es nicht leicht ist, Kommunist zu sein. Doch nur selten haben wir bisher so deutlich gespürt, wie gut es doch auch ist, ein Kommunist zu sein.«

Aljoscha, du bist für immer unseren Reihen entrissen worden … Ich schrieb über diesen Genossen: »Wir hatten einmal einen Aljoscha. Er war jung, groß, stark und voller Vertrauen. Er war glücklich, Kommunist zu sein, und wir waren glücklich, ihn in unserer Mitte zu haben. Als wir an seinem offenen Grab standen, erschüttert von der Größe des entsetzlichen Verlustes, der uns plötzlich getroffen hatte, sagten wir: Aljoscha, du wirst immer unter uns weilen.«

Aljoscha blieb bei uns. Die alten Genossen erinnern sich noch an ihn, die jungen lernen aus seinem Leben und von seinen Taten, eignen sich seine Weltanschauung an. Er war Teil der Seele der Partei, und so ist es bis heute geblieben ...

Mutter

So seltsam es auch klingen mag, meine Mutter begann ich erst genau kennenzulernen, als sie 75 Jahre alt wurde. Das war 1947. Ich war damals mit meiner Familie umgezogen, um gemeinsam mit Mutter unter einem Dach, das heißt in ihrer Wohnung in Tel Aviv, zu leben. Ich verstand, daß meine Mutter in mir als ihrer Tochter eine Stütze für das Alter sah. Auch erinnerte ich mich damals daran, wie sie früher meine Zuflucht gewesen war. Es gelang mir jedoch nicht, die Jahre meiner frühesten Kindheit in Erinnerung zu rufen. Bestimmt war es nur Mutters Verdienst, daß diese Zeit für mich ruhig verlief. Die ersten Bilder, deren ich mich entsinne, sind aus viel späterer Zeit. Ich war bereits neun Jahre alt und wurde an diesem Tag zum ersten Mal geprüft.

Es war ein Morgen voller Aufregungen. Meine Mutter flocht meine schwarzen Zöpfe und versah sie mit neuen roten Schleifen. Sie tat das jeden Tag und nicht nur bei mir, sondern auch bei meinen Schwestern. Aber heute gehörte Mutter ganz mir; sie war meinetwegen festlich gestimmt. Ich war ihre dritte Tochter, die sie in die Schule schickte. Mutter begleitete mich bis zum Haus meiner Tante, die zugleich meine Lehrerin war, und diese ging mit mir zur Prüfung. Ich sollte Schülerin der dritten Vorbereitungsklasse für das Gymnasium werden. Es gab keine Grundschule, sondern nur Vorbereitungsklassen. Meine Mutter ließ mich im Haus der Tante Natka Liebermann zurück und ging wieder.

Ich bestand die Prüfung. Alle waren zufrieden, und ich kehrte glücklich nach Hause zurück. Hier erwartete mich schon meine Mutter und küßte mich immer und immer wieder. Ich umarmte sie bewegt, spürte die Wärme ihres Körpers und fühlte ihre Liebe. Das war etwas, das sich in meinem Gedächtnis tief eingeprägt hat, vielleicht, weil sie uns so selten küßte. Ich weiß nicht, woran sich meine Brüder und Schwestern erinnern. Ich jedenfalls erinnere mich, daß sie eine strenge Mutter war. Sie sorgte für alles, was wir Kinder brauchten: Essen, Kleidung, Unterricht, aber ein Gefühl der Wärme umgab uns nicht.

Wir lebten zu neunt in den vier Zimmern unserer Wohnung in der Franciszkańska 10 in Warschau. Neun Personen — neun Welten. Jeder hatte seine eigenen Interessen, jeder lebte für sich. Ich war das mittelste Kind — drei waren vor mir gekommen, und drei kamen nach mir. Es ist nicht gut, die Mittelste zu sein, wegen der Großen nicht und auch wegen der Kleinen nicht. In den Augen der Großen war ich zu jung, und die Jüngeren wiederum waren mir zu klein. Zu allem Überfluß war ich noch klein von Wuchs und dünn; ich sah immer wie ein kleines Mädchen aus. Mit wem hätte ich also über meine Sorgen sprechen können? Mit der Mutter? Niemals. Die hatte immer so viel zu tun!

Wir wußten sehr wenig über unsere Eltern, und über meine Mutter war mir fast nichts bekannt. Nur, daß sie in einem Dorf, auf dem kleinen Gut meines Großvaters, das Licht der Welt erblickt hatte. Sie war ein Siebenmonatskind und hatte eine Zwillingsschwester, die bereits im Säuglingsalter starb. Meine Mutter, die ein hohes Alter erreichte, behauptete, sie habe die Lebensjahre ihrer verstorbenen Schwester dazubekommen. Sie erzählte, daß sie als junges Mädchen ein Pferd geritten habe. Diese Tatsache begeisterte mich. Aber natürlich hatte das Reiterglück meiner Mutter nicht lange gedauert. Im Alter von 16 Jahren wurde sie mit meinem Vater — damals gerade 17jährig — verheiratet. Sie ließen sich in Warschau, der Geburtsstadt meines Vaters, nieder. Er war der Sohn einer alteingesessenen Warschauer Familie, daher auch sein Familienname — Warschawiak. In den ersten 13 Jahren der Ehe bekam das junge Paar keine Kinder. Es reiste deshalb in fremde Länder, um sich von berühmten Professoren und Rabbinern beraten zu lassen.

Bei dieser Gelegenheit sahen meine Eltern die Welt, und meine Mutter erzählte davon stets voller Stolz. Schließlich wurde — mit Hilfe eines Professors oder eines Rabbiners oder auch ohne deren Zutun — eine Tochter geboren. Sie hatte es allerdings eilig, wieder von dieser Welt zu verschwinden, und starb bereits als Säugling. Aber die Hauptsache war, daß der Anfang gemacht worden war: Nacheinander wurden nun sieben

Kinder geboren. Ihre Entwicklung war von vornherein klar — die Söhne würden religiöse Studien absolvieren, und für die Töchter müßte man einen Bräutigam finden. Die Stürme der damaligen Zeit zerstörten jedoch die meisten dieser Pläne.

Meine Mutter war mittelgroß, hübsch, hatte blaue Augen und blondes Haar. Die Beziehungen meiner Eltern zueinander waren gut, so schien es jedenfalls uns Kindern. Sie stritten sich niemals, auf keinen Fall in unserer Gegenwart. Mutter achtete darauf, daß das übertriebene Ego des Vaters nicht beeinträchtigt wurde. Bei Auseinandersetzungen zwischen Vater und Kindern bemühte sie sich daher stets, neutral zu sein.

Unsere Mutter führte nicht nur den Haushalt und zog die Kinder groß. Sie half auch, das Geschäft zu führen, und verbrachte viele Stunden im Laden, unter anderem auch deshalb, weil sie nicht nur Hausfrau sein wollte. Im Haushalt half ihr eine junge Polin, die mit in unserem Haus, in einer Kammer neben der Küche, wohnte. Mutter öffnete den Laden um 8 Uhr, wenn Vater sich noch einmal gemütlich auf die andere Seite drehte. Er las bis spät in die Nacht hinein Bücher und war daher natürlich früh noch müde.

Der Familie war einmal prophezeit worden, daß ich aus irgendeinem Grunde Rabbinerin werden würde. Diese Voraussage ging nicht in Erfüllung. Meine Mutter behauptete jedoch viele Jahre lang, die Prophezeiung sei dennoch kein Irrtum gewesen, denn ich wäre »tatsächlich eine Rabbinerin«, würde allerdings zum »Gott der Kommunisten« beten. Wenn ich zu Versammlungen ging, pflegte sie zu sagen: »Sie geht in ihre Synagoge, um zu beten.«

Wie bereits gesagt, rebellierte ich viele Male gegen die Tradition in meinem Elternhaus. Mit 15 trat ich in den ha-Schomer ha-Zair ein. Ich verheimlichte das nicht, obwohl ich sehr genau wußte, daß es einen Skandal geben würde. Dazu kam es auch tatsächlich. Mein Vater betrachtete meine Tat als einen »moralischen Fehltritt«. Er war gegen die Zionisten wie alle Anhänger seines Rabbiners. »Wehe dir! Du kannst doch nicht vor der Hochzeit mit jungen Burschen gehen!« Er zürnte und schimpfte, aber ich beugte mich nicht.

Meine Mutter versuchte, mir vorsichtig auf taktische Art und Weise zu helfen. Als ich erstmalig in ein Sommerlager fahren sollte, war klar, daß mein Vater das niemals erlauben würde. Um eine Auseinandersetzung mit ihm zu vermeiden, schickte meine Mutter meine jüngere Schwester in ein Kinderheim derselben Stadt in den Bergen, in die auch ich fahren sollte. Vater sagte sie, daß sie uns beide in eine Pension geschickt habe. Meine Mutter besuchte mich im Sommerlager. Sie traf mich, als ich gerade auf dem Weg zum Brunnen war, in der Hand einen Topf mit Fleisch, das ich waschen wollte. Natürlich war das Fleisch nicht koscher. Ich war verlegen, aber sie tat so, als sähe sie das Fleisch gar nicht. Wie klug Mutter doch war!

In jenen Tagen meiner Jugend kam ein neuer Begriff ins Land — die Emanzipation. Jedes junge Mädchen, das sich für modern hielt, schnitt seine Zöpfe ab. Wir waren vier Mädchen mit acht schön gepflegten Zöpfen und begannen den Kampf unter der Devise: »Langes Haar — kurzer Verstand!« Also weg mit den Zöpfen!

Ich ging ohne Wissen meiner Eltern und sogar ohne daß es meine Schwestern ahnten zum Friseur, ließ ohne Erbarmen mein Haar abschneiden und behielt die »geschlachteten« Zöpfe in der Hand. Trotz meines Stolzes auf den Fortschritt und die Emanzipation liebte ich sie doch und konnte sie nicht einfach wegwerfen. Ich ging mit einer Ledermütze auf dem Kopf nach Hause und befestigte die Zöpfe so, als wäre nichts geschehen. Trotz allem hatte ich nämlich Angst …

»Warum setzt du denn die Mütze nicht ab?« fragten die anderen Familienmitglieder. »Ich habe Ohrenschmerzen«, behauptete ich. Es brach jedoch eine der üblichen Streitereien aus, und mein Bruder zog mich an den Haaren. Plötzlich stand er mit einem Zopf in der Hand mitten im Zimmer. Nun rissen sie mir mit Gewalt die Mütze vom Kopf und sahen die ganze Bescherung. »Schickse!« (abwertende Bezeichnung für Nicht-Jüdin) schrie mein Vater, ganz rot vor Wut. »Da kannst du ja gleich zum polnischen Hausmeister gehen!« Der Skandal war groß. Aber die Zeit tat das ihrige, und alle meine Schwestern folgten meinem Beispiel. Damit trat die Emanzipation auch über die Schwelle unseres Hauses.

Als ich beschloß, nach Palästina zu fahren, ging ich ohne Bedauern von zu Hause fort. Ich wollte weg von hier, frei sein und ein neues, unabhängiges Leben beginnen.

Meine Eltern kamen 1934 nach Palästina. Sie erfuhren, daß ich Kommunistin geworden war, verloren aber kein einziges Wort darüber. Meine Mutter sah nur meinen abgerissenen Mantel und meine abgetragenen Schuhe an und nahm mich dann mit in ein Geschäft, wo sie mir neue Sachen kaufte. In der Zeit, da ich im Gefängnis saß und ohne Chuppah und Segensspruch schwanger war, litt sie sehr, schwieg aber. Sie konnte schweigen.

Als mein Vater starb, war sie 65 Jahre alt. Es war ein schwerer Schlag für sie, aber sie erholte sich wieder. Wir beschlossen, zusammen zu wohnen, und wußten beide vom ersten Augenblick an, daß wir uns die Aufgaben teilen müßten, sonst gäbe es keinen Hausfrieden. Ich fragte sie, welche Hausarbeit sie übernehmen möchte. »Kochen«, antwortete sie mir. Ich freute mich natürlich, denn aus der Küche befreit zu werden war schon lange mein Traum. Außerdem konnte ich so die meiste Zeit der Partei widmen. Ich war bis zum Hals mit Arbeit eingedeckt, da mir eine hauptamtliche Tätigkeit in der Partei vorgeschlagen worden war. Darüber vernachlässigte ich das Haus und auch alles andere. Meine Mutter bemühte sich, sich an meine Lebensweise zu gewöhnen, litt jedoch sehr darunter. Dennoch kam niemals ein Vorwurf aus ihrem Mund. Sie konnte sehr wohl auf eine Auseinandersetzung verzichten, wenn sie wußte, daß diese zwecklos war.

Einmal jedoch hörte ich sie in ihrem Zimmer murren. Sie dachte, ich würde sie nicht hören. »Wie kann man nur so leben? Immer in Eile, alles in Hast. Eins, zwei, drei, gekocht und fertig! Wie soll denn da das Essen schmecken? Das Kochen erfordert Geduld und Zeit. Man muß auf kleinem Feuer kochen. Und sie — husch, und schon ist alles fertig. Der Mann kommt nach Hause — und die Frau? Sie ist nicht da ...« Sie fuhr in ihrem Monolog fort: »Wie soll denn das gehen? Der Mann ist doch der Motor im Haus. Um ihn muß man sich zuallererst kümmern. Ohne Motor — keine Familie. Als ob hier ein Irrenhaus wäre! Und er ist mit allem einverstanden. Ich verstehe nicht, wie er so leben kann. Nun soll er auch noch das Geschirr abwaschen! Hat man je gehört, daß ein Mann abwäscht? Das lasse ich nicht zu. Sie (das bezog sich auf mich) stört das natürlich nicht. Bei ihr ist die Hauptsache die Eile. Selbst die Haare kämmt sie sich schon im Laufschritt auf der Straße. Hat man schon mal so etwas erlebt? Nach Hause kommt sie mitten in der Nacht ...«

»Nachtvogel« nannte mich meine Mutter. Nun wußte ich also, wie sie über mich dachte. Sie bemühte sich, meinen Platz bei der Bedienung des »Motors« in der Familie einzunehmen; ihn liebte und verehrte sie. Auch Sorach liebte sie.

Die wertvollste Eigenschaft meiner Mutter war zweifellos, daß sie zu schweigen verstand. Hätte man das Sprichwort »Schweigen ist Gold« für bare Münze nehmen können, wäre meine Mutter Millionärin geworden. Sie tratschte über niemanden, konnte zuhören und schweigen. Viele Nachbarn kamen, um ihr von ihren Sorgen zu erzählen und sich einen Rat zu holen. Auch unsere Verwandten kamen, Junge und Alte, und sie beriet sie alle. Mutter hatte bereits ein langes Leben hinter sich; in ihrem Herzen war viel Erfahrung angereichert worden und hatte sich mit Weisheit vermischt.

Meine Mutter stand fest im Leben. Sie las eine jiddische Zeitung und hörte Radiosendungen in jiddischer Sprache. Wenn der Sprecher zum Beispiel sagte: »Heute sind neue Einwanderer gekommen«, dann rief sie ihm mit lauter Stimme zu: »Und habt ihr auch schon Wohnungen für sie bereitgestellt?« Oder es hieß: »Heute sind die Preise für die und die Lebensmittel gesunken.« Meine Mutter darauf: »Alles Bluff! Geh doch selbst in die Geschäfte und schau nach, ob wirklich etwas billiger geworden ist! Nur in deinem Radio ist alles billig.« 1967, nach der Besetzung Ostjerusalems, tönte der Klang des Schofarhorns aus der nahe gelegenen Synagoge. Im Radio sangen sie ohne Unterlaß »Jeruschalajim schel sahav«, das Lied vom »Goldenen Jerusalem«. Da sagte meine Mutter: »Sie freuen sich und jubeln, aber denkt auch jemand an die vielen Toten?«

Mutter beteiligte sich bis zu ihren letzten Tagen an den Knesset-Wahlen. Niemals enthüllte sie uns jedoch das Geheimnis, für wen sie ihre Stimme abgegeben hatte. »Ich habe sechs Kinder hier im Land, und sie gehören verschiedenen Parteien an. Warum soll ich Zwietracht zwischen ihnen säen?!«

Ihr offenes Wesen und die tolerante Atmosphäre, die sie in unserem Haus schuf, ließen unsere Wohnung zu einem freundschaftlichen Treffpunkt werden, ohne daß politische Reibungen zwischen den Familienangehörigen aufgekommen wären. Diese Tradition wahrten wir auch nach ihrem Tod.

Mutter verstarb hoch in den Neunzigern. Sie sah wie ein kleines Mädchen aus. Ihr Kopf blieb bis zuletzt klar, aber sie fühlte offensichtlich ihr baldiges Ende, denn sie begann zu fordern — und das zum ersten Mal in ihrem Leben —, daß sich ihre Kinder um sie versammelten. Sie sagte zu uns: »Ich habe sieben Kinder großgezogen, jetzt müssen sie bei mir sein.« Aber die meisten wohnten weit entfernt von der Stadt — in Kibbuzim, Moschawot, und auch ich konnte nicht alle Abende bei ihr sitzen. Ich schlug ihr daher vor: »Mutter, wir nehmen eine Frau, die abends bei dir sitzt, so daß du nicht allein bist.« Sie sah mich erstaunt an und sagte dann: »Die Frau wird jeden Abend hier sitzen und unaufhörlich von ihren Sorgen erzählen. Und dafür soll ich sie noch bezahlen?« Wir mußten lachen.

In den letzten zehn Jahren ihres Lebens feierten wir jedesmal ihren Geburtstag als großes Familienfest. Sie freute sich darüber sehr. Beim letzten Mal beschloß ich, ihre Stimme auf Tonband aufzunehmen. Ich war eigentlich sicher, daß sie das ablehnen und sagen würde: »Geh mir bloß mit diesen Dummheiten vom Leibe!« Aber nein! Sie sprach sehr erregt ins Mikrophon und wollte gar nicht wieder aufhören. Sie sagte uns — und das war ihr Vermächtnis — folgendes: »Achtet aufeinander und bleibt zusammen! Lebt immer in Freundschaft und helft einander! Erinnert euch daran, daß ich euch dazu erzogen habe! Wahrt die Einigkeit und die Freundschaft zwischen euch!«

Das wiederholte sie mehrere Male. Ihre Augen waren voller Tränen. Nur kurze Zeit danach verschlechterte sich ihr Zustand. Sie wußte, daß es das Ende war, und bat darum, zu Hause sterben zu dürfen. Ich sicherte ihr zu, daß ich sie in kein Krankenhaus bringen würde. In den letzten Wochen ihres Lebens war sie ohne Bewußtsein. Wir wechselten uns an ihrem Bett ab. An einem dieser Tage ging ich zum Meer, um allein zu sein. Ich saß auf einem Felsen am Strand, blickte auf die rauschenden Wellen und dachte über das zu Ende gehende Leben meiner Mutter nach. 21 Jahre hatten wir zusammen gelebt. In meiner Erinnerung sah ich meine Kindheit fern, aber klar vor mir. Im Mittelpunkt dieser Erinnerungen stand meine Mutter in ihren guten und schönen Augenblicken. Und ich weinte wie ein kleines Mädchen …

In jener Nacht, im Schlaf, starb meine Mutter. Sie war 96 Jahre alt. Und wir hatten doch alle gemeinsam noch ihren

100. Geburtstag feiern wollen! Jeden Tag blickt sie mich von einem Foto an der Wand an. Ich weiß, welche Entfernung zwischen Leben und Tod liegt, aber ich habe nicht aufgehört, mich nach meiner Mutter zu sehnen.

Bomben im Wohngebiet

1948. Die Bombardements von Jaffa aus auf das Wohnviertel waren häufig und gefährlich. Das Leben wurde unerträglich. Eines Tages fiel eine Brandbombe auf unseren Hof. Meine Mutter erhob panikartiges Geschrei. Ich rannte zum Hof, doch auch ich war erschrocken und wußte nicht, was zu tun sei. Meine Blicke fielen auf eine Bettdecke, die auf der Leine hing. Ich warf sie über die Bombe, aber das war natürlich töricht. Zu unserem Glück gingen hinter dem Zaun zwei junge Burschen vom Zivilschutz vorbei und löschten den Brand.

Ein anderes Mal, als ich mit zwei amerikanischen Journalisten nach Hause kam, wurde Alarm gegeben. Wir hatten keinen Luftschutzbunker. Ich schickte die Kinder in den Keller des Nachbarhauses und setzte mich mit den Journalisten hin, um Kaffee zu trinken. Mutter »nutzte« den Alarm wie üblich, um ins Lebensmittelgeschäft zu laufen. »Dann ist dort wenigstens keine Schlange.« Plötzlich wurde die ganze Gegend durch gewaltige Detonationen erschüttert. Die beiden Journalisten sprangen auf und waren im Nu unter dem Bett meiner Mutter verschwunden. Nur ihre langen Beine ragten noch hervor. Mein erster Gedanke war: Was ist mit Mutter? Ich rannte nach draußen. Die Straße war menschenleer. Nur meine Mutter stand wie betäubt vor dem Geschäft. Ein Eiswagen war umgefallen, der Kutscher lag tot da, zu seinen Füßen das blutüberströmte Pferd. Ich nahm meine Mutter bei der Hand und brachte sie nach Hause. Als Entwarnung gegeben wurde, kamen die Journalisten unter dem Bett hervor und gingen hinaus, um nachzusehen, was passiert war. Es stellte sich heraus, daß eine schwere Bombe in einen Nachbarhof, jenseits der schmalen Straße, gefallen war. Aber wir hatten noch Glück gehabt: Sie war in einer Abwassergrube gelandet und darin untergegangen. Nur einige größere Splitter waren in der Gegend umhergeflogen, einige davon auch durch das Fenster in mein Zimmer.

Indessen war die Lage ernster geworden, und es wurde angeordnet, daß alle Bewohner sofort das Wohngebiet zu verlassen
hatten.

Wohin sollten wir uns wenden? Wir verstreuten uns in alle
Winde. Sorach, der mit gebrochenem Bein dalag (er war während
seiner Arbeit auf dem Bau vom Gerüst gestürzt), wurde im Haus
unserer besten Freunde, Hinda und Jizschak, aufgenommen. Gila
und Jakubek Vardi, langjährige Freunde von uns, beherbergten
den 12jährigen Eitan, und auch der kleine Dudi fand in einer Familie in Natanya Aufnahme. Mutter wurde von Verwandten im
Norden der Stadt eingeladen, und ich wohnte bei Freunden, mal
hier, mal da.

Meine Mutter jedoch weigerte sich, den Ort zu verlassen.
»Wie kann man denn das Haus im Stich lassen?« wiederholte sie
hartnäckig. Es gelang mir nicht, ihren Widerstand zu brechen.
Am ersten Abend — es war auf einer Sitzung der Leitung der
Grundorganisation — beschloß ich, in unser Wohngebiet zurückzukehren, um Mutter nicht allein zu lassen. Doch das war gar
nicht so einfach zu verwirklichen. Als ich in der Achad-Haam-
Straße zum »Herzlia«-Gymnasium kam, begann die Bombar-
dierung. Ich legte mich auf den Bürgersteig, stand zwischen den
einzelnen Angriffen immer wieder auf und rannte weiter. Ecke
Schabasi-Straße fiel ich einer Zivilstreife in die Hände. »Wohin?« fragten sie mich, überrascht, eine Frau nachts allein in dieser Gegend zu treffen. »Meine Mutter ist allein«, erklärte ich. Sie
erlaubten mir jedoch nicht, weiterzugehen. Aus meiner Not rettete mich erst mein Presseausweis von »Kol ha-Am«, den ich
bei mir trug. Irgendwie gelangte ich nach Hause. Ich trat leise ein,
um meine Mutter nicht zu wecken. Ich lag schon im Bett, als ich
fühlte, daß es in ihrem Zimmer zu still war. Ich ging hinein und
sah, daß meine Mutter nicht da war. Sie hatte also trotz alledem
beschlossen, zu den Verwandten zu ziehen.

So blieb ich nun allein. Die Bombardierungen hatten noch immer nicht aufgehört. Ich suchte mir den »sichersten« Ort im
Haus, konnte jedoch nicht einschlafen.

Unser Wohnviertel

Das Leben in einem Kiez ist nicht zu vergleichen mit dem Leben im Stadtzentrum. Die Häuser sind klein. Du brauchst nur di-

rekt von der Straße aus durch ein geöffnetes Fenster zu schauen — sofort siehst du, wie das Leben drinnen abläuft. Die Menschen treffen sich häufig auf der Straße, haben einander etwas zu erzählen, knüpfen persönliche Beziehungen. Hier gibt es keine Gleichgültigkeit, und tatsächlich ist Gleichgültigkeit im Zusammenleben von Menschen das allerschlimmste. Ein besonderes Gepräge hat das Leben in einem Armenviertel. Hier dringen die Probleme in Form von Schmerzensschreien nach draußen.

Ich wohne im Schabasi-Viertel, nicht weit vom Migdal-Schalom entfernt. Als dieses Hochhaus, der Schalom-Turm, gebaut wurde, gab es viele Proteste. Einige der kleinen Ladenbesitzer fürchteten um ihr Einkommen, andere wiederum sagten: »Der Turm lenkt die Aufmerksamkeit auf sich. In einem Krieg wird unser Wohnviertel bombardiert werden.« Der Migdal-Schalom wurde jedoch errichtet, und im Viertel änderte sich gar nichts. Es gab zwar einen wunderbaren Plan für Groß-Tel Aviv, und viele dachten, die alten Häuser würden abgerissen werden und ihre Bewohner könnten in bessere Wohngegenden ziehen. Doch das blieb eine Illusion. Unsere Regierungen brauchten das Geld für Kriege und für Siedlungen in den besetzten Gebieten. Also blieb das Viertel, wie es immer war — arm und vernachlässigt.

Bricht hier einmal in einer Familie ein Streit aus, so bekommt es die ganze Straße mit. Die Bewohner des Viertels nehmen Anteil an guten und weniger guten Ereignissen — an einem Streit, einer Hochzeit, am Tod eines Menschen. Manchmal sind die Streitereien oder orientalische Musik sehr laut zu hören, und man kann bis in die Morgenstunden nicht schlafen. Man kann auch das Glück haben, eine jemenitische Hochzeit mitzuerleben — mit einer Braut in traditionellem buntem Gewand, mit jemenitischen Tänzen, aber auch mit moderner Musik, nach der die Mädchen in Jeanshosen tanzen. Hier gibt es keine Langeweile. Die Jungen spielen mitten auf der schmutzigen Straße Ball, und es kann geschehen, daß der Ball direkt in dein Fenster fliegt. Vor deinen Augen wachsen die Kinder zu Männern und Frauen heran, werden Soldaten, Eltern. Nur wenige haben das Glück, diese Gegend verlassen zu können; die meisten bleiben. Das Einkommen reicht vielleicht aus, um einen Fernseher zu kaufen, etwas zu renovieren, aber nicht für eine neue Wohnung. Groß ist die Enge, und groß sind auch die Probleme.

Die Schwierigkeiten und die Sorgen lassen die Menschen näher zusammenrücken. Mehrmals haben wir eine Frauenabord-
nung ins Rathaus geschickt und dort gefordert, daß man die
Straße asphaltiert. Wir haben geschimpft und in diesem Fall auch
den Wahlkampf als Waffe benutzt. Die Bewohner des Viertels
sagten, sie würden den Bürgermeister der Stadt nicht wählen,
wenn die Straße nicht hergerichtet würde. Und so wurde der
schmutzige Sand schließlich doch mit Asphalt bedeckt.

Das war zum Beispiel der Fall einer Familie mit vier Kindern,
die in einem kleinen Zimmer mit Außentoilette wohnte. Die Mutter war krank, der Vater machte in einem Restaurant sauber. Soviel wir auch drängten, es änderte sich nichts. Schließlich kam
das Fernsehen und zeigte die Notsituation — jetzt erst erhielt die
Familie endlich eine Wohnung. Aber wer kann sagen, inwieweit
die Kinder durch diese Not bereits beeinflußt waren, vielleicht
für ihr ganzes Leben?

In einem anderen Fall hatte der Hausbesitzer beschlossen,
eine dreiköpfige Familie aus ihrem Zimmer zu jagen; die Frau
war bei der Mietzahlung in Rückstand geraten. Der Hausbesitzer
verlangte nun eine höhere Summe und wollte die Familie ganz
loswerden. Wir beschlossen, zu verhindern, daß sie auf die
Straße gesetzt würde. Als die Beamten der Stadtverwaltung kamen, eilten wir der Familie zu Hilfe. Ich stellte mich den Vertretern des Gesetzes als Mitarbeiterin eines Rechtsanwaltes vor.
Mehr wagte ich nicht. Wir diskutierten miteinander, drohten einander. Schließlich gingen die Beamten. Sie kamen wieder und
flüsterten mir zu, daß die Frau »das älteste Gewerbe der Welt«
betreibe. Na und? Meiner Auffassung nach war sie ein Opfer der
Verhältnisse.

Das größte Problem im Viertel besteht darin, daß Personen un-
terschiedlicher ethnischer Herkunft, mit verschiedenen Traditio-
nen, Sprachen und mit allen möglichen Vorurteilen praktisch mit-
einander leben. Es gehört schon ein starker Glaube an den
Menschen, viel Geduld und Aufgeschlossenheit dazu, um ihr
Vertrauen zu erringen, um ihnen das Gefühl zu geben, daß alle
Menschen gleich sind und daß jedem einzelnen Achtung gebührt.
Diese Prüfung hast du Tag für Tag zu bestehen.

Ein Mensch ist gestorben. Die Familie trauert. Die Frauen gehen in die winzige Küche, kochen Erbsen oder braune Bohnen,

bereiten das Essen zu. Die Männer beten im Nebenzimmer. Wenn du dich unter sie mischst, nehmen sie dich auf, wenn nicht — bleibst du ein Fremder. Ein Kind wird geboren. Entweder du verleihst der Freude darüber Ausdruck, oder du tust so, als sei nichts geschehen.

So ist das Viertel. Wir haben uns so gut wie möglich in das Leben hier eingefügt. Wir werden mit anderen Augen als die übrigen betrachtet — eine Kommunistenfamilie. Als ich aus der Sowjetunion zurückkam und den Nachbarn Geschenke mitbrachte, fragten sie mich über das ferne Land aus, über das man ihnen so viele negative und furchterregende Dinge gesagt hatte.

Aber es gibt auch schwere Zeiten voller Spannungen, zum Beispiel an Kriegstagen. Die Auffassungen sind gegensätzlich, zum Teil feindlich. Aber man hat sich schon an unsere Familie gewöhnt und auch daran, daß uns arabische Freunde besuchen — etwas völlig Ungewöhnliches in unserer Gegend. Junge Leute des MAFDAL*, der Nationalreligiösen Partei Israels, bringen uns gegenüber demonstrativ ihre Freundschaft zum Ausdruck. Einer von ihnen — er gehört sogar zur rechtsextremistischen Organisation Gusch Emunim* — sagte einmal über mich: »Ich achte sie, denn sie lebt in unserem Viertel und ist nicht von hier ausgerissen.«

Die letzten Wahlen für den Rat des Wohnbezirks wurden in der kleinen Synagoge abgehalten. Ich forderte, daß die Frauen bei den Männern und nicht bei der »Frauenhilfe« sitzen sollten. Der junge Rabbiner und die Veranstalter diskutierten zunächst, stimmten aber schließlich zu. Am meisten überrascht waren jedoch die Frauen selbst. Am Eingang der Synagoge saß unsere Ruth Schnitzer und schrieb die Namen der Hineingehenden auf.

Nach einer Rede des jungen Rabbiners trat der für die Wahlen im Stadtbezirk Verantwortliche auf. Er stellte eine Wahlliste von 21 Personen vor. Viele der Anwesenden kannten nicht alle Genannten. Zu den Kandidaten gehörte auch unser Genosse Benjamin Schnitzer, der hier wohnte und aktiv war. Ich stand inmitten der dichtgedrängten Menge, hob die Hand und sagte, daß ich einen Vorschlag hätte. Der Vorsitzende antwortete mir: »Bring deinen Vorschlag nachher ein!« Ich war dagegen, erklärte, daß Vorschläge, die mit der Abstimmung in Zusammenhang ständen, vor der Wahl und nicht danach gemacht werden müßten. Er war gezwungen zuzustimmen. Ich schlug vor, über die Kandidatenliste im Block abzustimmen, da den Menschen hier nicht alle Kandidaten bekannt waren. Es wurde darüber abgestimmt. Dabei stellte sich heraus, daß ich die einzige war, die dafür stimmte. Das war nun überhaupt nicht angenehm. Ein alter Jemenite, der neben mir stand, flüsterte mir ins Ohr: »Dein Vorschlag war goldrichtig.« — »Warum hast du dann nicht dafür gestimmt?« — »Weil man doch sieht, daß sie es nicht wollen«, antwortete er.

Das Wohngebiet verleiht eine gewisse soziale Wärme. Es wurde so etwas wie »unser Viertel«. Aus irgendeinem Grund denken hier viele, ich sei Knesset-Mitglied. Jedesmal, wenn ich das richtigstelle, sind sie erstaunt. In ihren Augen bin ich aber zumindest eine Lehrerin. Die Kinder nennen mich »Moratai«, unsere Lehrerin.

Vor den Wahlen zur 10. Knesset gab es eine Diskussion in unserem kleinen Lebensmittelladen. Jemand sagte: »Warum haben wir in unserem Viertel eigentlich keine Knesset-Abgeordnete?« Sie hatten dabei mich im Sinn. Jecheskiel, der in seinem Laden eiserne Bettgestelle verkaufte, gehörte zwar der Cherut-Partei* an, war aber dennoch ein alter Freund. Er antwortete: »Unser Viertel würde davon überhaupt nichts haben. Sie würde nämlich eine Luxuslimousine bekommen, mit der sie gar nicht mehr in die enge Straße, in der sie wohnt, hineinfahren könnte. Und dann würde sie ganz bestimmt unser Viertel verlassen.« Alle lachten.

Auf dem NAAMAT-Kongreß prahlte die Likud-Fraktion, daß ihr viele junge Frauen aus den Armenvierteln angehörten. Einige hatte sie bei einer besonderen Aktion gewonnen. Unter ihnen befand sich auch ein junges Mädchen, das in der Schabasi-Straße aufgewachsen war. Sie sollte auf dem Kongreß sprechen. Das Mädchen kam zu mir und bat mich, ihr bei der Vorbereitung der Rede zu helfen. Ich erklärte ihr, daß wir auf diesem Kongreß politische Gegner seien. Das Mädchen öffnete erstaunt den Mund und sagte: »Aber wir sind doch aus demselben Viertel!« Ich half ihr. Sie sagte die Wahrheit über ihr Wohngebiet, und ihr Auftritt setzte alle in Erstaunen.

Etwas Ähnliches passierte, als einige Jugendliche meinen jüngsten Sohn auf der Straße angriffen und ihn »Kommunist« nannten. Ein junger Mann, der gerade vorbeiging, sagte zu ihnen: »Laßt ihn los, er ist doch aus unserem Viertel!«

Seit den letzten zwei Jahren ist unser Wohngebiet ganz stolz auf »unser Theater« in Neweh Zedek. Das ist wirklich ein guter Grund, stolz zu sein. An den Abenden fahren jetzt Autos auf unseren schmalen Straßen, und deren Fahrer suchen einen Parkplatz. Es ist schön, ihnen dann zu erklären: »Ja, das Theater ist in unserem Wohngebiet. Es ist ein interessantes, ein fortschrittliches Theater.«

Die Einwohner des Viertels bekommen die Eintrittskarten zum halben Preis, weil sich das Theater in unserem Wohnbezirk befindet. Und wenn man einst dachte, daß das Schabasi-Viertel schon bald der Vergangenheit angehören würde, dann hat man sich gründlich geirrt. Seine Bewohner erneuern es immer wieder durch ihr Leben und ihre Bauten.

Ich habe an dieser Stelle nichts über traurige und schmerzliche Dinge erzählt, über das schwere Leben im Wohngebiet, insbesondere in seinem südlichen Teil. Auch für ihn gibt es einen Verantwortlichen. Auch dort wird eine Veränderung eintreten, wenn die Einwohner gemeinsam für die Beseitigung der Armut und der Not kämpfen wollen.

Im Durchgangslager

Ich versinke bis über die Knöchel im Schlamm. Wenn ich den einen Fuß herausziehe, sinkt der andere bereits wieder ein. Mordechai flucht und schimpft. Er schilt mich: »Ich habe dir doch gesagt, daß du Stiefel anziehen sollst!« Er weiß freilich nicht, daß ich gar keine Stiefel besitze. Kein Mensch ist zu sehen, alle sind in den nassen, schmutzigen Zelten.

Plötzlich hören wir Schreie: »Helft uns, bei meiner Frau ist es soweit. Die Wehen haben begonnen!« Ein aufgeregter Mann stürzt auf uns zu. »Meine Dame, wenn Sie ein Auto haben, retten Sie uns!« Wir folgen ihm. Aus dem Zelt dringen die Schreie einer Frau. Am Eingang laufen einige Leute herum, die aus den angrenzenden Zelten gekommen sind.

»Wo gibt es hier Telefon?« frage ich.

»Was für ein Telefon?! Hier ist kein Telefon.«

»Wo ist ein Arzt?«

»Es gibt keinen Arzt.«

So ist es also. Wir sind im Durchgangslager Kiriat Ono. Die

Männer tragen die Kreißende zu unserem Auto, legen sie auf den Rücksitz. Ich setze mich neben sie, bette ihren Kopf auf meine Knie. Wir fahren los.

»Mordechai, fahr schnell! Ich habe Angst, daß sie ihr Kind im Auto bekommt!« Ich bin viel zu aufgeregt!

»Ich kann nicht schneller fahren«, antwortet Mordechai. »Hupen darf ich auch nicht.«

»Was heißt hier, du darfst nicht? Wir müssen uns beeilen, also los, hupe! Wir sind ein Krankenwagen!«

Mordechai fährt so schnell er kann und hupt wie ein Verrückter. Die Autos weichen zur Seite, die Gebärende schreit. Ich streichle ihr Haar. Sie ist nicht mehr jung, hat schon vier Kinder. Ich wische ihr den Schweiß von der Stirn. Ich habe zwei Kinder geboren, aber das war im Krankenhaus, und hier ... gebiert eine andere. Wie schlimm das doch ist, denke ich. Warum hat die Natur der Frau solche Qualen auferlegt? Was passiert, wenn sie nun hier niederkommt? Was, wenn ich nicht weiß, was zu tun ist? Ich weiß es wirklich nicht. Indessen tue ich, was ich kann: Ich streichle den Kopf der Frau und wiederhole ununterbrochen: »Gleich! Gleich! Noch einen Augenblick, dann sind wir schon da!«

Mordechai fährt schnell und hupt unermüdlich. Endlich sind wir angelangt. Das Auto rollt geradewegs auf den Hof des Krankenhauses in Jaffa. Als ich die Krankenträger in weißen Kitteln sehe, die auf uns zulaufen und eine Trage in den Händen halten, atme ich erleichtert auf. Der Ehemann, Mordechai und ich rennen hinter der Trage her, doch vor uns wird die Tür zum Kreißsaal geschlossen. Nun bleibt uns nichts mehr zu tun.

Der besorgte, unrasierte Mann in abgerissener Kleidung fragt mich: »Wie heißen Sie?«

»Warum?«

»Wenn es eine Tochter wird, geben wir ihr Ihren Namen.«

Ich verabschiede mich und gehe. Ich weiß nicht, ob es ein Mädchen geworden ist. Vielleicht läuft aber irgendwo ein Mädchen aus Kiriat Ono herum, das so heißt wie ich. Wer weiß?

Maabarot! Übergangslager! Eine der Sünden dieser Regierung, eine Sünde, die sie noch als Erfolg ausgibt.

Wohnungen? Wer hat denn davon geträumt, für Einwanderer aus Irak, Jemen und Marokko Wohnungen zu bauen? Man hat diese Menschen in Übergangslager, in jämmerliche Zeltlager, gesteckt, die in verschiedenen Ecken des Landes entstanden sind und die Natur verschandeln.

Die Neueinwanderer können wohl behaupten, daß nicht alle Einwohner Israels in Zelten, im Sumpf und im Elend leben müssen, daß nicht alle Kinder im Land in Sand und Schmutz spielen. Nicht weit von hier erheben sich Hochhäuser, tummeln sich die Kinder auf Spielplätzen. Unweit vom Lager gibt es sogar inmitten von Parkanlagen herrliche Villen, in denen die Reichen und die Söhne »aus guter Familie« wohnen.

Maabarot, Zeltlager — schreckliches Leben Hunderttausender von Menschen. Die meisten stammen aus arabischen Ländern. Selbst wenn später, nach vielen Jahren, die schwarzen Flecken der Lager bereits vom Boden des Landes verschwunden sind, werden sich die von hier Stammenden über Generationen hinweg noch an die Schmach der Armut und Unterdrückung erinnern, die ihnen — unter dem Mantel der Rettung — angetan wurde.

Wir Parteimitglieder kamen hierher, um den Einwohnern der Maabarot im Kampf beizustehen, den Teufelskreis der Armut, in den man sie gedrängt hatte, zu durchbrechen. Wir fanden viele Menschen innerhalb der Arbeiterschaft, der werktätigen Intelligenz, die zwischen Verzweiflung und Hoffnung hin- und hergerissen wurden und einen Weg suchten, um für Fortschritt, Gleichheit und Frieden zu kämpfen. Es gab unter ihnen Genossen, die früher der Kommunistischen Partei in Irak angehört hatten. Im Laufe der Zeit entstanden aktive Parteiorganisationen in Kiriat Ono, Or Jehuda, Beer Tuwia, Ramat ha-Scharon, und es wurde eine Protestbewegung der Bewohner der Maabarot ins Leben gerufen.

Wir wollen sauberes Wasser

Eine seltsame Demonstration. Einige Dutzend blasser Menschen — Männer, Frauen und Kinder — in armseliger Kleidung und mit Wasserflaschen stehen in Tel Aviv an der Ecke Rothschild-Boulevard/Nahalat Benjamin. Was wollen diese Leute, warum stehen sie gerade hier? Hier befindet sich das Büro der Jewish Agency. Was sie wollen, erklärt ein hochgewachsener,

schlanker Mann mit ungeschnittener Mähne: »Wir wollen sauberes Wasser. Hier in den Flaschen«, wendet er sich an eine
Gruppe Neugieriger, die sich bereits angesammelt hat, »sehen Sie
das Wasser, das wir und unsere Kinder trinken. Sehen Sie es?
Würden Sie solches Wasser trinken?« fragt er eine Frau. Diese
weicht zurück. »Sie würden es nicht trinken, nicht wahr? Auch
wir wollen solches Wasser nicht mehr trinken. Es ist Schlamm-
wasser. Wir wollen sauberes Wasser für unsere Kinder!«
   Die vorübergehenden Tel-Aviver Passanten sind erstaunt. Sie
hätten niemals geglaubt, daß man solch schmutziges Wasser
Menschen zu trinken geben könnte. Aber in der Agentur will keiner die Tür öffnen und die Abordnung aus den Maabarot empfangen.
   Ein Mann, der an der Straßenecke steht, hebt eine Flasche
und schreit: »Sagt, wißt ihr, was ein Kommunist ist? Wenn wir
sauberes Wasser fordern und dafür demonstrieren, bezeichnet
man uns als Kommunisten. Sauberes Wasser zu wollen, das
heißt, kommunistisch zu sein? Wenn es so ist, dann bin ich ein
Kommunist!« erklärt er. Ich trete etwas näher an ihn heran.
»Habe ich recht, meine Dame?« fragt er mich. »Ja, Sie haben
recht«, antworte ich und sehe dabei in seine Augen, die Hochachtung ausdrücken.

Auf der Bühne wird getanzt

Wahlkampf. Ich bin im Durchgangslager Beer Jaakov. Eine Versammlung in einer riesigen Baracke, die dem Ortskomitee gehört;
hier finden die Wahlveranstaltungen statt. Der große Saal hat
viele Dutzend Bänke. Die Rednertribüne ist hoch, und ich stehe
hinter einem Mikrophon. Neben mir sitzen zwei unserer Genossen, vor mir einige wenige Zuhörer. Kein schönes Gefühl! Hunderte Plätze in diesem Saal sind leer. Das ist deprimierend. Ich
bin vom Publikum getrennt — es sitzt einfach zu weit von dieser
Rednertribüne entfernt. Dennoch nehme ich all meine Kraft zusammen und suche mich von diesem unguten Gefühl zu befreien.
Zur Eröffnung werden einige Sätze gesagt, dann bin ich an der
Reihe. Ich trete gegen die Regierungspolitik auf, für den Plan zur
Beseitigung der Maabarot, für das Wohl der Arbeiter. Ich spreche
über den Frieden, über all das, was ich für schön und richtig

halte. Meine Worte überwinden den großen Abstand, hallen in der riesigen Baracke mit ihren nackten Wänden wider. Man hört mir zu.

Da tauchen plötzlich Störenfriede auf, offensichtlich hat man sie geschickt. Sie fangen an zu schreien und Zwischenfragen zu stellen. Der Vorsitzende versucht, sie zu beruhigen. Doch das hilft nichts. Ich nehme ihm das Mikrophon aus der Hand, bemühe mich, ruhig zu sein, und beschließe weiterzusprechen. Da geschieht etwas, das ich noch niemals zuvor erlebt habe: Eine Gruppe von Jugendlichen springt auf die Bühne. Sie stürzen sich nicht auf die dort Sitzenden, entführen auch nicht das Mikrophon. Nein! Sie tanzen. Hinter mir auf der großen Bühne tanzen die Jugendlichen Hora. Sie tanzen und singen. Was ist da zu tun? Soll man sie zur Ruhe bringen? Das wäre eine Illusion. Also spreche ich weiter. Meine Stimme ertönt aus dem Lautsprecher, und die tanzen und singen hinter mir auf derselben Bühne. Es ist schon eine wahre Freude!

Die Genossen sind besorgt, nervös. Aber ich beende trotzdem irgendwie mit Anstand meine Rede und steige von der Tribüne. An der Tür steht ein junger Mann und klatscht begeistert Beifall. Ich frage ihn: »Sind Sie mit mir einer Meinung?«

»Nein«, antwortet er.

»Warum haben Sie dann geklatscht, als ich gesprochen habe?«

»Weil Sie schön, energisch und mit Begeisterung gesprochen haben«, antwortet er. Ich bin verlegen.

Die Jugendgruppe, die Hora getanzt hat, verschwindet von der Bühne. Ich trete zu ihnen. »Jetzt bin ich bereit, mit euch Hora zu tanzen«, sage ich. Sie sind beschämt, sagen kein Wort und gehen weg.

Nach den Wahlen erkundige ich mich bei unseren Genossen: »Wie viele Stimmen haben wir denn in diesem Lager bekommen?« Es sind zwar nicht allzu viele, aber immerhin doch einige. Im Spaß frage ich: »Haben wir diese Stimmen nun eigentlich für meine Rede oder für den Hora-Tanz, die nicht eingeplante Kultureinlage, erhalten?«

Wir senden vom Dach

Wir beschlossen, im wahrsten Sinne des Wortes »auf die Straße« zu gehen, und zwar »besetzten« wir den Mughrabi-Platz in Tel

Aviv. Sabbat für Sabbat stiegen wir am Nachmittag mit einem starken Lautsprecher auf das Dach eines der Hochhäuser und sendeten. Gewöhnlich malten wir am Abend vorher Losungen an die Häuser, so daß der Platz für die Sendung entsprechend geschmückt war. Wir sprachen zu den Spaziergängern, zu Vorübergehenden. Ich war damals Sekretär der Tel-Aviver Parteiorganisation. Wir waren nur wenige, da man viele Genossen während des »Unabhängigkeitskrieges« zur Armee eingezogen hatte. Zurückgeblieben waren die Frauen, unter ihnen auch Soldatenfrauen. Die drei Männer, die wir im Sekretariat der Parteiorganisation hatten, trugen die technische Verantwortung für den Sendebetrieb.

Der »Mughrabi-Sender« stand in der Wohnung unserer Genossin Esther Gozansky in der Jonah-ha-Nawi-Straße. Hier saß der Genosse, der als Sprecher der Partei fungierte. Kabelschnüre zogen sich von hier bis zum Mughrabi-Platz. Klar, daß Genossen die Kabel überwachen mußten, damit keine Panne passieren konnte. Joram Gozansky, der Sohn von Aljoscha und Esther, war damals erst neun Jahre alt, betrachtete sich aber bereits als einen derjenigen, die für den Sendebetrieb zuständig waren. Er half überall mit und rannte so manches Mal mit Zetteln zwischen der Sendezentrale und dem Dach des Hochhauses am Mughrabi-Platz hin und her.

Am Sabbatausgang war der Mughrabi-Platz stets voller Spaziergänger. Es kam vor, daß sie nur erstaunt zu dem Dach blickten, von dem die Sendung ausgestrahlt wurde, und dann weitergingen. Aber viele standen auch da und hörten aufmerksam unseren Agitationssendungen zu: über den noch immer andauernden Krieg, über das Streben nach Frieden; über die jüdischen und arabischen Opfer, die im Krieg fielen; gegen jeden Versuch, den Krieg um die Existenz des auf Beschluß der UNO gegründeten Staates in einen Expansions- und Okkupationskrieg zu verwandeln; gegen die Vertreibung arabischer Einwohner von ihrem Land und aus ihren Häusern ... Wir riefen auf, die Spekulanten zu bekämpfen, die sich durch Schiebergeschäfte, Preistreiberei und andere Machenschaften bereicherten.

Während der Sendezeit liefen auf dem Platz Genossinnen umher und verteilten Flugblätter, führten Gespräche und antworteten auf Fragen der Zuhörer. Diese Sendungen waren informativ und lehrreich — sowohl für uns als Kommunisten als auch für das Straßenpublikum, das auf diese Weise direkt aus unserem Munde die Wahrheit über unseren Kampf und unsere Positionen erfahren konnte. »Auf Wiedersehen am nächsten Sabbat! Hier auf dem Platz, bei der nächsten Sendung!« hörte man die Stimme unseres Sprechers.

Ein dramatisches historisches Ereignis folgte dem anderen. Die Sowjetunion gab ihre volle Anerkennung des Staates Israel (17. Mai 1948) bekannt. Sie war auch der erste Staat, der diplomatische Beziehungen zu Israel aufnahm. Nun bereiteten wir uns auf die Ankunft des ersten sowjetischen Vertreters bei uns vor.

Dieser Tag kam. Der erste sowjetische Gesandte in Israel war P. Jerschow. Er überreichte am 10. August sein Beglaubigungsschreiben.

Das Sekretariat der Partei beauftragte mich, die Verbindung zur sowjetischen Vertretung aufzunehmen. Ich ging ins Hotel, in dem die Angehörigen der Gesandtschaft zeitweilig untergebracht waren. Bewegt betrat ich den Warteraum. Mir kam ein großer schlanker Mann entgegen, der sich als M. Fomin, Erster Sekretär der Gesandtschaft, vorstellte. Im Namen meiner Partei begrüßte ich ihn sehr herzlich, und er antwortete ebenso.

Später waren wir Zeugen eines ungewöhnlichen festlichen Ereignisses. Die Provisorische Regierung Israels gratulierte der Sowjetunion zum Jahrestag der Oktoberrevolution. Auf der Festveranstaltung, die von der Freundschaftsgesellschaft aus diesem Anlaß in Tel Aviv organisiert worden war, saßen der sowjetische Gesandte, Mitglieder der Regierung, Parteiführer, Vertreter der Freundschaftsgesellschaft und viele weitere Persönlichkeiten im Präsidium.

Während der gesamten Zeit, da es eine sowjetische Vertretung in Israel gab, hielt ich die Verbindung zwischen der Partei und ihr.

Später kamen schwere Tage. Nach dem Krieg von 1967 brach die UdSSR die diplomatischen Beziehungen zu Israel ab. Ich gehörte mit vielen anderen zu den Personen, die das Personal der sowjetischen Vertretung begleiteten und verabschiedeten. Dies war sehr traurig.

Im Wald der sowjetischen Armee

Es war wirklich eine großartige Idee: Die Liga für Freundschaft mit der UdSSR beschloß, einen Wald zu Ehren der sowjetischen Armee zu pflanzen. Zu diesem Zweck wurde ein öffentliches Komitee gegründet, in dem Führer politischer Parteien und weitere in der israelischen Öffentlichkeit bekannte Persönlichkeiten mitarbeiteten. Die feierliche Zeremonie der Anpflanzung des Waldes und der Enthüllung einer Gedenktafel fand im Juni 1950 statt. Auf der Tafel waren die Worte eingraviert: »Diesen Wald pflanzten die Bürger Israels zu Ehren der sowjetischen Armee.« Seitdem findet an diesem Ort jedes Jahr am 9. Mai — am Tag des Sieges über den Faschismus — ein Massenmeeting statt, an dem jüdische und arabische Freunde der Sowjetunion aus allen Teilen unseres Landes teilnehmen.

Es war wahrlich ein Auge und Herz erfreuendes Schauspiel. Auf der Straße nach Tel Aviv, die am Sabbat gewöhnlich fast leer ist, bewegten sich Dutzende und aber Dutzende von Lastkraftwagen — geschmückt mit der Staatsflagge und roten Arbeiterfahnen —, kleine Lieferwagen und alle möglichen anderen Verkehrsmittel in Richtung auf den Wald der sowjetischen Armee, der sich in den Bergen Jerusalems, in der Nähe von Maaleh ha-Chamischah, befindet.

Auf dem Lkw, mit dem ich fuhr, saß eine bunt zusammengewürfelte Truppe: von Veteranen des Landes bis hin zu Neueinwanderern, die in vielen Sprachen der Welt redeten. Gemeinsam war ihnen allen jedoch die Freundschaft zur Sowjetunion; gemeinsam waren ihnen auch die Melodien sowjetischer Lieder. Am allermeisten freuten sich die Jugendlichen. Sie sangen mit Akkordeonbegleitung und vergnügten sich. Vor und hinter uns fuhren die Autos dicht auf dicht. Woher kamen sie alle? Hier war ein Schild »Liga für Freundschaft mit der UdSSR — Rechowot«. Dort fuhr die Organisation von Ramleh mit einem Auto, das mit Bildern von Lenin und Stalin geschmückt war. Es kamen Autos mit Leuten aus Haifa vorbei. Die Tel-Aviver saßen dichtgedrängt auf einem Lkw; doch das störte keinen von ihnen, nicht einmal die allerältesten. Heute waren sie alle wieder jung geworden. Der Tag des Sieges hatte allen neue Kräfte verliehen. Auch der Liga war es gelungen, ihre Mitglieder aufzurütteln.

Am Dorf Abu Gusch standen zwei junge Burschen mit weißen Hemden und roten Halstüchern. Es waren Mitglieder des Kommunistischen Jugendverbandes Israels (BANKI), die den Verkehr regelten. In ihren Händen hielten sie eine blau-weiße und eine rote Fahne. Auf der Straße marschierten Hunderte von Menschen — die Jerusalemer, Kibbuz-Mitglieder aus der Umgebung und die arabischen Einwohner von Abu Gusch, die zum ersten Mal eine solch große Menschenmenge in der Nähe ihres Dorfes erblickten. An der Zufahrt zu dem Gelände stand kein anderer als der Ingenieur Zwi Nadav und wies die Autos beim Parken ein. Auf diese Aufgabe verzichtete Zwi, Mitglied des Zentralkomitees der Liga, über viele Jahre hinweg nicht.

Während wir uns dem Platz näherten, hörten wir bereits von weitem die Melodien sowjetischer und hebräischer Volkslieder, die mit einem starken Lautsprecher übertragen wurden. Die Menschen stiegen aus den Autos und erklommen die natürliche Bühne. Ihre Aufmerksamkeit galt dem Ehrenmal für die Rote Armee — einem großen Felsblock, der vor den Bergen aufgestellt worden war und auf dem die Worte zu lesen sind: »Der sowjetischen Armee von der Bevölkerung Israels.«

Während wir dieses Denkmal sehr gut sahen, war vom Wald der sowjetischen Armee nichts zu entdecken.

»Was machst du? Paß auf, wo du hintrittst, hier ist ein Wald!« rief ein junger Bursche, der als Wachposten dastand und in der Hand eine rote Fahne hielt.

»He, du Tolpatsch!« hörte man erneut Rufe. »Trample nicht darauf. Das ist ein Wald!«

Die Menschen blickten sich erstaunt um. Hier sollte wirklich ein Wald sein? Aber die bereits bejahrte Genossin Manja Schochat, Mitglied des Sekretariats unserer Partei, flehte sie an und erklärte: »Genossen, geht nicht hier lang, sondern dort an der Seite! Der Wald ist doch gerade erst angepflanzt worden. Zwanzigtausend Bäumchen sind hier gepflanzt worden. Es ist doch klar, daß man jetzt noch nichts sieht!« Diese Erklärung wurde von den Anwesenden akzeptiert.

Der Felsblock ist einfach, unbehauen, der Ort fern in den Bergen; es ist schwierig, hierher zu gelangen. Das schmälert jedoch nicht die große und ewige Wahrheit, nicht die Liebe und Wertschätzung, die diese Angehörigen der israelischen Bevölkerung der heldenhaften Sowjetarmee entgegenbrachten, einer Armee, die die Menschheit, das jüdische Volk aus dem furchtbaren Inferno rettete. Das Ehrenmal ist Ausdruck der Wertschätzung für das Land, das den Herzen der Menschen den Glauben an den Sieg der Wahrheit und des Lichtes wiedergab. Es wird einmal der Tag kommen, an dem ein solches Ehrenmal auf den bedeutendsten Plätzen in den großen Stadtzentren stehen wird. Gegenwärtig befindet es sich noch etwas abseits. Dennoch bringen wir, die Mitglieder der Liga für Freundschaft mit der Sowjetunion, die wir zu Tausenden am Tag des Sieges über den Faschismus zu diesem Ehrenmal hinaufgestiegen sind, auch den Dank unseres ganzen Volkes gegenüber der Sowjetunion zum Ausdruck.

In diesem Wald hat auch der erste Gesandte der Sowjetunion in Israel gesprochen. Er berichtete von seinem Land, das den Sozialismus aufbaut, und charakterisierte die Friedenspolitik der Sowjetunion als eine Politik, die den Interessen aller Völker der Welt entspricht.

Wir kehrten müde, aber glücklich nach Hause zurück. Als wir singend an den Städten und Moschawot vorbeifuhren, wurden wir von den Einwohnern mit Beifall empfangen. Es stimmt deshalb wirklich, wenn wir sagen, daß der Haß der Reaktion niemals die tiefe Sympathie, die die einfachen Menschen gegenüber der Sowjetunion empfinden, aus ihren Herzen reißen kann.

Von Moskau bis New York

Zum ersten Mal in Moskau

Ich war glücklich. Ich würde nach Moskau fahren können! Zum ersten Mal. Jahrelang hatte ich davon geträumt, einmal die Sowjetunion, das erste sozialistische Land der Welt, zu besuchen.

Im Dezember 1949 sollte eine Ratstagung der Internationalen Demokratischen Frauenföderation (IDFF), die 1945 gegründet worden war, stattfinden. Ziel der Gründung war die Vereinigung der Frauen des Erdballs im Kampf für eine Welt ohne Kriege. Die Organisation der demokratischen Frauen in Israel war der Föderation bisher noch nicht beigetreten. Doch 1949 wurde beschlossen, daß diese Bewegung gemeinsam mit der Organisation der arabischen Frauen »Nahda« (es war unmittelbar vor der Vereinigung beider Verbände) um Aufnahme in die Föderation bitten sollte. Ich erhielt in diesem Zusammenhang den Auftrag, beide auf der Ratstagung in Moskau zu vertreten. Auch die Frauenorganisation der MAPAM beschloß, der Föderation beizutreten, und schickte Feigal Ilanit nach Moskau.

Die Tage vor der Abreise waren mit fieberhaften Vorbereitungen und angespannter Arbeit ausgefüllt, zumal vorherzusehen war, daß wir nach Beendigung der Ratstagung in Moskau noch nach China fahren würden, um am Frauenkongreß Asiens in Peking teilzunehmen.

Unsere Reise fand damals in Israel großen Widerhall, war es doch die erste Delegation, die aus dem jungen Staat in die Sowjetunion reiste. Damals war die Sympathie für die UdSSR in unserem Land groß. »Wie der Stahl gehärtet wurde«, »Die junge Garde«, »Wart auf mich, ich komm' zurück ...«, »Katjuscha« und andere Werke waren populär und in den Herzen verwurzelt. Bei Einkäufen für die Reise erhielt ich häufig in den Geschäften Preisnachlaß, wenn deren Inhaber von meiner Mission wußten.

»Sie fahren nach Moskau? Dann bekommen Sie Discount«, sagten sie und drückten mir die Hand.

»In wenigen Minuten erreichen wir Moskau!« wurde bekanntgegeben. Ich hatte Herzklopfen. Alle waren nervös und stellten sich in den Gang des Eisenbahnwaggons. Hinter den Fenstern waren bereits die Vororte der Stadt zu sehen, aber sie nahmen und nahmen kein Ende.

Ich bin in Moskau, sagte ich mir immer wieder, um sicher zu sein, daß alles Realität und kein Traum war.

Maria, die ich auf der Reise kennengelernt hatte — sie war drei Jahre Häftling in Auschwitz gewesen, war nun Mitglied der Polnischen Vereinigten Arbeiterpartei und zählte zu den führenden Frauenpersönlichkeiten des neuen Polen —, lachte über meine Aufregung. Sie war bereits mehrmals in Moskau und sagte, mein Verhalten erinnere sie lebhaft an ihre erste Reise in die Hauptstadt des Sozialismus.

Der Zug lief in eine große Bahnhofshalle ein. Auf dem Gang herrschte starkes Gedränge. Den Waggon betraten verschiedene Leute; sie riefen die Namen derjenigen Personen, die sie abholen wollten.

Ich hörte Rufe: »Bürgerin Bracha!« — »Bürgerin Lubitsch!« Ein Mann und zwei Frauen bahnten sich ihren Weg zu uns. Der Mann fragte hastig: »Bürgerin Lubitsch?« Bevor ich noch antworten konnte, drängten sich schon die beiden Frauen an mich heran und fragten: »Sind Sie die Bürgerin Bracha?« (In meinem Paß stand noch der Vorname Bracha, ich ließ ihn erst später in Ruth umändern.) Schließlich wurde klar, daß Bracha und Lubitsch dieselbe Person war.

Nun machen wir uns erst einmal lachend miteinander bekannt. Wir verlassen den Bahnhof und gehen zum bereits wartenden Auto. Ich schaue mich um. Das also ist Moskau! »Wohin fahren wir?« frage ich meine Begleiterinnen.

»Zunächst kurz zum Hotel, dann sofort zur Ratstagung. Sie können dort noch etwa zwei Stunden teilnehmen, bevor die Sitzung heute abend beendet wird.«

»Aber«, protestiere ich, »ich möchte, ich muß einen Blick auf Moskau werfen. Ich bitte Sie, vielleicht können wir wenigstens über den Roten Platz fahren?«

Meine Begleiterinnen lachen und sagen dem Fahrer, er solle

einen Umweg nehmen, um am Roten Platz vorbeizukommen. Das Auto fährt großzügig angelegte Straßen entlang. Durch das Fenster sehe ich hohe Häuser.

»Das ist die Gorkistraße, und gleich kommt der Rote Platz. Passen Sie auf!« Darauf muß man mich nicht extra hinweisen, sehne ich mich doch so sehr danach — und sei es auch nur für einen Moment —, das Herz Moskaus zu sehen, den Kreml, das Lenin-Mausoleum. Und da erblicke ich auch schon den Roten Stern auf dem Kreml; er strahlt hell — ein Licht der Hoffnung für die großen und kleinen Völker der Welt, die für ihre Freiheit kämpfen.

Der Rote Platz liegt eingehüllt in die Ruhe eines Winterabends da. Ich sehe im Geist die Millionen Männer, Frauen und Kinder vor mir, die ihn an jedem Fest- und Feiertag füllen und die auf ihm Freude und Völkerfreundschaft demonstrieren. Und ich sehe ein Meer von Blumen und Händen, die zum Präsidium hinaufwinken, das sich auf der Tribüne am Mausoleum befindet. Da reißt mich die Kremluhr mit ihren bekannten Klängen aus meinen Gedanken …

Später besuchen wir das Lenin-Mausoleum. Der Rote Platz ist schneebedeckt. Auf ihm bewegt sich Schritt für Schritt eine Menschenschlange vorwärts, zum Eingang des Mausoleums. Die dunkle Winterkleidung der Wartenden verleiht der Prozession Ernst und Feierlichkeit. »Diese Schlange, die Sie hier vor dem Mausoleum sehen, reißt seit sechsundzwanzig Jahren nicht für einen Tag ab«, flüstert mir Ludmilla ins Ohr.

Wir kommen in der schweigenden Menschenschlange allmählich vorwärts. Auch die Schulkinder, die mit ihren Erziehern hierhergekommen sind, geben keinen Laut von sich, als wären sie innerhalb eines Augenblickes erwachsener und ernster geworden. Dem in dieser Prozession Vorwärtsschreitenden scheint es, als ginge er hinter dem Sarg des der Menschheit so teuren Lenin einher. Ob man nun einmal oder hundertmal das Mausoleum besucht, man hat jedesmal das Gefühl, als würde man sich immer aufs neue von dem großen Lehrer und Revolutionär verabschieden.

Am Eingang zum Mausoleum stehen sowjetische Soldaten. Ihre Gesichter sind ernst. Schweigend gehen die Menschen die Stufen hinunter, die ins Mausoleum hineinführen. Es gibt keine

Worte, die das alle bewegende Gefühl und die Ehrfurcht benennen könnten.

In der Mitte liegt Lenin. Sein Gesicht ist hell beleuchtet, seine rechte Hand geballt. Der linke Arm ruht auf dem Körper, und sein Gesicht ist so ruhig, als befände er sich in tiefem Schlaf. Die Menge zieht vorüber, die Augen auf das Antlitz Lenins gerichtet. In diesen Momenten ist es schwer, sich vorzustellen, daß Lenin nicht mehr lebt.

Das Gefühl der Trauer macht die Menschen still, bedrückt sie. Wie in einem stürmischen Meer wirbeln in deinem Kopf die Gedanken und Gefühle durcheinander, aber allmählich werden sie alle von einer großen inneren Kraft beherrscht, die den Menschen erneuert. Und du schwörst, dein Leben nicht zu schonen, alle Schwierigkeiten zu überwinden, die sich dir in den Weg stellen, und auf dem Weg Lenins voranzuschreiten.

Frauen der Welt

Der große Saal war lichtüberflutet. Ich ließ meine Augen umherwandern, erkannte im blumengeschmückten Präsidium sofort die Generalsekretärin der IDFF, Marie-Claude Vaillant-Couturier. Ich nahm zwischen Frauen aus Indien und Triest Platz. Die Delegierten verfolgten aufmerksam die Reden und machten sich Notizen.

Als ich nach vorn ging, um meine Rede auf der Ratstagung vorzutragen, war ich sehr aufgeregt. Es war das erste Mal, daß ich vor einem internationalen Forum sprach. Um meine Aufregung zu überwinden, nutzte ich die Augenblicke, als im Saal stürmischer Beifall aufbrandete und alle Delegierten aufstanden. Dieser herzliche Empfang drückte die Wertschätzung und die Sympathie aus, die die Welt dem neuen Staat — Israel — entgegenbrachte, der gerade erst gegründet worden war und auf den man die große Hoffnung setzte, er würde ein fortschrittlicher und friedliebender Staat sein.

Besonders berührten mich die auf der Tribüne Sitzenden — Hunderte von sowjetischen Frauen, denen mein Volk — wie dem sowjetischen Volk insgesamt — größte Hochachtung schuldete. Weiterer Beifall kam auf, als die Vorsitzende der Tagung bekanntgab, daß ich im Namen von Tausenden jüdischer und arabischer Frauen auftrat. Für die im Saal Versammelten, Frauen aus allen Ländern und von allen Kontinenten, bedeutete es eine große Freude, die Frauenorganisation aus Israel aufzunehmen, eine Organisation, die es verstanden hat, auf der Grundlage von Freundschaft und Zusammenarbeit jüdische und arabische Frauen zu vereinen.

»Ich komme aus dem jüngsten Staat der Welt, aus einem Staat, der erst anderthalb Jahre alt ist, aus dem Staat Israel«, sagte ich. Ich überbrachte Moskau, für uns Symbol des Friedens und der Völkerfreundschaft, einen begeisterten Gruß der fortschrittlichen Menschen meines Landes. »Obwohl der Krieg gerade erst beendet ist«, sagte ich, »ist der Frieden bereits erneut in Gefahr.« Ich zitierte die zynischen Worte eines Sprechers der Wallstreet, wo man einen umfassenden Plan zur Vernichtung der Völker mittels der Atombombe aufgestellt hatte. Jener Sprecher hatte gesagt: »Der Frieden ist schön in Kriegszeiten, aber überflüssig, wenn der Krieg vorbei ist.« Diese zynischen Reden hielt er angesichts einer Welt, die erst vier Jahre zuvor aus einem grausamen Krieg hervorgegangen war, in dem 50 Millionen Menschen, unter ihnen 20 Millionen Sowjetbürger, den Tod gefunden hatten. Aber dem Monopolkapital, den Kriegstreibern zum Trotz, so sagte ich, wächst die Zahl der Friedenskräfte in der Welt, und diese finden in der mächtigen Sowjetunion, die nach Frieden strebt, Ermutigung.

Natürlich widmete ich einen Teil meiner Rede der Hilfe der Sowjetunion bei der Rettung des jüdischen Volkes. »Das jüdische Volk verlor in diesem furchtbaren Krieg sechs Millionen seiner Söhne und Töchter. Ein Drittel unseres Volkes wurde in Maidanek, in Auschwitz, in Treblinka und an anderen Orten vernichtet, und wenn zwei Drittel übrigblieben und gerettet wurden, so geschah das dank der Sowjetunion und der heldenhaften Roten Armee«, sagte ich.

Ich sprach über den Kampf, den die Bürger Palästinas und vor allem die jüdischen und arabischen revolutionären antiimperialistischen Kräfte 30 Jahre hindurch gegen die britische Unterdrückungsmacht geführt hatten. Und so nahte schließlich das Ende der Fremdherrschaft. Ich hob die Hilfe der Sowjetunion und des sozialistischen Lagers im Kampf für die Beseitigung der britischen Herrschaft und ihre historische Rolle bei der Annahme des

UNO-Beschlusses über die Schaffung von zwei selbständigen Staaten, eines jüdischen und eines arabischen Staates, hervor.

Staunen und Neugier riefen meine Worte über die Politik der herrschenden Kreise in Israel hervor, »die sich vor den Kriegskarren der imperialistischen amerikanischen Politik spannen lassen, jede Grundlage für die Entstehung einer unabhängigen nationalen Wirtschaft zerstören, eine antidemokratische Politik betreiben, die in der nationalen Unterdrückung der arabischen Einwohner und in der Diskriminierung der Frauen im Land zum Ausdruck kommt«. Ich ging in meiner Rede ausführlich auf die Lage der jüdischen und der arabischen Frauen in Israel ein, auf ihren Kampf für ihre völlige Gleichberechtigung als Staatsbürger, Werktätige und Mütter sowie vor allem auf ihren Kampf für den Frieden in der Welt und in unserer Region.

Nach meiner Ansprache wandten sich viele an mich und wollten sich mit mir unterhalten, um die Situation besser zu verstehen. Viele waren enttäuscht, daß die Regierung Israels nicht bestrebt war, sich in die Familie der friedliebenden Völker einzugliedern. Es gab wahrlich Illusionen, und das schmerzte am meisten natürlich mich selbst …

Wir sind die Hälfte der Bevölkerung

Der Besuch in der UdSSR (und in China) war für mich nicht nur in geistiger und politischer Hinsicht ein lehrreiches Erlebnis, sondern brachte auch eine Wende in meiner Tätigkeit. Ich lernte verstehen, daß es wichtig ist, dem Kampf der Frauen viel mehr Aufmerksamkeit zu widmen, als ich es vorher getan hatte. Dieser Erkenntnisprozeß war nicht leicht. Ich dachte nach, ging mit mir zu Rate, fragte mich immer wieder, warum ich mich bisher so wenig für dieses Problem interessiert und andere Aktivitäten vorgezogen hatte. Offensichtlich hatte ich mir und anderen beweisen wollen, daß ich in der Lage bin, auf allen Gebieten genauso zu arbeiten wie die Männer. Es war dies sozusagen mein privater Kampf für die Gleichberechtigung. Natürlich war ich auch im Frauenkomitee tätig, aber das war eine zweitrangige Aktivität. Meine eigentliche Arbeit leistete ich im Rahmen der Partei: Ich war Sekretär der Ortsgruppe von Tel Aviv und Mitglied der Leitung der »Liga V«. Nach meiner Rückkehr aus Moskau und Peking beschloß ich, wie ich es den Genossinnen versprochen hatte, unter den progressiven werktätigen Frauen aktiv zu wirken.

Zunächst mußte ich jedoch das Problem von der Basis her kennenlernen. Auf meinem Tisch häuften sich Bücher und Zeitungen. Ich nahm mir die marxistisch-leninistischen Quellen vor und erfuhr, welch große Bedeutung die Väter des Marxismus-Leninismus diesem Problem beigemessen hatten.

Bereits 1868 schrieb Marx: »Jeder, der etwas von der Geschichte weiß, weiß auch, daß große gesellschaftliche Umwälzungen ohne das weibliche Ferment unmöglich sind.« (An Ludwig Kugelmann in Hannover)

Etwa 50 Jahre später — 1920 — schrieb Lenin: »Das Proletariat kann sich nicht endgültig befreien, ohne für die völlige Befreiung der Frauen zu kämpfen.« (An die Arbeiterinnen)

Und weiter (1921): »Man kann aber nicht die Massen in die Politik einbeziehen, ohne die Frauen in die Politik einzubeziehen. Denn die weibliche Hälfte des Menschengeschlechts ist unter dem Kapitalismus doppelt unterdrückt. Die Arbeiterin und die Bäuerin werden vom Kapital unterdrückt und bleiben darüber hinaus selbst in den allerdemokratischsten bürgerlichen Republiken erstens nicht gleichberechtigt, denn das Gesetz gewährt ihnen kein gleiches Recht mit dem Mann; zweitens — und das ist die Hauptsache — verbleiben sie in der ›häuslichen Sklaverei‹, bleiben sie ›Haussklavinnen‹, weil sie durch die gröbste, schwerste, den Menschen am meisten abstumpfende Arbeit, die Kleinarbeit in der Küche und überhaupt im vereinzelten Familienhaushalt niedergedrückt werden.« (Der Internationale Frauentag)

Lenin begnügte sich nicht damit, über den Wert der Frauen im Kampf des Proletariats gegen die Ausbeutung zu schreiben. Er war der erste, der den kommunistischen Parteien die Notwendigkeit der Schaffung von Frauenbewegungen in den verschiedenen Ländern wie auch einer starken internationalen Frauenbewegung, die auf dem Marxismus basierte, nachwies. Er kritisierte auch kommunistische Parteien, die diesem Problem keine Aufmerksamkeit schenkten, und sprach über die besondere Aufgabe, die den Kommunistinnen bei der Arbeit unter den Frauen und bei deren Mobilisierung für den Kampf zu ihrer Befreiung von Unterdrückung und Ungleichheit zukommt.

Ich nahm gern an Aktivitäten von Genossinnen und auch von

parteilosen Frauen teil, deren Ziel es war, die jüdischen und die arabischen Frauen Israels für die Beseitigung der verschiedenen Formen der Diskriminierung, für ihre völlige Gleichberechtigung zu mobilisieren. Sehr bald entdeckte ich, daß die Tätigkeit auf diesem Gebiet nicht leicht ist, daß der Kampf gegen vorgefaßte Meinungen schwer ist. Diese Arbeit ist mit vielen kleinen und großen Aktivitäten verbunden, und sie alle erfordern viel Geduld und das Erkennen einer Perspektive, die nicht immer nahe ist. Vielleicht ist gerade deshalb die Befriedigung so groß, wenn wir Fortschritte und Erfolge sehen, denn sie sind der Lohn für unsere schwere Arbeit.

Vor allen Dingen vereinigten wir endlich die jüdische und die arabische Organisation und führten 1951 den ersten Frauenkongreß in Haifa durch. Das war praktisch das erste große Treffen der jüdischen und der arabischen Frauen im Land. Diese Vereinigung charakterisierte den Weg unseres Kampfes und war Symbol für die Hoffnung auf eine gemeinsame Zukunft unserer beiden Völker. Die Teilnehmerinnen des Kongresses verstanden das, und ihre Begeisterung war groß. Unsere Organisation nannte sich »Organisation progressiver Frauen in Israel«.

Wir wurden — wie bereits erwähnt — 1949 in die Internationale Demokratische Frauenföderation aufgenommen. Unsere Tätigkeit erfolgte auf der Grundlage dreier Prinzipien — Gleichberechtigung der Frau, Schutz des Kindes und Schutz des Friedens —, die wir auf die Lage der jüdischen und der arabischen Frauen in Israel anwandten.

Nach drei Jahren angestrengter Arbeit hatten wir Fortschritte erzielt. Wir beriefen den zweiten Kongreß der Organisation ein (1954). Auf diesem Kongreß traten der Bewegung Frauen aus anderen Kreisen der Bevölkerung, unter anderen Mitglieder des linken Flügels der MAPAM, bei. Die Organisation erweiterte ihre Tätigkeit sehr.

Dieser Kongreß erregte in Israel großes Aufsehen. Es wurde viel über die harte Diskussion veröffentlicht, die wir mit der Regierung wegen der Einreiseerlaubnis für eine Frauendelegation aus der Sowjetunion führten. Das geschah, nachdem sich die Regierung geweigert hatte, für die zum Kongreß der Freundschaftsbewegung Israel—Sowjetunion 1954 eingeladene sowjetische Delegation Einreisevisa zu erteilen. Dieser Schritt hatte sowohl bei den aktiven Mitgliedern der Gesellschaft als auch in der Öffentlichkeit Zorn hervorgerufen. Es wurden Protestschreiben an die Regierung geschickt, in denen sie beschuldigt wurde, die normalen und freundschaftlichen Beziehungen mit der Sowjetunion zu untergraben.

Wir hatten aus diesem Vorfall unsere Lehren gezogen und vor dem Frauenkongreß einen öffentlichen Kampf begonnen, um Einreisevisa für die sowjetische Frauendelegation, die im Auftrag des Komitees der Sowjetfrauen kommen sollte, zu erhalten. Der Kampf trug Früchte. Die Regierung zog ihren früheren Beschluß zurück und bewilligte der sowjetischen Delegation Einreisevisa. Die drei Frauen, die in der sowjetischen Gesellschaft wichtige Funktionen bekleideten – Delegationsleiterin war Olimpiada Koslow, Rektorin der Moskauer Universität –, machten Schlagzeilen. Es war schließlich die erste offizielle Delegation aus der Sowjetunion, die Israel seit der Staatsgründung besuchte. Eine Abendzeitung erlaubte sich zu schreiben, daß »die drei russischen Frauen in unser Land gekommen sind, um uns das Kochen beizubringen«. Wir jedoch machten den Spöttern und Verleumdern die Rechte und die Errungenschaften, die die sozialistische Macht in der Sowjetunion den Frauen gewährte, bewußt und rieten der Regierung, von der Sowjetunion zu lernen, wie man eine Politik des Friedens und der Gleichberechtigung für alle »kocht«.

Es war ein großes Erlebnis, mit den sowjetischen Frauen zusammenzukommen. Auch für die Presse, die sich mit der sowjetischen Delegation traf, war es ein Erlebnis. Viele, viele kamen, um ihre Wertschätzung für die Hilfe zum Ausdruck zu bringen, die die Sowjetunion während des zweiten Weltkrieges und in der Zeit der Entstehung des Staates Israel geleistet hatte. Hunderte Menschen, die die sowjetischen Frauen trafen, grüßten sie mit einem Händedruck auf der Straße. Auch für die sowjetische Frauendelegation war die Begegnung mit uns beeindruckend.

Interessant ist vielleicht noch, zu erwähnen, daß ich 30 Jahre später (1984) Olimpiada Koslow zufällig traf. Es war im Speiseraum eines Erholungsheimes in der Nähe von Moskau. An einem Tisch erblickte ich eine Frau, deren Gesicht mir vertraut vorkam. Ich erinnerte mich jedoch nicht daran, woher ich sie kannte. Eines Tages wandte sich die Frau an mich und sagte: »Ihr Gesicht kommt mir irgendwie bekannt vor, ich weiß nur nicht, woher.« Ich antwortete ihr, daß auch sie mir bekannt vorkomme. Wir versuchten nun beide, uns zu erinnern. Da sagte der Mann, der sie begleitete, daß seine Frau bereits mehrere Länder besucht habe: USA, Israel ... In diesem Moment wußte ich es. »Olimpiada, bist du es?« — »Ruth«, rief sie erfreut aus. Wir unterhielten uns viele Stunden lang, erinnerten uns daran, daß Olimpiada Koslow auf jenem Kongreß gesagt hatte: »Wir sind die erste Delegation, die Israel besucht, aber nicht die letzte ...« Ihre Prophezeiung ging in Erfüllung.

Doch zurück zum Kongreß. Es wurde ein herzliches Treffen dank den Gästen aus der Sowjetunion, von der Internationalen Föderation, aus Bulgarien und von der benachbarten Insel Zypern. Nicht nur die aktiven Frauen unserer Organisation, sondern die gesamte fortschrittliche Bevölkerung im Land fühlte die Macht und den Wert der internationalen Solidarität.

Der Erfolg des Kongresses beruhte in der Hauptsache auf seiner Breite und seiner Volksverbundenheit. Die Gegner versuchten, in der Bevölkerung zu verbreiten, der Kongreß wäre ausschließlich eine Veranstaltung von Kommunistinnen. Sie taten das, um Frauen abzuschrecken, die nach Einheit und aktivem Kampf für ihre Rechte und für den Frieden strebten. Diese Versuche scheiterten jedoch. Fast 20 000 Frauen unterzeichneten den Aufruf des Vorbereitungskomitees für den Frauenkongreß und brachten dadurch ihre Unterstützung für dessen Ziele zum Ausdruck. Diese Frauen kamen aus Fabriken, Büros, Krankenhäusern, Schulen, aus Maabarot, aus arabischen Dörfern, die noch der Militärverwaltung unterstanden. Es waren Arbeiterinnen und Fellachinnen, Lehrerinnen und Krankenschwestern — Jüdinnen und Araberinnen. Die meisten von ihnen waren parteilos, aber es gab natürlich auch organisierte Kommunistinnen.

Unter den Frauen, die am Kongreß teilnahmen, befanden sich einige, die zum ersten Mal allein in eine weit entfernte Stadt gefahren waren. Die Frauen hatten sich auf den Kongreß wie auf ein Fest vorbereitet. Sie brachten von der Bühne des Auditoriums ihre Ansichten zu Fragen, die sie bewegten, zum Ausdruck, erzählten von ihrem Schicksal, über ihren Kampf und über das Bestreben, ihr Leben zu verbessern. Viele sprachen nicht dieselbe Sprache und waren doch verbunden durch ein

herzliches Lächeln, einen warmen Händedruck — die allen gemeinsame Sprache der Freundschaft und der Einheit. Die Frauen
begriffen die Gefahr, die unserem Volk durch die nationale Diskriminierung drohte. Daher saßen sie auf diesem Kongreß beisammen. Und das war sicherlich der Hauptgrund für dessen Erfolg.

Der »Aufruf an die Frau in Israel« wurde auf dem Kongreß
angenommen. Darin hieß es unter anderem: »Wir wenden uns an
dich, Frau und Mutter: Kämpfe gegen alle Kriegstreiber! Reiche
all denen die Hand, die für Frieden kämpfen!« Der Kongreß bestätigte auch die »Deklaration über die Rechte der Frau in Israel«,
in der die Rechte aufgeführt waren, welche die Frauen Israels als
Staatsbürgerinnen, Werktätige und Mütter erringen müssen.

Diese beiden Dokumente, die Diskussionen und die Erinnerung an die kämpferische Atmosphäre der Kongreßtage — all das
diente als gute Grundlage für die vielfältige und verzweigte Tätigkeit der folgenden Jahre.

Wir empfingen Valentina Tereschkowa

1963. Noch ein Frauenkongreß, in bezug auf die Teilnehmerzahl
der größte: der Weltkongreß der Frauen. Er fand im Juni in Moskau statt und hatte die bisher breiteste Plattform. Auch in Israel
erweckte der Kongreß Aufsehen, und viele Frauen aus verschiedenen Organisationen wollten nach Moskau reisen, um daran teilzunehmen.

Es fanden heftige Diskussionen über das Zustandekommen
einer gemeinsamen israelischen Delegation statt, aber ohne Erfolg. Es fuhren zwei Delegationen zum Kongreß: eine Delegation
der Organisation progressiver Frauen Israels und eine Delegation,
der Vertreterinnen der MAPAI, der Achdut ha-Awodah und der
MAPAM angehörten.

Der Kongreß wurde durch ein unvergeßliches Erlebnis berei-
chert. Valentina Tereschkowa, die erste Frau der Welt, die in den
Kosmos geflogen war, kehrte im selben Monat Juni aus dem All
zurück, und wir empfingen sie auf dem Roten Platz. An diesem
Tag gehörte der Rote Platz fast ausschließlich den Frauen: Junge
und Ältere, blonde, schwarze, braune Schöpfe, die Häupter von
Greisinnen, eine Vielfalt an Kleidern und Moden, Volkstrachten
aus allen Teilen der Welt.

Ein riesiges Orchester spielt. Dichtes Gedränge, Erwartung. Aller Augen sind auf die Mitte der Tribüne des Mausoleums gerichtet. Gleich wird Valentina Tereschkowa hinaufgehen, und wir werden sie sehen können. Wie gut doch alles zusammenpaßt: Die erste Frau kehrt aus dem Weltall zurück, und in der Hauptstadt ihres Landes findet ein repräsentativer internationaler Frauenkongreß statt.

Immer noch strömen Frauen auf den Platz: Arbeiterinnen aus Fabriken (auch Valentina ist einmal Arbeiterin gewesen), Studentinnen, Schauspielerinnen, Ärztinnen, Ingenieurinnen. Wer wäre wohl nicht dabei? Die Frauen Moskaus sind in Massen herbeigeströmt. Die meisten von ihnen halten Blumen in den Händen, so viele Blumen, daß man den Eindruck hat, der Rote Platz habe sich in einen großen Garten verwandelt.

Da ist sie! Sie betritt mit einer Gruppe von Kosmonauten die Tribüne am Mausoleum. Die Augen aller auf dem Roten Platz Versammelten ruhen auf ihr. Groß, schlank, in einem Fliegeranzug steht sie da. Hurra! Ein gewaltiger Ruf, der von Herzen kommt, erfüllt den Platz, Freudenrufe in allen Sprachen der Welt, winkende Hände mit Blumen.

Valentina Tereschkowa lächelt. Sie winkt uns mit beiden Händen zu. Danach spricht sie, und ich erinnere mich an die Worte: »Ich sah unseren Erdball, blau, herrlich, wie in einem Märchen. Bewahren wir ihn vor der atomaren Katastrophe — wenn wir es wollen, wird das Leben siegen ...«

Viele Frauen kamen zum Kongreß, weil er in Moskau stattfand. Moskau zog an, erweckte Neugier. Die russisch-sowjetische Gastfreundschaft war weltbekannt, aber das, was wir auf den Begegnungen mit den sowjetischen Frauen und mit dem sowjetischen Volk fühlten und erlebten, überstieg alle Vorstellungen.

Wir waren gerade erst in Odessa angekommen, da fanden wir uns, kaum daß unsere Füße sowjetischen Boden betreten hatten, bereits in den Armen sowjetischer Frauen wieder, die wir bis zu diesem Moment überhaupt nicht gekannt hatten. Sie umarmten uns und überreichten uns Geschenke. Dutzende von Kindern schenkten uns Blumen und küßten die »Mütter und Großmütter der Welt«. Und im Nu hatten wir Freunde, die wir schon jahrelang zu kennen meinten.

Ähnliche herzliche und bewegende Begegnungen wurden uns

an allen Tagen unseres Aufenthaltes in der Sowjetunion zuteil: überall Blumen, Kinder, gerührte Frauen, Konzerte, Vorstellungen, in denen sowjetische Arbeiterinnen, Jugendliche und Kinder ihr Bestes bei der Aufführung der beliebtesten Stücke gaben.

Das Wort »Delegat« war ein Zauberwort. Im Theater, im Kino, beim Friseur, im Autobus und im Taxi waren wir Gäste, und man weigerte sich, von uns irgendeine Bezahlung anzunehmen. Dafür hatten die sowjetischen Frauen und das sowjetische Volk gesorgt, die sich viele Monate auf den Kongreß vorbereitet, Beiträge gesammelt, Geschenke, Ansichtskarten und Souvenirs vorbereitet hatten.

Der Weltkongreß der Frauen in Moskau verlief sehr erfolgreich. Worin bestand der Erfolg? Der Kongreß wurde zu einer mächtigen Demonstration der Frauen der ganzen Welt für den Frieden und für die Rechte der Frauen. Es waren nicht nur Vertreterinnen von Organisationen gekommen, die der Föderation angehörten — das heißt Vertreterinnen von 120 nationalen Frauenorganisationen (heute 135) —, sondern auch Angehörige von Organisationen, die außerhalb der Föderation standen, ebenso Vertreterinnen anderer internationaler Organisationen und Hunderte von Frauen, die zum ersten Mal an einer derartigen Veranstaltung teilnahmen. Das zentrale Thema des Kongresses war die Einheit. Und das ist verständlich: Vom Grad der Einheit der Frauen im Kampf für ihre Rechte, für die Rechte ihrer Kinder und für den Frieden hängt das Maß des Erfolges beim Erreichen dieser lebensnotwendigen Ziele ab.

Daher wurde besondere Hochachtung den Delegationen entgegengebracht, die vereint kamen, denen es gelungen war, Frauen aus verschiedenen und neuen Kreisen der Bevölkerung zum Kongreß mitzubringen. Viele Delegationen konnten tatsächlich von Erfolgen in dieser Hinsicht berichten.

Die israelische Gruppe war groß — 32 Delegierte. Darüber hinaus hatten sich uns noch einige Beobachterinnen als Touristinnen angeschlossen. Relativ gesehen, hatten wir damit eine der größten Abordnungen. Obwohl wir eigentlich zwei Delegationen waren, traten wir — von den Ansprachen während des Kongresses abgesehen — stets als eine einheitliche Delegation in Erscheinung. Die hiesigen Bedingungen, die auf der Tagung herrschende Atmosphäre beeinflußten zweifellos die Beziehungen zwischen unseren beiden Gruppen. Es gab kameradschaftliche Kontakte, und es wurde ein Weg gefunden, die Probleme durch gegenseitige Verständigung und Zusammenarbeit zu lösen. Dieser erfreuliche Umstand ist es wert, als Lehre für die Zukunft, für die weitere Zusammenarbeit zwischen den Frauenorganisationen in Israel zu dienen — im Interesse einer Verbesserung der Stellung der Frau in der Gesellschaft, in der Arbeit und in der Familie sowie im Interesse des Friedens.

Unsere Delegation, die Frauendelegation Israels, repräsentierte auf dem Moskauer Kongreß eine vereinte Körperschaft, in der Frauen unterschiedlicher Weltanschauung und Parteilose, Knesset-Mitglieder der Liberalen Partei* und der Kommunistischen Partei, Abgesandte der Demokratischen Frauenbewegung, Mitglieder der Leitung der Internationalen Zionistischen Frauenorganisation, Mitglieder des Komitees für Abrüstung und Frieden, der Liga für Frieden und Freiheit sowie auch eine Schriftstellerin und eine Schauspielerin vertreten waren. Unserer Delegation gehörten jüdische und arabische Frauen an. Die Zusammensetzung der Delegation war kein einfaches Problem. Es gab Zögern, Versuche, Frauen abzuschrecken oder ihnen Angst einzujagen, falls die Zusammenarbeit gelänge. Es war die erste Erfahrung dieser Art. Aber der große Gedanke des Kongresses, der alle Frauen, wer sie auch sein mochten, dazu gebracht hatte, nach Moskau zu kommen, blieb selbst auf die Frauen in unserem Land nicht ohne Einfluß.

Auf der Abschlußsitzung unserer Delegation brachten ausnahmslos alle Teilnehmerinnen zum Ausdruck, daß das von uns selbst gesteckte Ziel erreicht worden war, daß die Zusammenarbeit und die gegenseitige Verständigung zwischen uns nicht hoch genug einzuschätzen seien und daß all das, was wir in politischer und organisatorischer Hinsicht vereinbart hatten, eingehalten worden war. Zwischen den Delegationsmitgliedern waren die freundschaftlichsten Beziehungen geknüpft worden.

Im neuen Deutschland

Anfang 1951 fuhr ich als Vertreterin der Demokratischen Frauenbewegung Israels nach Berlin, um an einer Ratstagung der Internationalen Demokratischen Frauenföderation teilzunehmen.

Erst sechs Jahre waren seit Ende des zweiten Weltkrieges vergangen und die Kriegswunden noch frisch. Die Beziehungen zwischen Israel und den beiden deutschen Staaten waren gespannt. Aber besonders der Deutschen Demokratischen Republik gegenüber hegte die Regierung Israels feindliche Gefühle, und das zu einer Zeit, da sie mit der Regierung der Bundesrepublik Gespräche über Aussöhnung und »Wiedergutmachungszahlungen« führte.

In meinem israelischen Paß war ein Stempel: »Gültig für alle Staaten außer Deutschland.« In Wahrheit bedeutete das aber: außer der DDR, denn nach Westdeutschland fuhren heimlich bereits viele Israelis und begannen, dort Geschäfte abzuwickeln.

Den Vorschlag, nach Berlin zu fahren, nahm ich mit gemischten Gefühlen auf. Ich war die erste Jüdin, die mit einem Auftrag nach Berlin fuhr. Einerseits wollte ich sehr gern das neue, das andere Deutschland sehen, in dem man den Faschismus mit der Wurzel ausrottete. Andererseits verfolgten mich noch Angstträume des Krieges, Alpträume, von denen man sich nur schwer befreien kann.

Meine Spannung wuchs, als der Zug, mit dem ich reiste, von Polen aus die Grenze der DDR erreichte. In den Wagen kamen zwei junge Grenzoffiziere. Sie baten die Reisenden um die Pässe. Ich betrachtete sie mit Neugier, die mit Angst gepaart war. Ich gab ihnen meinen Paß und bat darum, ihn nicht mit einem Stempel zu versehen, um mir nach meiner Rückkehr nach Israel Schwierigkeiten zu ersparen. Sie versicherten es mir. Dennoch fand ich, als sie mir den Paß zurückgaben, den Grenzkontrollstempel der DDR darin vor. Ich war wütend, aber machtlos. Der Zug fuhr weiter. Wir näherten uns Dresden, der für ihre kulturellen und künstlerischen Traditionen berühmten Stadt.

Aber war das wirklich Dresden? Weite Trümmer- und Ruinenfelder. In den großen Häusern, die übriggeblieben waren, gähnten statt der Fenster schwarze Löcher. Eine Geisterstadt. Diese große Stadt war den zerstörerischen Bomben der anglo-amerikanischen Flugzeuge sozusagen am Vorabend des Einmarsches der Roten Armee zum Opfer gefallen. Am 13. Februar 1945 hatten die Machthaber Amerikas und Großbritanniens dafür »gesorgt«, daß die sowjetische Armee die Stadt völlig in Trümmern vorfand. Das zerstörte Dresden symbolisierte in meinen Augen die Tragödie, die über die Welt und über das deutsche Volk selbst hereingebrochen war. Meine eigene Betroffenheit wurde davon noch größer.

Am Abend auf dem Bahnhof in Berlin erwartete mich ein besonderer Empfang. Viele Menschen, die ich nicht kannte, traten an mich heran und überreichten mir Blumen. Leute von Rundfunk und Presse wollten mit mir sprechen und mich fotografieren. In der Menge gewahrte ich eine Frau, der Tränen über die Wangen liefen. Ich war gerührt, und auch meine Gastgeber waren bewegt. Ich war der erste Gast aus Israel, eine Jüdin, eine Vertreterin der Kräfte des Fortschritts und des Friedens in Israel.

Ich wollte mich nicht interviewen lassen; kein Wort hätte ich hervorgebracht. Schnell wich ich daher zum Auto aus, das bereits auf mich wartete. Wir kamen zu einem schönen Hotel. Ich ging mit meiner Begleiterin ins Zimmer, ließ mich auf einen Stuhl fallen und bemühte mich, ruhiger zu werden und meine Gedanken zu konzentrieren.

»Gehen Sie schlafen?« fragte mich die nette Frau und sah auf die Uhr. Es war ein Uhr nachts. Ich warf einen Blick auf das Bett, und ein Gedanke kreiste in meinem Kopf: Vielleicht hat hier einmal ein Nazi geschlafen? Ich erschauerte.

»Nein, ich gehe nicht schlafen«, sagte ich. Sie verstand mich, zog ihren Mantel aus, bestellte Tee und setzte sich neben mich. Als ob sie in meinen Augen die Frage gesehen hätte, die mich beschäftigte, begann sie, von sich zu erzählen.

»Ich bin Witwe. Mein Mann war Kommunist; sie brachten ihn noch vor Kriegsausbruch in ein Konzentrationslager. Dort haben sie ihn umgebracht. Ich blieb mit zwei Kindern zurück. Was konnte ich tun? Es war sehr schwer, in Berlin zu leben. Ich hatte keine Arbeit, mußte an die Kinder denken. Ich befürchtete, daß man sie zur Hitlerjugend holte. Dem wollte ich — wenn möglich — aus dem Wege gehen. Also nahm ich meine Kinder und floh in ein entlegenes Dorf. Dort überstand ich den Krieg ...« Während ihrer Erzählung hatte sie die ganze Zeit über aus dem Fenster geblickt, um mich nicht ansehen zu müssen.

Ich schwieg. Aber sie selbst stellte die Frage, die eigentlich ich hatte stellen wollen: »Möchten Sie wissen, ob ich von der furchtbaren Vernichtung von Juden und überhaupt von Millionen von Menschen gewußt habe?« Und sie fuhr fort: »Ich habe es gewußt. Doch die ungeheuren Ausmaße waren mir nicht bekannt.« Es klang, als wollte sie sich rechtfertigen. Was ist das schon für eine Rechtfertigung, dachte ich, und im nächsten Augenblick: Was hätte eine alleinstehende Frau mit zwei Kindern eigentlich tun sollen?

Dann sagte die Frau: »Als uns bekannt wurde, daß eine Vertreterin aus Israel zum Kongreß kommen würde, wetteiferten wir miteinander, wer sie begleiten dürfte. Mir wurde dieses Glück zuteil, und ich bin froh, in Ihrer Nähe zu sein.« In ihren Augen standen Tränen …

Ich streckte ihr meine Hand hin, und wir drückten uns fest die Hände. Da erinnerte ich mich daran, daß wir uns noch nicht einmal bekannt gemacht hatten. »Ruth«, stellte ich mich vor. »Grete«, sagte sie und sah mir direkt in die Augen. In jener Nacht legte ich mich nicht schlafen. Wir saßen bis zum Morgen da und unterhielten uns.

Als ich die Rednertribüne der Ratstagung betrat, entstand auf der Galerie große Bewegung. Ich blickte hinauf: Hunderte von deutschen Frauen waren aufgestanden und klatschten lange Beifall. Auch das Publikum im großen Saal hatte sich erhoben und applaudierte. Es war dies ein Ausdruck der Solidarität mit einer Angehörigen des jüdischen Volkes, das durch die deutschen Faschisten Höllenqualen hatte erleiden müssen. Als schließlich Ruhe eintrat, konnte ich nur mit Mühe die Tränen zurückhalten, und der Hals war wie zugeschnürt. Ich sprach hebräisch, meine Worte wurden in sechs Sprachen übersetzt.

Mit besonderem Interesse verfolgte ich die Reden der deutschen Frauen auf der Tagung. In vielen Ansprachen fand ich eine tiefe Aufrichtigkeit. Eine Vertreterin der Bauern sagte: Wir schämen uns unserer Vergangenheit. Wir wissen, daß wir falsch gehandelt haben, als wir unsere Söhne und Männer nicht daran hinderten, in den Krieg zu ziehen und in den Reihen der Hitlerarmee zu kämpfen, die Völker vernichtete und in weit entfernten Ländern Felder zerstörte. Wir versichern hier, von der Tribüne dieser internationalen Tagung aus, daß sich so etwas nicht wiederholen wird, daß wir vielmehr gemeinsam dafür wirken wollen, daß alle Felder Früchte tragen und die Kinder der Welt ihre Väter nicht beweinen müssen, sondern sich an Brot satt essen können.

Ein junges Mädchen erklärte: Wir, die heutige deutsche Jugend, haben uns von der schrecklichen Vergangenheit der Hitlerjugend losgesagt, vom Völkerhaß, von Blut und Zerstörung. Glauben Sie uns, unsere Losung heißt »Freundschaft« ... Ihre Worte riefen allgemeine Rührung hervor.

Solche Dinge machten es mir insgesamt leichter. Aber trotzdem mußte ich jedem einzelnen die unbequeme Frage stellen: »Wo waren Sie während des Krieges?« Und viele antworteten darauf, als hätten sie auf eine solche Frage gewartet. Ein Fahrer erzählte mir, daß er zur Armee eingezogen worden war und bis Stalingrad kam, dort verwundet und gefangengenommen wurde. Nach dem Krieg kehrte er gemeinsam mit Tausenden von Gefangenen nach Hause zurück. »Ich bin in der Hölle gewesen. Ich habe gelernt, was Faschismus bedeutet. Niemals wird er hierher zurückkehren«, sagte er uns und sah mir dabei fest in die Augen.

Ich hörte zahlreiche Berichte über die Kommunisten, über die Kräfte des Fortschritts und des Friedens und über die fortschrittliche deutsche Intelligenz. Sie wurden als erste in den Konzentrationslagern eingesperrt, und wie viele von ihnen sind ermordet worden! Alle jungen Menschen wurden zur Armee eingezogen oder in der einen oder anderen Form in die Naziorganisationen einbezogen.

Zu meinen Betreuern gehörte Günter Stillmann, der früher, während des zweiten Weltkrieges, Mitglied unserer Partei gewesen war. Wir hatten zusammen in der Leitung der Tel-Aviver Parteiorganisation gearbeitet. Nach dem Krieg war Günter nach Deutschland zurückgekehrt, das er beim Machtantritt Hitlers verlassen hatte. Er arbeitete jetzt bei der Presse. Günter war von seiner Arbeit freigestellt worden, um mich zu begleiten. Er wußte, daß es schwer für mich war, mich von meinen Alpträumen zu befreien, und versuchte, mir zu helfen. Jedoch ohne Erfolg, sie kamen immer wieder und quälten mich — bis zu jenem besonderen Erlebnis ...

Wir gingen in eine Ausstellung, die der wirtschaftlichen Entwicklung der jungen DDR gewidmet war. Es wurden dort bereits beeindruckende Erfolge gezeigt. Günter wollte, daß ich mir immer noch mehr Statistiken und Diagramme ansähe. Währenddessen interessierte ich mich für eine große Kindergruppe — etwa Zwölfjährige —, die die Ausstellung in Begleitung ihrer Pionierleiter besuchte. Ich folgte ihnen wie hypnotisiert, lauschte den Gesprächen mit ihren Leitern, die etwa 16 bis 18 Jahre alt sein mochten. Schließlich fing ich ein Gespräch mit ihnen an. Ich erfuhr, daß sie den Faschismus mit der reinen Aufrichtigkeit der Jugend aus tiefster Seele haßten. Ihnen glaubte ich ihr »Niemals wieder«. Ich wußte, daß in ihnen die Hoffnungen und die geistige Erneuerung des deutschen Volkes verkörpert waren. Ich drückte den Jugendlichen die Hand und lächelte ihnen zu. In diesem Augenblick befreite ich mich von meinem Alptraum.

Einer der Pionierleiter saß über eine Stunde bei uns. Er erzählte uns von den Schwierigkeiten und der Not, die in großen Teilen der Jugend herrschten, über Diskussionen zu Hause. Die Jugendlichen griffen ihre Eltern an, fragten sie, was sie in der Zeit des Nazismus gemacht hatten. Sie beschuldigten sie, zürnten ihnen: »Wie konntet ihr nur schweigen?«

Es gab sogar welche, die ihre Elternhäuser verließen. Viele Mädchen und Burschen wollten nichts mehr hören von jener Zeit und vom Krieg, wollten nicht die Mitschuld der älteren Generation teilen.

Ich hatte ein weiteres Erlebnis — eine Vorstellung im Berliner Kindertheater. Der Held des Stückes »Schneeball« war ein junger Neger. Ein junger Weißer verfolgte ihn roh. Das Kinderpublikum im Saal war auf den weißen Jungen böse. Mädchen weinten, und plötzlich flog ein kleiner Schuh auf die Bühne, der den grausamen Jungen treffen sollte. Ich sah, wie die Kinder den Rassismus verdammten. Pfuirufe erfüllten den Saal. Nach der Vorstellung saßen wir mit dem Regisseur und den Schauspielern bei einer Tasse Kaffee zusammen. Der Hauptdarsteller erzählte: »Wenn ich auf die Straße gehe, laufen mir die Kinder hinterher, geben mir Bonbons und Geschenke.« Ganz anders klang es dagegen aus dem Mund seines Gegenspielers: »Wenn mich Kinder auf der Straße bemerken, rufen sie mir Schimpfworte nach, schreien pfui!«

Ich spazierte durch Berlin, durch die eine Hälfte der Stadt. Auf der anderen Seite des geteilten Berlin konnte man damals zwischen vielen Geschäften wählen, es gab Gemüse und Obst in Hülle und Fülle, Schaufenster mit schöner Kleidung. Die USA »sorgten« sich um Westberlin und schickten von allen guten Waren etwas hierher, um den Unterschied zwischen der noch schweren wirtschaftlichen Lage im neuen, demokratischen Berlin und dem westlichen »Überfluß« zu demonstrieren.

Auf dieser Seite Berlins stand an der Grenze eine kleine Baracke, in der sich ein Agitationszentrum befand. Hier saßen junge Männer und Frauen von morgens bis in die Nacht und erläuterten das Wesen der neuen Macht, verteilten Informationsmaterial.

Man erzählte uns, daß auch in der DDR anfangs viele nicht an den Bestand der neuen Verhältnisse glauben wollten. Erst als an den Verkaufsständen Würstchen und Bier auftauchten, ging eine Veränderung im Denken dieser Menschen vor sich. »Es gibt eine stabile Ordnung«, sagten sie.

Wir gingen auch zwischen den Ruinen des Reichstages spazieren und fügten unsere Namen den vielen anderen hinzu, die unter den Worten »Nie wieder Faschismus!«, »Hitler kaputt!«, »Es lebe der Frieden!«, »Ewige Freundschaft unseren Befreiern — der Roten Armee!« zu lesen waren. Hier fanden wir auch Inschriften wie »Anna, ich suche dich — Stefan« und noch zahlreiche andere Mitteilungen und Grüße an Menschen, die einander suchten …

Viele Stadtteile Berlins lagen noch in Schutt und Asche. Die Zerstörungen erlaubten es keine Minute lang, das Unglück zu vergessen, das der Hitlerfaschismus über die Völker und über Deutschland selbst gebracht hatte. Andererseits sah ich, wie ein Volk aus den Trümmern auferstand — wie gearbeitet, gehofft und planmäßig, gründlich und sorgfältig, wie es bei den Deutschen üblich ist, aufgebaut wurde.

Als ich von Berlin nach Prag kam, erhielt ich ein Telegramm aus Israel, in dem ich gebeten wurde, nach Berlin zurückzukehren, um an der Tagung des Weltfriedensrates teilzunehmen. Ich fuhr zurück.

Es war eine wichtige Tagung des Weltfriedensrates. Auf ihr traten Persönlichkeiten der DDR-Regierung und Führer der Friedensbewegung auch aus anderen Ländern auf. So lernte ich zu meiner großen Freude viele Persönlichkeiten kennen, von denen ich bereits gehört und gelesen hatte. Zu ihnen zählte auch der Schriftsteller Ilja Ehrenburg, Mitglied der sowjetischen Delegation. Nach meiner Ansprache auf der Tagung des Friedensrates, die mit demonstrativer und rührender Sympathie aufgenommen wurde, wandte sich Ehrenburg an mich, begrüßte mich herzlich und sagte: »Ich habe Ihren Worten sehr aufmerksam zugehört. Natürlich habe ich sie in der Übersetzung gehört. Aber da es mir Spaß macht, dem Klang einer Sprache zu lauschen, nahm ich für einen Augenblick die Kopfhörer ab und hörte so zu. Ich bemühte mich, irgendeine Ähnlichkeit mit dem Jiddischen zu finden, aber vergeblich. Von allen Worten verstand ich nur ein einziges: Schalom (Frieden).« Wir unterhielten uns sehr lange, und Ilja Ehrenburg trug sich in mein besonderes Erinnerungsheft ein. Dieses Gespräch prägte sich mir tief ein, weil ich ihn verehrte und er mir sympathisch war.

Viele andere Persönlichkeiten traf ich beim Empfang, der nach Beendigung der Tagung gegeben wurde. Ich kam dort mit führenden Repräsentanten der DDR und der Sozialistischen Einheitspartei Deutschlands zusammen — Menschen, die einen jahrzehntelangen revolutionären Kampf hinter sich hatten, die in Gefängnissen, in Konzentrationslagern gewesen und zur Emigration gezwungen worden waren. Jetzt hatten sie sich — als historische Mission für das deutsche Volk und alle Völker der Welt — die schwere Aufgabe gestellt, ein neues Land aufzubauen, in dem soziale Gerechtigkeit und Frieden herrschen würden. Mir wurde die große Ehre zuteil, ein paar Worte mit dem Staatspräsidenten, dem großen Revolutionär Wilhelm Pieck, mit dem Ministerpräsidenten Otto Grotewohl, mit Genossin Rosa Thälmann, der Witwe von Ernst Thälmann, und anderen zu wechseln. Nun zweifelte ich nicht daran, daß ein sozialistisches Deutschland entstand, das auf seine Fahne geschrieben hatte: Niemals wieder Faschismus!

Auf der Rückfahrt verfolgte mich ein Problem: Mein Paß war, wie ich bereits erzählt habe, trotz des damaligen Besuchsverbotes mit einem DDR-Stempel versehen worden. Wie würde ich zu Hause empfangen werden?

Von Berlin aus fuhr ich nach Warschau; dort nahm ich am Kongreß der polnischen Frauenliga teil. Danach wurde ich nach Rumänien zu den Feierlichkeiten anläßlich des Internationalen Frauentages am 8. März eingeladen. Es war das erste Mal, daß ich mich an diesem Feiertag in einem sozialistischen Land aufhielt. Am Vorabend des 8. März nahm ich an einer Festveranstaltung teil; die gesamte Leitung der Rumänischen Kommunistischen Partei war anwesend. Als ich am nächsten Morgen früh auf die Straße ging, glaubte ich meinen Augen nicht zu trauen: überall

Fahnen und Plakate zu Ehren der werktätigen Frauen und Mütter und im Stadtzentrum ein Festumzug; Reihe für Reihe marschierten Arbeiterinnen aus den Betrieben zur zentralen Kundgebung in die Stadtmitte. Die Atmosphäre war festlich. Die
Arbeiterinnen hatten an ihren Arbeitsstellen Blumen und Geschenke erhalten. Aus Anlaß des Festtages hatten die Arbeiter
beschlossen, allein die gesamte Tagesproduktion zu erbringen.
Doch wer würde das Mittagessen bereiten und die Kinder versorgen? Diese Frage blieb für mich offen. Trotzdem war dieser Tag
ein Festtag für die Frauen. Wenn es nur erst in meinem Land
auch so wäre, dachte ich.

»Sie sieht tatsächlich wie eine Faschistin aus«

Vom rumänischen Hafen Constanța aus reiste ich nach Hause.
Ich erhielt eine Kabine in der ersten Klasse und genoß die Reise
sehr. Ich war müde. Mit Macht unterdrückte ich alle Sorgen, ließ
sozusagen die Seele baumeln. Ich freundete mich mit der Besatzung an und erzählte den Seeleuten von dem Problem, das ich
mit meinem Paß hatte. Sie rieten mir, in Haifa gemeinsam mit
ihnen als erste von Bord zu gehen.
   Doch hier achtete man genau auf die zurückkehrende Kommunistin. Ein Polizist bat mich höflich, ihm zu folgen. Durchsuchung. Man fand nichts, sah in den Paß, beriet sich.
   Ich fragte herausfordernd: »Was ist denn los? Nach Westdeutschland, wo es vor Nazis geradezu wimmelt, darf man reisen
und in die DDR, in der die Nazis verfolgt werden, nicht! Machen
Sie bloß kein Problem daraus!«
   Man telefonierte nach Jerusalem. Ich hatte zu warten. Stunden
vergingen. Schließlich hieß es: »Sie können gehen!«
   Doch damit war das Kapitel meiner Berlinreise noch nicht ab-
geschlossen. Ich wurde zu einer Parteiversammlung nach Petach
Tikwah eingeladen, um von meinen Eindrücken zu berichten.
Die Versammlung war sorgfältig vorbereitet worden, große Plakate in den Straßen wiesen auf sie hin. Im Kulturprogramm sollte
sogar unser bekannter »Ron«-Chor auftreten. In der großen Baracke, in der die Veranstaltung stattfand, herrschte festliche Stimmung.
   Ich hatte meine Ausführungen beendet, der Chor begann ge-

rade zu singen, als plötzlich Dutzende von jungen Burschen, Mitglieder der zionistischen Jugendorganisation ha-Noar ha-Owed, mit ihren Anführern in den Saal stürmten. Ein wildes Durcheinander entstand. Schicke Irge, der Versammlungsleiter, fand einen Ausweg: Er wandte sich an den Chor und bat, die israelische Nationalhymne, die »ha-Tikwah«, zu singen. Alle standen still, natürlich auch die Eindringlinge. Doch die Hymne ging zu Ende. »Noch einmal«, wies Schicke an, um Zeit zu gewinnen (er hatte indessen einen Genossen losgeschickt, um die Polizei zu alarmieren). Die Situation war eher komisch als tragisch. Dennoch konnte ich angesichts dieser Gruppe von 15- bis 16jährigen, deren Gesichter tiefen Haß ausdrückten und die nur darauf lauerten, daß die Hymne beendet würde, um diesem Haß freien Lauf zu lassen, nicht ruhig bleiben.

Ich weiß nicht, wie es geschah, aber plötzlich sah ich mich, fast allein im Präsidium, drei großen Burschen gegenüber, die sich an mich wandten. »Mit dir wollen wir reden!« sagten sie.

»Wenn ihr reden wollt, bitte«, antwortete ich. »Aber nicht, wenn ihr in den Saal stürzt und die Versammlung sprengt.«

»Bist du bereit, mit uns mitzukommen?« fragten sie.

»Ja«, antwortete ich. Ich sah keinen anderen Ausweg. Jugendliche in blauen Hemden mit schwarzen Schnüren umgaben mich. Nur eine aufrechte Haltung kann mich vor ihren Angriffen retten, dachte ich.

Wir gingen also los. Im Saal war man entsetzt. Junge Burschen, die mich gar nicht kannten, schrien mir im Vorbeigehen zu: »Faschistin!« Ich war bereits bis zur Mitte des Saales gekommen, als eine Gruppe von Genossen die Belagerung durchbrach. Sie umringten mich und drängten mich an die Wand. Hier stand eine leere Bank, ich sprang erregt hinauf.

In diesem Moment betraten einige Polizisten den Saal. Sie kamen zu mir und fragten: »Meine Dame, brauchen Sie Hilfe?« — »Nein! Gegen israelische Jugendliche brauche ich die Hilfe der Polizei nicht«, antwortete ich laut.

Diese Reaktion setzte die Burschen in Erstaunen. Ich bemerkte, daß ihre Anführer bereits nicht mehr zu sehen waren. Offensichtlich hatten sie beim Erscheinen der Polizei das Weite gesucht. Es trat Ruhe ein. Ich nutzte sie und begann, zu den Jugendlichen zu sprechen:

»Glaubt nicht, daß ich in ein Land von Faschisten gefahren wäre. Ich erzähle euch, was ich dort gehört und gesehen habe, und zwar von jungen Leuten wie ihr ...« Und ich begann zu erzählen.

Da betrat einer der Führer der Gruppe den Saal. Offensichtlich gab er insgeheim den Befehl aus, den Saal zu verlassen, denn die meisten Jugendlichen gingen hinaus. Ein Teil von ihnen blieb jedoch da und hörte mir weiter zu. Niemand störte mehr. Ich sah neugierige Augen und sogar weit aufgerissene Münder. Ich sprach immer weiter und saß mit den übrigen Jugendlichen noch über eine Stunde beisammen. (Die Genossen befürchteten, es könnte außerhalb des Saales zu Störungen kommen, wenn ich hinausginge, und hatten mich daher gebeten, noch zu warten.)

Ich hatte Fotografien aus der DDR bei mir und zeigte sie den Burschen. Die Feindseligkeit wich zusehends. Ich gab den Jugendlichen sogar meine Privatadresse, damit sie mich besuchen könnten, wenn sie von mir weitere interessante Dinge erfahren möchten.

Schließlich wurde grünes Licht gegeben: Ich konnte losgehen. Ich verließ den Saal in Begleitung von Genossen. Dutzende Angehörige des Noar Owed warteten draußen. Sie stürzten sich aber nicht auf uns, sondern standen ruhig da. Erst als sich das Auto, in dem ich saß, in Bewegung setzte, waren gellende Pfiffe zu hören. Wir fuhren los. Bis zu diesem Augenblick hatte ich nicht die Spannung gefühlt, aber jetzt im Auto, als alles vorbei war, ließ die große Anspannung nach und meine Arme und Beine begannen zu zittern.

Etwas später erzählte mir ein Genosse, daß diese Jugendlichen, bevor sie in den Saal eindrangen, am Fenster gestanden und hineingeschaut hatten. Einer von ihnen hatte über mich gesagt: »Sie hat tatsächlich die Fratze einer Faschistin!« Das war mir eine Lehre, auf welche Weise und wie weit man unsere Jugend lenken kann ...

Eine gefährliche Person

Würden sie mir ein Einreisevisum geben oder nicht?

Es war 1975, das Jahr, das die UNO zum Internationalen Jahr der Frau erklärt hatte. Ich war zu einem internationalen Frauenseminar eingeladen, das im UNO-Zentrum in New York stattfand. Käme ich wirklich in die USA, so wäre das mein erster Besuch dort. Und das machte mich sehr neugierig.

Bekanntlich schlossen die USA vor Kommunisten und aktiven Friedenskämpfern ihre Pforten. Also erklärte man der TANDI-Frauenabordnung, die in die USA-Botschaft in Tel Aviv gekommen war, um ein Einreisevisum für mich zu erlangen, daß ein Gesetz existiere, das Menschen wie Ruth Lubitsch die Einreise in die USA verbiete. »Ist es denn zu glauben, daß dieses McCarthyistische Gesetz heute noch existiert?« wunderten sich die Vertreterinnen unserer Frauenorganisation.

Die Mitglieder der Abordnung verfügten jedoch über ein gewichtiges Argument: Das Seminar sollte in den UNO-Gebäuden und unter Schirmherrschaft der UNO — also auf exterritorialem Gebiet — stattfinden. »Ja, natürlich«, antwortete die Sekretärin. »Aber der Kennedy-Airport, auf dem man ankommt, ist Territorium der USA.« Es war einfach lächerlich; dennoch konnte man auf diese Argumente nichts erwidern.

Schließlich wurde das Einreisevisum erteilt, allerdings nur für fünf Tage. Offensichtlich konnte die USA-Administration meine Anwesenheit nicht länger ertragen. Aber ich hatte das Visum erhalten, und der ehrenwerte Herr Kissinger hatte das Telegramm, das es bestätigte, selbst unterzeichnet.

Doch damit nicht genug. Man wollte nun noch meine Anschrift in New York wissen. Ich kannte die Adresse nicht. Schließlich waren wir eingeladen, und unsere Gastgeber würden sich um unsere Unterbringung kümmern. In der Botschaft blieb man hartnäckig. »Füllen Sie aus!« Zum Glück gibt es ein Adreßbuch der New-Yorker Hotels. Ich schrieb also das erstbeste Hotel auf, das mir unter die Augen kam: »Hotel Washington.« Selbst wenn meine Füße niemals die Schwelle dieses Hotels überschreiten sollten, würde sein Name meinen Paß »schmücken«. Und so geschah es auch.

Der Jumbo-Jet landete mit 360 Passagieren nach zehn Stunden Nonstopflug in New York. Ich befand mich also auf dem Territorium der USA, dem Kennedy-Airport, der etwa so groß ist wie Tel Aviv. Ich fühlte mich schrecklich fremd und wollte schnell bekannte Gesichter sehen. Aber nun begann erst einmal die Paßkontrolle.

338

Der Beamte erledigte sie schnell, warf einen Blick in den jeweiligen Paß und drückte dann einen Stempel hinein. Nun war ich an der Reihe. Ich legte meinen Paß auf das Pult. Der Angestellte hob bereits die Hand, um mir den Stempel zu geben, da hielt er plötzlich inne. Natürlich, ich war ja eine »gefährliche Person«! »Für wie viele Tage sind Sie hergekommen?« — »Für fünf Tage.« — »Vergessen Sie das nicht«, sagte er und sah mich ernst an. »Selbstverständlich, ich werde es nicht vergessen; ich habe gar nicht mehr Zeit«, antwortete ich stolz und erntete einen erstaunten Blick des Beamten. Ich ging vorbei, ich hatte die Mauer durchbrochen. Jetzt war ich in den USA.

Ist jemand gekommen, um mich abzuholen? Man bekommt ja Angst hier, in der riesigen fremden Stadt. Ich fand meinen Koffer und bewegte mich in Richtung Ausgang. »Wer erwartet Sie?« fragte der Gepäckträger. »Die Familie? Oder Freunde?« — »Ja, die Familie und Freunde. Gehen wir zum Ausgang!«

Da waren sie schon! Genossinnen und Genossen winkten mir zu. Sie waren mit einem großen Blumenstrauß gekommen. Viele Händedrücke, Küsse. Ich atmete erleichtert auf. Innerhalb eines Augenblickes war die Spannung gewichen, die Fremdheit vorbei. Es gab Kampfgefährten. Wir fuhren in die Stadt. Die hohen Wolkenkratzer, die dicht nebeneinander standen, erschienen mir sogar recht freundlich, die Angst vor der Fremde hatte ich bereits vergessen.

Als wir uns trafen — wir, das waren Frauen verschiedener Länder, Vertreterinnen der Internationalen Demokratischen Frauenföderation —, hob jede einzelne eine Hand hoch und zeigte mit den Fingern an, für wie viele Tage sie eine Aufenthaltsgenehmigung erhalten hatte. Es stellte sich heraus, daß wir uns fast alle — einschließlich der sowjetischen Frauen — in einer ähnlichen Situation befanden. Wir mußten lachen. Wir lachten über die Furcht der imperialistischen Großmacht vor ein paar Frauen, deren ganze »Waffe« ihr Kampf für den Frieden und für die Rechte der Frauen war.

Die Mitglieder der Internationalen Frauenliga für Frieden und Freiheit, unsere Gastgeber, beruhigten uns. Man hatte ihnen zugesichert, daß die Einreisevisa verlängert werden könnten. Und so geschah es dann auch.

Es war offensichtlich der erste große Erfolg, den die amerikanischen Frauen und die Frauen der Welt im Internationalen Jahr der Frau errangen.

Viele Amerikaner waren über die Tatsache erstaunt, daß sich Frauendelegationen aus der UdSSR, der DDR und aus anderen sozialistischen Ländern auf dem Boden der USA befanden. Einer Delegation war die Einreise kategorisch verweigert worden: der aus Vietnam. Dagegen zeigte die Presse (auf der Pressekonferenz am Ende des Seminars) großes Interesse an den Vertreterinnen aus Kuba. Seit der kubanischen Revolution bildeten sie die erste Delegation, die Einreisevisa in die USA erhalten hatte.

Aber auch für uns, die israelischen Kommunisten, war es ein Durchbruch. Außer Meir Vilner, der die USA während der UNO-Vollversammlung besuchte, auf der die Gründung zweier Staaten — des Staates Israel und eines palästinensischen Staates — beschlossen wurde, und Esther Vilenska, die zwei Jahre später als Gast der Kommunistischen Partei hier war, hatte seit 1947 kein israelischer Kommunist seinen Fuß auf den Boden der USA setzen können.

Unsere Delegation der Internationalen Demokratischen Frauenföderation umfaßte Vertreterinnen aus 23 Ländern. Bekanntlich wirkte die Föderation damals in über 100 Ländern. Da die Anzahl der Delegierten daher begrenzt war, konnten aus unserer Region nur zwei Delegationen vertreten sein: eine palästinensische Abordnung mit zwei Frauen — Flüchtlingen, die in den Nachbarländern lebten — und ich selbst.

Natürlich erweckten die Palästinenserinnen sofort mein Interesse. Wir gehörten doch zusammen. Ich kannte sie nicht persönlich; sie waren neu auf dem »internationalen Parkett«. Die Generalsekretärin der Föderation, Fanny Edelman, stellte mich ihnen vor.

»Marchaban«, sagte ich auf arabisch. Sie antworteten erfreut: »Tichki arabi?« (Sprichst du Arabisch?) Ich: »Naam. (Ja.) Aber leider nur ein bißchen.« Aber auch das bißchen half schon, zumal beide meinen Namen kannten. Also begannen wir unverzüglich ein Gespräch.

Eine der beiden erzählte: »Ich bin in Jaffa geboren. 1948 floh meine Familie in Panik von dort. Wir hatten von Deir Jassin* gehört, vom Mord an Frauen und Kindern, an einem ganzen Dorf! Man hatte uns in Todesangst versetzt. Wir flohen, ließen das

Haus und alle Geräte zurück. Ich erinnere mich daran, daß meine Mutter weinte und sagte, daß es für sie besser wäre zu sterben, als Jaffa zu verlassen. Aber sie verließ es doch. Ich war noch ein junges Mädchen. Ich hatte bereits die Schule beendet und wollte Lehrerin werden. Jetzt bin ich Direktorin einer Schule. Seit damals habe ich Jaffa nicht wiedergesehen. Es gab welche, die hingefahren sind, um es zu sehen. Ich kann das nicht ... Warum sollte ich auch fahren? Was würde ich sehen? Mein zerstörtes Haus? Meine zerstörten Hoffnungen? Um mich an all das zu erinnern, was seitdem mit uns passiert ist? An die Mühen und Qualen und die Flüchtlingslager, an die Leiden meiner Mutter und meines Vaters, an die Toten und Ermordeten, an hungrige Kinder und ein Leben im Schmutz?« Sie schwieg.

Auch ich schwieg. Was sollte ich ihr sagen? Da begann sie noch einmal zu sprechen. »Erzähl mir«, bat sie, »wie Jaffa heute aussieht.« Sie erinnerte sich an die Namen von Straßen, die ich nicht kannte; ihr jedoch waren sie noch vertraut. »Wie leben die Araber dort? Denken die jüdischen Mütter ein wenig an das Leid der arabischen Kinder in den Flüchtlingslagern? Wie können sie, nachdem das jüdische Volk während des Krieges so viel Leid durchmachen mußte, schweigen, wenn euer Ministerpräsident sagt, daß er sich mit Vertretern der PLO* nur auf dem Schlachtfeld treffen wird? Es fällt mir schwer, euer Volk zu begreifen.«

Sie sah mir in die Augen und sagte: »Entschuldige bitte! Ich habe nicht an dich gedacht. Vielleicht habe ich dich verletzt, das wollte ich nicht. Ich weiß ja, wer du bist und wer deine Freunde sind. Glaub mir, wenn nicht ihr Kommunisten wärt und noch andere Menschen, die wirklich Gerechtigkeit und Frieden wollen, dann gäbe es keine Hoffnung mehr auf Verständigung. Und so spreche ich mit dir und glaube dir.« Sie gab mir die Hand.

Ich drückte sie. Dann begann ich zu sprechen. Ich erzählte von den Menschen in meinem Land, denen die palästinensische Tragödie weh tut, die eine gerechte Lösung und die Verwirklichung der legitimen nationalen Rechte des palästinensischen Volkes anstreben. Ich berichtete von unserer jüdisch-arabischen Frauenbewegung, von unserer aufrichtigen Solidarität mit den Frauen in den besetzten Gebieten, von ihrem Leid und von ihrem Kampf. Ich breitete vor ihr die Landkarte der Zukunft aus — eine Perspektive des Friedens, der verwirklicht werden kann, wenn die Rechte aller Völker durch gegenseitige Anerkennung respektiert werden.

Danach arbeiteten wir beide in derselben Kommission der Konferenz mit. Ich wußte, sie würde sehr harte Worte sagen, aber sie würde nicht extremistisch auftreten. Sie spräche zwar nicht ausdrücklich von »Israel«, aber sie würde mir zustimmen, daß die Genfer Konferenz* dazu da ist, daß sich alle Seiten an einem Tisch treffen, damit die Rechte aller Völker und die Souveränität aller Staaten anerkannt werden. Nach unseren Ansprachen würden wir uns die Hände geben können. Und so machten wir es auch. Wenn nur alles von uns abhinge!

Bei Joe in Harlem

Wer hat wohl noch nichts von Harlem gehört? Auch mir war es durch verschiedene Berichte bekannt. Es jedoch mit eigenen Augen zu sehen, das ist doch noch etwas anderes. »Ich möchte nach Harlem fahren«, bat ich meine Freunde. »Das ist nicht ungefährlich. Wir nehmen am besten einen unserer schwarzen Bekannten mit«, meinte einer. »Man muß auch nicht übertreiben. Komm, ich kenne dort eine Familie«, sagte Helen.

Nun sind wir also in Harlem. Es ist 12 Uhr mittags, auf der Hauptstraße herrscht starker Verkehr. Hausfrauen sind mit Einkäufen beschäftigt, aber die Straße ist auch voller Männer. Die meisten von ihnen sind jung. Grüppchenweise stehen junge Burschen und Mädchen herum und unterhalten sich. Die Bars sind voll. Männer in abgerissener Kleidung sitzen bewegungslos auf den Bürgersteigen. Es sind Arbeitslose. Hände, die zu arbeiten verstehen und es auch wollen, müssen betteln. Beine, die zur Arbeit gehen können, werden nicht »gebraucht«. Und was ist mit dem Kopf? Was geht im Kopf eines monatelang arbeitslosen Menschen vor? Dabei handelt es sich nicht nur um *einen* Kopf. Die Zahl der Arbeitslosen beträgt über elf Millionen. Jemand rechnet nach und sagt: Jeder zehnte Arbeitsfähige findet keine Beschäftigung. Das ist jedoch nur der Landesdurchschnitt.

In Harlem ist die Lage anders. Zusätzlich zur Arbeitslosigkeit wirkt hier noch die Rassendiskriminierung. Harlem — das ist das »Ghetto der Schwarzen«. Hier sind 98 Prozent der Bevölkerung Schwarze und Farbige. Hier betrifft die Arbeitslosigkeit 30 Pro-

zent aller Arbeitskräfte. Jeder dritte liegt auf der Straße. Es ist
klar, daß die Probleme hier viel ernster sind als in vielen anderen
Orten. Wo ist die Kindersterblichkeit am höchsten? In Harlem.
Wo sind Kinderkriminalität, Prostitution, Rauschgifthandel und
-sucht am größten? In Harlem.

Du spürst sie förmlich auf der schmutzigen und vernachlässig-
ten Straße. Sie blicken auf dich aus ihren Häusern, von denen
schon lange die Farbe und der Putz abgefallen sind. Aber warum
gibt es hier so viele Häuser, die ausgebrannt sind? Die verkohlten
Fenster wirken auf die Passanten wie eine finstere Drohung.
»Was ist passiert?« — »Wenn im Herzen Haß lodert, brennt die
Verzweiflung, brennen die Häuser«, antwortet mir ein Harlemer.
Und er fügt nach kurzem Schweigen hinzu: »Wer kümmert sich
denn um die Häuser, wenn selbst der Mensch hier überflüssig
ist? Wen stört denn das?«

Ich erinnere mich an statistische Angaben: 1962 bis 1972 wurden in den USA nur 19 Milliarden Dollar für die Sanierung von
Städten, dagegen 2 000 Milliarden Dollar für das Wettrüsten aus-
gegeben. Offensichtlich gelangte nach Harlem nicht ein einziger
Cent.

Wir klopfen an eine Tür. Eine hübsche junge Frau öffnet. In
ihren Augen Verwunderung; sie hat keine Gäste erwartet. Zwei
winzige saubere Zimmer. In einem sitzt ein etwa vierzigjähriger
Mann, mit gespreizten Beinen, die Hände zwischen den Knien.
Er wirft uns einen gleichgültigen Blick zu, antwortet uninteres-
siert: »Hi!« Es ist uns unangenehm, wir kommen uns überflüssig
vor. Dennoch ziehen wir uns nicht zurück. Helen stellt mich vor:
eine Journalistin aus Israel. Der Gesichtsausdruck des Mannes
verändert sich nicht. Wir setzen uns. Schweigen.

»Wie geht's, Joe?« traut sich Helen schließlich zu fragen. »So,
wie es gestern ging und morgen gehen wird.« Die Antwort Joes
würgt jede weitere Frage von vornherein ab.

Die Geschichte Joes gleicht der Geschichte vieler anderer: Er
hat in der Automobilindustrie gearbeitet, gründete eine Familie,
schuf ein Heim für seine Frau und seine zwei Söhne. Vor etwa
einem Jahr wurde er arbeitslos. Bisher erhielt er eine Unterstützung aus dem Arbeitslosenfonds (es bezahlen »Arbeitgeber« und
Arbeiter). Konnte man damit leben? Nur unter großen Schwierigkeiten. Man mußte an allem sparen, selbst am Essen für die Kin-

der. Die Frau fand von Zeit zu Zeit einige Stunden Arbeit als Reinigungskraft in Privathäusern. Doch selbst ein solcher Job war schwer zu bekommen. Weißt du, was allein die Miete für eine Wohnung kostet? 140 Dollar im Monat. Dabei befindet sich die Toilette noch außerhalb.

Und was ist jetzt? Von jetzt an gibt es nicht einmal mehr Arbeitslosenunterstützung (sie wird für 26 Wochen gezahlt, in besonderen Fällen bis zu einem Jahr). Jetzt muß Joe wie andere Arbeitslose Schlange stehen, um Sozialhilfe zu bekommen.

»Jetzt bin ich ein Bettler geworden. Verstehst du das?« sagt er. »Ich muß um Unterstützung durch die Sozialhilfe bitten; so wie alle anderen, die keine Aussicht haben, jemals wieder Arbeit zu bekommen.« Joe sieht mir in die Augen. Es ist die blanke Verzweiflung, die mich da anblickt.

»Hast du denn gar keine Aussicht, Arbeit zu bekommen?«

»Wo denn? Man sagt, die Zahl der Arbeitslosen sei bereits auf elf Millionen angestiegen, in der Automobilindustrie auf eine halbe Million. Da werde ausgerechnet ich Arbeit erhalten? Gerade wir, die Schwarzen, sind zuallererst überflüssig. Weißt du überhaupt, wie groß der Haß auf uns ist? In Boston wurde ein Schwarzer gelyncht. Auch in anderen Städten benimmt man sich uns gegenüber, als wären wir Aussätzige. Und das betrifft nicht nur uns, sondern auch die Puertoricaner und andere Farbige.«

Schweigen.

»Vielleicht trinkt ihr einen Kaffee?« fragt Joe und wendet sich mit einem fragenden Blick an seine Frau. Und dieser Blick heißt: Haben wir eigentlich Kaffee?

»Nein, danke. Wir haben gerade welchen getrunken.« Seine Frau Margot ist verlegen, sie schlägt die Augen nieder.

»Es gibt keine Aussicht auf Arbeit«, sagt sie. »Ich habe Angst um ihn. Er ist so niedergedrückt. Ich habe Angst, daß er wie andere anfängt zu trinken …«

Da wird die Tür aufgerissen, und herein springt ein etwa 16jähriger Junge. Sein Gesichtsausdruck ist zornig. Jetzt sieht er seinem Vater sehr ähnlich. Es ist Tom, der Sohn.

»Tom, sag den Gästen guten Tag«, fordert ihn Margot auf. Wir hören so etwas wie »Hi!«.

»Arbeitest du oder lernst du?« frage ich und merke sofort, daß die Frage nicht angebracht war.

»Ich arbeite nicht und lerne nicht«, entgegnet Tom böse. »Ich bin ein Schwarzer, verstehen Sie nicht, meine Dame? Ein Schwarzer!«

»Tom, das ist nicht schön. Das sind Gäste von uns, Freunde!«

»Wen interessiert denn das? Warum kommen sie hierher? Wollen sie einen Zirkus sehen, oder was? Schwarze Tiere? Die Mörder von Weißen? Taschendiebe? Brandstifter?«

»Tom«, sage ich, »ich verstehe dich, ich bin über diese Diskriminierung erschüttert. Aber gibt es denn nicht auch weiße Jugendliche, die arbeitslos sind? Gibt es denn keine hungrigen weißen Kinder, die nicht lernen können? Es heißt, fünfzig Millionen Amerikaner leben in Armut, und nicht alle sind schwarz oder farbig.«

»Wie können Sie das vergleichen?« fragt Tom zornig.

»Ich will gar nichts vergleichen. Ich möchte nur, daß du siehst, daß es Arme verschiedener Rassen gibt, daß es Arbeiter und Ausbeuter gibt, auch in meinem Land ...« Und ich erzähle ihm von der Diskriminierung der arabischen Jugend, von der Diskriminierung der orientalisch-jüdischen Jugendlichen.

Tom hört aufmerksam zu. Seine großen schwarzen Augen beginnen mich interessiert anzusehen, und es ist zu merken, daß es in seinem Kopf angespannt arbeitet. Als ich ihm erzähle, daß wir »Schwarze Panther«* haben, ist er überrascht.

»Die Welt ist beschissen!« meint Tom.

»Quatsch«, erwidert Joe, »nicht die Welt ist beschissen. Die Reichen machen sie kaputt. Und ihre Regierung. Warum soll man alle verachten?«

»Mutter, ich habe Hunger!« sagt Tom.

Die Mutter bringt ihm Kartoffeln und eine dicke Scheibe Brot.

»Heute gibt es das noch, morgen vielleicht nicht mehr«, sagt Joe. »Wir werden alles, was im Haus irgendeinen Wert hat, verkaufen müssen ...«

»Wem denn verkaufen?« mischt sich Margot ein. »Alle verkaufen doch, alle leiden Not. Die Straßen haben sich bereits in Flohmärkte verwandelt.«

»Was bleibt dem Menschen denn noch übrig? Er gönnt sich ein Gläschen und hat dann wenigstens einen schönen Traum«, sagt Joe. »Und warum soll er eigentlich nicht Haschisch rauchen? Auch das ergibt schöne Träume.«

»Joe!« unterbricht ihn Margot entsetzt. »Das fehlte uns gerade noch!« Sie weint.

Joe tritt zu seiner Frau und legt ihr seine schwere Hand auf die Schulter. »Mach dir keine Sorgen, Margot ...«

Daraufhin wendet er sich an mich und sagt: »Werte Journalistin, schreiben Sie in der Zeitung, daß Joe sich nicht betrinken und auch kein Haschischraucher werden wird. Ihr braucht uns nicht zu bemitleiden!«

Er setzt sich wieder hin, dann weist er auf mich und sagt: »Sie erinnert mich an Bill.«

»Wer ist Bill?«

»Einer Ihrer Freunde.« Er lächelt.

Joe erzählt: »Wir haben draußen gesessen, auf der Straße, wie üblich. Es ist ja auch nichts zu tun. Wir saßen also, schwatzten und erinnerten uns an die Zeit, als wir noch Arbeit hatten. Viele von uns haben hier im Automobilwerk gearbeitet. Es gibt also etwas, woran man sich erinnern kann. Sehen Sie diese Hände? Sie arbeiteten, seit ich neun Jahre alt war. Ich war noch ein kleines Kind, als ich in die Fabrik geschickt wurde. Wenn man ihnen heute sagt: ›Ihr Hände, arbeitet nicht!‹, dann sind sie durcheinander und tun Sachen, die sie sonst nie getan hätten. Verstehen Sie das? Und dieser Kopf? Sie denken vielleicht, der Kopf eines dummen Schwarzen. Aber dieser Kopf hat arbeiten gelernt, hat von allein lesen und schreiben gelernt — und nicht in der Schule. Mit Hilfe dieses Kopfes bin ich ein ziemlich guter Mechaniker geworden. Ich habe Geld nach Hause gebracht, Vater und Mutter unterstützt, meine kleinen Brüder und Schwestern eingekleidet. Wir waren vierzehn Kinder zu Hause. Wir haben ein Haus gebaut, mein Bruder und ich. Ich habe für die Mitgift von drei Schwestern gesorgt. Und jetzt hat dieser arme Kopf nichts mehr zu tun. Also wird er verrückt ... Aber kommen wir auf Bill zurück. Bill hat mit mir viele Jahre im selben Werk gearbeitet. Wir sind wie Brüder. Auch er ist natürlich arbeitslos, aber er ist Kommunist. Er kann es nicht leiden, wenn man sagt, daß man in dieser Situation verrückt werden könnte. ›Auch wenn es einem schlecht geht, muß der Kopf klar bleiben‹, sagt er. ›Man muß etwas tun.‹ Und er ruft zu Demonstrationen auf ...«

Es ist Zeit, sich zu verabschieden. Wir stehen auf. Ich drücke Joes große Hand und frage: »Und wie geht es nun weiter?«

»Wir denken nach«, antwortet Joe mit einem Lächeln, das sein Gesicht verschönt. »Vielleicht hat Bill recht.«

»Auf Wiedersehen, Joe. Auf Wiedersehen, Margot. Auf Wiedersehen, Tom.«

Als Freunde gehen wir auseinander.

Vom Persönlichen zum Allgemeinen — Skizzen und Eindrücke

Churia

Gibt es denn irgendwo auf der Welt ein Kind, das sich nicht freut, wenn der Vater nach Hause kommt? Und wie groß ist erst die Freude, wenn er lange Zeit fort war.

Diesmal ist zwar von einer Rückkehr nach langer Zeit, jedoch nur für drei Tage die Rede ...

In einem großen und halbdunklen Zimmer im Dorf Umm el-Fahem wohnt die Familie Schraidi. Besondere Vorbereitungen wurden heute getroffen; es herrscht festliche Stimmung. Der Lehmfußboden wurde gewischt, wie es sich gehört. Er ist noch naß, denn das Zimmer hat kein Fenster; ein feuchter Geruch hängt im Raum. Das große Familienbett — das einzige Möbelstück, das diese Bezeichnung verdient — ist mit einer sauberen farbigen Decke bedeckt.

Alle wirbeln durcheinander, ziehen sich an. Die acht Kinder von Muhamad und seiner Frau Lutfia machen nicht wenig Lärm. Die Älteste ist die 15jährige Schukria. Ihre flinken Hände haben vollauf zu tun. Sie hält ihre zweijährige Schwester auf den Knien und kämmt sie. Die Kleine heult, aber Schukria preßt die Lippen zusammen und reißt ihr weiter mit einem großen Kamm an den Haaren. Heute kann man der Kleinen kein Zugeständnis machen — heute kommt der Vater!

Lutfia lächelt (schon lange hat sie nicht mehr gelächelt) und zeigt dabei zwei Reihen schöner Zähne. Heute ist sie glücklich. Sie blickt häufig in die Wiege, in der die kleinste Tochter liegt. Heute wird sie ihr Vater zum ersten Mal sehen. Er durfte nicht einmal nach der Entbindung ins Krankenhaus kommen. Nur eine Sache blieb ihm zu tun — er konnte seiner Tochter einen Namen geben. Und er nannte sie Churia, das heißt Freiheit.

Im Dorf Umm el-Fahem, in dem noch uneingeschränkt starke

muslimische Traditionen herrschen, ist es nicht üblich, den Kindern revolutionäre Namen zu geben. Aber die Kommunisten, die im Dorf bereits nicht wenige überholte Vorstellungen beseitigt haben, geben ihren Kindern auch neue Namen. Die kleine Churia wird ihren Vater erst in weiteren anderthalb Jahren richtig kennenlernen, denn Muhamad Schraidi muß insgesamt zweieinhalb Jahre hinter Gittern verbringen, weil er an der Massendemonstration zum Ersten Mai 1958 in Nazareth teilgenommen hat. Dort forderten die Demonstranten die Abschaffung der Militärverwaltung, der Unterdrückung und der nationalen Diskriminierung. Die sich wie wild gebärdende Polizei löste die Demonstration mit brutaler Gewalt auf. Dutzende von Kommunisten aus verschiedenen Orten wurden verhaftet.

Der Regierung war die Tatsache, daß eine starke revolutionäre Kraft innerhalb der arabischen Bevölkerung entstand, ein Dorn im Auge. Um »ein Exempel zu statuieren«, wurden die besten Söhne des arabischen Volkes ins Gefängnis geworfen.

Zu Hunderten blieben in den Häusern Frauen, alte Leute und Kinder zurück, um die sich kein Vater, kein Ernährer kümmern konnte. Und so wird die kleine Churia ihren Vater erst kennenlernen, wenn sie bereits mit ihren Beinchen auf dem Lehmfußboden herumläuft. Sie wird in das Gesicht eines Menschen blicken, der ihr unbekannt ist, in das Gesicht des Vaters, dessen Liebe ihr in den ersten Lebensjahren geraubt wurde.

Churia versteht noch nicht, was es bedeutet, Tochter einer kommunistischen arabischen Familie in Israel zu sein. Um so besser weiß das aber ihre Schwester Schukria. Sie war fünf Jahre alt, als der Staat Israel entstand. Insgesamt fünf Jahre saß ihr Vater zur »Strafe« dafür, daß er Mitglied der Kommunistischen Partei Israels ist, in Gefängnissen des Staates Israel — fünf Jahre, in denen Schukria zu denken und zu verstehen begann.

Sie weiß, daß ihr Vater sie sehr liebt, aber wie wenig konnte sie doch in ihrer Kindheit von dieser Liebe spüren. Noch bevor sie begann, die Bedeutung der um sie herum vorgehenden Ereignisse zu verstehen, sah sie sich bereits veranlaßt, einen schweren Kampf zur Verteidigung ihres Vaters zu führen. Die Familie — Großmutter, Großvater, die Onkel — griff ihren Vater wegen seiner Zugehörigkeit zur Kommunistischen Partei an, forderte von der Mutter, sich scheiden zu lassen, drohte und brach nicht nur einmal alle Beziehungen zu ihr ab, um sie zu veranlassen, sich von ihrem Mann zu trennen. Schukria stand auf der Seite der Mutter, war ihr eine zuverlässige Stütze bei all den Sorgen, die sie bedrückten, half ihr im Haushalt und bei der Betreuung der kleinen Geschwister. Das junge Mädchen hat ein schweres Leben, aber nicht ein einziges Mal wurde in ihr auch nur der leiseste Vorwurf gegen ihren Vater laut. Nein! Schukria versteht, wofür der Vater kämpft. Sie ist mit allen Fasern ihres Herzens auf seiner Seite und bereit, ebenfalls für die Freiheit und das Glück ihres Volkes zu kämpfen.

Wenn sie ein Junge wäre, könnte sie in den Reihen der Kommunistischen Jugend tätig sein. Aber sie ist ein Mädchen, und in Umm el-Fahem ist es nicht üblich, daß junge Mädchen sich öffentlich mit politischen Dingen befassen. Schukria hat sich mit diesen Vorurteilen nicht abgefunden. Obwohl man sie ausschimpft, verteilt sie Zeitungen und bemüht sich, so gut sie kann, zu helfen. Schukria weiß, daß sich ihr Vater freut, wenn er hört, daß sie eine Aktion unterstützt hat. »Man muß einfach helfen«, sagt sie und wird dabei rot, »denn die Männer sind doch im Gefängnis.«

Es war Schukrias Traum, die Volksschule zu beenden. Aber er ging nicht in Erfüllung. Bereits nach dem ersten Jahr Unterricht mußte sie aufhören, wegen der Geschwister. Es war für sie nicht leicht; sie weinte, war traurig, aber beugte sich schließlich. Der Vater saß im Gefängnis — wer sollte der Mutter helfen?

Schukria gab den Wunsch zu lernen jedoch nicht auf. »Wenn Vater zurückkommt«, sagt sie mit bewegter Stimme, »fahre ich nach Nazareth und lerne im Klub der demokratischen Frauen. Ich lerne nähen, nehme weiter am Unterricht teil.« Und die sonst so bescheidene und schweigsame Schukria erklärt plötzlich mit Stolz in der Stimme: »Ich habe nur ein Jahr gelernt, aber ich kann so lesen und schreiben wie die Mädchen, die mehrere Jahre zur Schule gegangen sind.« Dann wird ihr Blick wieder traurig. »Aber Vater wird ja erst in anderthalb Jahren freigelassen!«

Schukria kennt die Feinde ihres Vaters. Die Verfolgungen der Militärverwaltung sind für sie keine abstrakten Begriffe. Stunde um Stunde, Tag um Tag spüren die Schraidi-Kinder die Last der Unterdrückung. Groß ist der Haß Schukrias auf die Militärverwaltung, so groß wie ihre Liebe zum Vater, der in ihren Augen die Unbeugsamkeit gegenüber der Unterdrückung symbolisiert. Schukria ist bereit zu kämpfen. Sie ist mit ihrer Mutter nicht einverstanden, die über ihr bitteres Schicksal weint und nicht an eine bessere Zukunft glaubt.

Lutfia blickt auf ihre große Tochter, und ihr Herz ist voller Bewunderung für deren Sicherheit und Mut. Sie sinnt über ihr eigenes Leben nach und begreift, daß sie eigentlich gar keine Kindheit hatte. Als sie 12 Jahre alt war, wurde sie mit Muhamad verheiratet, und zwei Jahre später wurde bereits Schukria geboren. Aus dem Mädchen war plötzlich eine Mutter geworden, und dann kam ein Kind nach dem anderen. Sie wuchsen in einem Haus ohne Vater auf.

Lutfia kann weder lesen noch schreiben. Sie lacht bei dem Gedanken, sich noch etwas Wissen zu erwerben. Aber anders als ihre eigenen Eltern beschloß sie, ihre Kinder etwas lernen zu lassen, sowohl die Jungen als auch die Mädchen. Ihren Bestrebungen wirkte jedoch in hohem Maße vielerlei entgegen – die Militärverwaltung, die nationale Unterdrückung, die wiederholten Verhaftungen ihres Ehemannes, administrative Verhaftungen ohne Recht und Gesetz.

Lutfia versteht sehr wenig von der weiten Welt Muhamads. Wer hätte ihr beigebracht, sie zu verstehen? Er hat sich nicht allzu sehr darum bemüht, sie etwas zu lehren. Vielleicht erschien es ihm sehr leicht, alles zu verstehen. Vielleicht dachte er auch, daß es schon bei seinen Vätern und Vorvätern Sitte war, daß die Frauen nicht außerhalb des Hauses tätig sein durften, daß sie sich nur um die Kinder zu kümmern hatten. Aber etwas weiß Lutfia, und davon geht sie keinen Deut ab: Es gibt keinen braveren Mann als ihren Muhamad, keinen besseren Gatten als ihn und keinen besseren Vater für ihre Kinder. Lutfia möchte, daß er – so wie andere Ehemänner – mehr Zeit zu Hause verbringt. Aber sie weiß auch genau, daß das nicht sein wird. Muhamad ist anders als die anderen. Er und seine Genossen dulden kein Unrecht und keine Beleidigungen. Sie sind stolz, lieben die Freiheit und den Frieden. Und Lutfia liebt Muhamad so, wie er ist, bemüht sich, in »seine große Welt« einzudringen, auch wenn sie mit so viel Leid zahlen muß.

Wenn es ihr schlecht geht, besucht Lutfia Muhamad im Gefängnis. Seine Augen geben ihr die Sicherheit, daß es eines Tages anders sein wird, daß er nach Hause zurückkehrt und dann nicht wieder verhaftet wird. Wann kommt dieser Tag?, fragen Lutfias Augen. Die Antwort kommt prompt: »Hab keine Angst, Lutfia, sei stark. Er kommt bald, wir werden die Fesseln lösen und Freiheit und Freude für alle Unterdrückten, alle Armen verkünden.« Lutfia kommt gestärkt und voller Glauben nach Hause zurück, denn nur böse Menschen können einen Mann wie ihren Muhamad hassen.

Anfangs dachte sie, daß man vielleicht Erbarmen mit ihr, mit ihren Kindern haben und Muhamad freilassen würde. Sie glaubt immer noch an ein menschliches Gefühl. Vielleicht würde es sich beim Präsidenten, bei dessen ehrenwerter Gattin regen, vielleicht würde irgendein Minister berücksichtigen, daß sie krank, daß sie ohne ein Stückchen Brot mit acht Kindern zurückgeblieben ist?

Doch sie mußte erkennen: Sie haben kein Mitleid, denn sie arbeiten mit der Militärverwaltung zusammen; daher kann sie von ihnen nichts erwarten. Muhamad und seine Freunde haben recht mit ihrem Kampf, sie haben recht mit dem, was sie tun. Sie, Lutfia, kann sich an diesem Kampf nicht beteiligen. Aber sie weiß, daß Schukria, daß ihre Söhne und Töchter bereits anders, dem Vater ähnlich sein werden.

Traurig sind die Gedanken Lutfias. Sie sitzt auf der auf dem Fußboden ausgebreiteten Matte und wartet auf Muhamad. Für drei Tage wird er nach Hause kommen. Lutfias Herz ist froh und bang zugleich. Und wenn er nun nicht kommt? Vielleicht hat man ihm in letzter Minute verboten, das Gefängnis zu verlassen.

Es vergeht eine Stunde, noch eine Viertelstunde … Große Aufregung, Nachbarn kommen und gehen. Nur Churia schläft ruhig in der Wiege. Lutfia sieht den Säugling an und träumt mit offenen Augen, wahrscheinlich von guten Tagen, von denen Muhamad gesagt hat, daß sie ganz sicher kommen werden … Und sie küßt Churia — Symbol der pulsierenden Hoffnung, der Zukunft, die den Kindern Lutfias und Tausenden anderen Glück bringen muß.

Mit Anschel in der Kriegsnacht

Ein leises Klopfen an der Tür. Ich öffne und erkenne in der Dunkelheit nur schwer das Gesicht Anschels.

»Bist du mit dem Auto da?« frage ich.

»Nein, wir gehen zu Fuß zum zentralen Busbahnhof. Dort werden wir schon etwas finden.«

Wir gehen los. Draußen herrscht völlige Dunkelheit. Ich strecke manchmal die Hände aus, um die Finsternis vor mir zu durchdringen. Kein Mensch, kein Auto ist zu sehen. Wir gehen schweigend, als hätte die Einsamkeit der Straße unseren Mund verschlossen.

Am Bahnhof gibt es keine Autobusse, sie wurden alle zur Front beordert. Anschel geht zu den Autos, die vereinzelt vorüberfahren, und fragt: »Könnten wir vielleicht mit Ihnen nach Ramat Gan fahren?«

Schließlich finden wir einen Chauffeur, der ja sagt. Er fährt einen großen Militärlastwagen. Anschel klettert hinauf, zieht mich nach oben, und wir fahren los. Um uns herum Soldaten. Sie schweigen, in sich versunken, denken nach. Worüber? Über den Krieg? Darüber, wen sie zu Hause zurückgelassen haben? Frau und Kinder, Mutter und Vater? Vor und hinter uns Militärfahrzeuge, in endlosen Kolohnen, mit blau überstrichenen Scheinwerfern. Es ist Krieg.

Wir steigen am Werk »Elit« aus, wenden uns einer Nebenstraße zu.

»Denkst du, daß jemand an einem solchen Abend kommt?«

»Sie werden kommen, ganz bestimmt. Ich weiß zwar nicht, wie viele es sein werden, aber daß jemand kommt, ist sicher. Sieh mal, die Männer sind zur Armee geholt worden, trotzdem werden welche kommen. Sie wollen doch wissen, was die Partei über diesen verfluchten Krieg denkt«, antwortet mir Anschel.

Wir sind da. Aus der geöffneten Tür quillt uns Zigarettenrauch entgegen. Die Fenster sind geschlossen und mit schwarzem Stoff verhängt. Man flüstert erregt miteinander. Es ist eng, die Sitzplätze reichen nicht aus, einige Genossen stehen. Nach der Dunkelheit draußen kann man sich nur schwer an das Licht gewöhnen. Ich erkenne junge und ältere Frauen, ältere Männer, aber auch einige junge Burschen, die für den »Kriegsdienst« in der Etappe gebraucht werden.

Man freut sich, die Genossen wiederzusehen. Hier kann man offen sprechen und sich gegenseitig Mut machen. Jeder hier lehnt diesen Krieg ab, betrachtet ihn als Gefahr und als Unglück. Aber nicht jeder weiß, wie er seinen Gedanken und Gefühlen, seinen Motiven Ausdruck verleihen soll und wie man die beinahe umfassende Zustimmung der Bevölkerung zu diesem Krieg aufbrechen kann.

Bemerkungen von Genossen fallen: »Auf der Straße versteht man nicht, was wirklich vor sich geht.« — »Sie sind von den militärischen Siegen begeistert.« — »Mir scheint es, als habe die Begeisterung schon ein bißchen nachgelassen, denn es gibt bereits Verluste.« — »Ich hörte, wie eine Frau im Laden Premier Eschkol* verfluchte. Aber die anderen sind über sie hergefallen und haben sie zum Schweigen gebracht.« Eine Genossin klagt: »Schlimm sind diese Siege, und schlimm ist der Verlust ihrer Kinder für die Eltern. Ach und Weh über das Volk, das in solche Kriege geführt wird ...«

So erleichtert man sich gegenseitig das Herz, das von einer schweren Last bedrückt ist. Die in diesem Zimmer Versammelten geben sich nicht trügerischen Hoffnungen hin, sie sind daher auch nicht sehr enthusiastisch. Sie hassen den gewaltsamen Tod und den Völkerhaß, der um sie herum entfacht wird. Wie soll das bloß enden? Wie kann man den Verblendeten die Augen öffnen? Wie kann man dem Blutvergießen und dem abgrundtiefen Haß ein Ende bereiten?

Ich gebe einen Überblick über die Kriegsereignisse und das Vorgehen der Regierung, lege den Standpunkt der Partei dar. Die Genossen hören sehr aufmerksam zu.

Neben mir sitzt Anschel. Er ist furchtbar müde, sitzt gebeugt auf seinem Stuhl. »Es ist für uns jetzt sehr schwer, Genossen«, sagt er, »aber wir werden es überstehen.« Er lächelt bescheiden wie immer und zieht einen Packen Flugblätter heraus. Anschel drückt die Flugblätter stapelweise in die sich ihm entgegenstrekkenden Hände. Den größten Packen behält er für sich und seine Frau Lea zurück.

Alle verabschieden sich mit Händedruck. Das ist sonst nicht üblich, aber an diesem Abend ist alles anders. Anschel begleitet mich durch die Dunkelheit. Unter der Achselhöhle trägt er die Flugblätter; er wird sie heute nacht noch verteilen.

Ich denke über Anschel nach. Er wurde in einem Haus geboren, in dem der Hunger ständiger Gast war, und begann bereits in jungen Jahren schwer zu arbeiten. Es gab keinen Tag in seinem Leben als Tischler, an dem er nicht gearbeitet hätte. Zu Hause lernte Anschel jedoch nicht nur das bittere Schicksal eines Arbeiters kennen, sondern auch den Geist des proletarischen Kampfes für die Befreiung von der Ausbeutung.

Vor dem Ersten Mai wurde in der sozialdemokratischen Partei, der sein Vater angehörte, bekanntgegeben, daß derjenige, der die größte Geldsumme erbringe, während der Demonstration die rote Fahne tragen dürfe. Anschels Vater zögerte nicht lange und spendete all seine Ersparnisse. Und er trug die rote Fahne während der Demonstration. An seiner Seite marschierte sein kleiner Sohn Anschel. Aus dem damals gelegten Samenkorn wuchs ein starker und stolzer Baum, der Kommunist Anschel Bernstein.

Immer noch gehen wir durch die Finsternis, kommen an die Hauptstraße.

»Ich fahre mit dir nach Tel Aviv«, sagt Anschel zu mir.

Ich protestiere: »Nein! Auf keinen Fall!«

Anschel bleibt hartnäckig. »In dieser Dunkelheit und allein?«

Aber auch ich bin hartnäckig und bringe ein gewichtiges Argument vor: »Du und Lea, ihr müßt heute nacht noch die Flugblätter verteilen …«

Anschel gibt nach. Wir stehen am Straßenrand und heben die Hand, um ein Auto für mich zu stoppen. Aber keines hält an.

»Vielleicht ist es besser, du gehst schon los, Anschel? Wenn sie eine junge Frau allein auf der Straße sehen, werden sie schon halten.«

Anschel entfernt sich ein paar Schritte. Schließlich hält ein Lastwagen.

»Was machst du hier allein mitten in der Nacht?« fragt eine unfreundliche Stimme.

»Ich muß dringend nach Tel Aviv.«

»Nur bis zur Ecke Herzl-/Salamastraße, meine Dame«, sagt der Fahrer.

»Gut, danke. Dann eben so weit.«

Wieder ist es ein Militärfahrzeug. Anschel tritt aus der Dunkelheit hervor und hilft mir hinaufzusteigen. Auch von oben strecken sich mir zwei Hände entgegen.

Ich strenge meine Augen an, um meine Mitreisenden zu erkennen. Sie sind jung, zwei Burschen und zwei Mädchen, alle in Uniform.

»Fahrt ihr nach Tel Aviv?« frage ich das junge Mädchen, das neben mir sitzt.

»Nein, nach Ramallah.«

»Nach Ramallah?! Was habt ihr denn dort mitten in der Nacht zu tun?«

»Man errichtet dort Büros für die Militärverwaltung. Sie haben uns dringend angefordert ...«

»Still!« tadelt sie ein Soldat.

»Was denn, ist das etwa ein Geheimnis?« Das Mädchen lacht. »Das ganze Land weiß, daß sich das Gebiet in unseren Händen befindet.«

»Und ein ›befreites Gebiet‹ wird nicht zurückgegeben!« fügt der zweite Soldat lachend hinzu.

»Ich sehe, daß das bereits zum geflügelten Wort geworden ist«, sage ich.

»Was hast du denn gedacht? Daß wir es zurückgeben?! Sollen wir ihnen etwa den Kopf streicheln?«

»Habt ihr mal einen Moment darüber nachgedacht, wohin uns das alles führt?«

Keine Antwort.

Ich klopfe an das Fenster der Fahrerkabine. »Bitte setzen Sie mich nicht in der Salamastraße ab; es ist dann noch so weit für mich ...«

»Ich kann nicht, wir haben einen Auftrag«, antwortet der Chauffeur.

»Auch ich habe einen Auftrag!« rufe ich ihm durch das Fenster zu und höre den Mann, der neben mir sitzt, sagen: »Fahr sie in die Stadt! Sie hat auch einen Auftrag.«

Der Fahrer lenkt den Wagen in Richtung Herzlstraße. An der Ecke Rothschild-Boulevard steige ich aus.

»Nun, alles okay? So weit mitgenommen haben wir dich nur, weil du einen Auftrag hast. Also viel Erfolg!«

»Auf Wiedersehen, danke schön.«

Als ich die Tür öffne, höre ich das Klingeln des Telefons. »Bist du gut nach Hause gekommen?« Es ist die freudige Stimme Anschels. »Ich habe mir Sorgen um dich gemacht und Vorwürfe, daß ich auf dich gehört und dich nicht nach Hause gebracht habe.«

»Alles in Ordnung, sogar einer vom Militär hat mir Erfolg bei meinem Auftrag gewünscht.« Ich höre Anschels Lachen von weit her durch die finstere Nacht, eine Nacht des Krieges …

Sie sang für ihn ein Hochzeitslied …

Es ist nicht üblich, Besucher am Tor eines Trauerhauses willkommen zu heißen. Sie aber hält es so, wie es das Herz ihr gebietet: Sie kommt uns am Tor entgegen. Ihre Kleidung ist schwarz. Um den Kopf trägt sie ein schwarzes Tuch, aus dem weiße Haare hervorlugen; ihr Gesicht ist jedoch glatt und ohne Falten. Sie ist etwa 50 Jahre alt. Neben ihr stehen ihre beiden Töchter, auch sie in Trauer. Auf der Leine im Hof hängen schwarze Kleidungsstücke, sie wehen im Wind wie schwarze Fahnen. Hier wird ein Mensch beweint, der ermordet worden ist.

Im Licht der untergehenden Sonne sehen die Berge um Ramallah rötlichgolden aus. Herrlich ist der Blick von der Anhöhe, auf der das Haus steht. Er bildet einen krassen Gegensatz zu Schmerz und Trauer, die das Haus getroffen haben. Mein erster Gedanke: Wie glücklich hätte Chader doch mit seiner Familie in diesem Haus, im Angesicht der Berge, leben können … Chader aber ist ermordet worden. Es gibt ihn nicht mehr. In einer Ecke des großen Gästezimmers steht ein Tisch, Chaders Tisch, darauf Fotografien: Chader im Schoß der Familie, als kleines Kind, und hier war er bereits Schüler. Auf dem letzten Foto ist er schon erwachsen — 28 Jahre, ein begabter Lehrer an der Schule von Ramallah.

Ihm zu Ehren hängen die Abschlußzeugnisse eines neben dem anderen: Volksschule — beste Noten, Oberschule — beste Zensuren, Lehrerbildungsanstalt — ausgezeichnet. Und dann seine Lieblingsbücher. Er lernte gern, und er las gern; immer war er von Büchern umgeben. Diese Liebe übertrug er auf alle Familienangehörigen. Alle seine Brüder und Schwestern studieren.

»Er war mein Ältester«, sagt die Mutter. »Seit dem Tod seines Vaters 1962 war er auch der Ernährer der Familie. Ich sagte zu ihm: ›Chader, mein Sohn, für dich ist es nun Zeit zu heiraten.‹ ›Nein, warten wir noch‹, meinte Chader lachend, ›die Kinder sind noch klein. Es hat noch Zeit.‹« Jetzt weiß man, daß es keine Zeit hatte. Ihr Chader mußte sein Leben lassen, ohne geheiratet zu haben.

»Nach alter arabischer Tradition stimmt man, wenn ein nicht-verheirateter junger Mann gestorben ist, die Totenklage an, als wäre er ein Bräutigam«, erklärt seine Schwester (sie lernt das letzte Jahr am Lehrerbildungsinstitut). »Mutter sagt, Chader ist nicht gestorben. Sie singt ihm Hochzeitslieder, als würde er zum Traualtar geführt. Es ist furchtbar, das anzuhören.«

Die Mutter sitzt uns gegenüber. Sie erzählt von ihrem Sohn. Sie weint nicht; es scheint, als seien ihre Tränen versiegt. Sie spricht von ihm wie von einem Lebenden. Manchmal huscht sogar ein Lächeln über ihr Gesicht. Ein Zittern hat ihren Körper gepackt. Sie spricht in einem fort, und ihre Worte klingen wie der Text eines Liedes …

»Ihr wißt sicherlich, warum Chader verhaftet wurde. Die Besatzungsbehörden beschuldigten ihn, zum palästinensischen Widerstand zu gehören und in Moskau eine militärische Ausbildung erhalten zu haben. Welche Dummheit! Er war in der Parteischule in Moskau, studierte dort ein Jahr lang. Was sollte er mit militärischen Dingen?! Sie wollten ihm jedoch nicht glauben und warfen ihn für vier Jahre ins Gefängnis. Vier Jahre für nichts!

Auch den jüngeren Sohn sperrten sie ein, und der war nicht in Moskau gewesen. Sie konnten also nicht sagen, daß er dort eine Ausbildung erhalten habe. Warum aber dann? Sie sperrten ihn für zwei Jahre wegen Teilnahme am palästinensischen Widerstand ein. Einfach so, für nichts, wegen Zugehörigkeit … Er war 20 Monate im Gefängnis. Zum Glück wurde er lebendig entlassen, er ist zurückgekehrt.

Chader aber wird nicht mehr zurückkommen. Ich habe ihn im Gefängnis besucht. Er sah immer ordentlich aus. Er bat mich nur darum, ihm Kleidung auf dem Basar zu kaufen. ›Du hast einen guten Geschmack‹, meinte er.« Sie lacht in sich hinein. »Er sagte immer, ich solle mich schön anziehen, wenn ich ihn besuchte, und im Beisein der Wärter nicht weinen. ›Sei stolz, Mama, du bist meine Mutter, denk daran!‹« Sie ordnet das Tuch auf ihrem Kopf, zieht ihr Kleid glatt — Chader wollte stets, daß sie ordentlich aussah; so hatte er sie geliebt.

»Als wir zum letzten Mal kamen, wollte er seinen kleinen Bruder berühren. Er steckte einen Finger durch das Gitter, das uns voneinander trennte, berührte seine Hand und sagte: ›Denk daran, lerne gut, sei fleißig und mutig!‹ Der Junge liebte ihn wie einen Vater.« Jetzt sitzt er neben der Mutter, sieht sie mit seinen großen traurigen Augen an.

Neben ihm sitzt seine 13jährige Schwester, schwarz gekleidet, in sich gekehrt. Was mag dieses Mädchen wohl über den Mord an ihrem Bruder denken? Wie wird es auf die Brüder, auf die Familie wirken? Wie halten sie dieses furchtbare Leid aus?

Es kam die Zeit der Bitternis. Sie begann ausgerechnet in einem Augenblick der Freude. Plötzlich erhielt die Familie die Nachricht, sie könne ins Gefängnis kommen und Chader abholen. Chader kehrt zurück. Im ganzen Dorf herrschte große Freude. Die ganze Familie bereitete sich auf den Tag seiner Freilassung wie auf eine Hochzeit vor. Sie nahm die Mitteilung, die sie von der Gefängnisleitung erhalten hatte, und fuhr los. Wie groß war die Freude der Mutter an jenem Tag! Sie würde ihren Sohn umarmen, der so lange — über zwei Jahre — hinter Gefängnisgittern gelebt hatte.

Die Mutter erzählt weiter: »Ich beeilte mich, ins Gefängnisbüro zu kommen. ›Ich bin gekommen, um meinen Sohn abzuholen‹, sagte ich atemlos. ›Sie können ihn haben. Ihr Sohn ist tot!‹ Das kam ganz plötzlich. ›Mein Sohn ist tot?‹ fragte ich ungläubig. ›Das kann nicht sein! Ich habe ihn erst am letzten Freitag gesehen. Sie irren sich‹, erwiderte ich ruhig. Ich weinte nicht, schrie nicht. Mein Sohn hat mich gelehrt, stolz zu sein im Beisein von Polizisten und Soldaten. Mein Chader im Gefängnis ermordet? Das konnte nicht sein! Alle hatten ihn so geliebt!«

Er wurde umgebracht. Wer hat ihn ermordet, wann geschah es? Sollte er nicht auf Kaution freigelassen werden?

Die Mutter erzählt, als wäre sie selbst am Ort des Geschehens gewesen: »Er stand mit zwei Genossen, Freunden von ihm, im Hof. Der Mörder näherte sich ihnen. Sie stritten nicht. Er versuchte, Chader zu schlagen, und dieser bückte sich. Hier, so«, zeigt sie. »Dann stach er ihm ein großes Küchenmesser in die linke Seite, Chader stürzte hin und rief: ›Rettet mich!‹ Sein Freund, Josef Balalo, bückte sich, um ihm zu helfen. Da stach der Mörder das Messer auch in Josefs Körper, zum Glück aber in die rechte Seite. Sie brachten ihn ins Krankenhaus, und es gelang, sein Leben zu retten. Chader aber blieb tot auf dem Platz liegen.« Sie streckt die Hände aus, müde Hände, die in ihrem Leben schon viel gearbeitet haben, als wollte sie sagen: So war das also.

Wir schweigen. Die Mutter aber überwindet sich und fährt fort: »Woher hatte der Mörder ein Messer? Wieso sperrt man einen Mörder gemeinsam mit anständigen Menschen im Gefängnis ein? Es war ein bekannter Mörder. Er, Muhamad Abd ar-Rahman Moslam, war wegen Mordes an seinem Bruder, seiner Schwägerin und deren Tochter inhaftiert. Er war ein Verbrecher, und trotzdem gestattete man ihm, draußen im Hof zu sein, wo die politischen Gefangenen arbeiteten.«

Sie kehrt zu ihren Erinnerungen zurück. Ihr Gesicht ist wieder ruhig geworden, und sie erzählt, daß Chader damals, als er Lehrer war, immer, wenn er ein hungriges Kind sah, Geld aus seiner Tasche zog, es ihm gab und sagte: »Nimm es ruhig! Wenn du wieder Geld hast, kannst du es mir ja zurückgeben.«. — »Er hat keinen Menschen gehaßt. Er hat an die Menschen geglaubt, an alle — Araber und Juden. Wirklich, aus welchem Grund haben sie ihn eigentlich beschuldigt, Israel zu hassen, Juden zu hassen? Das lag ihm ganz und gar fern. In diesem Haus hörten wir von ihm immer wieder Worte über den Frieden, darüber, daß die Menschen in Frieden zusammen leben können.« Sie schaut mich an. »Er hat die Kinder gelehrt, daß Araber in Frieden mit Juden leben müssen. Nur gegen die Okkupation führte er einen leidenschaftlichen Kampf.«

Scham und Zorn ergreifen mein Herz. Welches Unglück bringen doch die Okkupation, der Araberhaß und der Terror der Machthaber Israels über unser Volk!

Die Mutter sieht mich an, als verstünde sie meine Seelenpein. »Frage diesen Kleinen« — sie weist auf ihren Sohn —, »selbst er versteht das.« Und der Junge nickt bestätigend. »Auch im Gefängnis hat Chader vom Frieden gesprochen. Er hat an den Frieden geglaubt, wollte Gutes für die Menschen. Er hat die Menschen geliebt und sie ihn ...«

Wir wischen uns die Tränen aus den Augen. Sie aber weint nicht. Auch an seinem Grab hat sie nicht geweint. Sie sprach zu ihm: »Mein Sohn, mein Herzallerliebster. Bisher warst du unter meinen Fittichen, in der Obhut der Mutter deiner Kindheit. Von jetzt an bist du in der Obhut der Mutter Erde. Diese Erde umarmt dich, mein Sohn, denn du hast sie geliebt, du wolltest sie befreien, befreien von der Okkupation ... Du bist in den Schoß der Mutter Erde zurückgekehrt, und sie hat dich aufgenommen, denn du warst ein treuer Sohn deiner Familie und deiner Heimat. Jahre hindurch warst du im Gefängnis, mein Sohn, hast hinter Schloß und Riegel gesessen. Jetzt bist du zu uns zurückgekehrt. Sie sagen, daß sie dich uns tot zurückgegeben haben, du aber lebst, mein Sohn.«

Wir verabschieden uns, die Sonne geht bereits unter. Die Berge um Ramallah erheben sich dunkel und still. Die Mutter steht am Hauseingang und blickt in die Ferne, als sähe sie dort ihren Sohn ...

Sie haben alle geholt

Er legt sorgfältig seine Militärhosen zusammen, steckt nacheinander die Strümpfe, Unterhemden und Unterhosen in den Tornister. Hohe Schuhe, blankgeputzt und schwer, stehen bereit. Sie sieht ihm von der Seite zu. Alles, was er tut, erledigt er ruhig, sachlich, völlig konzentriert. Man sieht ihm keinerlei Sorge, keinerlei innere Spannung an. Denkt er denn überhaupt nicht daran, was ihn erwartet und was ihm passieren kann? überlegt sie.

»Mutter«, wendet er sich an sie, »gib mir Seife!«

Die Seife steckt er in eine Tüte, zusammen mit einer Zahnbürste und dem Rasierzeug, als würde er zu einem Ausflug aufbrechen. Nun ist alles fertig. Schluß.

»Woher willst du wissen, daß sie dich heute holen?« fragt sie flüsternd.

»Sie holen mich, holen alle«, antwortet er.

»Und du nimmst das so leicht?« Ihre Stimme zittert.

»Leicht?« fragt er zurück. »Was soll ich machen? Soll ich vielleicht auf das Dach steigen und schreien: Verflucht noch mal, hört auf mit diesem verhaßten Krieg!? Natürlich werde ich gehen.« Und er fügt hinzu: »Mach dir keine Sorgen, Mutter. Wecke mich, wenn sie kommen.« Damit wendet er sich ab und geht in sein Zimmer.

Sie bleibt allein im Raum, nimmt eine Zeitung zur Hand und liest: »Heute fand ein Panzerkampf statt ..., starkes Feuergefecht ...« Alle werden sie holen, klingen ihr noch die Worte des Sohnes in den Ohren. Der Schreck überwältigt sie.

Draußen hat sich bereits die Nacht herabgesenkt. Hinter den Fenstern sind Stimmen zu hören. Sie erkennt ihre beiden Nachbarinnen — Chana von gegenüber und Sarah aus dem angrenzenden Haus.

»Schon ganz früh am Morgen gab es im Lebensmittelladen nichts mehr zu kaufen«, hört sie Chanas heisere Stimme. »Was soll das bloß werden, der Krieg hat ja gerade erst angefangen, und alles ist schon weg. Sie verstecken einfach die Waren, das ist es.«

»Die Spekulanten nutzen sofort jede Gelegenheit, selbst der Krieg ist ihnen dafür willkommen. So war das immer, und so bleibt es auch«, bestätigt Sarah ihre Worte.

»Vielleicht wäre es gut gewesen, Lebensmittelmarken einzuführen. Dann brauchte man nicht von Geschäft zu Geschäft zu rennen.«

»Vielleicht ist alles bald vorbei«, versucht Sarah sich selbst Mut zu machen.

»Wo ist für dich etwas vorbei? Gerade jetzt holen sie alle, und es heißt, daß schon viele gefallen sind ...«

»Gott beschütze uns! Woher weißt du das? Es ist doch noch nichts darüber veröffentlicht worden.« Die Stimme Sarahs klingt ängstlich.

»Über die Gefallenen schreiben sie erst, wenn sie alle Männer eingezogen haben. Erst dann werden wir die Wahrheit erfahren.«

»Gott steh uns bei! Wer weiß, wie viele junge Burschen schon gefallen sind ...«

»Warum haben wir überhaupt diesen schrecklichen Krieg angefangen?« rutscht es Sarah heraus.

»Was willst du? Du sprichst schon wie die Kommunisten!«

»Sprich leise!« Sie senken die Stimmen, aber ihre Worte sind weiterhin zu hören.

»Elchanan hat zu mir gesagt, daß sie auch den Mann von Miriam geholt haben, weißt du?«

»Natürlich weiß ich das. Mein Nachbar hat schon angefangen, ihr schöne Augen zu machen, dieser Hure.« Chana knirscht mit den Zähnen.

Da nähern sich schwere Schritte. Die laute Stimme eines Mannes ist zu hören: »Was steht ihr hier in der Dunkelheit herum und wetzt eure Zungen? Haut ab!«

»Was ist denn los? Geht etwa das Licht an, wenn ich den Mund aufmache?«

»Das Licht nicht, aber Mist kommt aus deinem Mund, wenn du ihn aufmachst. Ich habe gehört, was ihr geredet habt«, schimpft der Mann.

»Nun gut, ich gehe ja schon. Vielleicht kommen sie und holen meinen Sohn. Ich habe Angst«, flüstert Sarah.

Es wird still. Die Schritte der beiden Frauen verlieren sich in der Dunkelheit.

Die Mutter sieht auf die Uhr — eine Stunde vor Mitternacht. Vielleicht kommen sie in dieser Nacht noch nicht, versucht sie sich zu trösten. Sie stellt das Radio an. »Und nun die Nachrichten: Heute fanden schwere Panzergefechte an der Südfront statt ...«

Schritte unter dem Fenster. Nun ist es also soweit, sie sind da. Sie wartet nicht auf das Klopfen. Sie geht zur Tür und öffnet sie weit.

»Zu wem?« hört sie sich mit fremder, heiserer Stimme fragen, es klingt, als wäre es nicht ihre eigene.

»Ist der Sohn zu Hause?«

Mit Überraschung stellt sie fest, daß die innere Spannung, die ihren Körper gepackt hatte, nun gewichen ist.

»Bitte kommt herein«, sagt sie. »Ich werde ihn gleich wecken. Wollt ihr vielleicht Kaffee?«

Sie treten ein. Es sind zwei: ein Älterer und ein Junger, in Uniformen und mit Maschinenpistolen. Der Jüngere wäre bereit, Kaffee zu trinken, der Ältere sagt jedoch: »Danke, liebe Frau, wir haben noch viel zu tun. Sehen Sie die Liste?«

Er zeigt ihr ein Papier mit vielen Namen, die ganze Seite ist voll.

»Alle werden geholt?« fragt sie.

»Alle«, sagt der Ältere. »Sie haben auch meinen Sohn geholt. Er ist bei den Panzern.« Sie muß an die Nachrichten denken.

Ihr Sohn ist bereits fertig; er ist durch die Stimmen wach geworden. Sie umarmt ihn und küßt ihn auf die Wange, ohne Worte, schweigend. Der Sohn wirft den Soldaten einen verschämten Blick zu.

»Küß die Mutter, küß sie ruhig, schäm dich nicht!« sagt der ältere Soldat.

Der Sohn zieht sie an sich und küßt sie. »Mach dir keine Sorgen! Es wird alles in Ordnung gehen«, flüstert er.

Sie gehen in die Dunkelheit hinaus. Die Mutter ist hinter ihnen aus dem Haus getreten und sieht, wie sie in drei weitere Häuser gehen. Verschwommene Gestalten laufen die Straße entlang – also auch Jossi, auch Meir, auch Chaimke. Nun wenden sie sich der Nebenstraße zu. Auch dort holen sie die Söhne heraus. Sie steht da wie versteinert. »Alle werden sie nehmen«, sagt sie immer wieder zu sich selbst, »alle ...«

Fadschar aus Ramallah

Da ist Fadschars Zeichnung, gut beobachtet. So sieht ein Kind eine Demonstration auf dem Platz seiner Stadt Ramallah: die Demonstranten, brennende Autoreifen, Panzerfahrzeuge der Okkupationstruppen. Die Zeichnung eines sechsjährigen Jungen in einer besetzten Stadt.

Fadschar war drei Jahre alt, als sein Vater verhaftet wurde. In den 33 Monaten Untersuchungshaft wurde keinerlei Anklage gegen ihn vorgebracht. Fadschar erinnerte sich an seinen Vater, der mit ihm gespielt hatte und der ihn liebte. Er ging von Zeit zu Zeit ins Gefängnis, um ihn zu besuchen.

Die kleinen Jungen zeigten mit dem Finger auf Fadschar und riefen ihm hinterher: »Du hast ja keinen Vater!«

»Ich habe einen Vater! Ich habe einen Vater!« schrie Fadschar.

Fadschar hatte einen Großvater, einen guten Großvater; auch eine sehr gute Großmutter hatte er. Wenn seine Mutter traurig war, weil Vater nicht da war, sagte das Kind zu ihr: »Du hast doch einen Vater und eine Mutter, warum bist du denn traurig?«

Die Kinder behaupteten, daß Fadschars Großvater sein Vater sei. Doch da wurde Fadschar böse und schrie: »Das stimmt nicht! Das ist mein Großvater, mein Vater sitzt im Gefängnis.«

Fadschar hatte einen kleinen Bruder. Er wurde geboren, als der Vater bereits eingesperrt war. »Er weiß gar nicht, was ein Vater ist«, meinte Fadschar. Doch das stimmte nicht. Der Kleine wußte es, und wie er es wußte! Vater – das war der Mann, der sich hinter Stacheldraht befand, ihn anlächelte und ihm Küsse durch die Luft sandte. Vater, das war der Mensch, dessentwegen die Mutter weinte. Dem Vater konnte man sich nicht nähern. Man konnte nur den kleinen Finger durch das dichte Gitter stekken, und dann küßte der Vater den Finger. Als der Kleine zum ersten Mal an irgendeinem Ort Stacheldraht sah, rannte er hin und rief: »Vater, Vater ...«

Wenn ich das Haus von Fadschars Mutter besuchte und den Kindern Geschenke mitbrachte, versteckte sich Fadschar stets in einer Ecke oder rannte hinaus, ohne die Spielsachen oder die Bücher anzurühren. Eines Tages jedoch, als wir gerade das Haus verlassen wollten, fanden wir die Tür verschlossen und mit Stühlen verbarrikadiert. Fadschar hatte das getan. Er wollte nicht, daß wir gingen. Er wollte, daß wir blieben.

Was dachte Fadschar wohl über die Juden? Als wir ihn fragten, überlegte er eine Weile und antwortete dann: »Sie sind schlecht. Aber es gibt auch ein paar gute.« Und er nannte die Namen der jüdischen Freunde der Mutter.

Als die bevorstehende Freilassung des Vaters bekannt wurde, begann Fadschar sich wie wild zu gebärden. »Er ist wirklich ein Rowdy«, sagte die Mutter. »Er hört auf gar keinen. In der vergangenen Woche hat er sich jeden Morgen darauf vorbereitet, daß der Vater kommt.«

Fadschar rannte mit einem Stock in der Hand an mir vorbei, als ritte er auf einem Pferd und schwänge das Schwert.

»Guten Tag, Fadschar!«

»Der Vater kommt wieder!« rief der Junge, und seine Augen funkelten vor Freude.

Der Vater von Fadschar kam tatsächlich nach Hause. Ich aber denke an die vielen Kinder, die noch darauf warten, daß ihre Väter heimkehren ...

Zwiesprache mit Briefkästen

Ich möchte mich vorstellen: Ich bin eine werktätige Frau, habe Kinder. Ich vertrete progressive Ansichten, unterstütze Menschen, die für Frieden und Fortschritt eintreten. Ich hasse den Krieg und möchte, daß meine Kinder und natürlich auch alle anderen Kinder am Leben bleiben und nützliche Menschen werden.

Nicht selten habe ich gehört, wie gesagt wurde: »Macht doch irgend etwas! Seid nicht gleichgültig!« Aber was und wie? Niemals hatte ich ernsthaft erwogen, mich an irgendeiner Aktion zu beteiligen — bis zu jenem Abend. Ich wurde wie alle anderen Frauen, die an der Versammlung teilgenommen hatten, gebeten, eine Petition an den Ministerpräsidenten in verschiedene Briefkästen zu verteilen. Die Versammlungsleiterin las uns den Text des Schreibens vor. Ich hörte aufmerksam zu und dachte bei mir, daß es genau das sei, was auch ich dem Ministerpräsidenten hätte sagen wollen.

Ich nahm etwa 20 Schreiben, glaubte aber nicht daran, daß ich tatsächlich von Haus zu Haus gehen und sie in die Briefkästen werfen würde.

Wie steckt man etwas in einen fremden Briefkasten? Wenn es nun jemand sieht? So dachte ich, aber es war, als brennten die Zettel in meiner Tasche. Ehe ich mich's recht versah, stand ich in einem erleuchteten Treppenaufgang (War ich es, die das Licht angeschaltet hatte?) vor acht Briefkästen. Neugierig betrachtete ich sie. Zum ersten Mal in meinem Leben war in mir das Interesse für fremde Briefkästen erwacht. Die Kästen waren unterschiedlich in Farbe, Form und Größe. Einer war gepflegt, während der zweite vernachlässigt aussah, voller Rost und mit zerbrochener Tür. Aber jeder hatte einen Schlitz, bereit, alles zu schlucken, was hineingesteckt würde.

Wer wird die Kästen leeren? Was für eine Frau? Was wird sie sagen, wenn sie plötzlich einen solchen Brief findet? So dachte ich. Meine Aufmerksamkeit erregte ein großer Briefkasten aus Holz. Seine Besitzer sind sicherlich Zeitungsleser, also gebe ich ihnen noch etwas von mir dazu, überlegte ich. Ich zog aus meiner Handtasche einen Stift und fügte dem Brief an den Ministerpräsidenten handschriftlich folgendes hinzu: »Liebe Frau! Sie kennen mich nicht, und auch ich kenne Sie nicht, aber ich weiß, daß Sie keinen Krieg wollen. Vielleicht haben auch Sie einen Sohn wie ich, der eingezogen werden soll? Sie machen sich sicherlich Sorgen um ihn, so wie ich mir Sorgen um meinen Sohn mache. Deshalb habe ich beschlossen, Ihnen beiliegenden Brief zu übermitteln. Bitte lesen Sie ihn, und wenn Sie mit seinem Inhalt einverstanden sind, schicken Sie ihn an den Ministerpräsidenten.« Ich unterschrieb mit »Sahava«.

Ich blickte mich um und steckte den Brief in den Kasten. Keiner hatte mich gesehen. Da nahm ich all meinen Mut zusammen und schrieb auch für den danebenhängenden blauen Briefka-

366

sten, den kleinen hübschen, einige Worte. Und in noch einen weiteren Briefkasten warf ich das Schreiben zusammen mit ein paar persönlichen Worten von mir. In die anderen Kästen steckte ich die Petition jedoch ohne einen Zusatz; es hätte zuviel Zeit gekostet. Auch so ist es, als ob ich mit ihnen spräche, dachte ich.

Ich ging in fünf Häuser, das ergab 20 Briefkästen. Das Material war verteilt, ich atmete erleichtert auf. Ich blickte zurück, betrachtete die Häuser liebevoll und begab mich nach Hause. Ich war zufrieden; es war das erste Mal, daß ich »irgend etwas getan« hatte ...

Plötzlich hörte ich schnelle Schritte hinter mir. Die Straße war leer. Ich erschrak und begann ebenfalls zu laufen. Aber die Schritte kamen immer näher, nun hatten sie mich bereits erreicht. Ich wandte den Kopf und hielt den Atem an: Auf mich zu liefen die Briefkästen! Wie viele? Ich habe sie nicht gezählt. Sie rannten auf sehr dünnen Beinen und streckten ihre mageren Arme aus; einige von ihnen grüßten, andere drohten mit den Fäusten. Ihre Köpfe hatten alle weibliche Gesichter. Doch die Briefkästen sahen sehr seltsam aus, als wären sie eben erst aufgeregt aus den Betten gesprungen. Einer hatte einen häßlichen Kopf mit wirren Haaren, andere trugen ihr graues, blondes oder schwarzes Haar mit Spangen und Nadeln darin, wieder andere mit Netzen.

»Warte, Sahava!« rief mich schon von weitem ein Briefkasten. Ich erkannte ihn, es war der große Briefkasten aus Holz. Er näherte sich mir aufgeregt und sagte: »Ich danke dir sehr, du hast etwas Gutes getan. Nur mein Mann bekommt sonst Briefe und Schriftstücke. Diesmal habe ich einen Brief bekommen. Ich bin mit seinem Inhalt einverstanden. Jedes Wort darin ist die reine Wahrheit. Danke schön.«

Neben ihm stand der kleine blaue Briefkasten. »Woher hast du gewußt, daß ich einen Sohn habe, der bei der Armee ist?« fragte er leise. »Ich habe Angst um ihn. Den Brief schicke ich an den Ministerpräsidenten.«

Er hatte noch nicht zu Ende gesprochen, da drängte sich ein abgenutzter Briefkasten, dessen Farbe verblaßt war, nach vorn und schrie hysterisch: »Wie kannst du es wagen, an den Ministerpräsidenten zu schreiben?« Er wandte mir sein zorniges Gesicht zu. »Denkst du vielleicht, daß er nichts anderes zu tun hat, als freche Briefe von dir zu lesen?! Wer bist du überhaupt?! Willst du ihm beibringen, was er zu tun hat?!«

Auch sein kleiner Nachbar schrie: »Was willst du denn? Haben wir denn eine andere Wahl? Hast du vielleicht nichts von den arabischen Terroristen gehört? Wer bist du überhaupt, und warum steckst du deine Nase in alles?«

An diesen Briefkasten drängte sich ein anderer heran, der aufgeregt stotterte: »Eine Verräterin! Vielleicht gehörst du zu den Kommunisten? Und vielleicht bist du eine Terroristin? Eine Araberin?«

»Araber! Terroristen!« hörte man laut rufen, und aus vielen Häusern begannen aufgeschreckte Briefkästen auf die Straße zu strömen.

Ich war zornig und wollte antworten. Doch bevor es mir noch gelang, den Mund zu öffnen, passierte etwas Seltsames: Alle Briefkästen verstummten, gingen zur Seite und gaben den Weg frei für eine Prozession schwarzer Briefkästen. Sie schritten schweigend dahin. Ihre dünnen Beine steckten in schwarzen Strümpfen, die Köpfe waren mit Trauertüchern umhüllt, und in ihren Händen trugen sie brennende schwarze Kerzen. Es herrschte Stille.

Erst als sie beinahe hinter einer Ecke verschwunden waren, wandte sich der letzte schwarze Briefkasten an die Versammelten und sagte mit leiser, aber deutlich vernehmbarer Stimme: »Uns ist nichts mehr im Leben geblieben. Wenn ihr noch etwas zu opfern habt und einen neuen Krieg nicht verhindert, dann werdet ihr gezwungen sein, euch uns anzuschließen.« Ich sah, daß einige Briefkästen weinten, und die Kästen, die zuvor über mich hergefallen waren, senkten die Köpfe und entfernten sich beschämt. Plötzlich öffnete sich in mir eine Schleuse, und ich, die ich noch niemals vor Publikum gesprochen hatte, rief: »Nein! Wir wollen keine Witwen sein! Wir wollen unsere Kinder nicht beweinen müssen! Nein! Nein!« Ich schrie, während ich meinen Sohn umarmte, den künftigen Soldaten …

Da berührte eine Hand meine Schulter und weckte mich.

»Was ist mit dir passiert? Du schreist ja.«

»Ich? Ich habe mit Briefkästen gesprochen«, antwortete ich und sah in den Augen meines Mannes Erstaunen und Schrecken.

Ich bedeckte meinen Kopf mit der Bettdecke, und noch im Halbschlaf gelang es mir, zu sehen, wie die Briefkästen zurückkehrten und in die Halterungen an den Wänden sprangen. Sie warten auf mich, dachte ich und schlief wieder ein.

Die Bombe

Ein entsetzliches Krachen dröhnte in den Ohren. Einen Augenblick lang hatte man das Gefühl, als bebte die Erde unter den Füßen. Er fiel zu Boden, erhob sich sofort wieder und sah, daß sich auch andere um ihn herum hingeworfen hatten. Jemand fing an zu schreien: »Eine Bombe! Eine Bombe! Terroristen!« Die Menschen begannen zu fliehen.

Fliehen! Wie ein Blitz schoß ihm dieser Gedanke durch den Kopf. Er dachte an nichts anderes mehr, war nur noch von dem einen Bestreben erfüllt — zu fliehen. Es war unwichtig, wohin. Er war auch nicht in der Lage, darüber nachzudenken. Er begann, in der verwirrten Menschenmenge, die schob und drängte, zu rennen, darauf bedacht, so weit wie möglich weg zu kommen. Während des Bruchteils einer Sekunde versuchte er dennoch, darüber nachzudenken, wohin er rannte. Aber eigentlich war das völlig bedeutungslos. Er lief mit der Menge, versuchte dabei, den Kopf eingezogen, sich zu verbergen, damit ihn keiner erkannte. Er hetzte in der Menschenmenge vorwärts, die weiter schrie: »Terroristen! Araber!«

Ich sehe wie ein irakischer Jude aus, versuchte Hassan sich selbst zu beruhigen. Sicherlich erkennen sie mich nicht. Ja, richtig, wie ein Iraker.

Die Menge verteilte sich nach allen Richtungen, das Gedränge war jetzt weniger schlimm. Er befand sich plötzlich in einer Nebenstraße, die zum Karmel-Basar führte. Ihm gegenüber waren Menschen zu sehen, die in die entgegengesetzte Richtung rannten, weg vom Markt, auf dem eben die Bombe explodiert war. Dabei schrien sie hysterisch: »Terroristen! Terroristen!« Aus Richtung Basar drang eine energische Stimme aus einem Lautsprecher: »Gehen Sie auseinander! Gehen Sie auseinander! Räumen Sie die Straße für die Rettungswagen! Bewahren Sie Ruhe! Keine Panik! Gehen Sie auseinander!« Durch den Tumult waren die Sirenen der Ersten Hilfe und der Feuerwehr zu hören.

Hassan rannte weiter. Er bemerkte, daß der Strom der Flüchtenden versiegte. Seine Angst wurde größer; jetzt würde man ihn herausfinden, daran bestand kein Zweifel. Sein Herz klopfte zum Zerspringen. Am Straßenrand sah er eine alte Frau. Ein Einkaufsnetz in der Hand, rannte auch sie. Ohne nachzudenken, näherte er sich ihr, nahm ihr das Netz aus der Hand, reichte ihr seinen Arm und rannte an ihrer Seite weiter. So fühlte er sich sicherer.

Es schien, als hätte die alte Frau gar keine Notiz davon genommen, daß ihr das Netz abgenommen worden war. Sie rannte mit kleinen, furchtsamen Schritten und atmete schwer. Von Minute zu Minute wurde ihr Lauf langsamer. Jetzt zog er sie regelrecht, stützte sie mit seinem Arm.

»Ich kann nicht mehr, ich kann nicht, mein Herz …, das Herz …«, murmelte die Alte. Bei ihrem schnellen Lauf waren sie in eine kleine, menschenleere Gasse gelangt. An einer niedrigen Steinmauer setzte sich die Alte hin. Hassan gab ihr das Netz in die Hand, drehte sich um und überlegte, was nun zu tun sei. Die alte Frau atmete schwer und legte ihre Hand auf die Brust. Sie nahm aus ihrer Handtasche Tabletten, steckte sie in den Mund, schloß die Augen und blieb still sitzen.

Ringsum herrschte Ruhe. Nur weit entfernt war noch der gedämpfte Lärm der Menge zu hören.

Auch Hassans Herz beruhigte sich ein bißchen. Er trocknete sich mit seinem Taschentuch den Schweiß ab, der ihm über das Gesicht rann, und bemühte sich, seine Gedanken zu konzentrieren. Er blickte sich um und erkannte die Straße. Sie ist nicht weit genug vom Basar entfernt, dachte er.

Hassan versuchte, sich daran zu erinnern, was geschehen war. Er entsann sich nur, daß er für einen Moment auf den Markt gegangen war, um Fladen und Oliven zu kaufen. Nur für einen Augenblick. Jetzt suchte man ihn bestimmt schon auf der Arbeit, auf der Baustelle. Vielleicht würden sie alle verhaften? Denn der Bauplatz war nicht weit vom Markt entfernt, und alle Arbeiter waren — Araber!

Er warf der alten Frau einen Blick zu. Es sah aus, als wäre sie eingeschlafen. Aber nein, er täuschte sich. Sie setzte sich auf und sah ihn mit Augen, die weit aufgerissen waren vor Furcht und hervortraten, erschrocken an. Ihr Mund öffnete sich zu einem

Schrei, aber es gelang ihr nur, einen einzigen Satz zitternd hervorzustoßen: »Warst du … auf dem Markt?«

»Ja.«

»Wo? Dort?« Sie zeigte mit dem Finger zum Ort der Detonation.

»Nein! Nein! Ich war die ganze Zeit neben Ihnen!«

»Am Stand, wo ich Äpfel gekauft habe?« setzte sie das Verhör fort.

»Ja, Oma. Ich wollte Äpfel kaufen.«

»Und von dort aus bist du gerannt, zusammen mit mir?«

»Ja, Oma.«

Sie richtete einen ängstlichen und prüfenden Blick auf seine Hosentasche. Hassan wußte ihn zu deuten. Er zog ein Taschentuch heraus und wischte sich das Gesicht ab. Danach entleerte er vor ihren Augen seine Tasche, sorgfältig, als suchte er etwas. Die alte Frau beruhigte sich ein wenig. Sie saß da und überlegte noch einen Augenblick. Dann schickte sie sich an zu gehen. Hassan ergriff das Netz. Sie sagte kein Wort, reichte ihm jedoch auch nicht den Arm.

So gingen die beiden auf der Straße dahin, ohne ein Wort zu sprechen. Neben einem kleinen alten Haus blieb die Frau stehen. Sie öffnete die Tür, sah ihn an und sagte: »Nun komm rein, trink einen Kaffee.« Hassan war wütend auf sich selbst. Er hätte sofort von hier verschwinden müssen. Warum bleibe ich noch? Sie hat Angst vor mir, sagte ihm eine innere Stimme. Ich bin ein Araber, und das weiß sie. Ich sehe überhaupt nicht wie ein irakischer Jude aus.

Als sich die Tür hinter ihnen geschlossen hatte, fühlte er Erleichterung. Langsam entspannten sich seine Muskeln. Er sah sich um: ein Zimmer voller alter Möbel — ein Bett, ein Schrank und eine Kommode, ein großer Tisch und ein kleiner Tisch, Stühle verschiedener Art. Es war schwer, sich zu bewegen, ohne irgendwo anzustoßen. An den Wänden hingen Familienfotos, Bilder von Menschen aus ferner und naher Vergangenheit. Die alte Frau kam mit einer kleinen Kanne zurück, der Kaffeeduft entströmte.

»Arabischer Kaffee«, sagte sie und sah ihm direkt in die Augen.

Die Spannung kehrte zurück und packte ihn. Er saß auf einer

Stuhlkante am Tisch und antwortete: »Ja, guter Kaffee, mit Kardamom.«

»Aus welchem Dorf bist du?« fragte sie plötzlich.

»Aus Taibeh«, antwortete er. Er fühlte sofort, daß er damit seine Identität selbst preisgegeben hatte, und erschrak. Aber die alte Frau zeigte keinerlei Überraschung. Er trank von dem Kaffee, und seine Gedanken kehrten zum Bau zurück — zu seinem Vater, zu seinen Kollegen, mit denen er zusammengearbeitet hatte.

Sicherlich suchen sie ihn, machen sich Sorgen, daß er verhaftet sein könnte. Schließlich verhaften sie jeden Araber, der ihnen über den Weg läuft. Sie schlagen ihn, schlagen ihn zu Tode — einfach die Leute auf der Straße. Es ist nicht wichtig, ob er sie anfleht und behauptet, daß er unschuldig sei. Wie soll er es auch beweisen? Sie schlagen und mißhandeln und verhaften ihn.

Hassan wollte aufstehen, um seine Eltern zu beruhigen, um ihnen zu erzählen, daß er nicht verhaftet worden ist, daß er von einer Großmutter, einer Jüdin, gerettet wurde. Aber jetzt, nachdem sie ihm Kaffee angeboten hat, wäre es nicht höflich, einfach aufzustehen und zu gehen. Er blieb also sitzen, trank in kleinen Schlucken und schwieg.

»Und hast du Eltern?« fragte die Alte.

»Ich habe Eltern, Brüder und Schwestern — eine große Familie.«

Die alte Frau saß nachdenklich da und sagte plötzlich: »Auch die Familie Murad war groß. Sie haben hier gewohnt, im Nachbarhaus. — Trink! Trink!« wandte sie sich an den überraschten Hassan. Sie sprach weiter und blickte dabei in die Ferne: »Sie hatten acht Kinder. Oh, was für einen Lärm die machten! Unsere Nachbarn waren wirklich in Ordnung. Miriam, die Frau von Murad — wie schwer hatte sie es doch! Wie sehr liebte sie ihre Kinder! Und die Kinder — welcher Respekt! Wenn das nur bei uns heute so wäre!«

Hinter der Tür war plötzlich eine Stimme zu hören: »Frau Sarah, sind Sie zurückgekommen? Gott sei Dank! Auf dem Markt gab es Tote und Verwundete, haben Sie es gehört? Die verfluchten Araber!«

»Ich habe es gehört, habe es gehört«, antwortete die Alte. Sie stand auf, schloß die Tür und blickte Hassan wieder an. »Das ist meine Nachbarin«, flüsterte sie. »Hab keine Angst, sie wird nicht hereinkommen. Weißt du, was auf dem Markt passiert ist, ist nicht gut, nicht für uns und nicht für euch. Es ist sehr schlecht.«

Es herrschte Schweigen. Dann, als wäre sie wieder erwacht, setzte die Frau ihre Erzählung fort: »Murad transportierte Sand auf Kamelen und Eseln. Er ging frühmorgens los und kam spät in der Nacht zurück. Die Kamele und Esel gehörten dem Unternehmer. Murad verdiente sehr wenig, brachte jedoch jeden Piaster nach Hause.

Mein Mann Chaim, Gott hab ihn selig, hatte Murad sehr gern. Sie saßen am Abend nach der Arbeit zusammen und spielten stundenlang Schisch-Besch (arabisches Brettspiel). Sie spielten, rauchten, tranken Miriams Kaffee und schwiegen. Wenn Chaim Süßigkeiten für unsere Kinder mitbrachte, verteilte er auch welche an Murads Kinder. Und die Kinder — was soll ich dir viel erzählen? Sie wuchsen zusammen auf, spielten zusammen — wie eine richtige Familie.« Sie schwieg, und ihre Augen blickten, als wäre sie in eine ferne Welt entrückt.

Hassan saß auf der Stuhlkante, wie an seinen Platz gefesselt. Er war erstaunt über die Geschichte der alten Frau, sogar etwas gerührt. Für einen Moment hatte er seine Sorgen vergessen und war begierig, noch mehr zu erfahren. Die alte Frau seufzte tief und sprach dann langsam weiter:

»Wieviel Zeit ist seither schon verflossen! Indessen hat sich das Leben verändert. Mein Mann ist gestorben. Mein Sohn wohnt weit entfernt von hier. Die Mädchen haben geheiratet. Die Enkel schauen ab und zu mal herein, jedoch immer seltener ... Ich bin eine alte Frau, was haben sie schon an mir?« Sie schloß die Augen, und Hassan schien es, als schliefe sie ein.

Mit einer Kopfbewegung vergewisserte er sich seiner Lage. Ich muß gehen, dachte er. Aber die Alte öffnete die Augen, sah ihn an und begann erneut zu murmeln:

»Das Böse begann an jenem bitteren Tag. Murad kam früher als gewöhnlich von der Arbeit. Er ging sofort zu Chaim. Sie schlossen die Tür hinter sich und begannen zu flüstern. Ich war erstaunt, und die Neugier ließ mir keine Ruhe. Ich lauschte hinter der Tür ihrem Gespräch.

Ich hörte, wie Murad zu Chaim sagte, daß er und seine Familie am nächsten Morgen zeitig das Haus verlassen und fliehen müßten, denn es gebe Gerüchte, wonach die Araber überfallen werden sollten. Chaims Stimme war zornig. Er sagte, warum sollten Juden Araber angreifen? Murad lebe doch schon viele Jahre unter Juden — warum also jetzt plötzlich so etwas? Aber Murad fürchtete sich offensichtlich, denn er antwortete Chaim, es habe schon einmal ein Massaker in Deir Jassin stattgefunden, also sei Grund zum Fürchten vorhanden. Chaim sagte ihm nochmals, er brauche keine Angst zu haben, er werde ihn und seine Familie beschützen. Und Chaim erinnerte ihn daran, daß Murad 1936, als man die Juden in Jaffa angegriffen hatte, gekommen war, unsere ganze Familie in seine zwei kleinen Zimmer geholt und gesagt hatte, es solle nur jemand kommen, um uns anzugreifen, dann werde er es ihm schon geben. Mit Bitterkeit in der Stimme fragte Chaim, warum Murad denke, daß er kein so guter Freund sei wie er selbst und ihn und seine Familie nicht verteidigen werde. Danach hörte ich, wie Chaim Murad fragte, woher er diese Information habe. Murad erzählte ihm, daß man in Jaffa die Nachricht verbreite, die EZEL-Leute bereiteten ein Pogrom vor und wollten die Araber vertreiben; sie hätten bereits Autos bereitgestellt. Junge Araber bereiteten sich darauf vor, ihnen eine entsprechende Antwort zu geben, und viele seien aus Jaffa fort in die Berge gegangen, um gegen die Briten und gegen die Zionisten zu kämpfen. Kinderreichen Familien sei geraten worden, die Stadt zu verlassen, bevor Jaffa angegriffen werde.

Ich konnte mich nicht mehr beherrschen, trat ins Zimmer und sagte zu ihnen: ›Ich habe alles gehört. Das ist alles Blödsinn. Böse Gerüchte! Geht nicht, Murad! Reiß nicht die Kinder und die Frau hin und her! Hier ist dein Haus, und wir sind Nachbarn!‹ So sprach ich und brach dabei in Tränen aus. Danach war Stille im Zimmer. Plötzlich fragte Chaim, wann sie losziehen wollten. Murad antwortete, daß es noch in der Nacht geschehen würde. Und so war es. Was für eine Nacht — die reinste Hölle …«

Die Alte verstummte für einen Moment, zog ein Taschentuch aus ihrer Tasche und wischte sich die Tränen ab. Dann seufzte sie tief und fuhr fort:

»Meine Kinder wollten alle ihre Spielsachen den Nachbarskindern bringen, aber die nahmen ihr Spielzeug und brachten es unseren Kindern herüber. Sie wollten keinerlei Geschenke annehmen. ›Wir haben keinen Platz‹, sagte Miriam. Die Mädchen

374

umarmten sich, weinten und lachten, es waren eben Kinder. Miriam rannte zwischen den Gepäckstücken hin und her und fragte mich jedesmal: ›Was denkst du, soll ich das mitnehmen oder nicht?‹ Ich konnte nur mit dem Kopf ein Ja oder ein Nein andeuten, denn die Tränen schnürten mir die Kehle zu. Ich machte mir Sorgen um Mussa, ein so süßes kleines Baby. Ich hielt den Kleinen fest in meinen Armen, während Miriam packte. Wie würde wohl ihr weiteres Schicksal aussehen, dachte ich die ganze Zeit.

Am Abend war alles bereit. Wir saßen zusammen auf dem Gepäck. Nur mein Sohn Uri und Dschamal standen neben dem Baum und ritzten ihre Namen in die Rinde. Hast du den Baum im Hof gesehen? Du kannst die Namen noch finden. Dschamal schnitt neben seinen Namen die Worte ein: ›Wir kommen wieder‹, und Uri: ›Auf Wiedersehen.‹ Sie schrieben es in Hebräisch und in Arabisch. Die Kinder kannten beide Sprachen, denn bei uns in der Gegend spricht man hebräisch wie arabisch. Die meisten sind Jemeniten und Sephardim, aber auch die Aschkenasim sprechen ein bißchen Arabisch, und es gibt auch Araber, die etwas Jiddisch können. So ist das hier. Alle verstehen alle.

Danach kam der Lkw, und alles ging sehr schnell. Der Fahrer sagte die ganze Zeit: ›Jalla! Jalla! Beeilt euch!‹ Die Mädchen weinten, doch die Jungen stiegen so freudig auf den Wagen, als würden sie zu einer Hochzeit fahren. Auch unsere kletterten hinauf, nur schwer bekamen wie sie wieder herunter. Als alle oben waren, kam Miriam zu mir und nahm Mussa aus meinen Armen. Er schlief mit dem Daumen im Mund. Wir brachen in Tränen aus.

›Hört auf! Ihr erschreckt noch die Kinder!‹ riefen die Männer. Chaim sagte zu Murad, daß wir hierbleiben und auf sein Haus achten und daß sie bald nach dem Krieg zurückkehren und wir sie erwarten würden. Murad setzte sich neben den Chauffeur, weiß wie eine Wand, winkte uns und murmelte: ›Inschallah, inschallah ...‹ (So Gott will.) Sie fuhren ab.«

Die Stimme der alten Frau versagte. »Seit dieser Zeit erhielten wir kein Lebenszeichen mehr von ihnen. Vielleicht gibt es Leute, die zurückgekommen sind, ich weiß es nicht. Sie jedenfalls sind nicht zurückgekehrt ...«

Wieder breitete sich Stille im Zimmer aus.

Hassan versuchte, sich von seinem Stuhl zu erheben. Er war

sich der verstrichenen Zeit bewußt, der Notwendigkeit, von hier wegzugehen. Aber die alte Frau war wieder zu Kräften gekommen und begann erneut zu erzählen, als hätte sie schon lange auf eine Gelegenheit gewartet, diese Dinge auszusprechen. Jetzt war sie regelrecht versessen darauf und nicht gewillt, zu verzichten.

»Es begann am nächsten Tag, in Jaffa ... Ich wollte es nicht glauben. Man erzählte, daß die Menschen auf den Straßen umherrannten, die Stadt ausplünderten. Wie die Heuschrecken fielen sie über die Häuser der Araber her. Diejenigen, die nicht geflohen waren, wurden mit Gewalt vertrieben — Frauen und Kinder. Unsere Straße rannte eine Jüdin aus Jaffa mit großen Federkissen im Arm entlang. Sie rannte, als schleppte sie einen Schatz und hätte Angst, man könnte sie daran hindern. Aus einem Kissen flogen Federn heraus und bedeckten die Straße. Ich sah, wie alte Leute, Kinder, Soldaten Gegenstände, geraubtes Gut wegschleppten. O Gott! Was für ein furchtbarer Anblick! Erschüttert schrie ich die Vorübergehenden an, schalt sie: ›Ihr seid doch Juden! Wie könnt ihr so etwas tun?!‹ Aber niemand kümmerte sich darum.«

Sie verstummte, saß in Gedanken versunken da, bis sie sich plötzlich, als wäre sie von weit her zurückgekehrt, an Hassan wandte und sagte: »Du mußt sicherlich gehen. Nimm die Äpfel mit! Nein, nicht in die Taschen, gar nichts in die Taschen. Nimm sie in die Hand. Ich danke dir, mein Junge, daß du mir geholfen hast, vom Markt zu fliehen.«

Hassan stand auf. Er wollte etwas sagen, brachte aber keinen Ton hervor. Er öffnete die Tür und begann zu rennen. »Renn doch nicht!« hörte er hinter sich die Stimme der alten Frau. »Geh ruhig, ohne Furcht. Du siehst doch wie ein Iraker aus ...«

Eli und die Geschichte

Sie war plötzlich von irgendwoher eingetreten. »Setz dich, mein Sohn«, sagte sie und ließ sich neben ihm nieder.

Eli sah sie erstaunt an. »Wer bist du?« fragte er.

»Ich bin die Geschichte«, antwortete sie. »Ja, mein Lieber, ich bin gekommen, um dir etwas vorzuschlagen.«

»Mir? Ich mache keine Geschichte. Ich bin ein einfacher Soldat, ich mag kein Scheinwerferlicht. Geh zu einem anderen.«

»Gerade so einen wie dich suche ich. Damit man später nicht behaupten kann, daß du das, was du aus eigenem Willen tatest, wegen der Schlagzeilen und des Rampenlichtes getan hast. Ich weiß, Geschichte ist ein großes Wort, und es erstaunt dich vielleicht, zu hören, daß sie von Menschen wie dir gemacht wird. Aber jeder, der ein Gewissen hat, mutig ist und gegen das Unrecht und das Blutvergießen kämpft, der macht Geschichte. Wer zum Beispiel? Viele, viele sind es, die das auf unterschiedlichen Wegen und unterschiedliche Weise tun — gegen den Libanonkrieg und gegen die Okkupation.«

»Auch ich bin gegen diesen Krieg«, unterbrach sie Eli.

»Deshalb habe ich dich heute ausgesucht. Ich möchte dir vorschlagen, daß du erklärst, nicht in Libanon Kriegsdienst zu leisten.«

Eli warf ihr einen Blick zu.

»Auch du mußt die stillschweigende Vereinbarung, die in diesem Land über Generationen hinweg wirkt, brechen«, fuhr die Geschichte fort. »Wenn ein Junge geboren wird, begrüßt man ihn mit den Worten: ›Werde groß und ein mutiger Soldat!‹ Und wenn der Sohn dann achtzehn Lenze zählt, ist er bereits ›koscher‹, um Soldat zu werden. Er hat die Pflicht, zu ›dienen‹ — loszuziehen, um zu töten und getötet zu werden. Jede neue Generation ist eine Generation, die von den Herrschenden in einen neuen Krieg getrieben wird. Richtig, es gibt junge Mädchen und Burschen, Frauen und Männer, die diesen Teufelskreis durchbrechen, die protestieren und andere alarmieren. Jetzt ist die Reihe an dir, Eli.«

Sie stand auf und war im Begriff zu gehen. An der Schwelle wandte sie sich noch einmal um und fügte hinzu: »Denk daran, es ist schwer. Man braucht Mut — nicht nur, um den ersten Schritt zu gehen, sondern für den ganzen Weg.«

Einen Tag, nachdem die Geschichte in das Haus von Eli eingetreten war, stand dieser vor seinem Kommandeur, salutierte und sagte mit Nachdruck: »Ich gehe nicht nach Libanon!«

Der Offizier sperrte ihn auf der Stelle für 28 Tage in Arrest. Und all die Tage, an denen Eli im Karzer saß, als die Kriegsmaschinerie ihn zu zerbrechen drohte, fanden draußen Protestaktionen statt: Seine Eltern und sein jüngerer Bruder demonstrierten, es demonstrierten seine Freunde, und all jene, die seinen mutigen

Schritt schätzten, unterzeichneten Petitionen, um seine Freilassung zu erwirken.

Eli fühlte sich nicht wohl in seiner Haut, als man ihm sagte, er habe »etwas Wichtiges« getan. Er betrachtete sich selbst als jemanden, der die Tradition seiner Familie weiterführte — seines Großvaters Elijahu, der zu den Führern der Kommunistischen Partei gehört hatte und dessen Namen er trägt, des Großvaters, der beim Absturz eines Flugzeuges ums Leben gekomen war, als er von einer Mission während des »Unabhängigkeitskrieges« zurückkehrte. Er sah sich auch als jemanden, der den revolutionären Weg seiner Mutter und seines Vaters fortsetzte, betrachtete sich als einen Menschen, der den Kampf derjenigen weiterführte, die den Wehrdienst in den besetzten Gebieten verweigert hatten.

Und die Geschichte? Sie ist bereits damit beschäftigt, weitere Söhne und Töchter zu suchen, denn jeder Protest, jeder Schritt aus Gewissensgründen trägt zu dem Prozeß bei, der diese Realität im Land verändert. Und das ist die Geschichte.

Rückkehr in die Jugendzeit

Ich habe den Wunsch, die Zeit um einige Jahrzehnte zurückzudrehen.

Ich fahre nach Benjamina, um die Erinnerung an längst vergangene Zeiten wieder aufzufrischen. Der Zug bringt mich Kilometer um Kilometer dem Ort näher, wo ich zum ersten Mal in diesem Land gewohnt habe.

Mit dem Zug Tel Aviv—Benjamina bin ich nicht nur einmal gefahren. Damals jedoch war es ein Bummelzug oder auch »Schleppzug«, wie man auf jiddisch sagt, der sehr langsam fuhr, gellende Pfiffe ertönen ließ und lange an jeder Station hielt, während die Lokomotive lärmend Rauch ausspie. Jetzt ist er ganz anders — eine Diesellok, bequeme Wagen. Man kann in der ersten Klasse an einem kleinen Tisch sitzen, lesen und in Ruhe aus dem breiten Fenster blicken.

Es ist Frühling, saftiges Grün lugt hier und da hervor. Eukalyptusbäume am Streckenrand — seit Jahren stehen sie hier. Ich kenne sie natürlich, und wenn sie reden könnten, würden sie mir sicherlich mit ihren schmalen Blättern zuwinken und »Herzlich willkommen!« sagen.

Aber selbst die Strecke hat sich verändert, der Schnellzug und seine Pfiffe sind »zivilisierter« geworden. Der Zug eilt dahin, Felder und Bäume fliegen vorbei. Plötzlich taucht ein riesiger Strommast auf. Er kündet vom Fortschritt, davon, daß Häuser und Betriebe Licht erhielten. Und wieder Felder ... Heimat — eine Heimat, die sich verändert hat und die sich weiter verändern wird ...

Der Zug hält mit einem Ruck an. Keine Station ist zu sehen. Was ist passiert? Ein Unfall? Zum Glück nicht. Man wartet nur auf den Gegenzug, der langsam vorbeifährt. Hinter dessen Fenstern besorgte und traurige, frische und fröhliche Gesichter. Niemals wirst du erfahren, wer die Menschen sind. Es ist wie mit einem Paket, das du bekommst. Solange du es nicht öffnest, weißt du nicht, was es enthält. Vielleicht schöne Geschichten über das Leben und über die Freude, Söhne großzuziehen, vielleicht aber auch traurige Geschichten von Kriegen und Leid, von zermürbender Arbeit und von Niederlagen ...

Aus einem Fenster blickt mich neugierig lächelnd ein Kind an, das seine Nase an die Fensterscheibe preßt; es muß einfach alles sehen und genießt es. Ich lächle ebenfalls. Auch die Reisenden im Gegenzug sehen uns so — traurig oder fröhlich, sorglos oder besorgt. Und vielleicht sehen auch sie so ein neugieriges plattgedrücktes Näschen ...

Mein Zug nähert sich langsam der Station Benjamina, so, als führe er in meine Jugendzeit zurück ... Wie viele Jahre war ich nicht hier? 50 Jahre? Ist es überhaupt möglich, über Dinge nachzudenken, die vor 50 Jahren geschehen sind? Und dennoch ist mir, als wäre alles erst gestern gewesen ...

Der Zug hält. In den Gängen junge Soldaten, Burschen und Mädchen in Uniform — Teil der traurigen Realität der Heimat von heute. So jung wie sie waren wir, als wir hierherkamen, um eine neue Heimat aufzubauen. Wir glaubten, wir seien Soldaten der Arbeit, des Schaffens und des Friedens, die Verkünder einer neuen, einer sozialistischen Welt. Woran glauben diese Soldaten?

Ich steige aus. Steinhäuser, einige Bänke. Früher waren sie nicht hier. Hinter dem Bahnhof ein großer Speicher. Es stehen auch ein paar armselige kleine Häuser da, so wie damals. Am Bahnhof — eine Autostraße und ein Busbahnhof. Auch die gab es früher nicht.

Die große rote Sonne, die gerade untergeht, sieht aus wie damals. Ihren Untergang haben wir während unserer Spaziergänge über die Felder viele Male beobachtet. Wie sehnsüchtig habe ich ihr in der Zeit des Kummers hinterhergeblickt und mit wieviel herzlichem Lachen in den Tagen der Liebe und der Freude.

Ich folge der untergehenden Sonne. Ich möchte die Schonung sehen, die so große Veränderungen für mein Leben gebracht hat. Hier sind schon die Felsen, grün wie in jedem Frühling. Veilchen wie damals; auch sie erinnern mich an Jugendliebe. Und hier muß die Schonung sein, in der ich zum ersten Mal Dinge hörte, die mein weiteres Leben bestimmen sollten. Wo ist sie nur? Die Schonung ist verschwunden, dafür gibt es hier einen Wald.

Ich suche den Platz, auf dem wir in jener Nacht gesessen haben, und finde ihn nicht. Also beschließe ich, daß es hier war, und setze mich hin, atme die milde Luft ein.

Ich sitze da, und an meiner Seite läßt sich das junge Mädchen nieder, das ich einst war. Komm, unterhalten wir uns etwas.

Ich erinnere dich daran: Du bist als verträumtes Mädchen hierhergekommen, das in einer besseren, glücklicheren Welt leben wollte, das ganz am Anfang seines revolutionären Weges stand. Ich kehre heute als Mutter und Großmutter, als Parteiveteranin hierher zurück.

Hast du dich nicht geirrt, Mädchen? Hast du den richtigen Weg gewählt?

Ohne etwas zu beschönigen und ohne zu lügen — ja, ich habe richtig gewählt! Ich habe es nicht falsch gemacht; dieser Weg war in meinem Innersten vorgeschrieben.

Gab es Enttäuschungen?

Natürlich gab es welche.

Hast du dir damals dein Leben so vorgestellt?

So habe ich es mir nicht vorgestellt. Ich habe es mir besser, schöner vorgestellt. Aber ich bin nicht enttäuscht. Mein Glaube ist im Grunde derselbe geblieben. Nur habe ich damals gedacht, daß ich noch den Sozialismus im Land erleben würde. Heute weiß ich, daß das nicht sein wird.

Ob das weh tut? Es gab Jahre, da hat es weh getan, heute nicht mehr. Ich habe verstanden, daß dazu viel Zeit nötig ist, mehr als das Leben einer Generation, mehr als mein Leben.

Wenn ich heute mit all der Erfahrung, die ich erworben habe, noch einmal anfangen könnte, würde ich vieles besser machen. Das bezieht sich sowohl auf andere Menschen als auch auf die Partei. Aber im Prinzip wäre ich immer denselben Weg, den Weg des Marxismus-Leninismus, gegangen. Ich glaube an ihn heute nicht weniger als damals, eher noch stärker.

Wenn ich jedoch damals gewußt hätte, was ich heute weiß ... Schon der weise Bernard Shaw hat gesagt, die Jugendzeit sei etwas Wunderbares; es sei nur schade, daß man das nicht zu schätzen wisse, solange man selbst noch jung sei.

Doch lassen wir dem Leben seinen Lauf — der Jugend den

Platz, der ihr gebührt, und auch der Lebenserfahrung den Stellenwert, der ihr zukommt. Wir können die Gesetze des Lebens nicht verändern; auch in historischen Perioden haben sie ihr eigenes Gewicht. Wir können jedoch das verändern, wozu der Mensch imstande ist — den Menschen selbst, so daß er die Welt verändern und verbessern, gerechter machen kann.

Ich glaube daran, daß es möglich ist, einen solchen Menschen zu schaffen und eine solche Welt. Ich glaube an den Sozialismus.

Zürne nicht, junges Mädchen, daß es dir nicht gelungen ist, das noch in deinem Leben zu erreichen.

Seid mir nicht böse, meine Söhne, mein Enkel und meine jungen Freunde, daß wir euch nicht eine solche Welt aufgebaut haben, wie ich mir wünschte, daß ihr in ihr leben könntet. Ich sage mir: Die kommenden Generationen werden auch deine Welt errichten ...

Immer tätig,
stets voller Träume

Über die Autorin

»Was denn, schon 50 Jahre?! Das kann doch nicht sein. Wo sind denn all die Jahre geblieben? Ein bißchen beängstigend ist das schon, nicht wahr? Aber im Grunde genommen habe ich sie nicht vertan, nicht sinnlos vergeudet. Und trotzdem, es bleibt dabei: 50 Jahre ...

Den Tag, an dem sich mein Schicksal entschied, werde ich niemals vergessen können. Generell vergißt man Dinge nicht, die zum ersten Mal im Leben passieren. Man kann Liebschaften vergessen, aber niemals die erste Liebe. Man kann Orte und Häuser vergessen, aber niemals das Elternhaus. Auch das erste Aufbegehren vergißt man nicht, nicht die erste Demonstration und nicht den ersten Streik ...«

So beginnen autobiographische Notizen von Ruth Lubitsch aus dem Jahre 1981. Im Herbst 1931 war sie in die Reihen der Kommunisten Palästinas eingetreten. Und bis heute ist sie eine aktive Kommunistin geblieben, die auf vielen Gebieten tätig ist, die auch in den schwersten Augenblicken — und das sind nicht wenige — lächelt und optimistisch bleibt.

Sie initiiert und organisiert politische Kämpfe und leitet sie. Sie ist überall dort, wo es eine Aktivität gibt, die zum Wohl des Menschen ist. Sie tritt im In- und Ausland mit Reden und mit Geschichten aus dem Leben auf. Außerdem schreibt und publiziert sie in vielen Genres. Und all dessen wird sie nicht müde. Im Gegenteil, sie erneuert sich und andere und sucht immer nach neuen Wegen, um zum Bewußtsein der Menschen vorzustoßen.

Hier zunächst einige »nüchterne« biographische Daten über Ruth Lubitsch.

Sie wurde in Warschau als Anka Warschawiak geboren. Hier beendete sie das Gymnasium. Nach Palästina kam sie 1929 mit dem Kern des ha-Schomer ha-Zair. Etwa zwei Jahre war sie Kibbuz-Mitglied. 1931 trat sie der Palästinensischen Kommunistischen Partei bei, die in der Illegalität tätig war. Im Verlauf von zehn Jahren illegaler Arbeit wurde sie mehrmals verhaftet und eingesperrt. Ihr Deckname lautete damals Bracha Hofmann.

1932 gehörte sie zu den Führern der Roten Hilfe, 1938 bis 1947 war sie Sekretär der Parteiorganisation von Tel Aviv, 1941 unter den ersten Mitgliedern der »Liga V«. Auf dem X. Parteitag der Palästinensischen Kommunistischen Partei 1946 wurde Ruth Lubitsch in die Zentrale Kontrollkommission und auf dem Parteitag von 1948 in das Zentralkomitee der Partei gewählt. Seit 1952 ist sie Generalsekretärin der Demokratischen Frauenorganisation Israels (heute TANDI) und Mitglied der Internationalen Demokratischen Frauenföderation (IDFF). Seit 30 Jahren arbeitet sie im Rat der Frauenorganisation der Gewerkschaft (heute NAAMAT) und im Histadrut-Rat mit. Sie gehört zu den Initiatoren der Freundschaftsbewegung Israel — Sowjetunion und zu den Begründern des israelischen Friedensrates. Ruth Lubitsch ist Mitglied des Präsidiums des Weltfriedensrates. 1969 wurde sie zum Mitglied des Politbüros des Zentralkomitees der Kommunistischen Partei Israels gewählt.

Ein ungewöhnliches Leben … Bei unserem ersten Gespräch war Ruth Lubitsch davon überzeugt, daß wir mit ihrer politischen Biographie 1931 anfangen müßten — in dem Jahr, in dem sich »ihr Schicksal entschied«. Ja, wirklich ein guter Anfang für einen ganzen Roman. Ich glaube jedoch: Aus nichts wird nichts! Daher habe ich mich immer gefragt: Woher kommt die stets neue Energie der Ruth Lubitsch? Und ihr Humor? Und ihre Fraulichkeit, zumal sie doch mit Leib und Seele ein politischer Mensch ist? Ihre Begabung zu einer Führerpersönlichkeit? Das Festhalten an einer Idee über all die Jahre hinweg und die organische Verbindung des Marxismus — der Philosophie des Optimismus — mit ihrem persönlichen Optimismus? Die natürliche Begabung, sich mit jedem Menschen unterhalten zu können, egal, wie alt er ist, welcher Rasse, welcher Nation er angehört und ob er eine andere Weltanschauung besitzt, sogar eine Weltanschauung, die der ihren entgegengesetzt ist? Die Quellen dafür aufzudecken — das wäre schon ein eigener Roman, der erste der Bände dieser 50 Jahre …

Junge Mädchen und Burschen im Europa der zwanziger Jahre. Das »Gespenst des Kommunismus« ging um und führte zu einem gewaltigen Umbruch: Die Oktoberrevolution hatte gesiegt, die Bücher von Marx, Engels und Lenin zirkulierten unter den Schülern der Gymnasien und unter den Studenten. Sie gelangten auch nach Osteuropa und zerbrachen in jüdischen Familien — sowohl in armen wie in begüterten — Traditionen und Konventionen.

Die Warschawiaks waren eine alte Warschauer Familie. Religion und Handel waren in ihr miteinander verbunden: Großhandel mit »Kolonialwaren« (getrockneten Früchten, Gewürzen, Pistazien und anderem), eine feste Haushaltshilfe in einem kleinen Zimmerchen, eine gutaussehende, traditionsbewußte Mutter. Die Mutter versucht aufzubegehren — nicht im Haus zu arbeiten, sondern morgens das Geschäft zu öffnen. Ein religiöser Vater, der alle Zeremonien an den Sabbatabenden und an den Festen einhält und zu Hause diktatorisch herrscht.

Ruths neugieriger Geist lernt die Welt begreifen, indem er alles Herkömmliche und selbst die Existenz Gottes in Frage stellt. Zu Jom Kippur — sie ist zwölf Jahre alt — besucht sie eine Klassenkameradin, ein freies, weltliches Haus. Und Gott …? Obwohl Fasttag ist, ißt sie etwas aus dem festen Entschluß heraus, es auszuprobieren: Was wird er mir antun? Und sie ißt nicht einfach irgend etwas, nein, sogar Schweinefleisch. Damit wird die Trennung von der Religion für das ganze Leben vollzogen.

Vergessen wir nicht jene, die sie entscheidend beeinflußten — die Umwelt, die jungen Burschen und Mädchen, weil auch sie Fragen stellten, weil sie einen Weg zum Neuen suchten, den Geist des Durchbruchs des Rationalismus, des Materialismus, des Kommunismus, der von überall eindrang. Es gab reiche und assimilierte Onkel und Tanten, die das Alte aufgegeben hatten. Und das Allerwichtigste: Es gab Bücher und nochmals Bücher. »Vater las bis spät in die Nacht hinein. Ich habe das offensichtlich von ihm geerbt … Er las nicht nur religiöse Schriften. Er lernte Sprachen, sogar Esperanto«, heißt es in Ruth Lubitschs »Notizen«.

Das Aufbegehren der Anka (Ruth) Warschawiak wurde immer stärker und führte bis zum offenen Kampf, als der Vater ihr verbot, weiter das Gymnasium zu besuchen. Warum? Weil er das Mittelalter ins 20. Jahrhundert zurückholen wollte: Die Söhne sollten religiöse Studien abschließen und dann die Geschäfte übernehmen, während die Mädchen sich mit einer vierjährigen Oberschulausbildung zu begnügen hätten, damit sie ebenfalls ins Geschäft gehen und an der Kasse sowie bei der Rechnungsführung helfen könnten. Und wenn die Zeit gekommen wäre, kämen sie unter die Chuppah ... Genau so verfuhr man mit der Ältesten. Der nächsten Schwester aber erlaubte der Vater, das Gymnasium zu beenden. Warum? Weil sie blond war und blaue Augen hatte wie die Mutter, und die liebte er. Was dagegen Ruths Unterricht anbelangte, so hieß es: »Das reicht!« Anka (Ruth) jedoch rebellierte und setzte sich durch. Dieses Aufbegehren war es vielleicht, das dem jungen Mädchen gegenüber dem Vater eine solche Position einbrachte, daß er, der Chassid und Diktator, als er sie mitten in der Nacht mit Büchern von Marx überraschte, nur bemerkte: »Na, gehst du schon wieder mit Marx schlafen?«

Hat Ruth Lubitsch von ihm nicht doch ein bißchen die Fähigkeit geerbt, in dramatischen Situationen zu spaßen und zu scherzen? Sie kam zum ha-Schomer ha-Zair. »Dort war alles sehr sozialistisch. Wir sprachen sehr viel über den Sozialismus, doch zwei Dinge wurden nur ungenügend behandelt: der Zionismus und die Araber ...« Wie sie dazu kam? Freundinnen, Freunde, die Romantik der Jugendzeit und offensichtlich erneut — ein Aufbegehren.

Noch bevor sie zum ha-Schomer ha-Zair ging, geschah etwas: Die Klasse erfuhr mit Entsetzen von der Verhaftung der beliebten Oberlehrerin Natalia Semplowska, die als Kommunistin erkannt worden war. Anka (Ruth) sprang auf das Lehrerpult und rief mit erregter Stimme und in völligem Ernst: »So, wie die Bastille befreit worden ist, so müssen auch wir losgehen und die Lehrerin befreien!« Vielleicht war das der Funke, aus dem die Fähigkeit von Ruth Lubitsch, zu mobilisieren, zu aktivieren und zu führen, entstand? Ein Funke, der aus brennendem Gerechtigkeitssinn, aus Träumen und aus dem Glauben geboren wurde, daß dies möglich ist, daß es die Menschen können. Und so galt sie bei den Angehörigen der Bewegung bald als Träumerin. »Nein, ich habe mich in keiner Weise ausgezeichnet«, schreibt sie. »Ich war eine gute Schülerin, aber ich litt unter meiner geringen Größe; ich litt darunter, die Mittelste zu sein, und ich litt unter den Kleidern, die stets an uns Jüngere weitergegeben wurden.« — »Du hängst ständig goldenen Träumen nach«, sagte ihr Gruppenleiter in Warschau zu ihr.

Doch wie kann man ohne Träume 50 Jahre lang ununterbrochen in einer nationalistischen Umgebung für eine menschlichere, gerechtere Gesellschaft kämpfen? Wie ist es ohne zu träumen möglich, zu hoffen, immer wieder zu vertrauen und Glück bei jedem Erfolg zu empfinden, auch wenn es nur *eine* neue Seele ist, die man gewonnen hat, die versteht, etwas tut, kämpft?

Im ha-Schomer ha-Zair fand Ruth Lubitsch nicht das, was sie gesucht hatte, und auch dort begehrte sie auf. Warum? Weil dann, wenn alle Arbeiter, alle Jugendlichen und die gesamte demokratische Intelligenz Warschaus zur Demonstration am Ersten Mai gehen, auch sie, Anka, hingehen wird — trotz des Verbots der Leitung des ha-Schomer ha-Zair. Doch damit nicht genug, gab sie von sich aus allen Angestellten ihres Vaters frei und schickte sie zur Demonstration. Da kam es natürlich zu einem Skandal — »Demoralisierung der Arbeiter«.

Das unaufhörliche Rebellieren und Suchen führten Ruth Lubitsch schließlich an Bord eines Schiffes, das sie nach Palästina brachte. »Ich habe nicht das Gefühl, daß ich diesen Weg gewählt habe. Nein, nicht ich habe gewählt; der Kommunismus wuchs in mir schon von Anfang an«, betont Ruth Lubitsch immer wieder.

In ihr wuchsen ein starkes Gerechtigkeitsgefühl, der Widerstand gegen die Konventionen, ebenso der Humanismus und auch der Wille, dafür zu kämpfen. Aber trotzdem war sie es, die die revolutionäre Weltanschauung wählte, und zwar nicht nur als Anschauung, sondern als Lebensweise. Denn wenn es nicht so gewesen wäre, warum hatte sie dann nicht das Studium gewählt, das ihr Korczak empfohlen hatte? Warum nicht das Theater, wie ihr von den Prüfern im Jugendkreis der ha-Bimah und sogar von Piscator geraten worden war? Und warum nicht Architektur, wie ihr der Architekt, bei dem sie technisches Zeichnen und Statik lernte, empfohlen hatte? Man kann wohl kaum sagen, daß sie keine dieser Karrieren gewollt hätte. Aber in den Augenblicken der Entscheidung zwischen dem Kampf zum Wohl aller und der Beschäftigung in einem dieser Berufe wählte sie den Kampf.

Sind nicht diese Neigungen und Fähigkeiten verschwendet worden? Jeder, der Ruth Lubitsch kennt, wird entgegnen, daß sie nicht verlorengegangen sind. Ohne die Fähigkeit, auf pädagogische Weise Einfluß auszuüben, hätte sie nicht überzeugen, nicht mobilisieren und nicht Menschen in Kämpfe führen können, die anfangs für unmöglich gehalten wurden: ob es nun die Demonstration gegen die Unterdrückung in den besetzten Gebieten oder die Protestaktion gegen die Preissteigerungen war oder ob es sich um die Gründung einer Zeitung für die Freundschaft mit der UdSSR handelte (und zwar zu einer Zeit, als die Bewegung durch die Sneh-Spaltergruppe fast völlig boykottiert wurde). Ohne ihre nicht versiegende Neugier auf die Menschen und das, was die Menschen bewegt, hätte sie keinen Erfolg haben können, wenn sie auf verschiedene Weise vor einem Publikum auftrat, das sich unterschied hinsichtlich des Alters, der Mentalität, der Anschauungen. Sie betrachtete das zuhörende Publikum mit ihren schmalen, schrägstehenden, klugen und neugierigen Augen und wählte im stillen den überzeugendsten Weg aus, um ihm ihren Glauben und ihre Motive darzulegen.

Vielleicht mündete all das in *einen* Kampf — in den Kampf für den Frieden der Völker in ihrem Land und für eine gerechte Gesellschaft. Verständlich, daß die Massenwanderung zum Wald der Roten Armee in den Jerusalemer Bergen, wo wir uns seit 30 Jahren jedes Jahr treffen, um uns und andere an die historische Wahrheit zu erinnern, zunächst einer der goldenen Träume von Ruth Lubitsch war. Hier die Fakten: 1953 nahm Ruth in Paris am Festival der »l'Humanité«, am Fest der französischen Arbeiter und Kommunisten, teil. Dort träumte sie: Warum können wir nicht auch bei uns im Land im Wald der Roten Armee ein Massenmeeting organisieren, damit sich die Menschen ihrer sowjetischen Befreier erinnern und ihrer gedenken? Sie kehrte nach Hause zurück und warb für diesen Gedanken. Seitdem treffen wir uns jährlich im Wald der Roten Armee in den judäischen Bergen. Und nicht nur diejenigen, die ihrer Retter gedenken, kommen Jahr für Jahr hierher, sondern auch junge Leute, die verstehen, daß nichts von allein kommt und daß diejenigen, die ihre Väter retteten, die wahren Verbündeten in den komplizierten und stürmischen Kämpfen unserer Welt sind, die Verbündeten all jener, die in Frieden, in Achtung und Freiheit leben wollen.

Schöne Dinge erträumen — das tun viele. Aber um die schönen Träume zu verwirklichen, dazu benötigt man den unerschütterlichen Glauben von Menschen wie Ruth Lubitsch und ihren

Freunden. Diese schöne Welt aufzubauen, das ist der Traum von Ruth Lubitsch. Der Weg dorthin bedeutet, schöne Dinge zu schaffen: die Einheit der arbeitenden Menschen, Brüderlichkeit zwischen jüdischen und arabischen Arbeitern; die freundschaftliche Zusammenarbeit von Menschen, die frei von Vorurteilen sind, die sich nicht der Gewalt beugen und die sich nicht mit dem existierenden Schlechten abfinden. Deshalb wählte Ruth Lubitsch die Mitarbeit beim Aufbau der Kommunistischen Partei. Denn das ist die Partei, die — mit einer wissenschaftlichen Lehre und dem großen Menschheitsideal ausgerüstet — ein einziges Ziel verfolgt: den Aufbau einer freien und schönen Welt für den arbeitenden Menschen, und zwar für alle Nationen und Rassen.

Ruth erzählt nicht, wie viele aktive Frauen im Land und auf internationaler Ebene, wie viele Arbeiterführer und Friedenskämpfer sie hier und in den verschiedensten Ländern kennen, sie und ihren kämpferischen politischen Weg.

Ruth hebt auch nicht hervor, daß sie gemeinsam mit einigen führenden Genossen der Kommunistischen Partei Israels 1971 vom Obersten Sowjet der UdSSR anläßlich des 100. Geburtstages von W. I. Lenin mit dem Leninorden ausgezeichnet wurde.

Sie hat auch nicht davon erzählt, daß die Chefredakteurin der Zeitschrift »Die Sowjetfrau« am Internationalen Frauentag 1971 im Moskauer Rundfunk Namen von zehn Frauen der Welt nannte, die sich im Kampf für den Frieden, die Befreiung der Völker und den gesellschaftlichen Fortschritt ausgezeichnet haben; es waren die Namen von Frauen aus sozialistischen Ländern, einer Frau aus Indien und einer aus Israel — und diese eine war Ruth Lubitsch.

In den letzten Jahren hat Ruth Lubitsch eine neue Aufgabe übernommen — sie sammelt historisches und zeitgenössisches Material über die Geschichte der Partei. Während dieser nicht leichten Arbeit schreibt sie Episoden über Ereignisse auf, die sie selbst erlebt hat, an denen sie beteiligt war oder zu denen sie den Anstoß gegeben hat. Es wird ein fesselndes Buch sein, wenn es fertig ist.

Ruth Lubitsch sagt in den erwähnten Notizen: »In meinen Augen gibt es nichts, was unabdingbar wäre, außer dem Tod. Wie schwer die Lage auch immer sein mag, ich denke stets: Wie kann man sie verbessern? Was ist zu retten? Vielleicht ist das das Geheimnis meines Optimismus. In meiner frühen Jugend habe ich einmal geglaubt, daß ich mich hier an der Revolution beteiligen werde, und ich habe mich damals auch darauf vorbereitet. Jetzt weiß ich, daß es nicht so ist. Aber ich glaube, daß man immer und in jeder Situation, auch angesichts einer schlimmen Sache, alles Gute für den Kampf mobilisieren kann und muß, selbst wenn es nur ein kleiner Kampf ist. Auch er trägt zur Verbreitung des Einflusses der guten und richtigen Ideen bei.«

So mobilisiert sie weiter alles Gute in unseren Reihen für den Kampf gegen alles Schlechte, das uns umgibt, und trägt mit ihren Gedanken dazu bei, etwas in Angriff zu nehmen, zu überzeugen, zu mobilisieren, weil sie an das Gute im Menschen glaubt und an seine Kraft, eine andere, bessere Zukunft aufzubauen.

November 1981   Ruth Levin

Nachwort

Die Geschichte der Ruth Lubitsch, damals noch Anka Warschawiak, beginnt wie die vieler Juden, die in den zwanziger Jahren mit der dritten beziehungsweise vierten Einwanderungswelle nach Palästina kamen. Den Anstoß dafür gab die Lage der jüdischen Bevölkerung in den Städten und Kleinstädten Galiziens und anderer osteuropäischer Regionen.

Vor allem in Polen litten die Juden unter der Brutalität und den Verfolgungen seitens der Sanacja-Diktatur Piłsudskis wie auch unter den frühen Auswirkungen der Weltwirtschaftskrise. Von den revolutionären Ereignissen im östlichen Nachbarland beeinflußt, suchten insbesondere viele Angehörige der jungen Generation ungeduldig nach Lösungen für die dringendsten Probleme ihrer Zeit und ihrer Umwelt — nach Ideen, wie der Ausbeutung, der nationalen Unterdrückung und den antisemitischen Exzessen zu begegnen sei. Die Antworten, die die revolutionäre Arbeiterbewegung anbot, erreichten sie zwar, wurden von vielen jedoch nicht konsequent zu Ende gedacht. Aufgrund der zumeist kleinbürgerlichen Herkunft sahen sie einen Ausweg in der Synthese von sozialistischem und jüdisch-nationalistischem Gedankengut.

Eine besondere Faszination ging von der Vorstellung aus, im »Land der Väter« einen sozialistischen Judenstaat zu schaffen, das heißt, die Masse der jüdischen Bevölkerung nach Palästina zu überführen und sie dort durch produktive Arbeit, vor allem in der Landwirtschaft, »sozial und national gesunden« zu lassen.

Wie Anka Warschawiak schlossen sich viele jüdische Jugendliche zionistischen Arbeiterorganisationen — dem ha-Schomer ha-Zair, den Poale Zion oder dem ha-Poel ha-Zair — an. In ihnen bereiteten sie sich durch landwirtschaftliche Ausbildung auf ein

Siedlerleben in »Erez Jisrael« vor. Insbesondere durch die Gründung von Kibbuzim sollten in der neuen Heimat »sozialistische Inseln«, frei von Ausbeutung und Unterdrückung, geschaffen werden.

In Palästina jedoch kam — auch für die 19jährige Anka Warschawiak — das bittere Erwachen. Die Realität sah anders aus, als man sie den jungen Menschen auf zionistischen Bildungsabenden glaubhaft zu machen versucht hatte. Hier gab es kein »Land ohne Volk«, das auf das »Volk ohne Land« wartete. Die Einwanderer sahen sich einer arabischen Bevölkerung gegenüber, deren Nationalbewußtsein zu erwachen begann und die sich sowohl gegen die zionistische Inbesitznahme des Landes als auch gegen die britische Mandatsmacht zur Wehr setzte.

Desillusioniert und infolge der Wirtschaftskrise in Palästina häufig ohne Arbeit und Einkommen, verließen viele Einwanderer wieder das Land. Andere setzten sich über die Skrupel der ehemals Verfolgten hinweg. Ohne Rücksicht auf die Rechte des palästinensischen Volkes gingen sie daran, die politischen und ökonomischen Voraussetzungen für den jüdischen Staat zu schaffen. Nur wenige erkannten, daß durch die zionistische Politik keineswegs die Vision der Errichtung einer gerechten Gesellschaft verwirklicht werden konnte, sondern neue nationale Gegensätze geschaffen und soziale Widersprüche vertieft wurden.

Zu den Kräften, die für einen gemeinsamen Kampf der jüdischen und der arabischen Bevölkerung des Landes gegen koloniale Unterdrückung und soziale Ausbeutung eintraten, gehörte auch die Autorin dieses Buches. Unter dem Decknamen Bracha, später Bracha Hofmann, schloß sie sich 1931 der Palästinensischen Kommunistischen Partei an, die zu diesem Zeitpunkt bereits zehn Jahre in der Illegalität wirkte. Sie nahm aktiv an den Kämpfen der Partei teil und gestaltete selbst ein Stück Parteigeschichte — sei es als einer der Führer der Roten Hilfe oder als geachteter Sekretär der Parteiorganisation von Rischon le-Zion. Das persönliche Schicksal von Ruth Lubitsch führt dem Leser somit die komplizierte und widerspruchsvolle Situation in Palästina, insbesondere die Entwicklung der kommunistischen Bewegung im Land, plastisch vor Augen.

Kommunistische Gruppen entwickelten sich in organisierter Form bereits in der 1919 gegründeten Mifleget Poalim Sozialistijim (MPS), deren Mitglieder »Mopsim« genannt wurden. Zunächst noch von zionistischen Ideen beeinflußt und auf der Suche nach dem »wahren proletarischen Zionismus«, erkannten sie zunehmend die Unvereinbarkeit von Marxismus und bürgerlichem Nationalismus. In einem komplizierten Prozeß, der mehrfach von Spaltungen begleitet war, befreiten sie sich schrittweise von zionistischen und reformistischen Auffassungen. Die Palästinensische Kommunistische Partei — sie führte von 1921 bis 1948 diesen Namen — trat für gemeinsame Klassenaktionen der jüdischen und der arabischen Werktätigen des Landes ein und stellte sich an ihre Spitze. Ihre eindeutig internationalistischen Positionen wurden 1924 durch die Aufnahme in die Kommunistische Internationale bestätigt.

Eine wesentliche Linie des Kampfes der palästinensischen Kommunisten waren die politischen und ideologischen Auseinandersetzungen mit den sogenannten Arbeiterzionisten, den Angehörigen sozialreformistisch-zionistischer Parteien, wie ha-Schomer ha-Zair und MAPAI. Deren Losungen zur »Eroberung des Bodens, der Arbeit und des Marktes« waren auf die Verdrängung der arabischen Bevölkerung Palästinas von ihrem Boden beziehungsweise von ihren Arbeitsplätzen gerichtet. Sie zielten auf die Schaffung eines autarken jüdischen Wirtschaftssektors als Grundlage für den geplanten jüdischen Staat ab.

Insbesondere die zionistische Führung der 1920 gegründeten Gewerkschaftsorganisation sah die Etablierung jüdischer Unternehmen sowohl in der Industrie als auch in der Landwirtschaft als wichtigen Beitrag zur Inbesitznahme Palästinas an und gab ihr den Vorrang gegenüber den Klasseninteressen der Arbeiterschaft. Anstatt gemeinsame Aktionen jüdischer und arabischer Werktätiger zu befürworten, propagierte sie das Zusammengehen jüdischer Arbeiter und jüdischer Bourgeois. Die Kommunisten prangerten diese zionistische Burgfriedenspolitik offen an. Sie unterstützten jüdisch-arabische Streikkämpfe, verteilten Flugblätter in hebräischer und arabischer Sprache und organisierten gemeinsame Demonstrationen und Kundgebungen.

Nicht nur den Zionisten, auch den britischen Mandatsbehörden, die mit ihrer Politik des »Teile und herrsche« die eigenen Machtinteressen zu sichern suchten, waren die Kommunisten ein Dorn im Auge. Die Kommunistische Partei wurde verboten. Ihre

Mitglieder waren Verfolgungen ausgesetzt, Hunderte wurden verhaftet und deportiert. Die Arbeit in der Illegalität, der Verlust führender Genossen und die wütende antikommunistische Hetze von Zionisten und Mandatsbehörden verringerten die Einflußmöglichkeiten der Kommunistischen Partei auf die Werktätigen des Landes. Die zionistische Ideologie, die in der jüdischen Bevölkerung bereits fest verwurzelt war, bildete zudem eine Barriere für das Eindringen des Marxismus-Leninismus. Dennoch kämpften die palästinensischen Kommunisten unbeirrt für ihre gerechten sozialen und nationalen Ziele. Sie nötigten durch ihre Standhaftigkeit selbst politischen Gegnern Achtung ab.

Bedeutenden Einfluß auf die Tätigkeit der Kommunistischen Partei hatte die Entwicklung der arabischen Nationalbewegung in Palästina. Sie richtete sich vor allem gegen die koloniale Unterdrückung seitens Großbritanniens und gegen die Aktivitäten des politischen Zionismus. Zunächst vor allem von feudalen Kräften geführt, waren ihre Aktionen, die prinzipiell antikolonialen und antiimperialistischen Charakter trugen, nicht frei von antijüdischer Propaganda. Das erschwerte die Tätigkeit der jüdischen Kommunisten innerhalb der arabischen Bevölkerung.

Zionistische Landnahme und britische Restriktionspolitik trugen wesentlich zur Verschärfung der nationalen und sozialen Widersprüche bei. 1920/21 kam es erstmals zu spontanen arabischen Aufständen in Palästina. Sie wurden von den Kolonialbehörden blutig niedergeschlagen. Es gab Dutzende von Toten und Hunderte von Verletzten. In dieser Zeit sammelten die palästinensischen Kommunisten erste Erfahrungen im antikolonialen Kampf. Insbesondere in der Periode von 1929 bis 1939, dem »Jahrzehnt der Aufstände des arabischen Volkes von Palästina«, stand die PKP auf der Seite der arabischen Fellachen und der armen Stadtbevölkerung. Sie enthüllte den wahren Charakter der zionistischen Politik sowie der britischen Mandatsmacht. Gleichzeitig kritisierte sie das Vorgehen der arabischen Feudalkräfte, die zum »Heiligen Krieg« gegen alle Juden aufriefen und zur Kollaboration mit den Briten bereit waren.

Mit dem Erstarken kleinbürgerlicher, revolutionär-demokratischer Elemente innerhalb der arabischen Nationalbewegung, insbesondere in Zusammenhang mit dem Wirken der Istiqlal-Partei, richtete sich der arabische Widerstand zunehmend direkt gegen den britischen Imperialismus. Die Kommunistische Partei war nunmehr auf der Grundlage ihrer internationalistischen Positionen verstärkt unter den arabischen Werktätigen aktiv. Sie nahm neue Mitglieder vor allem aus der arabischen Arbeiterklasse und der Intelligenz in ihre Reihen auf. In diesem Jahrzehnt entwikkelte sie sich zu einer jüdisch-arabischen Partei, deren Ziel es war, eine Volksfront gegen britische Fremdherrschaft und Zionismus zu schaffen.

Die faschistische Judenverfolgung in Europa, die die jüdische Einwanderung nach Palästina wesentlich verstärkte, stellte die Partei Ende der dreißiger Jahre vor neue Probleme und Aufgaben. Die palästinensischen Kommunisten sahen den antifaschistischen Kampf als eine ihrer wichtigsten Aufgaben an. Von ihrer unermüdlichen Tätigkeit in der Roten Hilfe, von Solidaritätsaktionen der Partei für Ernst Thälmann und Georgi Dimitroff sowie von der tatkräftigen Unterstützung der Familien verhafteter palästinensischer Genossen legen die autobiographischen Aufzeichnungen von Ruth Lubitsch beredtes Zeugnis ab. Die Autorin entreißt auf diese Weise auch viele Namen aufrechter jüdischer und arabischer Kommunisten, die in den Interbrigaden in Spanien fielen, in den Kerkern der Mandatsmacht schmachteten oder während des zweiten Weltkrieges umkamen, der Vergessenheit. Sie setzt ihnen in Ehrfurcht ein literarisches Denkmal.

Besondere Erwähnung verdient die 1941 von palästinensischen Humanisten und Friedenskämpfern gegründete »Liga V«. Ihr gehörten international anerkannte Persönlichkeiten, wie Arnold Zweig, Martin Buber und Mordechai Avi-Schaul, an. Sie riefen zur materiellen und ideellen Unterstützung der Sowjetunion auf und waren bemüht, in weiten Kreisen der Bevölkerung Sympathie für das kämpfende sowjetische Volk und die Rote Armee zu wecken. Hier wurde der Grundstein für die Freundschaftsbewegung Israel-UdSSR gelegt, die noch heute eine wichtige Rolle im Friedenskampf der demokratischen Kräfte Israels spielt. Zu den ersten Mitgliedern der »Liga V« gehörte auch Ruth Lubitsch.

Bis zum Ende des zweiten Weltkrieges war die Tätigkeit der palästinensischen Kommunisten wesentlich vom Kampf gegen den Hitlerfaschismus und von der internationalen Solidarität mit den geknechteten und unterdrückten Völkern Europas geprägt. Auch deutsche Antifaschisten, die in Palästina Asyl fanden, reihten sich — wie zum Beispiel Lea Grundig — in die PKP ein. Verstärkte Aufmerksamkeit verlangte jedoch gleichzeitig die konkrete Situation im Land. Die Gegensätze zwischen arabisch-palästinensischer und jüdischer Bevölkerung einerseits und britischer Mandatsmacht andererseits sowie zwischen beiden ethnischen Gemeinschaften hatten sich vertieft. Das trug dazu bei, daß sich die Arbeit der Kommunisten in beiden Bevölkerungsgruppen unterschiedlich gestaltete und es 1943 zur Spaltung der Kommunistischen Partei auf nationaler Grundlage kam. Diese auch von Ruth Lubitsch als »tragisch« gekennzeichnete Entwicklung konnte erst 1948 durch die Vereinigung der jüdischen PKP mit der arabischen Liga für Nationale Befreiung und der Gründung der Kommunistischen Partei Israels überwunden werden.

Nach dem zweiten Weltkrieg veränderte sich das demographische Bild in Palästina grundlegend. Tausende Überlebende der Konzentrationslager und der Displaced Person Camps erreichten auf der Suche nach einer neuen Heimat Palästina. 1947 war der jüdische Bevölkerungsteil des Landes auf ein Drittel der Gesamtbevölkerung angewachsen. Diese Situation wurde von den bürgerlichen Führungskräften der zionistischen Bewegung, die eine verstärkte Einwanderung nach Palästina forderten, ausgenutzt. Ihr Bestreben richtete sich auf die sofortige Gründung eines eigenständigen jüdischen Staates. Das jedoch bedrohte die nationalen Interessen des palästinensisch-arabischen Volkes und rief den massiven Protest der Führer der arabischen Nationalbewegung hervor. Obwohl beide Seiten die Beendigung der Mandatsherrschaft anstrebten, lehnten sie aus nationalistischen Beweggründen ein gemeinsames Vorgehen ab.

Die politische Situation spitzte sich 1947 zu. Großbritannien sah sich daher veranlaßt, das Palästinaproblem der UNO zu übergeben. Am 29. November 1947 verabschiedete die Vollversammlung der Vereinten Nationen nach ausführlicher Beratung die Resolution 181 (II). Sie sah die Gründung eines jüdischen und eines arabischen Staates auf dem Territorium Palästinas vor. Jerusalem, Zentrum der religiösen Stätten dreier Weltreligionen, sollte einen internationalen Status erhalten. Die Resolution leitete die Beendigung der britischen Kolonialherrschaft ein. Sie gestand beiden Völkern das Recht auf nationale Selbstbestimmung zu und trug daher prinzipiell progressiven Charakter. Die palästinensischen

Kommunisten, die zunächst für einen binationalen Staat eingetreten waren, unterstützten die UNO-Beschlüsse und setzten sich für deren vollständige Erfüllung ein.

Am 14. Mai 1948 wurde einseitig der Staat Israel proklamiert. Die Gründung des palästinensischen Staates in den Grenzen des UNO-Beschlusses jedoch wurde durch die arabische Reaktion, aber auch durch imperialistische Einflußnahme und die expansive Politik der zionistischen Führung verhindert. Im Verlauf der kriegerischen Auseinandersetzungen während des ersten Nahostkrieges 1948/49 erweiterte Israel sein Territorium von 56 Prozent des palästinensischen Territoriums — wie es der UNO-Beschluß vorgesehen hatte — auf 78 Prozent. Etwa 900 000 Palästinenser wurden aus ihrer Heimat vertrieben. Der Nahostkonflikt erreichte damit eine neue Stufe. Im Mittelpunkt stand nunmehr der Kampf des arabischen Volkes von Palästina um nationale Selbstbestimmung — eine Frage, die bis heute ihrer Lösung harrt. Alle israelischen Regierungen verweigerten den vertriebenen Palästinensern in der Folgezeit das Recht, in ihre Heimat zurückzukehren beziehungsweise einen eigenen Staat zu bilden.

Der Nahostkonflikt prägt bis heute die Entwicklung des Staates Israel und der Kommunistischen Partei. Als jüdisch-arabische Partei, die fest auf marxistisch-leninistischen Positionen steht, kämpfte die KPI stets auf der Seite der sozial Unterdrückten und national Entrechteten. Trotz schwierigster Bedingungen — nationalistischer und antikommunistischer Hetze ausgesetzt — entlarvt sie konsequent die Politik der zionistischen Führungskräfte, die den wahren Interessen des israelischen Volkes widerspricht. Beharrlich und standhaft tritt sie gegen Krieg und Okkupation auf. Im Geist des proletarischen Internationalismus wirkt sie unermüdlich für eine antiimperialistische Einheitsfront aller demokratischen Kräfte des Landes — Juden wie Araber. Lange war die KPI die einzige Partei Israels, die die Versöhnung und den gemeinsamen Kampf beider nationaler Gemeinschaften auf ihre Fahne geschrieben hatte. Das charakterisiert ihren einzigartigen Platz in der politischen Szene des Landes.

Besondere internationale Wertschätzung genießt auch die Arbeit der Demokratischen Frauenbewegung Israels (TANDI), an deren Spitze seit 1952 die Autorin unseres Buches, Ruth Lubitsch, steht. Die Partei mißt dem Kampf für die Verteidigung der

Rechte der werktätigen Frauen große Bedeutung bei. Gleichzeitig ist sie bestrebt, jüdische und arabische Frauen und Mütter für die politische Arbeit zu gewinnen, sie insbesondere für den Friedenskampf zu mobilisieren. Die politische Sensibilisierung israelischer Frauen fand einen Höhepunkt anläßlich der Libanonaggression 1982, als Organisationen wie das Frauenkomitee gegen den Krieg in Libanon oder die Gruppierung »Frauen gegen das Schweigen« entstanden und sich öffentlich artikulierten. Auch 1987/88 — während der machtvollen Erhebung des palästinensischen Volkes in den seit 1967 von Israel besetzten Gebieten — spielten und spielen Aktionen der demokratischen Frauen Israels eine große Rolle.

Die Bevölkerung Israels steht heute vor schwierigen Entscheidungen. Noch ist die übergroße Mehrheit im zionistischen Denken befangen. Diskussionen über das künftige Schicksal des Landes, der okkupierten Territorien und des Zionismus nehmen jedoch zu. Sie verdeutlichen, daß größere Bevölkerungsgruppen in Unruhe geraten sind und die Politik der israelischen Regierung nicht mehr vorbehaltlos billigen. Die weitsichtigsten Kräfte des Landes und mit ihnen die politisch erfahrene Kommunistische Partei zeigen Auswege aus der nationalistischen Verirrung und innenpolitischen Widersprüchlichkeit. Verwiesen sei auf das Programm, das sich die israelischen Kommunisten — unter ihnen Ruth Lubitsch — nach offener demokratischer Diskussion auf ihrem XX. Parteitag 1985 gaben. Seine Kernsätze lassen die Vision eines Ausgleichs mit den arabischen Nachbarn, eines friedlichen Zusammenlebens von Juden und Palästinensern auf dem Boden des ehemaligen britischen Mandatsgebietes und eines demokratischen Israel entstehen. In der Demokratischen Front für Frieden und Gleichheit (CHADASCH)* setzt sich die KPI vor allem für die Herstellung eines gerechten Friedens zwischen Israel und den arabischen Staaten ein. Als Grundlage und Ziel werden der Abzug der israelischen Truppen aus allen seit Juni 1967 besetzten arabischen Gebieten, die Anerkennung des Rechts des palästinensischen Volkes auf Selbstbestimmung und Gründung eines eigenen Staates an der Seite Israels sowie eine gerechte Lösung des Flüchtlingsproblems entsprechend den UNO-Resolutionen bezeichnet.

Die israelischen Kommunisten kämpfen auf den verschiedensten Ebenen, unter anderem im Parlament und in der Histadrut, für die Sicherung der Rechte und Interessen der israelischen Werktätigen. Mutig treten sie gegen die Diskriminierung und nationale Unterdrückung der arabischen Bevölkerungsminderheit in Israel wie auch gegen die sich in den letzten Jahren deutlicher abzeichnende Gefahr des Faschismus und des weiteren Vormarsches der Rechtskräfte auf.

Ruth Lubitsch steht nach wie vor in der vordersten Reihe der demokratischen Kräfte Israels. Mit Schwung und Temperament meistert sie ihre vielfältigen Aufgaben — sowohl innerhalb der kommunistischen und Frauenbewegung Israels als auch auf internationalem Parkett. Galt ihre Sorge und Unterstützung in den dreißiger und vierziger Jahren den Verfolgten des Faschismus und der Mandatsbehörden, so übt sie heute aktive Solidarität mit den Familien verhafteter Palästinenser in den besetzten Gebieten.

Besonders hervorgehoben sei auch die umfangreiche Tätigkeit von Ruth Lubitsch in der weltweiten Friedensbewegung und der IDFF, die sie international als Repräsentantin des demokratischen Israel bekannt werden ließ. Das unermüdliche Wirken dieser tapferen Genossin im Sinne des proletarischen Internationalismus fand unter anderem durch die Verleihung des Leninpreises und der Dimitroffmedaille besondere Anerkennung und Würdigung. Und wenn sich die Träume von einer besseren, gerechteren Gesellschaft in ihrem Land — wie Ruth Lubitsch selbst mit Bedauern und etwas Wehmut feststellt — noch nicht verwirklicht haben, so müssen wir voller Achtung und Bewunderung feststellen, daß sie zu den Menschen gehört, die den Weg dorthin nicht unwesentlich mitgestalten helfen.

Angelika Timm

Anmerkungen

Aschkenasim — Bezeichnung für die aus Mitteleuropa stammenden Juden.

Baal Schem Tow — 1699—1760, jüdischer Mystiker, Begründer des osteuropäischen Chassidismus.

BANKI — s. Kommunistischer Jugendverband Israels.

Ben Gurion, David — 1886—1973, Generalsekretär der Histadrut (1921—1935), Vorsitzender der MAPAI (1930—1965) und Ministerpräsident des Staates Israel (1948—1953 u. 1955—1963).

Bund — Allgemeiner Jüdischer Arbeiterbund in Rußland und Polen, 1897 in Wilna gegründet; sozialistisch-jüdische Arbeiterpartei, deren Mitglieder in wichtigen Fragen opportunistische und nationalistische Positionen bezogen. Der progressive Flügel schloß sich 1921 der KPR(B) an, während die rechte Führung vom Ausland aus antisowjetische Tätigkeit betrieb.

CHADASCH — Chasit Demukratit le-Schalom we-Schiwjon (hebr.), Demokratische Front für Frieden und Gleichheit; von der Kommunistischen Partei Israels geführtes Bündnis demokratischer Kräfte, 1977 geschaffen.

Chaluz — Pl. Chaluzim (hebr.), Pionier, Angehöriger der zionistischen Organisation he-Chaluz, die bis zum Ende des zweiten Weltkrieges jüdische Jugendliche für die Auswanderung nach Palästina vorbereitete; dort zumeist Kibbuz-Mitglieder.

Chassid — (hebr.), Frommer, Anhänger einer mystisch-religiösen Strömung des Judentums im 18. Jahrhundert. Der Chassidismus trug stark volkstümlichen Charakter und war gegen die starre rabbinische Tradition gerichtet.

Cherut-Partei — s. Likud.

Chuppah — Baldachin, unter dem das jüdische Hochzeitspaar vom Rabbiner getraut wird.

Deir Jassin — arabisches Dorf unweit von Jerusalem, das im April 1948 von zionistischen Terrororganisationen zerstört wurde; 254 Einwohner wurden ermordet.

Demokratische Frauenbewegung Israels — Tnuat ha-Naschim ha-Demukratijot be-Jisrael (TANDI) (hebr.), jüdisch-arabische progressive Frauenorganisation in Israel, Mitglied der IDFF.

Emek Jesreel — Landschaft im Norden Israels.

Erez Jisrael — (hebr.), Land Israel, zionistische Bezeichnung für das Mandatsgebiet Palästina.

Eschkol, Levi — 1895—1969, Ministerpräsident des Staates Israel (1963—1969), gehörte der MAPAI-Führung an.

EZEL — Irgun Zwai Leumi (hebr.), Nationale Militärische Organisation, 1937 von Z. Jabotinsky gegründet, später von M. Begin geführt; unternahm zahlreiche gegen die Mandatsmacht bzw. die arabischen Einwohner Palästinas gerichtete Terroranschläge.

Frakzijah — (hebr.), Fraktion, nach dem Verbot der PKP 1922 gegründete kommunistische Gewerkschaftsfraktion; wirkte bis zu ihrem Ausschluß aus der Histadrut 1924 aktiv innerhalb der palästinensischen Arbeiterbewegung.

Genfer Konferenz — Nahostfriedenskonferenz (21.—23. 12. 1973 in Genf), an der die Außenminister der UdSSR, der USA, Ägyptens, Jordaniens und Israels teilnahmen.

Gusch Emunim — (hebr.), Block der Getreuen, rechtsextremistische zionistische Siedlerorganisation in den 1967 von Israel besetzten Gebieten.

Haganah — (hebr.), Verteidigung, zionistische Militärorganisation in der Mandatszeit, aus der 1948 die israelische Armee hervorging.

ha-Schomer ha-Zair — (hebr.), Der junge Wächter, linkszionistische Partei Palästinas, der der Kibbuz-Verband ha-Kibbuz ha-Arzi (Landeskibbuz) angehörte; organisatorischer Vorläufer der MAPAM.

Herzl, Theodor — 1860—1904, Gründer und Präsident der Zionistischen Weltorganisation (1897—1904); seine Schrift mit dem Titel »Der Judenstaat« gilt als erstes programmatisches Dokument des politischen Zionismus.

Histadrut — Allgemeiner Gewerkschaftsverband der Werktätigen Palästinas/Israels, 1920 gegründet; bis 1959 wurden nur jüdische Mitglieder zugelassen.

Hizb al-Istiqlal — (arab.), Unabhängigkeitspartei, 1932 in Palästina gegründet, gehörte zum progressiven Flügel der arabischen Nationalbewegung Palästinas.

Jecke, jeckisch — in Palästina/Israel gebräuchlicher Spitzname für jüdische Einwanderer aus Deutschland.

Jewish Agency — (engl.), Jüdische Agentur, zionistische Körperschaft, die sich während der Mandatszeit als Vertreterin der jüdischen Bevölkerung Palästinas betrachtete; bis 1929 auch als Synonym für Zionistische Weltorganisation (ZWO) benutzt; danach Erweiterung der JA durch kapitalkräftige jüdische Mitglieder, die sich selbst nicht als Zionisten betrachteten; nach 1948 in der Regel für ZWO gebräuchlich.

Jischuw — (hebr.), bewohntes Land, Synonym für die jüdische Bevölkerungsgruppe in Palästina.

Jom Kippur — Versöhnungstag, höchster jüdischer Feiertag, strenger Fast- und Bußtag.

Kibbuz — Pl. Kibbuzim, landwirtschaftliche Siedlung in Palästina/Israel, die auf genossenschaftlichem Eigentum beruht.

Knesset — (hebr.), Versammlung, Parlament in Israel.

»Kol ha-Am« — (hebr.), Stimme des Volkes, Zentralorgan der Kommunistischen Partei Israels bis 1965; heute »So ha-Derech« (Der Weg) in hebräischer Sprache und »Al-Ittihad« (Die Union) in arabischer Sprache.

Kommunistischer Jugendverband Israels — Brit ha-Noar ha-Komunisti ha-Jisraeli (BANKI) (hebr.), jüdisch-arabische Jugendorganisation der KPI.

Liberale Partei Israels — 1961 gegründete zionistische Partei der israelischen Bourgeoisie; s. auch Likud.

Liga für Nationale Befreiung — arabische Partei Palästinas, die sich 1943 von der PKP abspaltete; Wiedervereinigung 1948 zur Kommunistischen Partei Israels.

Liga V — 1941 gegründete breite Solidaritätsbewegung mit der kämpfenden Sowjetunion (V steht für victory); wurde von der Kommunistischen Partei ins Leben gerufen und von progressiven Kreisen der palästinensischen Arbeiterklasse, der Intelligenz und des Bürgertums unterstützt.

Likud — 1973 gegründete Vereinigung der rechtszionistischen Parteien Cherut und Liberale Partei; von 1977—1984 in Regierungsverantwortung in Israel; seit 1984 beteiligt an der »Regierung der nationalen Einheit«.

MAFDAL — Miflagah Datit-Leumit (hebr.), Nationalreligiöse Partei Israels, gegründet 1956, mit Ausnahme von 1958/59 und 1976/77 Mitglied aller israelischen Regierungskoalitionen.

MAPAI — Mifleget Poale Erez Jisrael (hebr.), Partei der Arbeiter Erez Jisraels, 1930 gegründete rechte sozialreformistisch-zionistische Arbeiterpartei Palästinas/Israels; aus ihr ging 1968 die Mifleget ha-Avodah ha-Jisraelit (MAI) hervor; sie trug 1948—1977 Regierungsverantwortung, seit 1984 beteiligt an der »Regierung der nationalen Einheit«.

MAPAM — Mifleget ha-Poalim ha-Meuchedet (hebr.), Vereinigte Arbeiterpartei, 1948 gegründet, linke sozialreformistisch-zionistische Arbeiterpartei Israels; bis 1977 Mitglied der Regierungskoalitionen (außer 1952—1955 u. 1962—1965).

Meir, Golda — 1898—1978, israelische Premierministerin (1969—1974).

Mifleget ha-Avodah — s. MAPAI.

Mopsim — s. MPS.

Moschawa — Pl. Moschawot (hebr.), jüdische Siedlung in Palästina/Israel.

MPS — Mifleget Poalim Sozialistijim (hebr.), Partei der sozialistischen Arbeiter, 1919 gegründete palästinensisch-jüdische Arbeiterpartei, die in starkem Maße von der revolutionären Bewegung in Rußland beeinflußt war; aus ihr ging die Palästinensische Kommunistische Partei hervor.

NAAMAT — israelische Frauengewerkschaft, gehört zur Histadrut, ihre leitenden Organe werden jedoch separat gewählt.

Palästinensische Kommunistische Partei (PKP) — marxistisch-leninistische jüdisch-arabische Partei, wirkte 1921—1944 in der Illegalität, wurde 1924 in die Komintern aufgenommen.

PICA — Palestine Jewish Colonization Association (engl.), 1924 gegründete zionistische Kolonisationsgesellschaft in Palästina.

PLO — Palestine Liberation Organization (engl.), Palästinensische Befreiungsorganisation, 1964 gegründete Dachorganisation der für die Durchsetzung der legitimen Rechte des palästinensischen Volkes kämpfenden Kräfte.

Poale Zion — (hebr.), Arbeiter Zions, linkszionistische Arbeiterpartei Palästinas, 1905 gegründet; ihr rechter Flügel wurde Bestandteil der MAPAI, der linke Flügel bildete die Partei Poale Zion Smol (Linke Poale Zion).

Revisionistische Bewegung — Anhänger der 1924 von Jabotinsky in Palästina gegründeten Revisionistischen Partei, deren Ideologie durch militanten Chauvinismus, Antikommunismus und offenen Haß gegen die britische Mandatsherrschaft geprägt war; organisatorischer Vorläufer der Cherut-Partei.

Schalom — (hebr.) Frieden, Grußformel in Israel.

Schwarze Panther — progressive Organisation orientalischer Juden Israels, Anfang der siebziger Jahre in Anlehnung an die amerikanische Organisation gleichen Namens gegründet, seit 1977 Mitglied von CHADASCH.

Sephardim — Bezeichnung für die ursprünglich aus Spanien stammenden Juden, fälschlicherweise häufig für alle orientalischen Juden benutzt.

TANDI — s. Demokratische Frauenbewegung Israels.

Weizmann, Chaim — 1874—1952, Präsident der Zionistischen Weltorganisation (1920—1930 u. 1935—1946), erster Präsident des Staates Israel (1948—1952).

WIZO — Women's International Zionist Organization (engl.), Internationale Zionistische Frauenorganisation, gegründet 1920, gehört zur Zionistischen Weltorganisation.

Inhalt

Bildnachweis
ADN, Zentralbild (4), Archiv der Autorin (32),
Dietz Verlag Berlin, Bildarchiv (3)

Reproduktionsaufnahmen:
Dietz Verlag Berlin/Renate und Horst Ewald